唐德刚◎著

传记文学 书系

从晚清到民国

传记文学 书系 编委会

主编
彭明哲　曾德明

编委
赖某深　龚昊　蒋浩
彭天仪　于向勇　秦青

中国文史出版社

图书在版编目（CIP）数据

从晚清到民国/（美）唐德刚著. — 北京：中国文史
出版社，2015.4

ISBN 978-7-5034-6225-2

Ⅰ.①从… Ⅱ.①唐… Ⅲ.①中国历史—近代史—
研究 Ⅳ.①K250.7

中国版本图书馆CIP数据核字（2015）第065181号

责任编辑：秦千里

出　　版：中国文史出版社
社　　址：北京市海淀区西八里庄路 69 号院　　邮编：100142
电　　话：010-81136606　81136602　81136603（发行部）
传　　真：010-81136655
印　　装：嘉业印刷（天津）有限公司
经　　销：全国新华书店
开　　本：889 毫米 ×1194 毫米　　1/16
印　　张：25
字　　数：380 千字
版　　次：2019 年 12 月北京第 2 版
印　　次：2019 年 12 月第 1 次印刷
定　　价：68.00 元

总　序

杨天石

　　岳麓书社依据台湾的《传记文学》，分类编纂，陆续出版"传记文学"书系，这是两岸文化交流史上的大事，是中国近代史和中华民国史研究的大事、喜事。

　　1962年2月5日，时值春节，曾在北大读书的刘绍唐向当年的校长胡适拜年，谈起胡适长期提倡传记文学，而始终未见实行，向老师透露，自己正准备创办《传记文学》月刊。胡适虽肯定其志，却以为其事甚难，办月刊，哪里去找这么多"信而有征"的文字，因此不大赞成。不料当年6月1日，绍唐先生主编的《传记文学》竟在台北出刊了。自此，直到2000年2月10日，绍唐先生因病在台北去世，历时38年，共出版453期。每期30万字，453期就是13590万字。此外，传记文学出版社还出版了"传记文学丛书"和"传记文学丛刊"，其中包括《民国人物小传》《民国大事日志》等许多民国历史方面的著作。

　　尽人皆知，绍唐先生没有任何背景，不接受任何政治集团、经济集团的支持，只身奋斗，孤军一人，却做出了台湾官方做不出的成绩，创造了中国出版史上不曾有过的奇迹。因此，绍唐先生被尊为"以一人而敌一国"，戴上了"野史馆主人"的桂冠。

　　我在大学学习中国文学，毕业后业余研究中国哲学，1978年4月，调入中国社科院近代史研究所，参加《中华民国史》的编写，自此，即与绍唐先生的《传记文学》结下不解之缘。在众多历史刊物中，《传记文学》最为我所关注。但是，我和绍唐先生相识则较晚，记得是在1995年9月，纪念抗战胜利50周年之际。当时，台湾史学界在台北召开学术讨论会，我和大陆学者31人组团越海参加。这是海峡两岸学者之间交流的起始阶段，有如此众多的大陆学者同时赴会，堪称前所未有的盛事。我向会议提交的论文《九一八事变后的蒋介石》，根据毛思诚所藏《蒋介石日记类抄》未刊稿本写成。当时，蒋介石日记存世一事，还不为世人所知，绍唐先生很快通知我，《传记文学》将发表该文。9月3日，闭幕式晚宴，由绍唐先生的传记文学出版社招待。各方学者，各界嘉宾，济济一堂。我因事略为晚到，不料竟被引到主桌，和绍唐先生同席。那次席上，绍唐先生给我的印象是热情、好客、豪饮。次年，我应"中研院近史所"所长陈三井教授之邀访问该所，在台北有较多停留时间。其间，我曾应绍唐先生之邀，到传记文学出版社参观。上得楼来，只见层层叠叠，满室皆书，却不见编辑一人。绍唐先生与我长谈，详细介绍《传记文学》创刊的过程及个人办刊的种种艰辛。绍唐先生特别谈到，办刊者必须具备的"眼力""耐力""定力"等条件，可惜，我没有记日记的习惯，未能将绍唐先生所谈追记下来，至今引为憾事。绍唐先生交游广阔，文友众多，因此宴集也多。每有宴集，绍唐先生必招我参加，我也欣然从远在郊区的南港住所赴会。许多朋友，例如旅美华人史学家唐德刚等都是在这样的场合下认识的。在台期间，台北史学界为纪念北伐战争70周年，召开北伐及北伐史料讨论会，我根据原藏俄罗斯等处的档案，撰写《1923年蒋介石的苏联之行及其军事计划》一文参加，绍唐先生不仅到会，而且当场确定《传记文学》将发表拙文。我离开台北前，绍唐先生再次将我引到他的藏书室，告诉我，凡传记文学出版社出版的图书，喜欢什么就拿什么。我因为"近史所"已赠我大量出版物，又不好意思，只挑选了《陈济棠自传稿》《傅孟真先生年谱》《朱家骅年谱》和李济的《感旧录》等有限几种，回想起来，至今仍觉遗憾。

绍唐先生自述，他有感于"两岸的文士因为各为其主的关系，许多史实难免歪曲"，因此，创办此刊，以便"为史家找材料，为文学开生面"。我觉得，绍唐先生的这两个目的，比较成功地达到了。政治对学术，特别是对历史学的干预，古已有之，但是，学术特别是以真实为最高追求目标的历史学，又最忌政治和权力的干预。绍唐先生在台湾的白色恐怖余波犹在的年代，能够不怕"因稿贾祸"，创办刊物，发行丛书，保存大量中国近代史特别是民国史资料，供千秋万代的史家和史学爱好者采用，这是功德无量的盛事、盛业。刊物虽标明"文学"，但是，取文、选文却始终恪守历史学的原则，排斥任何虚构和想象，这也是值得今之史家和文家们借鉴和注重的。

绍唐先生去世后，《传记文学》由中国新闻界的前辈成舍我先生的后裔续办，至今仍是华人世界中的著名历史刊物，衷心希望绍唐先生的事业和精神能长期传承，永放光彩，衷心希望"传记文学"书系的出版，能得到读者的喜欢，助益历史学的繁荣和发展。

2015年5月于北京东城之书满为患斋

从晚清到民国

目录
contents

contents

089 / 第三章　甲午战争与戊戌变法

甲午战争,一场最具关键性的海上战役。孤臣无力可回天,北洋舰队全军覆没,它的胜负改写了中国历史。戊戌变法,一次注定要夭折的改革运动。小皇帝不敌老太后,维新政府无疾而终,它的结果预示了大清命运。科技现代化与政治现代化双重挫败,第二次社会文化转型前途漫漫……

目录

义和团，亦民亦匪的保国群众运动。从星星之火烧成燎原之势，扶清不成，灭洋无功，上演一出纷纷攘攘的人间闹剧。八国联军，各怀鬼胎的国际武装大拼盘，从护卫使馆转为进军北京，奸掳焚杀，人头滚滚，掀起一次世界文明史上的罕见浩劫。虽有李鸿章巧手斡旋，瓜分之祸可免，但丧权辱国难逃……

袁世凯，集枪杆与政权、谋略和机运于一身，以区区七千人的"新建陆军"，挤入大清帝国的政治心脏，呼风唤雨，举足轻重。孙文，得风气之先的华侨青年，立志救国的新知识分子。从兴中会到同盟会，倡导革命，引领思潮。两个纵横于体制内外的重要人物，共同终结了晚清的残局……

contents

自 序

唐德刚

　　这部拙著的底稿，原是作者用英文写的《中国近代史》的一个"导论篇"，而这本至今未全部杀青的《中国近代史》，又曾与一家美国出版商订有出版合约。而这部英文原稿的底稿，则又是作者在海外教授中国近现代史和当代史的英文讲义的累积。由于中国近现代史是千变万化的，而近现代新史料之出现，更是日新月异的，因此作者用在课室中的"讲义"，每学年，甚至每学期都有增删。这种不断的增删和改正，自然也就影响了那部未完成的近代史的原稿，使它永远无法发展成一部足让作者自己感觉到满意的定稿，从而同意让其出版。岁月催人，一转眼数十年过去了，加以近十余年来，海峡两岸都在"改革开放"，新史料和新史书之出现，简直有如白浪滔天，使人目不暇接，治丝益棼，因而作者这部老史稿，也就益发无"改革开放"之时了。

　　近年来因为退休多暇，在史学出版界的朋友们，尤其是台湾传记文学社社长刘绍唐先生长期不断的鼓励和追索之下，笔者始则勉强应命，从《胡适口述自传》的译注写起。由于一般读者在正反两面的反应，皆甚为热烈，笔者也就亦步亦趋地附骥于绍唐兄的《传记文学》，写起中国近现代史方面的文章来了。始则勉强翻译点英文旧稿，以应主编组稿之雅嘱；后来由于很多读者的不断鼓励，笔者亦自觉，愚者千虑，必有一得，个人治史数十年，亦不能说一无所得而自暴自弃。对不断鼓励我的读者和编者，尤有道义责任，不应过分藏拙，更不应轻率下笔。记得胡适老师曾谆谆告诫我辈说，有一分证据说一分话，有九分证据不能说十分话；又说文人之笔和武人之枪，是一样厉害，不可轻用。笔者不学，在个人拙作中，

1

虽因时跻电脑时代，检索日益方便，而不愿再循繁琐史学之旧辙，然无征不信之史学清规，则绝不敢逾越也。至于褒贬古人，月旦时贤，虽每以轻松语调出之，然十思而后言，语轻而义重，亦未敢妄下雌黄也。古史先哲太史公有自勖之言曰，通古今之变，成一家之言。一家何敢？然历经忧患，久谪异域，隔洋观变，对祖国兴衰，能无管窥之见？知我罪我，固由贤明读者明察之也。

本编中泰半拙作，都曾由《传记文学》首刊之，承刘社长盛情特许，再经台北"远流出版社"主编游奇惠、责任编辑陈穗铮两女士，经年累月，集结成书。复由该社王荣文社长之特许，经台北陈宏正先生与北京大学欧阳哲生教授之鼎力推动，始由长沙岳麓书社发行此大陆版。两岸胜友如云，隆情高谊，铭感五衷也。

"导论篇"中，尚有"湘淮两军志"附录及"史料与史学（附图表）"各一本，尚在编纂中。由于海峡两岸出版法略有出入，台湾版与大陆版亦稍有异同，贤明读者谅之为感。

【1999年8月25日于纽约市郊区北林寓庐】

从晚清到民国

第一章
中国社会文化转型综论

　　历史是条长河，永远向前流动。在历史的潮流里，转型期是个瓶颈，是个三峡。近一个半世纪中国变乱的性质，就是两千年一遇的"社会文化大转型"现象，其间死人如麻，痛苦至极。不过，不论时间长短，"历史三峡"终必有通过之一日。从此扬帆直下，随大江东去，进入海阔天空的太平之洋……

论帝国主义与晚清外患

在谈"帝国与民国之蜕变"的拙著里，笔者曾不揣浅薄、斗胆地说过，从社会经济史的角度来看，我们鸦片战争以前的中国史，几乎是千年未变；而鸦片战后，则几乎十年一变。何以在社会经济方面，我们的传统历史是"静如处子"，现代又"动如脱兔"呢？恕我要言不烦，这个两千年未有之变局，实是西方东来的"帝国主义"推动的结果。

"帝国主义"（imperialism）又是个什么东西呢？这一问题对我们这一辈20世纪上半纪出生的华裔男女，还需要解释吗？那一部血淋淋的"帝国主义侵华史"，便是我们一辈子实际生活经验的主要部分。不提也罢，提起来，我们会血脉贲张、咬牙切齿。

以上这份民族感受，是任何人所不能否认的。这是我们亲身体验出来的，有什么好否定的呢？因此我国一般史家和国共两党的官方，都会肯定"帝国主义"是近代中国的万恶之源。马列派的史学家，更会把它概念化一番说：帝国主义何以是万恶之源呢？因为它是"资本主义的最高阶段"。万恶之源的上面，还有一个总源"资本主义"。

可是这些说法，却不为很多西方汉学权威所接受。他们之间有许多极有火候的历史家，甚至是最有权威的泰山北斗，如当今剑桥学派的开山宗师费正清教授等，他们却认为"西方帝国主义"在中国基本上是不存在的。它只是由于革命党人（包括国共两党）不断的宣传，而嵌于我民族心理上的一种幻觉。——虽然他们也并不否认日本人对中国的侵略却是一宗不折不扣的"帝国主义"。

日本人呢？在他们战败之初，倒颇有些忏悔心态。可是近年来，他们就逐渐地把他们在中国大陆赤裸裸的奸掳焚杀说成"进出中国"了。只是日本这批"进出论者"引经据典的功力，无法与西方的"幻觉论者"相提并论罢了。

朋友，时间是可怕的。以感情写历史，也是靠不住的。君不见20世纪后半纪（尤其是近30年）才出生的中青年华裔男女，他们对"南京大屠杀"、对"佳木斯细菌试验所"等的情感反应，就不会像他们父执辈那样椎心泣血了。君不见，抗战期间站在不同阵地的一些华裔同胞，他们对日本战犯不也有颇为不同的量刑心理……再过些年，纵是华裔大学生恐怕也要靠历史百科全书，才能粗知"帝国主义"的定义了。

写历史的目的是保存某一段历史的真相，传之后世，警惕将来。历史家应该实事求是、心平气和。他不应为某一时代的喜怒哀乐所局限而笔端常带感情。所以像"帝国主义"这样的议论未定之辞（debatable subject），就应该言简义赅地去搜搜它的根，再做论断。

若谈"帝国主义"的根源，我们就不能不上溯到历史上的"扩张主义"（expansionism）。扩张主义是个洋名词。我们文化中的同义字大致是"强凌弱、众暴寡"。它是"人性"（human nature）中绝对存在的一面，也是最丑恶的一面。它也是"社会达尔文主义"（Social Darwinism）所揭露的"人类社会行为"（human social behavior），甚至"动物社会行为"（animal social behavior）中经科学家证实的"客观实在"。

在人类历史上，"扩张主义"之动机是多方面的。它包括疆土、经济、政治、宗教、文化、虚荣、色欲、嫉妒乃至日常的衣食住行、七情六欲。其中任何一面、多面或全面，都可引起群居人类向外扩张的社会行为。

所以现代西方的"帝国主义",盖亦起源于近代欧洲的"扩张主义"。这一点,任何国家、任何派别的历史学者,大致都可完全同意。

欧洲民族何以于近代忽然大肆"扩张"起来呢?而近代欧洲扩张主义又是个什么性质呢?为着一般中文读者的方便起见,我们最好还是把中西史籍对比着看,将这桩史实简单地从头叙述一遍,再及其他。

封建末期的解放运动

中西"封建制"(feudalism)之崩溃,时间上虽相去1700余年,在性质与形式上则颇为相似。中国在封建末季的"战国时代",王纲解纽、五霸争雄,结果导致百家争鸣、诸子蜂起,终于孕育出一个学术思想、政治经济、军事外交、社会生活等彻头彻尾的"解放运动"——它也是我东方文明最光辉灿烂的一段史实。可惜这个光辉灿烂的运动,最后竟以最惨痛的"焚书坑儒"的方式结束了。自此以后,我民族的智慧,就被帝王将相和儒教圣贤牵着鼻子,一牵两千年。所以汤恩比①大师说,中国文明自此便一蹶不振了。

且看西方呢?古希腊、古罗马的文明原也是辉煌灿烂的。不幸它们于四至五世纪之间,为"民族大迁徙"所腰击,竟被诸蛮族入侵(亦如我国史上的"五胡乱华"),弄得四分五裂。可是这些西方蛮族,一面虽毁坏了罗马文明,另一面却又自身"罗马化"——其情亦如我国的五胡汉化。值此扰攘期间,那原为罗马时代"旁门左道"的基督教会乃乘虚而入。其情况亦如佛教大盛于我国南北朝之间也。经过数百年之混乱,整个欧洲终于被基督教所征服而形成一个庞大的"基督世界"(Christendom)。(在东方,佛教便没有这个福气了。)

在这个基督世界里,那些流窜的蛮族(今日欧洲白人的祖先)逐渐定居。其罗马化、基督化了的酋长们,也就逐渐地落实他们部落的统治而变为(与我国春秋战国时代类似的)封建诸侯了。他们各自霸占土地、豢养

---

① 今译作汤因比——编者注。

农奴、组织庄园，不断地增进生产以自肥。而与他们平行发展的"基督教会"除霸占土地之外，还兴办教育、建筑教堂、规范文化、包办上帝以自尊。这样便形成了他们"政"（state）、"教"（church）两头大的"中世纪文明"（medieval civilization）了。

因此，就中世纪文明的本质而言，无封建诸侯与封建生产制，则蛮族社会便无法安定，原始农业便无法增产。无教会与上帝，则诸蛮族各"拜"其"拜"，小拜拜拜大拜拜，亦不成其为宗教，不成其为文化。所以，封建诸侯与教会司铎在中世纪亦各有其文化任务与历史功勋。双方配合适度，亦可使庶民乐岁终身饱，凶年得免于死亡。安居乐业、弦歌处处，煦煦然，固亦有三代之遗风焉。已故吾师中古史权威之艾文斯（Austin P. Evans）教授，总以中古社会生活为人类社会生活之理想境界，良非虚奖。君不见马丁·路德乎？路氏对教会腐败，虽恨不得与之偕亡，而对封建诸侯则颇能曲谅，亦自有其卓见也。

但是历史毕竟是随时间移动的。所谓"此一时也，彼一时也"。封建制、庄园制、基尔特制，虽俱有其历史任务，然任务完成、时移势异，时势变而制度不变，它们就成为进化的绊脚石，历史的反革命了。

中世纪封建文明，以善自培植而达于饱和状态，一个"解放运动"（如中国古代之"百家争鸣、诸子蜂起"）就应运而生了。可是中西封建社会之崩溃却同源而殊途。我国的"诸子蜂起"，终以诸子同坑而结束。欧洲则因为出不了一个秦始皇，收束不了这个"处士横议"的局面，因此现代欧洲为反抗"政""教"两大桎梏的"解放运动"就像一窠蜂子，向四处爆炸了。其出现方式如"宗教改革""商业革命""方言文学"、违反教义的科技探讨、规复原本为基督徒所不悦的"罗马法"之研究与施行等等，总之一个广义的"文艺复兴运动"，乃如野火之燎原，一发而不可收。欧洲的天地太小了，它们火花四射，很快地就烧遍五大洲。它们结束了欧洲的"大黑暗时代"，便把人类的文明自"中古"推入"现代"。因此一部300年的"现代世界通史"，就变成一部"欧洲的扩张主义"的历史了。

"扩张主义"的"两面性"

所以现代欧洲的向外扩张有善恶的两面性。其"善"的一面，则涵盖由西欧开始的"现代文明"各方面（various aspects）的向外传播。其形而上各方面或可概括之为"德先生"（民主和相关的观念），其形而下者便是"赛先生"（科学）了。

而"扩张主义"的"恶"的一面，则是欧西白种民族国家利用其先进科技成果，向落后地区奸掳焚杀，做赤裸裸的掠夺、侵略和侮辱。

因此，这一现代的欧西扩张主义，其"善"的一面的传播，虽非其原来的"动机"，然其"结果"则不无可取。举个有关我们日常生活的小例子"刷牙"，无"西风东渐"，让我们"洋化"一番，我们早起不刷牙，岂不难过乎哉？这一点我们就要拜侵略者之赐了。

可是这一类"原本无心"的"牙刷主义"的传播，终抵不掉他们那"存心作恶"的炮打火烧、走私贩毒、"华人与狗"等罪恶行为。这"恶"的一面，就是不折不扣的"帝国主义"和"殖民主义"（colonialism）了。

所以，我们如果要讨论那些来自西方，本质上大同小异的什么"扩张主义""殖民主义"和"帝国主义"，那我们就得从不同的角度去看它们。我们如只为感情所驱使，而把"帝国主义"看成近代中国的"万恶之源"，这多少也有乖史实。因为它在枪杆、鸦片之外也还有些好东西。君不见，我们今天搞得轰轰烈烈的什么民主、人权、妇女解放等，不都是与"帝国主义"同船光临的吗？否则我们还不是在搞那个倒楣的"三从四德"？！

可是，我们如果只看见人权、民主、科学、技术，而忘记了那杀人放火、贩毒走私，血淋淋的"帝国主义""殖民主义"的本质，而胡吹或变相地胡吹，说什么"白种人的负担"（white man's burden）；把贩毒走私，说成只是提供一般商品；杀人放火，是为帮助落后地区开化，不得已而为之；武装侵略，是帮助愚昧帝国加入"世界社团"（world community），纳入"条约体制"（treaty system），那岂不变成"魔鬼的辩护士"、杀人犯和毒枭的律师了?! 因此我们读历史、写历史，都应观其多面。窥豹之一斑、摸象之一块，便说教终生，强人从己，那就无啥学术之可言了。

黄粱梦醒，天翻地覆

再者，"帝国主义"也不是任何一个单纯的国家或民族所可包办的。它种类繁多，因国而异。葡、西、荷、英、法、俄、德、义[1]、日等国扩张的方式，有其相同之处，也有其相异之处。

纵是同一个国家，向同一地区侵略，其发展也不是平面的——它是因时而异，各有其纵深蜕变的程序的。此一时可作其大恶，彼一时为其本身利害之需要，或亦有若干善果，凡此都不可一概而论，或以偏概全也。

现代西方帝国主义之通性为何呢？简单地说来，则是：滥用暴力，追求暴利，不择手段，绝情寡义。这条通例可以说是自1493年西、葡两国经教皇敕令（Papal Edict）中分地球开始，到1945年二次大战后日本投降为止，通用于450余年之间所有的帝国主义而不会有太大的偏差。

在15、16世纪之间，西葡两国开始向海外扩张时，就是滥用暴力、追求暴利的。当时的受害者便是中南美洲的印第安人和非洲沿海的黑人。西班牙人为掠夺土人，寻找金银，曾有"吃人肉"的可怕记录，葡萄牙人在非洲沿海，绑架土生黑人，贩卖为奴。其行为又岂止"绝情寡义"而已哉？迨达·伽马（Vasco da Gama）于1497年绕过好望角，直航印度两年后归来，获暴利60倍，真是羡煞西欧朝野。

西、葡两国是西欧扩张主义的始作俑者。但是地球毕竟太大，两邦实在太小。两国向相反方向发展，主宰了三大洋（大西洋、印度洋、太平洋），终于1521年由麦哲伦之绕地球航行而会师于东南亚时，已负荷太重。其后当地土著及东南亚华侨，虽受祸弥深——1602年西班牙人曾于菲律宾之大仑山（San Pablo del Monte）一举屠杀华侨两万四千余人；1639年于加拉巴[2]（Calamba）再杀我华裔两万有奇——然其对中国大陆本土则始

①今译作意大利——编者注。
②今译作卡兰巴——编者注。

终未敢过分觊觎。葡萄牙人虽于1557年（明嘉靖三十六年），潜入澳门建小货栈，并于台澎外海瞻望宝岛而惊其"福尔摩沙"（formosa，葡语"秀美"也）。然限于国力，亦无法强占。

迨荷兰人于1602年（明万历三十年）组织荷兰"东印度公司"（Dutch East India Company）向"东印度群岛"（今之印尼）发展时，曾一度乘机占领台湾之一角，然终于1662年（清康熙元年）为郑成功所逐。

所以上述三个海权小邦，虽曾于16至18世纪之间，把整个东南亚（亦多为中国之旧藩属）弄得天翻地覆、海啸山崩，但是他们却始终未敢侵掠中国大陆，因此我大陆上明清两朝自郑和七航（1405—1433）收帆之后，便龟缩神州，睡其呼呼之大觉。对大门之外的西洋海盗，毫无所知，亦未加闻问。如对西班牙所操纵，以华裔海员为基础，独占亚美两洲的太平洋直达航运250年之"马尼拉邮船"（Manila Galleon，1565—1815），我国官书竟无片纸记录，酣睡之沉，亦可惊矣！

我国明清两代朝野，黄粱一梦400年（1433—1839），迨鸦片成患，西来毒贩欺人，一觉醒来，已景物全非矣！

人类历史上最大的"毒枭"

若论欧西各国东向扩张之先后，英国实在出道甚晚。但是英国却是世界近代史上最全面、最耐久，最能因时制宜、随机应变、不拘一格、花样繁多而后来居上的帝国主义。事实上，一部晚清中国外交史，便是一部"中英外交史"。俄、法、日附庸而已，美国则英之尾闾也。

英人做有计划之东侵盖始于1600年英国东印度公司（East India Company，England）之创立。该公司为一私营之商业组织。然益格鲁-撒克逊民族所特有的和衷合作、窝里不反的民族精神，竟能使该公司拥有政治权力与英国之国家武力相配合，全面向外扩张。其第一目标盖为印度之"蒙古王朝"（Mogul Empire，或译蒙兀儿王朝、莫卧儿王朝）也。蒙古王朝斯时已弱点毕露，治下诸侯林立，内讧不已，乃予英国之东印度公司以可乘之机。其时入侵印度除已式微之葡萄牙人之外，原有英法二强。然两雄相争，法人终非敌手。笔者今犹忆及数十年前在大陆上初中时，老师教世界历史课，曾大谈"英国小将克乃武（Robert Clive）大败法国老帅杜普雷（Dupleix）"之历史故事，有声有色，至今不忘。杜普雷于1757年被克乃武逐出印度。印度乃为英国所独吞，一吞200年，至二次大战后始恢复独立。

英人东侵之第二主要目标厥为中国。然其时正值我国乾隆盛世。中央权力方浓，沿海诸省亦无懈可击。中英交往乃限于国际之贸易。唯英国此时尚处于工业革命前期，钟表、呢绒等少数制造品之外，无太多商品足资供应，而我国之丝、茶、瓷器则可无限外销。因此中英贸易初期，英方"逆差"殊甚，全凭金银硬币以为挹注。

不幸我国之"顺差"贸易，不数稔便迅速逆转。至1773年（乾隆三十八年），东印度公司取得鸦片专卖权（monopoly）之后，我国顺差瞬即变为逆差，以致一泻如注，不可收拾。

鸦片原产于南洋、印度、波斯、土耳其等地，而以印度为最佳最夥。明季列为藩属"贡品"。盖鸦片原为极有效之药物也。清初南方沿海始见"竹管唉烟"之陋习，盖亦传自海外，鸦片遂成为毒品矣。

顺康之间（1644—1722）满族入主未久，朝气蓬勃；而中土于大乱之后，人口大减，物阜民殷。政府亦能下级服从上级，全国服从北京，朝廷政令颇能一竿到底。烟毒初现，政府即申严禁之令，故亦不足为大患。不期嘉道之际（1796—1850），清朝之盛世已邈，衰竭之周期将届。朝政不纲，地方官吏之贪污腐化尤不可遏，鸦片禁令乃渐成具文。

其尤不可抗拒者，则为大英帝国挟其吞噬印度之余威，官商一体，扬帆东来，载其印度之高级鸦片，在我沿海做武装走私。其囤集走私鸦片之趸船，有时竟泊于广州城郊之黄埔！"滥用暴力，追求暴利"莫此为甚。年前笔者游黄埔，导游者告诉我："此第一次国共合作期间'黄埔军官学校'之故址也。"我也告诉他："比军校更早一百年，此亦英国人走私贩毒，鸦片堆栈之故址也。"导游愕然。

近年来曾有中西历史学家，坚持"鸦片战争非为鸦片而战"之学说。

他们认为"鸦片"只是一种商品，由英商运抵南中国外海伶仃洋中之小岛。其销行中国内地则全由中国本身极有效率之走私商人接运之，非英人之责任也。此一学说，真是历史学界的奇谈怪论。

笔者定居纽约市40余年，对本市贩毒掌故可说了如指掌。所知个体毒贩，大至亿万富翁之毒枭，小至当街兜售"白面"之八九岁儿童，可说"阅人多矣"。以美国今日缉毒机关之有效，科学方法之新颖——偶读其官方缉毒报告，直如科幻小说，然终不能禁。驯至每况愈下，全世界之最大都市，今竟为毒犯所征服。目前联邦政府于国内束手无策之情况下，只有乞助于友邦，冀图直捣"金三角"之老巢，亦未见有若何效果。噫嘻呼，缉毒之难，岂踞坐皮椅，于象牙之塔内放言高论的教授先生，所能知其万一？！

区区读史之余，每做遐想：设有超级帝国主义，以激光炮、原子弹诸武器为后盾，强运千吨今日最精纯之"中国白粉"（China White），泊舟于纽约港内之"艾丽丝小岛①"（Ellis Island）以供应市内之大小毒贩，则伟大之纽约市将成何世界？美国又成何国家？华府白宫对此超级毒枭之反应又何如哉？此不正是当年道光爷陛下的中国吗？！

明乎此，吾人当知19世纪之英国便是人类历史上，若是之空前绝后的最大毒枭也！明乎此，则鸦片商品论者，也就很难自圆其说了。

"鸦片战争"与"茶叶战争"

有的学者可能还要辩论说：鸦片之为害一事也。鸦片之沦为中英战争之导火线，则又另一事也。以逊清政府当年之颟顸愚昧（ignorance）、闭关自守（seclusion）、反商（anti-commercialism）、排外（anti-foreignism），纵无鸦片，则其他任何一"片"——麦片、米片、溺片（尿片）——亦均可为"麦片战争"……"溺片战争"之导火线，岂独鸦片已也？中英之战势在必发，非鸦片之过也。

---

①今译作埃利斯岛——编者注。

此言实昧于历史事实之又一胡说。

有关"鸦片战争"（1839—1842）之中西史籍无虑数百种。今日史家对战争之经过，盖均已耳熟能详，不须争辩。拙作限于篇幅，亦无法重叙史实。然该次战争之基本性质，有待研讨之处则正多也。

须知"鸦片"为当年中英战争中，英方无可代替之"商品"也——其获利之丰（读者试看今日之毒贩便知），天下无双；其有助于当年英国国库之收入（national revenue），亦不可或缺；其有助于英伦之繁荣、"国民所得"之增长，与夫绅士淑女生活水准之提高，也出乎想象——试看伦敦、香港等地19世纪所建，今日仍巍然兀立之高楼大厦，有几座与鸦片无关？（君知否？这类建筑，纽约与波斯顿①，间亦有之。英人垄断了印度高等鸦片；波斯、土耳其产之次等货，美商营之也。）

总之，"鸦片贸易"（opium trade）为当年英伦朝野，国脉民命，生计攸关，不可或缺之国际贸易。女皇与国会，均不惜为之一战。可是英国国会档案不昭示乎，英国议员之反对战争者，岂非所在多有？此则只见树木，不见森林，小史之见也。英国与美国一样，毕竟是个有言论自由的民主国家嘛！珍珠港事件之后，美国国会之内还不是有人反对对日宣战！

所以我们敢断言："鸦片战争中英双方皆为鸦片而战也。"否则它就不叫"鸦片战争"了。1776年开始的"美国独立战争"，是由中国的乌龙茶叶引起的。该战争非为茶叶而战，因此它就不叫"茶叶战争"了。

然则19世纪中叶中英之战是否像一些中外史家所述，不论"鸦片""溺片"都"非战不可"呢？

答曰：唯唯否否。何也？曰：若无林文忠公"入即正法，船货归官"的铁腕政策，则"鸦片战争"便不会爆发！盖清廷至此，禁烟已百余年。然鸦片之祸，愈禁愈炽；鸦片贸易愈禁愈大。"鸦片战争"原为鸦片而战嘛！如鸦片之禁令始终只是一纸具文，则英国又何必发动什么鸦片战争呢？无奈鸦片之祸，至道光中叶已至不可收拾之程度。世界上任何有自主

---

① 今译作波士顿——编者注。

权的国家，为着一己生存，都非禁不可。

吾人今日如试一重读1838年（清道光十八年）鸿胪寺卿黄爵滋奏《请严塞漏卮以培国本》一折的原文，则知正当进出口商人经营所获，"较之鸦片之利，不敌数十分之一。故夷人之着意，不在彼而在此"。又说到罚轻瘾重，吸毒者"刻不可缓……查旧例：吸食鸦片者，罪仅枷杖。其不指出兴贩者，罪杖一百，徒三年。然皆系活罪。断瘾之苦，甚于枷杖与徒。故甘犯明刑，不肯断绝。若罪以死论，是临刑之惨急，更苦于断瘾之苟延。臣知其情愿绝瘾而死于家，必不愿受刑而死于市……"（见黄著《黄少司寇奏疏》）。这种叙述之真切，以今日纽约毒祸与之相印证，都是符契相合的。至于那禁烟名句说，烟如不禁，则将来"不唯无可筹之饷，亦且无可用之兵"。中国如衰败到那步田地，则"鸦片战争"就没有"非打不可"之必要了。这一个境界却正是英国这个大毒枭，在鸦片战前所企盼的中国啊！出乎他们意料的则是道光皇帝竟然派出一个有为有守、敢作敢为的林则徐。林某既然真的要禁起烟来，真的means business①，则这场战争才真的就"非打不可"了。一战四年，中国大败亏输，落得个"五口通商""割让香港"的结果，在本篇正文中，就不必细述了。

"鸦片战争"之战与不战之权，操之于大英帝国的首相与国会。林钦差被动应变而已。他如要认真地禁烟，不管贵钦差是林则徐、张则徐，都要挨打了。是耶？非耶？

从"印度第二"到经济第一

英国在清末和中国一共打了三仗——一次是"全仗"（"鸦片战争"，1839—1842），两次是和其他列强合伙来打的"半仗"（"第二次鸦片战争"，亦名"英法联军"之役，1856—1860；"八国联军"侵华，1900—1901，史家也称之为"拳乱""义和拳"，扶清灭洋之乱也）。

前段已言之，英国是当今世界上最能随机应变、十项全能的帝国主

---

①意为严肃的、认真的——编者注。

义，所以它对我们所打的三次战争的性质和方式也大有不同。

曾两任英国首相（1868，1874—1880）的迪斯瑞理伯爵①（Earl Benjamin Disraeli，1804—1881）曾有名言曰："大英帝国无永恒敌人，亦无永恒朋友，却有永恒利益。"所以上述三次侵华之战，虽方式不同、性质各异，其为大英帝国的"永恒利益"而战则一也。

概括地说来，中英鸦片之战，英国的目标和方式都是以它侵入印度的历史为模式的。远在1792年（乾隆五十七年），英王乔治三世遣马戛尔尼伯爵（Earl George Macartney，1737—1806）使华时，彼即深知清军火器之落后，在军事上非英国之敌手。鸦片战前，英人非但洞悉清军之不足敌，而清政之窳劣，尤为英方所睥睨。因此纵鸦片一项之入侵，便可不战而屈人之兵，把中国变成"印度第二"。西方老辈汉学家阅拙作或将诬为过甚其辞。其实英人之臣服印度又岂有若何通盘计划哉？若辈只是乘势入侵，得寸进尺，终于造成既成事实罢了。其侵华也亦然。鸦片战后，则司马昭之心亦为其血浓于水的白种伙伴所共识。

《中美望厦条约》（1844）缔结之后，第一任美国驻华公使义华业（Commissioner Alexander H. Everett）于1846年10月抵广州履新，目击英人在华之不择手段对中国主权恣意侵越，便认为英人有计划要把中国变成"第二印度"而忧心忡忡。义氏并专书呈报美国国务卿及总统，吁请华府联合欧洲其他列强尤其是法俄二国，加以制止。（义华业呈美国务院之报告原件现存美国国家档案局。于1847年4月10日，发于澳门。）其后历任美使所见皆然，唯一例外则为第五任美使伯驾（Peter Parker，1804—1889）。

伯驾原为美国传教士，鸦片战前即与鸦片贩有亲密往还。战后为急求深入内地自由传教，而支持英国之积极侵华政策。迨伯驾以六任美使馆代办而升为第五任公使时，竟吁请华府"占领台湾"，始为布肯南②总统（James Buchanan）所撤职。

①今译作迪斯累里——编者注。
②今译作布坎南——编者注。

但是英国毕竟是个有修养的帝国主义。鸦片战后不久英政府便深知独吞中国之不易。盖中国为一高度中央集权之统一大帝国，颇难分而治之如英人之御印度也。再者，鸦片战后俄、法、美诸强亦接踵而至，对弱大中国群起而蚕食之，各分一杯羹固为势所必至，而一强鲸吞则为时已晚矣。因此在"太平军"金田起义（1851）之后，英国对华政策乃有极显著之改变。

在此期间，英人已不再做印度模式之企图。而改采联合法美两国以武力胁迫清政府在不平等条约之下，做沿海与内陆之全面开放。斯时法美诸强虽亦尾随英人插足东亚大陆，然其经济力量与英商相比则微乎其微。英政府如能策动列强共逼清廷做全面开放，则实收其利者，仍只是大英帝国一国而已。英国之此项邀请，美政府因疑其动机，不愿加入，而法国则欣然入彀，此即为英法联军于1860年攻陷北京之全盘经纬。

北京既陷、圆明园被烧，而清帝咸丰亦死于承德，导致宫廷政变，寡妇垂帘。清室至此对西方帝国主义已完全失去抵抗能力。对列强的予取予求，简直是百依百顺。因此清政府于天津、北京两地与列强所签诸条约，可说均是据英人所要求之条件为基础的一边倒的城下之盟。强者恣意索取，弱者俯首听命——斯即西方今日一些史家所谓促成中国加入"世界社团"、采行"条约体制"之实际经过也。

在此"条约体制"下，清廷随后签了一连串的条约，不特把中国重要沿海港口遵命全部开放，外人在内河航行、筑路开矿、传教办学、租地居留亦一概有其条约保护。英人监督我海关、代办邮电亦均一概落实，而《中英北京条约》（1860）中最狠毒之一附款，则为"贩卖鸦片为合法贸易"。

《中英南京条约》（1842）中，鸦片走私被蒙混过关，未提一字。然《中美望厦条约》（1844），则明订鸦片为"违禁品"（contraband），贸易为走私，美商不得参与。1858年中美天津续约，美使列卫廉（William B. Reed）原拟重续此条，然为英使额尔金（Elgin）所绐，乃将此条删除，遂使英人未费一词竟将鸦片贸易合法化矣。（见列卫廉1858年6月23日发自天津对美国国务院之23号报告。原件存于美国国家档案局。）

既经合法化，"鸦片"这项"商品"在中国进口乃逐年增多，清季竟占全中国外贸总额60%以上；而当时中国进出口贸易之运输，几乎亦由英商总揽承包。英帝国主义之对华发展，至此亦可谓登峰造极矣。

席丰履厚，圆颅方趾，大英帝国之臣民，当时真是傲视万邦，睥睨全球。那亿万个贫穷肮脏、面黄肌瘦、愚昧无知的鸦片鬼"约翰·支那曼"（John Chinamen），仰视豪华幽雅的上海"外滩公园"，也就不能与狗同入了。

朋友，这便是清朝末季，以英国为轴心的"西方帝国主义"侵华之大略及其严重后果之实况。虽然当前中西汉学界尚另有说辞，但是史料俱在。等到大家都可利用相同史料来发掘历史事实时，是非终必大白。林肯总统说得好："你可骗所有人民于一时；骗部分人民于永远；但你不能永远欺骗全体人民。"这正是公正历史家的信条。

因此当《中英北京条约》签订之后，英人对华之愿望可说已全部达成。大英帝国虽手下留情，在政治上没有沦中国为第二印度，却取得把中国当成大英殖民地的一切经济权利。可是中国毕竟还未成为殖民地。诸强蜂拥而来，则大英帝国如何保持其在华的既得利益，怎样维持"现状"（status quo）更从而推进之，就变成其后一阶段英国对华政策的重心了。

英帝政策的蜕变与法帝的"非洲模式"

长话短说。自1860年的《北京条约》到1901年结束"八国联军"的《辛丑条约》之签订的40年间，大英帝国随对华政策的纵深发展，竟逐渐从一个面目狰狞、吸血吮髓的母夜叉，变成一个捍卫中国"主权独立、领土完整"的强有力的保姆了。虽然在此期间它还是强夺了缅甸（1885）、"租"占了威海卫与九龙（1898），但是较之俄、法、日之贪婪横暴，则真是"盗亦有道"了。

英国对华政策之演变当然都是以"大英帝国的永恒利益"为出发点。但是不论进退，它都能发而中节，正如丘吉尔所说："杀人也要杀得客客气气的嘛！"不像其他帝国主义，尤其是俄国与日本那样作风恶劣。

再说说法国。法帝国主义在清末中国所扮演的角色，原是个百分之百的"殖民主义"者。它的模式便是瓜分后的非洲模式之延续。在19世纪的非洲，欧洲各帝国主义国家，分别建立其殖民地。分据之后，彼此壁垒森严，互不相让、势同敌国。一旦欧洲本土有矛盾，则非洲亦矛盾随之。此即法人强占安南（1885）及广州湾（1898）之后，向广西、云贵延伸之意图也。其后德人之占领胶州湾，据青岛（1898），以山东为"势力范围"（sphere of influence）亦属此类。

至于俄国，其入侵中国之方式与性质，则又为另一形态。

疆土帝国主义的俄罗斯

前节已言之："欧洲扩张主义"原是人类历史在"现代阶段"（The Modern Era）的时代现象。欧洲扩张主义者之向东发展原有海陆二途。上面诸节所述原是以西葡两国做急先锋，以英美两国压阵的"海上帝国主义"；而取道陆路东侵的帝国主义，就只有俄罗斯一国了。

以基辅（Kiev）为中心的中古时期的俄国，原是一个以斯拉夫民族为主体的，极其落后的东欧小国。1240年（南宋嘉熙四年）基辅为蒙古远征军所破，其后沦为蒙古帝国之附庸凡240年。至1480年（明成化十六年）始摆脱蒙古统治，恢复独立。然在此240年蒙古统治期中，此一原为不东不西之小国，却学到一些既东且西的统治技术。其尤要者则为蒙古治下之极权政府也。因此俄国恢复独立后的第一位沙皇"恐怖伊凡"（Ivan the Terrible），即为当时世界上凶残至手刃太子的最恐怖的统治者。俄民斯时亦因久受蒙古之恐怖统治，一旦恢复独立，也就追随其恐怖的统治者，做最恐怖的扩张主义之反弹。其在西方因受阻于强有力而更开化的西欧诸强，就只有疯狂地向东推进了。斯拉夫原为东欧之一弱小民族也。孰知一旦野性爆发，不数十年竟翻过亚欧交界之乌拉山[①]（Ural Mountains）而成

---

①今译作乌拉尔山脉——编者注。

为中亚与西伯利亚（Siberia）之第一号煞星了。Siberia者原即鲜卑利亚之转音，我国西北边陲内外少数民族之故乡也。这些"少数民族"原即是一些逐水草而居，随季节迁移，每年南北转徙千余公里的游牧民族。本身虽极剽悍，若无大单于为之统一，则亦各不相属；甚至彼此忌嫉，予入侵者以可乘之机，各个击破。

俄人东侵时，其武力虽不过数百人至数千人，然其拥有现代火器，以故"各个击破"之实力极强。而俄人扩张之时其残酷程度可能在西欧各海盗国家之上。其杀人灭族、奸掳焚掠，甚至烧烤人肉佐膳，亦时留记录，有案可稽。笔者族叔唐盛镐博士精通俄语，彼自俄国革命后所公开之沙俄档案中，翻阅有关史料，读之真骇人听闻，不堪想象。所以沙俄东侵百余年，鲜卑利亚真被它杀成一片血海！所幸于17、18世纪时，中国清室崛起，而康雍乾三朝（1662—1795）本身固亦为一强大之陆上帝国主义也。以故于17世纪之末，俄军东侵至外兴安岭之西麓时，乃为强大清军所遏阻。一战之下，俄军挫败，乃有中俄《尼布楚条约》（清康熙二十八年，公元1689）之签订。该条约之主款厥为两强以外兴安岭为界，划疆而治。俄人之陆路东侵至此乃告一大段落，双方相安无事者凡170年。直至1860年（咸丰十年），英法联军攻破北京，俄人乃撕掉《尼布楚条约》，进占我东北，强据我海参崴，改名俄属"镇东港①"（俄语Vladivostok，即镇东二字之组合也），从此为患北方，至今未已。

然俄国自沙俄迄苏俄俱为生产落后之国家，在清朝时与中国贸易，除大量皮毛之外，亦无太多进口货物，故其对华贸易兴趣不大，而所重者领土也。所以俄帝于晚清末叶为一单纯的土地帝国主义（territorial imperialism），较之英国之十项全能，逊色多矣。但是在英法联军之役时，彼竟能趁火打劫，不费一弹而尽占我东北，并及外兴安岭以东之整个西伯利亚，且乘势穿越白令海峡而尽占阿拉斯加（Alaska），与自加拿大东来之大英帝国主义短兵相接。俄人自知不能守，乃贿通美国参众两院，

---

①今译作符拉迪沃斯托克——编者注。

以720万美元之廉价（约五美分一顷）售与内战后之美国，然其以非法武力强占我之东北全境却寸土不还。

余读咸同两朝之《筹办夷务始末》，见清朝疆吏向北京朝廷之告急文书，纵在英法联军推向北京炮声正浓之时，其篇章亦以来自盛京（今沈阳）为最，足见俄帝趁火打劫之急切也。

俄国对华疆土之兼并，自彼得大帝（Peter the Great，统治俄罗斯43年，1682—1725）至史达林①（统治苏俄30年，1924—1953），初无稍变。东起海参崴、西迄伊犁，两国疆界绵长5000英里，俄人总是虎视眈眈，伺隙而动。其志在兼并整个满蒙与新疆，证据斑斑。我国近代史家每举唐努乌梁海、江东六十四屯，与伊犁等小区为例，真是小看了北部邻家。北邻之大志固在中国长城以北之整个满蒙与新疆也。

此种帝俄对中国之侵略远景，受祸最大者固为大清帝国，然清廷至此如能保住北京禁城，已属难能，对边疆、藩属也就顾不得许多了。俄帝窥边，清室无能，乃鼓励了东邻日本之入寇。

日本的"欧罗巴社会"

日本在近代东方之崛起，是历史上一个奇迹。其崛起后竟能踵随欧美诸强侵掠中国，成为第一个，也是唯一的一个黄色帝国主义，而其凶残则较诸白色帝国尤有过之，此理殊不易解。

再者，日本文明原为大陆上汉族文化向外扩展之边缘，而此边缘文化于近百年中竟能反噬其母体，其母体文明又表现得若斯之颠顸不可救，则尤使史家茫然也。

胡为乎而然呢？在诸多解说中或以社会形态说较为可信，且为读者试释之。盖古日本文明原甚落后，隋唐以后，僧侣学子群访长安，日本社会制度才开始汉化。然汉唐文物典章如中央集权文官制、考试制度、征兵制度、家族制度……均未必适合岛居小国，日久变质乃与中土原制

---

① 今译作斯大林——编者注。

各行其是。如中国之文官制、征兵制，原均为代替世袭制而设计者，日本试行之，中央集权未成型，反而助长诸侯世袭，军人职业化，从而架空了中央，所谓藩幕是也。说者以日本明治维新前之社会结构，实与西欧封建末期之社会结构极为相似；而此一相同之结构则为欧洲"产业革命"（Industrial Revolution）之温床也。日本既有此温床，蓄势待发，因此一经与西欧接触，符节相合，一个东方产业革命乃应运而生矣。此一"欧罗巴社会结构"说，颇能道其契机，故为读者述之。至于我国传统社会之结构则为单纯的"亚洲式社会"（Asiatic society），故与欧式经济发展，殊嫌凿枘不投。

日本既以社会形态之偶合，益之以明治时代之开国精神，心物两健，不旋踵乃崛起为侵华最后起之帝国主义矣。甲午中日之战（1894—1895）后，割我台湾，奴役朝鲜，进窥南满，中国之外患遂益形复杂，而英国在东亚大陆上之"维持现状"政策，也就更难"维持"了。

所谓"势力范围"的因因果果

我们如把清朝末季英国对华政策再稍作回溯，便知英国这一"纵深发展"的政策，盖有三个不同性质的阶段。（不像俄日两国的侵华政策，前后不变，一竿到底也。）

其第一阶段便是统治印度之后，乃把中国看作印度第二。此一阶段之发展，以1842年《南京条约》之签订及其后数年为巅峰。在此阶段中，英国对美、法、俄诸强均嫉视殊甚，而其他列强亦以牙还牙，视其为公敌。此亦欧洲纠纷在亚洲之余绪也。

第二阶段则自1856年"亚罗船事件"（The Arrow Incident），掀起第二次鸦片战争始，直到1898年义和拳之蠢动而告终。在此40余年中，英国在华与诸列强之关系则为政治妥协、经济领先，甚或独占（如鸦片、如航运）。以故在此阶段中"维持现状"实为英国对华政策之中心思想。然此一思想至1898年终成泡影。盖此时大清帝国"气数已尽"，举国瘫痪、振作无力，而欧美诸强之扩张主义却如日中天。——原本隔洋观火的美国，竟于此年无意中击败西班牙而取得了菲律宾，一夕之间竟也变成远东的贪婪一霸。巧的是笔者那位欢喜搞"以夷制夷"的贵同乡李鸿章，秘密与沙俄勾结以抗日本，亦于此年把旅顺、大连两港租给了俄国。俄帝得此两港囊括了满蒙，便野心勃勃地把长城以北的中国领土宣布为俄国的"势力范围"，不容他国染指了。俄国此举侵犯中国主权问题不大，可是它也侵犯了英国的经济利益，弄得英国在中国长城以北路不能修、矿不能采、鸦片也不能卖，损失不赀，那就兹事体大了。

更巧的则是我们一向好勇斗狠，以"响马"闻名全国的山东老乡，也于这时打毁了一座德国教堂。好个借口，德国一下便冲入胶州湾，占领了青岛，宣布山东省为德国"势力范围"。德法邻居，法国岂肯后人，也一下霸占了广州湾，西南中国也就变成法国的"势力范围"。福建面临台湾，日本也就当仁不让了。

这样一来，原以整个中国为其"势力范围"的英国，不免慌了手脚。它赶紧占了九龙，以巩固其香港老巢，再一步便拿下威海卫以对抗沙俄。但是威海卫在德国"势力范围"之内，为联德防俄，它又不敢冒犯德国，否认其在山东的"势力范围"。它自己也想宣布长江流域为"英国势力范围"，但是长江流域早已华洋杂居，有范无围，并且比起中国全境也范围太小，损失太大，心有不甘。所以1898年的英国真惶惶如丧家之犬，不知如何是好。最后忽然灵机一动，找出个办法，便是干脆不承认"势力范围"这一概念的存在。但是它自己"势力范围"之内的利益，又不容他人侵犯。矛盾重重如何是好呢？幸好英国政客都有优良的"巴厘满训练"（Parlamentarian training），长于言辞，精于辩论。因此殖民大臣张伯伦（Joseph Chamberlain）乃有其面不红耳不赤，一针见血的精擘之论，曰："势力范围，从未承认；利益范围，从未否认。"（Sphere of influence, we have never admitted; sphere of interest, we have never denied.）

因此，英国为维持自己的"利益范围"，则必须打破其他列强的"势力范围"。这一原则既定，长于辞令的政客乃把它取个名字叫作"门户开放政策"（Open Door Policy）。所以90年前英美两国在中国所搞的"门户开放"和邓小平所搞的"门户开放"，就大异其趣了。邓的门户开放是来个开门请客，迎接外资外援。而90年前的门户开放，则几乎与中国政府无关。中国想管，洋人也不理会。他们的门户开放是不许侵华的各帝国主义在中国划"势力范围"，搞非洲式的瓜分运动，所以中国在此均势条件下，也不无小惠，至少可免于做真正的殖民地。

可是英国当时要提出"门户开放"，多少有点心虚脸红。心虚者，它对它自己在华的殖民地如香港、九龙，在华的"势力范围"如西藏，开放不开放呢？脸红者，设英国主动送出《门户开放照会》（Open Door Notes），收文者如此反问，脸红否耶？！

所以"门户开放"这个世界近代史上有名的故事，其发动者实为英国，而英国政客不愿，也无此厚脸皮执行之，这样他就想打老美的主意了。美国外交家自开国以来便一直是志大言夸、行动敏捷、满腹理想而从不老谋深算。加以此时美国在华也没有"势力范围"，更可不负责任，放言高论。因此一经伦敦策动，麦金莱总统（President William McKinley）与国务卿海约翰（John M. Hay, 1838—1905）便欣然同意，并一肩扛过。自此这项英国对华政策就变成美国的对华政策了。它为英国利益服务而英国还要装模作样，对这项"美国政策"吞吞吐吐地做有条件之保留呢！笔者走笔至此，不禁喟然有感。我想中国的外交家，真要多读点英国史，才配上台来打点国际麻将啊！

以上所述英国这几招漂亮的手法，便是它在晚清对华政策的第三个阶段了。

海约翰搞"门户开放"的闹剧

海约翰自承担了"门户开放"这宗天降大任，他便认真地草拟了一篇《门户开放照会》，于1899年正式有技巧地先后分送各列强。这照会强调三项要点：一、中国领土完整（territorial integrity）；二、主权独立（state sovereignty）；三、列强利益均沾（equal opportunity）。这项照会发出去之后，有关列强不久也就批准了，或有条件地批准了，而使此一历史事件永垂后世，虽然它并没有正面解决任何问题。原因是建议人却也是违议人（如英国），执法者竟也是犯法者（如美国）。英美尚且如此，其他列强的口是心非就更无论矣。

美国为什么要执法犯法呢？盖海约翰承担大任之初，只知道美国本身在中国并无"势力范围"，所以心雄嘴硬也。但海氏初未想到，在美国占领菲律宾之后，自己也变成肮脏自私的帝国主义之一了。他如以门户开放三原则为借口，不许那后起之秀，雄心勃勃的日本向朝鲜和南满侵略，则日本小鬼就要南下马尼拉了。言念及此不觉涔涔汗下。为着保护菲律宾，白宫主人把心一横乃与日本再签两造密约，便把整个门户开放运动出卖了。因此虽然这位"门户开放"先生在历史上大名鼎鼎，但是此事自始至终只是一场闹剧而已，未成气候。再加上一个昏聩无知的叶赫那拉老太太，在此紧要关头，幽囚了儿皇帝之外，又搞出一幕更荒唐的闹剧，什么"刀枪不入""扶清灭洋"的义和团，事态就更不堪设想了。四年之后，日俄两个帝国主义竟集重兵数十万，在我东北大打起"日俄战争"来。这一打则什么"领土完整""主权独立""利益均沾"，便啥也没有了，门户开放主义也就寿终正寝了。

不过天下事总是有其两面性的。门户开放虽然失败了，却反映出一个列强"均势"（balance of power）的局面。任何强权，在诸强相互牵制之下为非作歹，都要三思而后行。清朝政权就仰仗这点均势，又多活了十年。否则，如中国真的被列强瓜分了，孙中山领导的革命运动也就搞不起来了！

【1990年6月23日脱稿于台北"中央"图书馆】

从晚清到民国

第二章
太平天国

　　时至晚清，改朝换代的周期已届，政府的统治大机器彻底锈烂，社会也百病丛生。广东洪秀全，一个典型"三家村"的土塾师，科场失意，转以"拜上帝会"之名于广西聚众起义，企图建立一个梦想中的"小天堂"。一群狂热信徒被逼上梁山，化宗教信仰为政治力量，终致酿成死人无数的"太平天国"大悲剧……

一、论晚清周期性内乱与洪杨悲剧

从中国传统史学（包括"二十五史"和《通鉴》）的观点来看，清朝268年实在是中国史上最值得称颂的一个朝代。

论武功，它开疆拓土、四向扩张，幅员之广阔在中华民族史上是没有前例的。乾隆时代东南亚"香料群岛"一带（今印尼东端）有些小国如苏禄（Sulu）等，被葡萄牙、西班牙和荷兰等海盗吓惨了，乃向北京上表"求内附"做藩属，乾隆爷还下诏以"险远不许"呢！这与西方和日本的帝国主义作风，如何能比？

论文治，则清初康雍乾三朝130余年（1662—1795）的国泰民安，制度上轨道、政治有效率，真是"三代以下无斯盛"！——清朝也是我国历史上（包括国共两党的政府在内），唯一没有全国性"徭役制"（corvée或forced labor）的一个朝代（见《皇清通考》）。若论政府对人民的剥削，清朝实在是最少的啊！

论经济，康雍乾三朝，人丁剧增、民丰物阜也不在同时的欧洲之下。纵迟至鸦片战争（1839—1842）前夕，我们的一个资本家浩官伍敦元（1769—1843，广州十三行主东之一），他个人的财富，据美商估计也比与他同时最富有，也是第一位搞垄断贸易的美国财阀约翰·亚斯特①（John Jacob Astor，1763—1848），可能还要富上好几倍。

［附注］亚斯特财团也是纽约市最早、最大、最豪华的"华尔道夫大饭店"（Hotel Astor Walldorf）的拥有者。李鸿章于1896年访问纽约时，即下榻该饭店。亚斯特本人也是靠对华皮货贸易（fur trade）起家的。

再说说学术文化吧！中国那时更是独步全球。乾隆皇帝于美国革命时期在北京开馆修《四库全书》。这一部被他陛下一"毁"再"毁"的丛书所剩下的卷帙，其分量还大于当时全世界其他各国现存书籍之总和！举一反三，其他的成就，就不用多说了。

所以我国帝制时代最后一朝的清朝，实在是不可小视的。可是近百年来它却为中外史学家糟蹋得不成个样子，实在是很不公平的。其主要原因便是时至晚清，改朝换代的周期已届。国之将亡，一切典章制度都瘫痪到底，已非人力所能挽救，因之内忧外患，一时俱来。大风吹倒前朝树，我们历史上的最后一朝也就逐渐沉入历史的海洋，而任人鞭尸了。

前文曾略叙晚清外患的始末。本篇再谈谈晚清带有浓厚周期性的内忧。

玉石俱焚的周期性内乱

在我国冗长的历史里，"外患"往往都是偶发的；而"内乱"则多为历史的"必然"。盖我国传统的外患多半来自边疆少数民族。边疆少数民族之能否问鼎中原，则决定于两种因素：第一要看它本身有无入侵的能力；第二要看中原上国有否给它问鼎的机会。二者的凑合是难得的，也是偶然的。这一难得与偶然事实上也适用于现代西方帝国主义之入侵。

至于内乱呢？那它就往往有其周而复始的必然性了，而这个必然性，也往往是有远见的政治家、历史家，甚至阴阳家、术数家，都可以预测的、逆料的。

---

① 今译作约翰·雅各布·阿斯特——编者注。

[附注] 阴阳学、术数学不是中国和印度所专有的"迷信"。它在犹太、古希腊和伊斯兰等文明里都占有极重要的地位。它在当今世界上的信徒显然包括绝大多数台港的资本家和大陆上的高低干部。我国近代史上所有的军阀、政客，几可说无人不信。美国前总统雷根[1]和他的夫人南茜[2]笃信之诚，尤其是世界闻名的。今日美国第一夫人希拉蕊[3]，居然也可以"通灵"。迷信之深也出乎吾人之想象。

"术数学"在西方文明里叫作numerology。这项学术在中国始自《易经》，在西方则为古希腊哲人毕达哥拉斯（Pythagoras，约前580—前507）所倡导，是一种"非科学的科学"。其实"科学"（science），从亚里斯多德[4]到杨振宁、李政道所搞的，也只是人类智慧中发掘出来的知识之一环。它如今已变成一种"超发展"（overdeveloped）的学问，在"现代文明"（Modern Civilization）中简直是罢黜百家、独崇老子的一霸。可是在将来的"超西方"（Post-Western）和"超现代阶段"（The Post-Modern Era）里，那些"低发展的知识"（underdeveloped learnings）和"非科学的科学"（unscientific sciences）是否也有"突破"（breakthrough）之一日，吾人不知也。不过搞学问不应太自我设限就是了。

其实我们对清末国势的解释，还是以阴阳家的"气数已尽"四字最为切当。"气"者，朝气也、暮气也、死气也……中医所谓"精、气、神"是也。清朝末年，可说三者皆死。

"数"者，数据也，data也。除掉那些"非科学"的甲子、乙丑不谈，其他的"科学数据"如人口过剩、民穷财尽、民不畏死等各项统计，都注定清王朝非灭亡不可。

甚至就以当朝统治者找"接班人"的独家数据来说吧！康熙皇帝统治了61年，死后还有18名皇子——18个合法接班的班子。可是到清末同光宣

①今译作里根——编者注。
②今译作南希——编者注。
③今译作希拉里——编者注。
④今译作亚里士多德——编者注。

三帝，却连一个儿子也生不出来了。咸丰帝后妃成群，也只有一个最狡猾的慈禧替他生了个儿子，这也就耐人深思了。

朋友们或许要问：皇帝生不生儿子，还要麻烦"现代"史学家们叨叨不休吗？答曰：是也。皇帝生不生儿子太重要了嘛！我国春秋战国时代，列强之间订立国际条约都要把"毋易树子"（也就是不可以小儿子，尤其是小老婆生的儿子来代替大老婆生的大儿子做接班人），"毋以妾为妻"，"毋使妇人与国事"等家庭小事写入"国际公法"，以维持"世界和平"。

因为在那个"一家统治一国""国家强于社会"的时代中，在一个具有关键性的家族里，大小老婆打架是会影响"国际和平"，引起"世界大战"的。其实当代中国还不是如此？！

笔者走笔至此，不免想起我国近代大思想家梁启超先生来。梁氏在他的《新民丛报》上诋毁我们举世无双的"二十四史"说，我国诸史非史也，"帝王家谱"也。梁氏著书于"西学"初来之时，日译西书有限，他自己又不通蟹行文，弄点西学皮毛便骂起祖宗来了。殊不知在那个时代，"帝王家谱"的重要性远大于"历史"啊！所谓"正史"者，其内容原是以"帝王家谱"一门最为重要嘛！物有本末，事有终始，知所先后，则近道矣。先圣先贤不是早有明训？！

做皇帝、大独裁者，要日理万机，明察秋毫。那项繁重工作，岂是一个精气神皆屡，连个儿子也生不出的像溥仪先生那样的人，所能胜任的？

总而言之，时至晚清，我国改朝换代的周期已届，大清气数已尽，不是出几个像李鸿章一类的人物，搞两下什么"中兴"就挽救得了的。

天地不仁，以万物为刍狗。在我国历史上这个周期一到，就要出现黄巢、张献忠一类的煞星。结果赤地万里，尸骨堆山，血流成河，中华文化遗产，玉石俱焚……最后才能海晏河清，再产生一个新的朝代来。

这种中国历史上改朝换代的痛苦，已经是够大的了。到20世纪，我们要把中古的中国改变成西式的现代国家，那就要克服这种周期性的变乱。

揭竿而起和揭竿不起

大致说来，清朝没落的周期，盖始于乾隆之末、嘉庆之初。在我国古代，这个周期开始时的征候便是地方不靖、盗匪横行——用个现代化的名词，那便叫作"农民起义"。

农民起义之初，类多为零星土匪，在乡里打家劫舍。直至腐化了的官府不能禁止之时，他们就渐渐地彼此并吞裹胁，变为股匪了。发展至此，一些失意而有野心的文人、知识分子就要加以利用。其中赫赫有名的如刘邦、张角、黄巢、宋江、朱元璋、李自成、张献忠、洪秀全……都是农民暴动领袖中的佼佼者。他们利用农民的方式虽各有不同，然其志在"打天下""建朝廷""做皇帝"的道路则基本相同。——这也是我们中华农业大帝国传统之内，政治上新陈代谢过程的特有现象，其他文明中是没有的。

笔者这一辈在农村中生长的中国人，有许多便有目击甚或参与这种传统农民暴动的亲身经验。这种经验在今后的中国是不会再有了，因为那是中央集权的"农业大帝国"的特有现象。农业大帝国在中国历史上不会再出现了，这一农民暴动的现象也就不会再有了。

晚清农村发生严重的造反现象，盖始于乾嘉之际的白莲教之乱。这种清史上所谓的"教匪"，便是失意知识分子利用宗教迷信，煽动贫苦绝望的农民联合造反的，很标准的"农民大起义"。

广东洪秀全何以在广西造反？

洪秀全所生的那个时代，便是传统中国历史上产生陈胜、吴广、张角、黄巢、宋江、朱元璋、李自成、张献忠的那个时代。在那个时代里，上面政府的统治大机器已彻底锈烂，不堪使用了；下面的社会也百病丛生——黑死病等都一时俱来。病入膏肓，医药罔效，人死病断根，那就要改朝换代了。

在传统中国农业经济体制下，80%以上的人口是农民，而农民中之绝大多数又是些终年难得一饱的贫下中农。当他们在这种"上下交征"的残酷环境里，求生不能、求死不得之时，他们就要铤而走险，集体暴动了。在农民暴动蓄势待发之时，上帝忽然派了他的小儿子下凡"除妖"，这位小上帝——"天兄耶稣之弟"的"洪先生"，和这些农民自然也就一拍即合了。

洪秀全本是广东花县人，他为什么要舍近求远，跑到邻省广西去造反呢？这就是因为在那个造反有理的前提之下，广西的造反条件实远优于广东。

广西在今日行政区划中已经不是个"省"，它被划为"壮族自治区"。壮族是我国少数民族中最大的一族，有1000万以上的人口。其中兄弟民族又有苗、瑶、彝、黎等，种族繁多。其实这些少数民族事实上只是"中华民族大熔炉"（The Chinese Melting Pot）中尚未完全熔化的部分。根据熔化的程度，他们且有"生""熟"之分。笔者在抗战期间读中学，曾随校迁入这个西南少数民族地区。那时我们所接触的苗族同胞即有"熟苗""生苗"之别。最熟的"熟苗"那就与我们所谓"汉族"毫无分别。他们的子女也就进入我校读书。可是我们如与"生苗"往还，那就要带"通事"（翻译）了。

清末的广西当然比抗战期间的大西南更为复杂。全省汉番杂处，生熟兼备。而汉人之间亦有土居汉人（早年南迁者）与"客家"（后来的北方移民）之别。其情形盖亦如台湾今日的"本省人"与"外省人"吧！这大概也是我们民族劣根性在作祟，这两帮"汉人"之间的摩擦，原是没止没尽的，至于汉番之争，乃至少数民族本身之间的斗争那就更不用说了，再加上地理条件——全省地瘠民贫、谋生不易，因此落草为寇，实是优胜劣败、适者生存的终南捷径。纵迟至我的朋友李宗仁将军的时代，他所熟悉的广西，还是"无处无山，无山无洞，无洞无匪"的。

广西在人文和自然环境上还有一个有趣的特点。那便是自梧州上溯，凡住于西江流域的人民都说"粤语"（广东话），而住于桂江两岸的则说"桂林官话"。说这两种不同语言的也难免有其不同的畛域观念。

上述种种也都为有能力、有魄力的野心家提供了条件，使他们能因时、因地而掌握其特性，组织群众，揭竿而起。

洪秀全是一位科场失意、能说粤语的客家人。他在花县是一位被歧视的汉族中的少数民族。所以在花县他是不会有太多的群众的。加以花县地邻广州，居民的文化和经济水平都相当高。所以洪先生想搞点"妖言惑众"也是不太容易的。可是他如跑到地瘠民贫、客家聚居的广西西江两岸的贵县、桂平紫荆山、金田村一带，那洪先生就可称圣称贤、称王称霸，如鱼得水了。

"一口通商"和"五口通商"的经纬

洪秀全造反还有一个那时代所特有的经济背景。

洪氏起义金田是在鸦片战争结束的八年之后。在结束鸦片战争的《南京条约》缔结之前，中国所搞的"外贸"制度，原是"一口通商"。全国货物——如苏杭宁的丝绸，江西的瓷器，福建的红茶、漆器，安徽的绿茶，长江下游的棉纺织品等——销行欧美海外，都是要翻山越岭，通过广州"一口"去漂洋过海的。欧美南洋商品——如美洲的金银，英国的呢绒、钟表（且看北京故宫的"钟表馆"）和后来的鸦片，美商所运入的檀香、人参（所谓"西洋参"，有别于东北产的"朝鲜参"）、皮货等，乃至南洋产的珍禽异兽、犀角象牙……也都是通过广州逆流而行畅销于内地的。中外商家要搞"外贸"都要到广州一口去参加变相的"广交会"。中方出口贸易则由专搞出口的"公行"（有十二三个独立商号，如上述浩官）加以垄断，《广州竹枝词》所谓"银钱堆满十三行"是也。

来华贸易的外商则各有"夷馆"，长期划界居留，各营其利。中国管制外贸的关卡，则有所谓"粤海关"，年人正税在80万两上下（税收略次于长江中游的"九江关"）。粤海关不属于"户部"（类今之财政部），而直辖于"内务府"，是皇帝的私产。关税收入作为北京禁城的"维修费"。

［附注］清朝皇帝是不能乱花钱的。他是个"制度"（institution）。国家为维持这个institution是有其一定预算的。中国的皇帝是"中央集权文官制"中最高级的"官僚"。他不是个"寡头独裁者"。清末女主当权，叶赫那拉氏破坏了这个制度。她因此亡了夫家，也报了娘家的世仇，才成为亡国之后的。

我国当年"广交会"的贸易额是可惊的。在伦敦、纽约等现代港口兴起之前，广州可能是独步世界的大都市，和中世纪的泉州不相上下。

泉州在中世纪欧洲和伊斯兰史上号称"四桐市"（Zayton），以其四周有巨桐四株也。余年前访古四桐，瞻拜郑和行香遗迹，登临唐代古塔，觅四桐而不见，然其海天形势迫人，固古今无殊也。嗣趋番禺，偕内子投宿于白天鹅宾馆之最高层，俯视香江，见粤海之胜，想中国近代史上多少英雄人物：林则徐、伍敦元、孙逸仙、蒋介石、李宗仁……均逝于足下。眼见他起高楼，眼见他宴宾客，眼见他楼塌了。能不感慨系之？

其中浩官伍氏一家于上一世纪40年代之破产衰败，即关乎本文阐述之主旨。盖《南京条约》（1842）签订之后，通商扩及五口，上海乃扶摇直上，顿成五口之王。全国外贸进出口中心移往长江下游。广州十三行垄断结束，生意一泻如注，改业乏术，便沦于破产。

十三行破产不打紧，要紧的是广州的衰落；广州衰落不打紧，要紧的是靠它生意吃饭养家的千千万万翻山越岭、摆渡撑船的搬夫船夫。他们因广州之衰落而失业，则妻儿哓哓，如何是好？

广州"腹地"居民，尤其高居南岭深山的客家同胞和东西江的船民，由于广州衰落而失业的严重情况，我国近代经济史家和专攻太平天国的专业史家，至今还没有统计出精确数据（data）。但是也没有史家可以否认其时失业问题之严重，盖失业问题可于相关都市贸易量之起落而推算之也。吾人试想：今日熙熙攘攘之台北，股市如一旦崩溃，泡沫瞬息消失，则本市靠计程之车、左举之手（餐厅服务员）为生者，将如何得了？类推之，可揣其大略也。广州当年那宗"泡沫经济"（bubble economy），就是这样衰败下去了。一旦衰败下去，则众口哓哓，怨气冲天，就替我们"洪先生"制造造反的基本队伍了。事实上洪氏于1851年1月11日（清道光三十年十二月初十）在金田起义时的六位开国元勋——洪氏之外，有冯云山、杨秀清、萧朝贵、韦昌辉、石达开——虽出身各有不同，其为失业农民领袖则一。

他们都是一批"苟富贵、毋相忘"的陈胜、吴广。有的（如洪如杨）或许更是具有"特异功能"，能与"上帝"通话的土宗教组织家如张角者流。一旦信徒蚁附，法号严明，面对着一个瘫痪无能的政府，恶贯满盈的社会，他们就密谋造反了。这就是太平天国运动的具体背景。它在中国历史上的前例也是找不完的。至于他们的"蓄发易服"号称"长毛"，也不过是一种传统形式而已。盖清朝入关之初，颁剃发易服之令，曾遭到汉民族的激烈抵抗。但是在"留发不留头"的严令之下镇反肃反搞了两百年，我们也就阿Q一下，"男降女不降"了。"男降"者留头不留发也；"女不降"者，管你满房大脚，我仍爱其"三寸金莲"也。

可是中国毕竟太大。尽管你"扬州十日""嘉定三屠"也吓不倒我们那躲在南岭深山里的客家同胞。他们反其道而行，偏要搞个女降男不降。女降者，客家妇女与满洲姐妹认同，大家都保留了"天足"（客家不裹小脚）；男不降者，男子保留了明代衣冠——蓄发道袍。蒙上帝恩召时，亦无须像一般"生降死不降"的汉族弟兄去"翘辫子"也。

这便是我们"太平天国"君臣的"长毛"佳名之所以然，也是太平宫廷"满朝朱紫"服式的来源。

曾国藩兄弟打垮了"长毛"，他们也毁弃了"上国衣冠"。马君武诗人说："百看不厌古时装。""太平"之后，这种"古时装"就只有让一些京戏伶人和票友仕女，穿着到舞台上去过瘾了。

"太平天国"兴亡年表

"太平天国"是个大题目，剪裁不易。但是洪秀全究竟是一朝天子。太史公如复生今日，洪传亦应以"本纪"出之。拙著只拟略述之。在评其得失之前，本篇且列个简单的年表，以志其兴亡岁月如后：

1814年1月1日（清嘉庆十八年癸酉，十二月初十日）：洪秀全生于广东花县，属鸡，家境贫寒。

1829年：秀全16岁[①]，赴广州应试落第。

1836年：秀全23岁，广州再落第。在街头收到宣传基督教小册子梁发著《劝世良言》，未读、藏之。

---

①此页及下页为虚岁——编者注。

1837年：秀全24岁。洪老童生在广州三度落第。返家沮丧。卧病、"升天"、见"上帝"和"耶稣"。始读《劝世良言》。

1844年：秀全31岁。与冯云山往广西贵县传教。

1847年：秀全34岁，赴广州投美教士罗孝全（I. J. Roberts）受教义，为同门教徒排挤，未受洗而归。再往广西桂平、紫荆山一带传教。组织"拜上帝会"，有信徒3000人。开始与清军冲突。

1851年：秀全38岁。1月11日纠合伙伴起义于桂平县之金田村。3月建"太平天国"，秀全自称天王。9月克永安州。12月封杨秀清为东王、萧朝贵为西王、冯云山为南王、韦昌辉为北王、石达开为翼王。东王总其成。

1852年：太平军克全州。南王战死。入湖南克郴州，攻长沙不利，西王战死。克岳阳练水师。

1853年：1月克武昌。2月弃武昌，顺流克安庆、芜湖。3月20日[①]陷南京，改名天京。遣林凤祥、李开芳北伐不利。清军建江南大营、江北大营与太平军对峙。

1854年：曾国藩始练"湘军"有成。颁《讨粤匪檄》。全军出击，与太平军形成拉锯战。

1856年：秋，太平诸王腐化、内讧。北王杀东王，天王诛北王，株连甚众。

1857年：翼王避祸出走，后死于蜀。太平开国元勋一时俱尽，朝政沦入洪氏家族"四人帮"之手，危亡立见，距建国不过六年耳。

1858—1864年：太平朝政窳劣不堪，封"王"2000余人。由英王陈玉成、忠王李秀成率领与清室湘军、新建淮军及英美雇佣兵（常胜军）作殊死战，终不敌。

1864年：6月1日，秀全自杀，年始50。7月19日天京为清军攻破。太平天国亡，前后14年。如何短命若此？下篇再详论之。

【1990年8月24日脱稿于台北"中央"新村】

---

① 一说19日——编者注。

二、太平开国故事再检讨

"改朝换代"与"改朝换制"

首先吾人如用现代社会科学的法则，来分析太平天国的历史，便知洪、杨革命实绝无成功之可能。理由是"时代设限"，非人力所可强求也。

怎样叫作"时代设限"呢？盖我国历史上的草莽英雄，在天下大乱之时逐鹿中原，他们所追求的最高目标，都只是个简单的"改朝换代"——他们要打倒一个腐败的朝廷，摧毁一个腐烂的社会。然后在一片玉石俱焚的废墟上，改朝而不换制，依样画葫芦，再画它两三百年，然后再让别人去打倒。

不幸自鸦片战后（1842年），西风东渐，人类的历史已经由"中古"进入"现代"。我国原有那一套政治、经济、社会、伦理等的"传统制度"，在西洋的"现代制度"挑战之下，都无法原封不动地延续下去了。因此，"时代"和"历史"对我们这新一辈逐鹿中原的豪杰的要求，就不止于"改朝换代"，他们还得有点"改朝换制"的见识和能力——"换制"，不是只在名称上把"皇帝"换成"主席"或"总统"，把"司令官"换成"司令员"，它们还需要有点"质变"。搞"质变"，不特洪、杨无此知识和能力，比他们晚了数十年的"总统"和"主席"们，还照样变不了呢！

再者，搞一个国家、一个社会的"质变"——尤其是像咱们中国这个有两三千年未变的古老大帝国——也非一人一代，便可"毕其功于一役"的"突变"。它是"缓慢"的，经验"累积"的，分"阶段"前进的"渐变"。穷则变，变则通。其程序是迂回曲折的，有得有失，流血流汗，最后才能摸索出一个长治久安的新制度，然后才能在世界政坛上和"先进国家"轮流坐庄，创造出一个"超西方"（Post-Western）、"超现代"（Post-Modern）的局面来。

所以在19世纪中期来替天行道的洪杨诸贤，都只是具有"改朝"之才，而缺"换制"之识。恕我再重复一句，纵使他们具有（如后来孙中山先生那样的换制之识），他们也没有搞"换制"的机运。西哲有言曰："制度者，智慧与机运之联合产儿也。"二者缺一不可。

有"智慧"无"机运"，则哲学家之幻想也，纸上谈兵也。"机运"未到，便"躐等"而行之，那往往就变成"先知先觉"的烈士。我国近代史上的"烈士"何止万千。台湾的雷震先生便是最近的一位。他的"智慧"和他应该有的"机运"，时间差距，不过二十年耳。

再从另一方向看：如有"机运"而无"智慧"，身在其位，而识见不能谋其政，则误国误民，问题就大了。

以今鉴古，言归正传，我们再去看看洪杨之变：

我们读史者，如把太平天国14年中所已经发现的史料和史书，摊开来心平气和地去审查审查，我们便觉得他们在"智慧"与"机运"两方面都欠完善。"智慧"对他们所起的只是些负作用，而"机运"对他们也只有半个是正面的——洪、杨那个时代，他们只具有个极大的"改朝"的机运，而无"换制"的机运。洪秀全搞了14年，所靠的就是这半个"机运"。搞得好，他或者可以建立个短命的朝廷。但是，他是不能解决中国近代史上的"换制"问题的。"换制"的问题如果解决不了，那他的朝廷也就不可能太长久。后来的孙、袁、蒋诸公，对这个"换制"的问题都无法解决，况洪、杨乎？此笔者所谓之"时代设限"也。

但是话说回头，洪、杨如真是英雄，他们应能掌握那半个"改朝"的机会，学学闯王李自成，一鼓作气把北京打下，登基太和殿，号令全国，过几天几月甚至几年几十年的皇帝瘾。并此而不能，终至尸填沟壑，及身而败，那就太窝囊了。

笔者于此短篇拙作中，无意效颦贾生，来写篇《过洪论》，只想就其荦荦大者，略举数端，以见太平兴亡之由而已耳。

洪天王就是恺撒琼斯

据笔者的一家之见，太平天国运动最大的致命伤，实在是他们那一知半解，却十分自信，而万般狂热的宗教。兴也由它，败也由它。

洪秀全本人实在不是一个如一般史家所称颂的，什么领导农民起义，反抗封建制度的革命领袖。相反，他从头到尾只是基督教中一个狂热教派（a fanatical christian sect）的"教父"（cult leader）。巧合的是：当他这个狂热教门形成之时，却正赶上发自广西的清末改朝换代的机运。洪氏及其一些狂热信徒乃被卷入了这个有时代性的政治旋涡里去，从而被逼上梁山，化宗教信仰为政治力量，一旦造起反来，也就一不做、二不休地变成"逐鹿中原"豪杰中之一股了。终致酿成死人数千万的太平天国大悲剧。

宗教原是人类文明中最重要的环节之一。由于许多特殊原因，虽然它在我国历史上还没闯过太多的祸乱，但是在所有其他民族的历史里，那些死人如麻的所谓"宗教战争"，已不知发生过几百十次呢！大的史例如伊斯兰教之兴起、十字军之东征、圣女贞德之奇迹，固不必提。且举一两桩近在目前的小例子，来比较一下，便可概其余。

近在1978年，美国三藩市①有一名叫吉姆·琼斯（Jim Jones，1931—

---

①今译作旧金山，又称圣弗朗西斯科——编者注。

1978）的基督教牧师。他在不知不觉中忽然发生了神灵感应，使他变成了一位有奇异疗效的医生。他能为病人医治一些奇病杂症，包括肺癌，因此一时声名大噪，信徒四集。群众增多了，琼斯竟自称是"耶稣转世"（reincarnation of Jesus）；甚至说他自己便是"上帝"（God），并自封为"恺撒大帝"（Caesar）。号称是苦难人民的救世主、社会主义之大护法。他组织了一个人民公社，叫作"人民庙"①（People's Temple）。庙内废除私产。全体信徒同吃、同住、同劳动。琼斯视其全体信徒为上帝的儿女，全体"儿女"亦齐呼琼斯为"爸爸"（Dad）。大家毁家纾难，捐献相从。三藩市附近一时被这群活上帝的信徒弄得河翻鱼乱。居民与政府吃它不消，乃群起加以驱逐。琼斯终于在美国无地容身，乃率其信徒流窜至南美洲之盖亚那②（Guyana）南部，人迹罕至之热带丛林中，自建其"琼斯堂"（Jonestown），划地称王，不受美国之法律约束。然琼斯本人及其绝大多数之信徒究系美国公民，美政府不能任其胡来，不加闻问。美国三大电视台之一的"国家广播公司"（NBC）亦想抢此奇特新闻，前去一探虚实。1978年11月中旬，乃由国会议员里奥·阮（Leo J. Ryan）氏率队乘小飞机前往视察。孰知打草惊蛇，"人民庙"中的狂热叛逆分子竟认为阮氏一行四人为政府特务，乃一举将其枪杀。

人民庙徒既闯下大祸，琼斯深知政府围剿之不可免。同时他也认为他和他的全体信徒的大限已至，乃决定集体殉道——全庙成员自"爸爸"而下凡911人（亦说913人），竟于11月18日一夕之间，全体服毒自杀。一时消息传来，举世震惊。电视上男女老幼，尸体横陈——有举家相拥而亡者，有少妇怀抱婴儿而死者……情况之惨绝人寰，真令人不忍卒睹。

笔者亲眼目击之余，关掉电视，唏嘘太息，不禁试问：胡为乎而然欤？

亲爱的读者，这就是"宗教"嘛！我民族何幸，有了个"不语怪力乱神"的文化传统。因此这种在世界各地史不绝书的"宗教狂"，在我国历史上却并不多见。偶亦有之，它也不能为我们知识分子（包括古今的历史

①今译作人民圣殿教——编者注。
②今译作圭亚那——编者注。

家）所能了解、接受。而有些野心家、宗教家、革命家要想利用宗教力量来登大宝、夺政权，在中国历史上也从来没有成功过。

因此我国传统历史家，对这一类史籍秉笔直书之时，不是咒骂他们"妖言惑众"（如赤眉、黄巾、白莲教和天地会），就歌颂他们只是单纯的"农民大起义""土地革命""反帝反封"（如今日大陆上对太平天国的研究）。搞宗教只是"伪装"或"假托"而已。

我国传统和现代两派执笔人都把这极其重要的"宗教狂"的一面，给完全忽略了，因为这宗史实在其他民族史中（包括奉行犹太教、基督教、印度教和伊斯兰教各民族的全部）虽然司空见惯，而在我们中华民族史中却发生得太少了——我国史家没有对这项史实执笔的经验，所以一碰到宗教难题，往往就王顾左右而言他了。

不幸的是，我们"洪天王"所搞的却正是"恺撒琼斯"那一套宗教狂。高唱"苍天已死、黄天当立"，洪秀全也是我国史上最成功的一位了。

再举个小例子：目前在美国还存在，并且活动频繁而怨恨猬集的另一个狂热的基督教支派，"统一教会"（Unification Church）的教主文鲜明牧师（Rev. Sun Myung Moon），不也是说他见过摩西、耶稣、释迦牟尼和穆罕默德，并且分别和他们谈过话吗？

您说他在胡扯？而文牧师这位朝鲜佬却能指定数以万计的美国男女青年，在纽约市的"麦迪逊广场花园"（Madison Square Garden），集体"盲婚"。他后来又去韩国的汉城①搞集体盲婚，规模更大。这是20世纪七八十年代的美国和韩国啊！这个时代的青年人，可以说是人类万年历史上，最桀骜不驯，最不听父母之命、媒妁之言的一代啊！文牧师有啥魔术，能把他们数万人，指定盲婚？据最近消息，文鲜明已打入苏联②，看样子他又要在莫斯科搞其盲婚了。

这就是"宗教"啊！希特勒、史达林也斗它不过的"宗教"啊！

明乎此，我们对100多年以前，洪秀全、杨秀清这两位所搞的那一

---

①现改名为首尔——编者注。
②本稿作于1990年，当时苏联尚未解体——编者注。

套，就可思过半矣。

文才不足，宗教层次也不高

洪秀全天王是有他一套的。但其人毕竟只是个专制时代"三家村"的土塾师，没学问，更没有文采，所以他在广州屡试不第，考不了秀才。

广州一向是我国华南人文荟萃之区，在那儿考个秀才举人是极度困难的。那位才气纵横的文士，后来做了汉奸的汪精卫，便是当年广州科考、院考出身的秀才。我们要读读那些脍炙人口"引刀成一快，不负少年头"等《双照楼诗词稿》中的诗词，再去看看洪秀全的什么"手持三尺定山河，四海为家共饮和"（《吟剑诗》），什么"龙潜海角恐惊天，暂且偷闲跃在渊"（《龙潜》）等鄙俗的诗句，就可以知道洪秀全为什么可以做"天王"而不能做"秀才"了。

洪秀全虽没文才，但显然具有极深厚的"宗教感"，甚或具有如今日甚嚣尘上的所谓"特异功能"。因此当他25岁那一年，1837年（清道光十七年丁酉），他在广州应试又一次落第之后，受了过度的刺激，他那隐伏的宗教感和潜存的特异功能便被激发了。

我国帝制时代的贫家子弟想侥幸科名，原是全家乃至阖族的投资事业。往往阖家把微薄的资产和集体的希望都投在一个聪明男孩的身上。一旦他榜上有名，连科及第，则阖家也就鸡犬升天。可是相反地，如在科场上一再失意，名落孙山，则其打击之沉重，也是出人想象的。因此秀全在又一次落第之后，回到花县家中，其求生不得、求死不能的心情，是完全可以理解的。他一病40余日，在昏迷中便产生了神灵感应（vision）。——他拜见那黑袍、金须、庄严肃穆的"上帝"。上帝说秀全是他的"次子"，并把他介绍给其"胞兄"耶稣，并嘱咐秀全仗剑"下凡除妖"。

洪秀全这种病中经验，在我们不语怪力乱神的传统士大夫笔下，简直是胡言乱语、荒谬绝伦。同样的，在现代派的革命史家书里，也被认为是不可相信的。在他们看来，秀全只是"假托"迷信，来争取工农群众参加革命罢了。其实，这殊途同归的新旧两派史家对洪秀全的解释，都是因为浸染于一个无神的文化传统，而无治宗教史和神学之经验的结果——把一个有神的宗教史，当成无神的思想史处理了。

其实秀全这项vision，在任何有宗教传统的社会里，都是司空见惯的。治宗教史或神学的作家，并把这灵异分成数种。一般于昏迷中受神灵之"诏"，清醒后记忆犹新，能遵"诏"办事或传言者，往往都被列入"先知"（prophet）的一类。至于一些于昏迷状态中，能为神鬼传语（多用韵文、诗歌），而醒后自己本人却一无所知者，西人叫作"巫师"（shaman）。其实"先知"与"巫师"之别，只是替鬼神传语的方式之不同罢了。当然先知与巫师亦各有真假之别。货真价实的亦确有其"灵异"（miracle）之处；假的则是一些"魔术师"（magician）了。

根据上述分类，洪秀全（如所言属实）则应属于"先知"之列。先知之巨子如摩西、耶稣、穆罕默德皆是也。

至于摩西的"十诫"和耶稣的《圣经》（The Holy Scriptures）当然是直接出自上帝之口了。上述三位都是西方宗教史和神学上替上帝传言的超级"弥赛亚"（Messiah）。等而下之，则有各教的"圣徒"（saints）和有走火入魔之嫌的"教主"（cult leaders）了。我们这位自称是"上帝之子""耶稣之弟"，衔命下凡、救世除妖的"弥赛亚""天王洪秀全"和最近的"自称上帝""耶稣化身"，下凡打倒资本主义，实行社会主义的"弥赛亚""恺撒琼斯"，实在是属于同一类型的"教主"。他二人在宗教史中，都属于走火入魔的那个低等级。

杨秀清和萧朝贵二人，可能是属于后一形态的shaman（巫师、乩童）。他二人都在"昏迷状态"（ecstatic trance）中，失去本性（ego）。杨则有"天父（上帝）附体"，萧则由"天兄（耶稣）附体"，各自替上帝和耶稣"下凡"传语，发号施令。如此一来，他二人托天父、天兄传旨，则位居父兄之下第三把交椅的"天王"，也得俯首听诏了。

杨和萧原都是洪秀全的弟子，在那种宗教狂热的气氛下，可能都变成了"乩童"。此事都发生在1848年春天和秋季，也就是都在他们联合造反之前。洪秀全既然相信他自己的"灵异"，他对杨、萧二位"神灵附体"，也可能是真心的相信；而"神灵附体"这一套，在中国农村原极盛行，其情况之神秘，往往使人不得不信。杨萧两位的神迹，可能在早期也不是魔术表演。可是在他们打到南京之后，"天父"还要借秀清之口，向天王为东王"逼封万岁"，并借辞答挞天王，打天王屁股，那一大段故事是否是"假托"，那就是另一问题了。

"邪术惑众"和"聚众滋事"

洪秀全之具有若干"特异功能"，似乎也是事实。他和能治怪病的琼斯牧师，甚或《圣经·新约全书》里的耶稣医师，都确有其相似之处。据太平天国方面的资料，则秀全确实有"能令哑者开口，疯瘫怪疾，信而即愈"（见《洪仁玕自述》）的本领。清方的资料也有记载说"韦〔昌辉〕妻病危，医药罔效，洪逆治之立愈"（见半窝居士著《粤寇起事纪实》）。

洪氏这些法术，证之以今日风行海峡两岸的"气功师""针灸师"，以及一度风行美国的印度"瑜伽师"的治病表演，可能都是事实。前些年有位瑜伽师在纽约表演喝硝镪水、嚼玻璃瓶等绝招时，观众之中竟有诺贝尔物理奖金得主承认他是"对科学的公开挑战"（an open challenge to science）。20世纪第一流的世界科学家尚且如此，何况19世纪僻居乡曲的大清帝国农村中之贫下中农乎。

既有此绝技随身，因此秀全于30岁（1843）于广州第四次落第之后，就舍弃功名而专心地去搞其宗教了。果然科场失意，却在教场得意。他和冯云山在广西桂平紫荆山组织"拜上帝会"之后，不期年便从者如云，远近来归了。

本来在农村中搞群众组织，在中国任何朝代里都是官家所不许的，因为"聚众"必然要"滋事"。滋事之小者，则不免集体械斗、打家劫舍、铲富济贫、吃大户、抢仓库、杀官绅……乃至有冤报冤、有仇报仇。官家为防患于未然，也就对聚众滋事严申禁令。文禁不了，便用武力镇压，杀他一条血路，则滋事者便作鸟兽散，俟机再聚。没武力镇压，又招安无方，那群众组织就揭竿而起，杀官吏、占城池，称王称霸了。

洪秀全的"老三篇"

再者洪秀全在1837年"升天"时所看到的那一位穿黑色长袍、留齐胸金须的大王爷和他的儿子，可能是我国小说《乌盆记》里的包公，或《三国演义》里的关云长和他的儿子关平或关兴，亦未可知——洪落第秀才，当时也不知道他是老几。等到他再度翻阅一年前所收藏的梁发著的《劝世良言》时，才豁然大悟，原来这位大神便是梁发书里的"上帝"，那位大神的儿子原来就是耶稣。可怜我们这位洪塾师那时还未读过《圣经》，不知道上帝是"无形无体"的，也不知道耶稣是上帝的"独子"。可是洪氏显然有充分的自信，他上过"天堂"、见过"上帝"，上帝并且介绍他见过自己的"长子"耶稣。因此洪氏在读过新旧《遗诏书》（新旧约）之后，认为《圣经》记载有误，乃以上帝次子的身分，把《圣经》窜改了70余条。当欧美在华传教士，闻风大哗之时，洪二太子还下诏亲征，和他们舌战笔战一通。他认为这群毛子只知其一，不知其二……汝等均未上过天堂，焉知天堂内之事乎？真应闭起鸟嘴……此是后话，下篇再详叙之。

总之，洪氏在"升天"悟道之后，就变成一位虔诚而狂热的基督徒，殆无疑问。等到他与好友，也是他第一位信徒冯云山组织了"拜上帝会"之后，乃决心做个终身的职业传教士，应该也是顺理成章的。

不过洪、冯二人传教之初，他们在广西所传的大致也只是个很原始的"一神教"（monotheism）——只拜"唯一真神"，不拜"邪神"。可是当洪氏于1844年底东归花县继续其塾师生涯时，他的宗教思想和理论乃日趋精密。据说在其后两年（1845—1846），他居然写了"五十余帙"的劝世诗歌。其三篇精品，我们也或可称之为"洪秀全的老三篇"吧！它们是：《原道救世歌》《原道醒世训》《原道觉世训》。

虽然写了这许多，秀全显然还认为自己悟道不深。因此他于1847年再去广州，向美国浸信会传教士罗孝全处又学习了三个月。不幸的是罗氏是位头脑僵硬的莽夫，他所雇用的华裔教徒对洪又大为嫉视，致使秀全未能如愿"受洗"便重返广西，以他的原道老三篇去继续传教。

笔者细读秀全此时的宗教作品，尤其是上列的老三篇，颇觉其不可小视。相反，我倒觉得它们是中国宗教史上一个大大的里程碑。——三篇振聋发聩之作。理由是这样的：

我们这已有3000余年历史的中华民族文化，自孔子"不语怪力乱神"和"敬鬼神而远之"的倡导之后，我们是个号称无宗教的民族。其实不然，我们自"殷人好鬼"，到秦皇汉武好"方士"，到后来在社会上搞求神拜佛的和尚道士，我们世俗的宗教信仰沉入一个很低级的"泛神论"（pantheism）中；也可以说，低级的迷信却实际主宰了我们的社会生活，尤其是中下级的社会生活。（超然物外的佛学，自当别论。但佛学与我们的社会生活实在没有太大的关系。）

没有一个高级的一神论的宗教做主宰，我们的社会里因而也就遍地鬼神了。儒家的士大夫"敬鬼神而远之"，可是鬼神既不放过他们，他们也"远"不了鬼神。原本是个"无神"的佛教，在社会作用上，也被拖下水，和道教一样，弄得遍地皆鬼，分身不得。

可是现在好了，作为世界万物唯一主宰的"天父上主皇上帝"，忽然派了他的"次子"下凡做个东方的弥赛亚。他要禁绝一切"邪神"，独崇"上帝"——把中华民族自一个泛神论的迷信火坑里"救"出来。这就是洪秀全的老三篇的精义所在了。

在洪天王治下，全国老百姓只许拜一个"真神"上帝，其他的什么太上老君、元始天尊、释迦牟尼、骊山老母、城隍土地、岳王关王、灶神门神、龙王阎罗、牛头马面、送子观音、财神菩萨、狐仙水鬼、山精河伯……乃至一般看相算命、堪舆风水、阴阳五行……总之，"上帝"之外，一切牛鬼蛇神，均在禁绝之列！

洪氏这个"老三篇"虽未跳出摩西"十诫"（见《旧约·出埃及记》）的范畴，但是它是"十诫"的"中国化"。他这个"天条"之中有其宗教的"原始性"，但它所具有的丰富的"宗教感"，也是掷地有声的。

我国传统的儒宗史家（如去世的钱穆教授）对它嗤之以鼻（见钱著

《国史大纲》第634页），和左翼的革命史家认为它是"假托宗教"以鼓动群众，都是只知其一不知其二的偏见。——洪氏的"老三篇"，事实上是中国宗教史中，从泛神到一神的里程碑。既是一种宗教改革的革命宣言，也是一种道德规范，因为它把烟酒嫖赌，也都一体禁绝。

"有割与无割，谁非上帝生"

有些太平史家认为秀全在1847年向美国传教士罗孝全学道之前，未读过"新旧约"。此点笔者亦难苟同。不用说上述老三篇（秀全1845、1846年的作品），非有新旧约根底不能写出。犹忆笔者于五十年代之初，参与哥伦比亚大学所编之"中国文化史精义"计划翻译太平天国史料。在太平《幼学诗》中便碰到"有割与无割，谁非上帝生"的诗句，不知何解。再查另版《幼学诗》（载于《太平天国诗文钞》，该书有《蒋中正序》），书中则改为"有知与无知"。我当时翻译，本可舍难就易，但自觉"割"字是原文，"知"字是擅改。几经周折，才把"割"字译成"circumcies"。circumcise者，割男性生殖器之包皮也。

盖在古犹太民族之社会习俗中，男性在"幼儿期"或"婚前"，割除生殖器官尖端之包皮，实在是一桩极其隆重的宗教大典。因此在犹太教（Judaism）里，"有割"与"无割"，盖为两种不同之人类，未经"摩西十五律"所规定之"圈割大典"（Circumcision）之男性，殊难成为"上帝之选民"也。

《幼学诗》是太平天国早期的文献。诗中呈现着浓厚的儒家道德观。如所咏"妻道"一节说："妻道在三从、无违尔夫主，牝鸡若司晨、自求家道苦。"它所强调的还是儒家的"三从四德"和大男人主义。但是《幼学诗》对于基督教的教义，却已相当深入了——基督教教义对"无割之民"并不歧视。所以秀全在晤罗孝全之前，便早已学到了西方宗教中很多古怪的教义了。

"太平天国"是宗教名词

所以笔者不揣浅薄，认为太平诸领导，尤其是洪秀全，基本上是个发宗教狂的狂热教主，和吉姆·琼斯是同一类的人物。琼斯所追求的也是一个"天国"——一个不受世俗权威干扰的，任由他和信徒们去过那自由自在的"共产主义"的宗教生活即"琼斯堂"生活的"天国"。

洪秀全、冯云山早期所追求的显然也只是个"琼斯堂"或"秀全堂"。所以他两人一到紫荆山便写了"奏章"，祈求"天父上主皇上帝，选择险固所在栖身焉"（见《太平天日》）。他们并没有与满洲皇帝争天下的大志。

后来杨秀清等一伙加入拜上帝会，想建立一个"小天堂"，可能还是这个意思。不过古语云："上有天堂，下有苏杭。"提到在人间建一个"最小最卑尽绸缎、男着龙袍女插花"的"小天堂"，他们可能就开始羡慕苏杭宁这个金三角了。——"小天堂"究非"大帝国"。他们所想象的只是一个"琼斯堂"式的，太平的"天国"罢了。

所以"太平天国"这国号，原来实在只是梦想中的"小天堂"，一个宗教名词而已。这一名词可能在天王登基之前早就出现了。

金田"团营"是怎么回事?

且看在我国近代史书上赫赫有名的"金田起义"。据忠王李秀成就义前的亲笔"供状"：太平军举事之初，在洪秀全之外，只有杨秀清、萧朝贵、冯云山、韦昌辉、石达开、秦日昌[①]等"六人"深知"天王欲立江山之事"。其他干部与一般会众均丝毫不知也。

既然数千会众奉教主之命齐集金田村来"团营"，而又不知团营的目的何在，则团营在会众心目中，实在只是一种宗教活动罢了。其实李秀成的话是事后说的。在"金田团营"的当时，纵使他们七位开国元勋，也未

---

①后改名秦日纲——编者注。

必就有此乘势造反打天下的大志。团营原是一种宗教活动，团营以后的发展是顺水推舟一步步逼上梁山的。

但是团营以后，他们又是怎样一步步造起反来的呢？

原来广西省在19世纪40年代的末季，贫农、教门（如"天地会""三合会"）聚众滋事，械斗成习，早已弄得全省骚然。清代广西省的政治区划原分"十一府"及若干"州""厅"。在洪、杨金田起义之前，据清方官书报道，这种打家劫舍、杀官绅、占城池的暴乱已遍及"五府一州"甚或"七府一州"。（见《钦定剿平粤匪方略》）地方官吏如巡抚郑祖琛等无力应付，只得隐瞒"贼情"，设法招抚。孰知愈招愈炽——这时武装暴动的群众，也早已目无官府。

清廷得报，不得已乃起用干吏林则徐，并自各省调兵。笔者的母省安徽也被调去了1000名。精兵四集，官方乃决心用武力镇压。林则徐不幸道死之后，清廷乃另检大员接替，始有李星沅，继有赛尚阿，以"钦差大臣"头衔赴桂。其后并提升布政使劳崇光，以替郑祖琛为广西巡抚，协同提督向荣，认真督剿。他们最初的目标原是"三合会""天地会"一类更严重的"教匪"，尤其是已经占领县城的天地会首领陈亚溃（贵）、杨捞家、徐亚明诸大股。据王定安著《湘军记》所载，"时粤匪二十余股，多为劳崇光所殄，惟秀全等独存"云云，也确是当时的实际情况——当时的官方，原没有把洪秀全这位落第秀才的"聚众滋事"看得太严重。可是等到其他各股一一散灭，四方"零星散匪"无枝可栖，乃纷纷投向洪氏。其著者如平南一带的天地会领袖罗大纲之投洪，即其一例。各方豪杰来归，秀全坐大，官军对洪乃开始弹压，孰知在金田、江口一带数度接战，官军一再挫败之后，才知道他们有眼不识泰山——秀全这一股之凶狠，实远非陈亚贵等所能望其项背。官军之畏葸无用和会党临阵之英勇，也大大地鼓励了秀全的党羽，他们益发不把官军看在眼里，而企图大举了。

［附注］陈亚溃的原名是"亚贵"，官书故意写成"亚溃"。正如孙中山原名孙文，清廷官书多写成"孙汶"，以示贬斥。

因此所谓"金田起义"者,事实上只是由于客观形势积渐而成。一方面是大群贫苦人民在搞一种狂热的宗教活动。人多势大了,难免就有些铲富济贫、吃大户、抗官军的激烈行为。另一面则是一个腐化专制的政府。它认为这群人民,误信邪教,聚众滋事,目无官府,需调军警弹压。双方冲突已久。只是在1850年(道光三十年)12月初,在一次重大的反弹压行动中,革命群众打死了清军副将伊克坦布,并伤毙官军300人。这一下革命群众信心大增,乃借教主38岁生辰(道光三十年十二月初十,西元1851年1月11日),来个"恭祝万寿起义"(洪仁玕语),庆祝一番。——所谓"万寿起义",事实上也是事后追封的。

作为教主的洪秀全也就乘兴写了"五条纪律",什么遵条令、别男女、秋毫莫犯、公心和傩(粤语和睦)、同心合力,作为与官军再度接战的准备,如此而已。

洪秀全是位多产作家,也是位欢喜写"诏谕"的教主。但在这段所谓"金田起义"时期,却没有留下任何像《北伐誓师辞》或《讨武曌檄》《讨粤匪檄》一类的文字。所以所谓"金田起义"这个荣衔实在是洪、杨诸人在打下半壁江山之后才回头追封的。其情况盖如今日中共之"八一建军节"。——1927年8月1日贺龙、叶挺在南昌"暴动",叛离国民党的国民革命军。谁又想到20余年之后,那一天竟被定为人民解放军的建军节呢?

"金田起义"既没个确切地点,也没个确切日期,更没一张正式文告,因此它不像是个有计划的革命发难的行动。洪仁玕事后追述说:"本不欲反,无奈官兵侵害,不得已而相抗也。"我想这句话,大致是可信的。

总之,金田团营,乃至后来的男女分行、财产归公的"圣库"制,都与在美洲发生的吉姆·琼斯型的宗教狂有极其类似之处。只是客观环境不同,使他们各走各路罢了。

"永安封王"也是宗教性的

1851年春,洪、杨在金田起义之后,和清室官军在桂平、武宣、象县一带,纠缠了几个月。这一时期官军的表现实在太窝囊,而此时又民心思乱，太平军的裹挟则愈来愈大，也越战越勇。宗教热愈沸腾，"越寒天、越退衣"，简直到了疯狂的境界。3月23日（阴历二月二十一日），洪秀全竟在武宣县东乡镇，与天兄耶稣同时"登基"，自封为"天王"，自称为"朕"，群下对天王则称"主"。

同年9月25日，天王乃率众窜占永安州城（蒙山县治），一占数月。永安之失，足使北京朝廷震动。朝廷在痛惩疆吏失职之余，更增调大军围剿。

洪、杨既占永安，也自知"骑虎难下"（杨秀清语）。一不做二不休，乃逐渐化宗教为政治，改组军队，重编会众，以应付此一不能自了之局，遂有"永安封王"之举。

太平军于1851年9月（本文均用阳历）窜入永安至翌年4月突围，在永安共驻了八个月。这八个月中最大的举动便是1851年12月17日的分封诸王了。史学界朋友们总把这"永安封王"视为洪、杨军政组织的起步，笔者却不以为然。"永安封王"还是一群狂热教门的宗教行为。且看洪秀全的《封五王诏》。他说天父上主皇上帝权威大于一切，"无所不知，无所不能，无所不在"。一切但听命上帝可也（这是洪氏自称）。分封五王者实只是"姑从凡间歪例"才勉行之也。原文是：

> 今特褒封左辅正军师（杨秀清）为东王，管治东方各国；褒封右弼又正军师（萧朝贵）为西王，管治西方各国；褒封前导副军师（冯云山）为南王，管治南方各国；褒封后护又副军师（韦昌辉）为北王，管治北方各国；又褒封达胞（石达开）为翼王，羽翼天朝。以上所封各王，俱受东王节制。另诏（天王）后宫称娘娘；（诸王）贵妃称王娘。

其实太平军窜入永安州时，男女老幼不过两三千人（笔者另有考据），史传三四万人皆非也。在两三千的乌合之众中，封出五位二十来岁的王爷（达胞那时可能还不足20），来管治四方"各国"，岂非形同儿戏！但是我辈生长于传统中国农村之中，看惯佛道二教的什么"设坛"、什么"打醮"等，就知道没啥奇怪之可言。且看那些奇装异服的道士和尚，扛着招展的旌旗，什么"十方大菩萨""十殿阎王"等，就知道这些狂热的"拜上帝"教徒，所搞的也正是这一套。

不幸的是在19世纪的50年代，清朝的气数将尽，全国，尤其是广西，那些久经"土、客"械斗磨练的客家农民，正蠢蠢欲动。经过洪、杨这一有组织的狂热的宗教活动，聚众滋事、弄假成真，就造起反来了。

只追不堵和"拖死官军"

太平军盘据永安八个月之后，广西官军约14000人在北京的三令五申之下，乃把叛军团团围住。面对"数倍之敌"，洪杨之众便不得不突围以自保了。据参加此次突围的老长毛事后回忆，他们二三千人，置妇孺于全军中段（客家妇女皆天足），青壮前后簇拥，一举冲出重围。既出重围，他们前逃，清军尾追，其情势就变成我国历史上所屡见不鲜的"流寇"了。

传统流寇的作战方式，多为裹胁农民，钻隙流窜，飘忽如疾风暴雨，其锋不可当。撄其锋者，无不粉身碎骨。因此官军追剿亦有一套不成文法。他们照例是以邻为壑，只追不堵。堵则自取灭亡，有百害无一利；追则可以趁火打劫，随地报功请赏，有百利无一弊。正面官军如躲避不了，也只死守城池和险要或旁敲侧击，绝不正面堵截。在这一公式之下，则流寇一起，便滚起雪球，如入无人之境。尾追官军也就养寇自重，呼啸相从，绝不放松。好在中国太大，大家都可无限制地玩其走马灯。所以黄巢、张献忠等起义时，都有"拖死官军"之名言，官军亦乐得被拖死而不疲也。提督向荣的不断升迁就是个好例子。

我们历史公式里的"洪杨发贼"，在永安突围之后，无人敢堵。他们乃沿途裹胁（李秀成便是被裹胁者之一），直迫省会桂林。围城一月不克，乃窜入全州，长驱入湘。湘人本好武，见新朝崛起，贫农、矿工、船夫、会党赴义如云，一时声威大振。

太平军8月克郴州，9月迫长沙。围城80余日不克，乃舍长沙，渡洞庭北上。12月克汉阳，翌年（1853）1月乃攻克武昌。2月舍武昌、掳民船、挟众75000人（号称50万），顺流而下，克九江、安庆、芜湖，然均不守，3月19日乃破城攻入南京。自此太平军占领南京，改名天京，凡11年零3个月，乃形成太平天国在长江下游的割据之局。更在下游的镇江、扬州则变成时得时失的外围据点。

在"小天堂"中不能自拔

洪、杨自"永安突围"至"定都天京"为时尚不足一年，其行动之快、发展之速，不在70年后国民党北伐之下。然国民党之北伐是先有"革命根据地"的两广，然后才"誓师北伐"进行有计划的政治扩张。洪、杨北窜则是占一城丢一城的流寇行为。所以，国民党于1927年奠都南京时已占有半壁河山；而洪、杨奠都南京时，只有南京、镇江、扬州三座孤城而已。

洪、杨如真是英雄人物，则应并此三城而舍之，倾巢北上。以他们那时的气势，要一鼓作气打下北京是绝无问题的。因为此时北京已风声鹤唳，贵族重臣家族逃亡一空。咸丰皇帝亦已准备迁都热河，而太平义师，朝气正盛，弱点未露。全国人民与各路英雄均仰望旌麾以解倒悬，神州正可传檄而定。谁知洪秀全基本上只是个"琼斯型"的教主，只管"天情"，不谙"世事"，而太平军实际总指挥杨秀清，则是一只狗熊。富贵对他来得太快了。四年前一个赤贫的烧炭工，如今叱咤风云，锦衣玉食，做了"东王九千岁"，一头栽入"六朝金粉"里去，就不能自拔了。

对这群来自落后地区的贫下中农来说，那个三月江南、六朝金粉的"小天堂"，真是"得此已足"，再也不想离开了。想想那"燕都"是"沙漠"之地，"直隶"是"罪隶之省"（这都是天王诏书上的话），北上争雄的劲头也就完全消失了。

太平流寇既然不想倾巢而出，尾追而来的钦差大臣向荣的官军，也就于南京东郊的孝陵卫，自建其江南大营；另一钦差琦善，也于扬州郊外建其江北大营。两两对峙，彼此慢慢扯皮，就胜负难分了。

【1990年11月25日脱稿于纽约】

三、预言书中的洪、杨

两百年转型的最后关头

前已言之，在社会科学家的电脑里，历时14年的太平天国只是近两千年来，"中国社会第二次大转型"中的"第一阶段"。

吾人今日在这个走着瞧的程序中，回看这个转型运动，自鸦片战后发轫以来，大致需时180年至200年，始能竟其全功。显然它现在已进入其最后阶段。如无重大意外，下一个"定型"社会，在21世纪初季应可酝酿成熟矣。——国事在社会科学家的电脑里，似乎也是可以预言的呢！

再者这一记"阶段分明"的转型运动，不是勇往直前、有进无退的。它是走三步退两步，甚或是走两步退三步地缓缓地向前移动而至于今日的。这也是辩证论者所强调的"对立——统一"的公式吧！迂回是难免的，前进则是必然的。明乎此，我们对"头有发，衣怕白；太平时，王杀王"①的"知其然"，就可以提出社会科学也能够加以诠释的"所以然"了。

①源自《推背图》——编者注。

"流窜""割据""围剿与反围剿"

须知我"汉族中心主义"的武力和文明的向外扩张，自古以来是自北而南的。从"吴越"的归宗，到"南粤（越）"的同化，到"越南"之加盟，是程序分明的。可是洪、杨诸公这次却领导了大批"粤匪"，逆流而行，打出了中国历史上前所未有的第一个"北伐"！（其后孙中山领导的辛亥革命和蒋介石领导的北伐，只是竟其未竟之功。）

洪、杨这次北伐，其来势之猛，真是世界史上所寡有。吾人如把那14年的历史分段而论之，大致也可分成三大阶段：曰流窜时期（1851—1853），曰割据时期（1853—1856），曰围剿与反围剿时期（1856—1864）。1864以后的捻军和华南一些会党的继续活动，只能算是围剿与反围剿的余波了。

所谓"流窜"者，简言之便是传统的黄巢、张献忠的斗争方式。农民在揭竿而起之后，由小股化大股，与官军你追我赶，不守一城一池，在国内四处流窜。钻隙前进，拖死官军。

洪、杨起义的最初三年，便是这样的，他们是一群没有根据地、没有后勤、没有固定兵源的中国传统历史上所记载的"流寇"——近人所谓农民大起义。这种农民起义所以能愈战愈强、愈滚愈大者，是有其特殊的社会条件的。那就是政治腐化、官逼民反，社会瘫痪、民不聊生。在这个人心思乱的国度里，一般饥民和他们的有政治野心的领袖们，是唯恐天下不乱的。一旦有人揭竿而起，则星星之火，很快地便可以燎原（《毛选》中以此为题）。

"永安突围"时的人数问题

洪、杨于1852年春自永安州突围北窜时，连妇孺在一起不过两三千人。——读者中的洪杨专家们，且慢……先让在下谈点个人的小考据：

关于永安突围的人数，我的业师郭廷以先生（中国近代治太平史的第一位权威）和后来的简又文、罗尔纲诸先生都说有数万人之众。笔者于50多年前在沙坪坝的大学课堂里，便向郭师质疑。我认为这个数目太大。我的理由有两点：第一是个人经验。那时我也是个形同流寇的流亡青年，与数千流亡伙伴自陷区"突围"到西南山（苗）区去。亲身经验告诉我们，像永安那样的西南小山城是很难容纳像我们自己那样从天而降的"三千小儿女"的。慢说吃喝住，连大小便都无法容纳呢！

第二是历史档案。当时向永安合围的官军总数不过14000人，而被围者其后总说是"被围于数倍之敌"。如此则突围者不过两三千人，实是个合理的数目了。

后来笔者在美国大学里教书，自己和学生一道读洋书，不意竟豁然开朗，原来当时参加永安突围的重要领袖之一的"国舅"赖汉英，便是如此说的。汉英是洪秀全原配赖"娘娘"的弟弟，也是后来捻军杰出领袖赖文光的堂兄弟。他自金田起义、永安突围、进军长江、奠都天京（南京）、到略地江西……可说无役不与。后来进封"夏官丞相"，位至极品，实是太平开国元勋中，仅次于八王的重要首领。历来官书私籍对他的记载都是触手皆是的。晚至1975年，他花县故乡还有他受伤还乡的传说。可是汉英在外交方面的经历，却鲜为人知。他是洪、杨奠都南京之后，第一个与外国使臣接触的天朝外交官。

原来洪、杨于1853年3月克复并正式建都南京之后，英国政府便迫不及待地试图与新朝接触并建立外交关系（其行径与1949年秋的英国在沪宁一带的活动，前后如出一辙）。同年4月下旬驻华英使兼香港总督乔治·文翰（Samuel George Bonham）乃偕译员密迪乐（Thomas T. Meadows）乘英舰哈尔密斯号（The Hermes）直驶南京。由于外交礼节的难以如愿，英使拒见太平官员，而密迪乐则接触广泛。他所见到的印象极佳的新朝官员便是赖汉英，他两人甚为投契。密氏并奉赠赖氏欧制望远镜一架以为纪念。他两人的交往可记者颇多，密迪乐记录弥详，简又文教授亦曾加摘译。在他两人交谈中，赖即谈到当年永安突围的往事，颇富史料价值，而汉籍中则未尝见也。简君译文中竟亦疏于选译。

赖说太平军在永安时陷入重围，弹尽粮绝，但是士气极高。在天公威灵感召之下，"全军二三千人，置妇孺于中军，不但一举冲出重围，且将敌军彻底击溃"。（见thomas Taylor Meadows, *The Chinese and Their*

Rebellions. London：Smith，Elder，1856；Reprinted by Stanford University Press，1953；Reprinted in New York，1972. p. 282。并请参阅*Western Reports on The Taiping：a selection of Documents*. Honolulu：University of Hawaii Press，1982. p.44n.）密迪乐所记录下来的赖国舅的"口述历史"，显然是可信的，也是合乎事实的。

金粉乡里的开国昏君

太平军自广西永安（今蒙山县城）突围（1852年4月5日）之后，人数虽少，却如猛虎出柙，锐不可当。全军沿途裹挟青壮，实力迅速膨胀。各路英雄好汉、激进工农，更是附义如云。台风横扫、草木皆兵。4、5月间，围攻桂林未克，乃北窜全州屠城而去（6月3日）。入湘以后，长沙之外无坚不摧。会党、矿工、船民参军者数万人。1852、1853年之交遂进据武汉三镇。全师至此带甲凡75000人，号称50万。1853年2月乃尽掳三江一湖（湘江、汉水与洞庭湖）中的民船数万艘，顺流东下。樯橹如林、旌旗蔽天。下九江、克安庆、破芜湖，如入无人之境。3月19日乃攻入南京，斩清廷两江总督陆建瀛及江南提督福珠洪阿。翌日又攻破南京城内之满城，将清廷之江宁将军祥厚、副都统霍隆武以下之满族男女老幼四万人，悉数屠杀。同时清查阖城汉族户口。凡曾任清政府公职者皆视之为"妖"，随意捕杀。妖之外的一般男女市民，则勒令分为"男行""女行"。青壮男子则编入军营；妇女则编入"女馆"，随同劳动。百工技艺亦按职业性质，编入诸"馆"。所有公产均入"圣库"；市民私产则勒令"进贡"，加以没收。家人不得私聚；夫妇不许同床。违令者"斩首不留"。阖城上下除王侯高干之外，同吃同住同劳动，整个南京城遂恍如一大军营。

一切粗具规模，天王洪秀全乃于3月29日自下关江边，舍"龙舟"登陆。这条龙舟是什么样子呢？想读者或与笔者有同样的好奇心。让我们且抄一位当时目击者的报道：

洪秀全坐船上，船首雕一龙头，饰以金彩；舵间装一龙尾，伪称王船。遍插黄旗。两旁排列炮位十余尊，钲鼓各一，朱漆龙棍大小各二。船上点灯三十六盏。（见简又文著《太平天国全史》第513页，引《盾鼻随闻录》。）

至于洪天王初入他的都城天京是怎样一种气派呢？再让我们抄一段当时在场看热闹者的口述：

……其日，东王杨秀清躬率诸王百官及圣兵恭迎天王于江干龙舟中。东王衣红袍，戴貂帽，如宰相服饰。其余各首领或戴官帽，或插竖鸡毛，带兵十数万，簇拥跪迎。是日天色晴明，旌旗蔽空；各官皆骑马，带兵勇前驱。其次则各王皆坐黄轿，轿顶一鹤，后皆有王娘及大脚妇数十人骑马从焉。天王之帽如演剧长生殿唐明皇之帽，黄绣龙袍、黄绣龙鞋、不穿靴，坐一黄色大轿，轿顶五鹤朝天，用十六人舁之。舆夫皆黄马褂、黄帽。前队旗帜兵卫数百对。次锣鼓手若干对，次吹鼓手八人，各穿制服。太子（皇子）二人，一骑马，一抱在乳媪手中。天王轿后，妇人三十六人从，皆大脚短衣长裤，不穿裙，骑马，手执日照伞。最后拥兵卫者，亦不计其数。盖驱策万众，喧嗔数十里，居然万乘之尊。（见同上书第512页，引自《养拙轩笔记》。）

洪秀全这位落第老童生，三家村的私塾老夫子，至此可说是吐尽鸟气。至于他心中究有多少苍生，多少人民，吾不知也。但是大丈夫当如此也。治史者终不应以责备圣贤之笔，以丈量草莽英雄也。

好汉既入深宫，难免纵情声色。据幼主小天王殉国前之回忆：乃父在金田起义时，已有姬妾十五六人。突围永安时"娘娘"已增至36位。天京后宫之内，则同床者多至88人。如此粉阵肉屏之中，大脚小脚应付之不暇，还有什么革命之可言钦？自起宫墙自绕，这位开国昏君，不论生死，就再也不愿全尸离此金粉之乡了。

四、"四不像"的洪杨割据

　　笔者于20世纪40年代之末，抵美留学时，曾在纽约市动物园看过一些来自中国的珍禽异兽，真不胜感叹。其一便是熊猫，标签上写着中国特产，是否为蒋宋美龄夫人所赠者，已不复记忆矣。它灰溜溜的，看来像是一头花猪，横卧墙角，亦引不起访客的重视；哪像30年后，专机来美的那一对娇娇滴滴的"国宝"，在华盛顿那样风光！愚夫妇好奇，亦曾驰车去华府恭谒。骄阳之下，排队半英里。乍睹芳颜，真疼爱无比。它两位香巢之华丽固无待言矣。而贵伉俪一举手一投足，槛外同谒者，无不鼓掌欢笑，声震树木。然这对贵族夫妇，与30年前鄙所见之"花猪"，究有何不同呢？猪犹一也，而贵贱穷通，悬殊若是！苏秦先生若在此，可能也要感叹而言曰："猪生富贵，岂可忽略哉?!"

　　另一头中国特产，标签上是否有拉丁文名字亦忘之矣。只记得其名为威妥玛拼音形式的"四不像"（Ssu-pu-hsiang，按今日大陆上的汉语拼音，则应该是Si-bu-xiang）。它老人家被放置于一亚洲栏内，与一般亚洲来的牛马同列而嚼其枯草焉。

　　一般拖儿带女的动物园游客，谁有此耐心和雅兴去分别它们是牛是马呢？大家只有望望而去之，至多品头论足一番而已。谁知竟有个好奇的"打工仔"，为此一汉语拼音所惑，真把那生锈的铜牌读下去。一读，不得了，它老先生本是我国的贵族。原来是锦衣玉食，生于吾皇的御花园"三海""南苑"之内。不幸八国联军侵华，闯入御园，把它捉去当了俘虏。所幸它未曾参加义和团，既未"扶清"，更未"灭洋"，戴不上"战犯"的帽子。但是帝国主义的洋兵却不管这一套，硬是把它捉了，枷锁至纽约吃枯草已数十年矣。

老贵族为何取个怪名字叫"四不像"呢？同来自中华的青年打工仔历史家，曾为前辈细查之。原来它"角似鹿、尾似驴、蹄似牛、颈似骆驼"，结果弄成个非鹿、非驴、非牛、非骆驼的"四不像"！

如今事隔数十年，它老贵族早已物故。遗骸可能已变成标本，伫立何方。但是老前辈留给我的它那慈祥古怪的四不像，却永志不忘。其实它老人家为何不能名为"四像"呢？它不是既像鹿、又像驴、又像牛、又像骆驼吗？！

近来笔者整理旧稿，翻及太平天国诸卷，因想把洪杨政权按社会科学原则来分分类：基督教政权？社会主义国家？民族革命？农民大起义？神权国家？反封资修的无产阶级专政？……分来分去，吾分不了也。可是忽然灵机一动，想起了我的同侨，有忘年之交的老前辈"四不像"来，才豁然大悟。——洪杨政权原来是个"四不像"的政权。思想搞通，真不知手之舞之，足之蹈之也！

太平史面面观

洪杨政权既然是个"四不像"，历史家、哲学家、政论家、宗教家等，如果硬要以一己专业的兴趣，来加以妄评或妄攀，都是要走火入魔的。

前篇已言之，国学大师钱穆就认定洪杨政权是个背叛孔孟、违反中国道统的邪恶政权。他拥戴曾、左、李、胡的卫道行为，而洪、杨则罪该万死。可是洪、杨之后60年，国家最高学府中的陈独秀、胡适之、钱玄同，不是也要打倒孔家店?!此外,洪、杨之"田亩制度"、解放妇女、禁止缠足,严禁"吹烟"(吸食鸦片)、酗酒,禁娼、禁赌、禁淫,胆敢"奸小弟"(同性恋)者,"斩首不留"……则视孔孟之邦空谈仁义,奴役女性,举国吸毒,虽名士高官,亦以奸小弟为风雅……两两对比又何如哉?

太平灭后,评其功过,名士汪士铎立论就相当公平。汪说:"贼(指洪杨)改四书五经,删鬼神祭祀吉礼等类……无卜筮术数,禁烟及惰……此皆胜我(清朝上下)万万也。"汪且强调说:"不以人废言,此功不在圣人下也。后世必有知言者。"(见汪著《乙丙日记》)

旧儒奢言道统者,实知其一,不知其二罢了。

通达人士如胡适之先生,也反对洪、杨。胡氏反洪、杨的立场,是从他一贯的"反战争""反暴力""反革命"的理论出发的。他认为在社会上使用暴力解决问题都是错误的、得不偿失的。事实上也确是如此。但是社会上何以会发生暴力,则非适之先生这样的白面书生之所知了。

国民党人谈洪、杨,始则是之,如孙中山先生和一些早期的革命党人(包括早年的蒋介石),终则非之,转而崇拜曾、胡(包括晚年的蒋介石和陈立夫等人),何以如此呢?那就是因为他们由"在野"到"在朝",在太平诸公的"四像""四不像"的形象中,捉摸不定的缘故。同时,也是由于他们对太平天国的历史欠缺深入的了解,凭常识论史,所以往往就驴牛难分了。

洪、杨功过的两家之言

可是治太平天国史,而弄得四像不清,从一而终的,最高史学权威亦不能免。今世治太平史最深入者,莫过于简又文和罗尔纲两先生。两君著述都数百万言!而简君在太平"四像"中则咬定个驴。他认定洪杨革命是一种至高无上的,汉族反满的"民族革命"。为此,简公亦终身颂之。简氏成长于国民革命时代,立论盖与时代精神有关。

罗尔纲先生则走向另一极端。他老人家咬定一头牛,认为太平天国运动是一种伟大光辉的"阶级革命"。认定这一伟大目标，虽千万人吾往矣，罗君竟以太平天朝的正统史家自居，而斥曾国藩等为"汉奸"、为"反动派"、为"封建地主"……义正辞严，有时简直目眦尽裂！

罗君广西人，幼曾承教于胡适之先生，著有《师门辱教记》记其在胡家受学之经过，为适之先生所称赏。然其治太平天国史则与师承完全相反。以马列主义为指导思想，以阶级斗争为纲而治太平史，数十年来在大陆上领袖群伦，已蔚成一代宗师。近数年来由于中国开放，"苏东波"解体改制，青年学者多喜新厌旧，而罗公老骥伏枥，信心弥坚，初不稍让。

余读罗公太平史书数十年，知其包罗宏富，考证精辟，马列史学中之重镇也。近著《太平天国史》精装四巨册（1991年9月北京中华书局第一版）都百余万言。余亦搜购一部，细读之、详批之。颇有所获，亦颇有惊异。试略述之，或亦为海外同行所乐闻，盖该书为太平史学界，最近在大陆出版之重要巨著也。

再者适之先生当年与笔者聊天亦时时提到罗君，颇多念旧之辞。笔者亦尝继续罗公未竟之功，整理胡父铁花先生之遗稿也。今读罗氏巨著，遥念当年的寒士助理，今日的老辈衰儒，亦不无相濡以沫之感，因突出罗公，多写两行，也不算是滥用篇幅吧！

"四不像"是转型初期常见的现象

有的读者可能要问："太平天国"何以变成这种四像四不像的政权呢？这一点在社会科学里是不难找到答案的。

原来一个衰势文明，在一个入侵的强势文明挑战之下，双方交流激荡的结果，往往是守卫者的母文化但余糟粕，入侵者的新文化则多属"污染"。其中最糟的就变成了非牛非马的所谓"殖民地文化"（或半殖民地、次殖民地文化）了。

试看19、20世纪中，亚、非、拉三洲之内所存在的列强殖民地（包括我国通商各口岸中的租界），哪一个不是这样的呢?！你说它洋吧，表面看来，穿洋服、吃大餐、进教堂、说洋话、歌台舞榭、灯红酒绿，真是洋得十分彻底。可是究其实，哪里又能找到什么法治民主、救弱抚孤、守秩序、重公德的西方文化的精髓呢？

反过来看看我们土著的社区，其中烟、赌、娼泛滥无边，帮会盗贼横行，贪赃枉法、贫穷、疾病、肮脏、糟乱都达于极点，哪里又能找到一点点我们自吹自擂的"四维八德"呢？——总之在攻守文明之间，同取其糟粕（今名谓之"污染"），是早期强弱文明对流的必然现象。但是一个被强势文明挑战的弱小（或弱大）民族，如不是一窝颓废的群居动物，双方交流日久，渣滓淘尽，渐取宾主之长，那就是今日世界崭新的文明了。——在那华裔人口占80%的前殖民地新加坡，在这项转变中的表现，就是个很标准的实例。虽然新加坡朝野亦有其并不太光鲜的一面！瞻念前途，吾华裔其勉之戒之。

社会改制最早的尝试

言归正传，我们的洪杨政权，也就是早期中西文明对流中的产儿之一。更确切地说，它是中国近代史上，社会转型的第一阶段，也是中西转型、社会改制最早的尝试。真伪杂糅、善恶难分、用舍不当，才搞出这么个"四不像"的政权来。

举几个小例子来说吧！太平政权原是近代中国第一个实行社会主义，同吃同住同劳动，最进步的平民政权。但是它却保留了"朕即国家"，君贵民轻的最反动的政治哲学。甚至把含义以人口干戈为重的"國"学，硬性改为一王独大的"囯"字，作为国号以教育人民。这就是最矛盾和极反动的了。演变的结果，太平朝中阶级森严。为王为官，可以为所欲为。为农为工的小百姓，则豚犬而已。无限制权力、无限制腐化的政治哲学中的定律，在洪、杨诸公"进城"后的印证，真可说是淋漓尽致。以短节零篇来窥其全豹，盖为不可能；然举一反三，或亦可略知轮廓。

洪、杨在"进城以后"

笔者于前篇曾突出描述洪天王于1853年3月29日在南京所举行的盛大的进城式。其实这一伟大场面，只是个开始。

记得《战国策》里有一则关于秦始皇生父吕不韦的故事说：不韦是个"买贱卖贵"的大商人，家赀百万。但是他还嫌利润太小，因而问他父亲说，务农可获利十倍，经商可获利百倍，如果搞政治"立主定国"，可获利多少倍呢？吕父说，那倍数就数不清了。不韦乃决心搞政治。最后居然搞出个秦始皇来。

在中国历史上搞政治获暴利的名人，洪秀全也可算是一位佼佼者了。1852年春初，他还是个一无所有的贫农头头。一年之后自南京下关"进城"，在十万军民跪迎之下，他就变成"富有四海"，享有三宫六院七十二妃的万乘之主了。——老洪，乖乖！这时有88个老婆。你能说这位耶稣的弟弟是牛，是驴，是鹿，还是骆驼？

有这许多老婆，放到哪里去住呢？所以洪天王进城之后，第一桩急事便是大兴土木来建造"天朝宫殿"了。

金陵自古帝王都！南京之为国都，已积3000年之经验。它那儿除掉"万岁爷"和"太监"之外，供奉皇帝的东西要啥有啥——宫娥采女、黄金白银、奇工巧匠、捧场文士、磕头谗臣等一切，无不具备。老兄，你有本事做皇帝，"进城以后"万事齐全，就等你黄袍加身！

遥想那虎踞龙蟠、物华天宝，钟山似金、长江如练，江南三月、草长莺飞，真是天堂之首、帝国之都，何等气势？！有心搞"立主定国"的大富商、小政客们，真有志气，南京才是个去处呢！——这是题外之言。

可怜我们的洪老师从那个最落后的穷乡僻壤"紫荆山"，一下看到那富丽堂皇、五光十色的"紫金山"……这都是陛下我的"江山"吗？！洪老大沉不住气了。真是恨不得在"桨声灯影里的秦淮河"中，一下淹死算了……

洪秀全是1853年3月29日（阴历二月二十日；天历二月二十五日）进

入南京的。进城不过数星期，他就开始划定皇城、修造皇宫了。

这座他所圈定的城中之城的皇城，占地约数十方里，分内外二城。其规模大小似乎不在北京紫禁城之下。其中殿阁巍峨、雕龙画凤是不用说了。在天历四月（阳历5月）兴工，工匠凡男女万人，日夜赶工，半年告成，十分壮丽。不幸初步工程方竣工，便发生大火，烧成灰烬。1854年初春又在原址重建，规模更大。其正殿称为"金龙殿"。高广似不在北京太和殿之下，"梁栋俱涂赤金，文以龙凤，光耀射目。四壁画龙虎狮象，禽鸟花草，设色极工……"（见罗尔纲著《太平天国史》第1444页，引吴绍箕《伪王宫》及毛祥麟《甲子冬闻赴金陵书见》。）

据目击者言，正殿之后有后殿。后殿之后，左右各有一池，方广数十丈。池中各置石船二艘（其一今日尚存，在当年"国府"，今日江苏政协园内）。池后为内宫，分为左右两区。每区大楼五层，高八九丈，深数丈。这显然就是洪秀全88位老婆住的地方了。

后楼之后为花园，其亭台楼阁，奇花异草之盛，就毋待多费笔墨了。（见同上）

太平天国遗存文献中的《天父诗》里，即保存一首洪天王游后苑的诗。诗曰：

乃〔拉〕车对面向路行，
有阻回头看兜平。
苑内游行真快活，
百乌〔鸟〕作乐和车声。

洪秀全这首"诗"虽令人笑掉大牙，但也是他的真情流露。读其诗可想见那洪天王一个大男人，当时带了几百个女人，同游后花园的"快活"神情。真是读其诗，如见其人。洪某虽然考不取秀才，这首诗却不失为宣泄私欲之真品。

天王的性变态

我为何说天王游后苑只"一个大男人"呢？原来洪秀全（像许多cult leaders一样，包括在克林顿治下率徒众数十人集体自杀的那个邪门教主）也是个有"性变态"的教主。他和海狗（fur seal，学名callorhinus ursinus）一样，是有性独占欲的。——海狗是个古怪的动物。雄海狗虽然占有数以百计的雌海狗，但它那个大男狗主义，还是不允许另一只雄海狗出现。它这个一夫百妻制，因而也导致我们中医把"海狗鞭"当成补肾药。

洪天王显然就有类似的性变态。你看他率领号称50万的大军，自武昌乘风破浪攻向南京时，在那个战志飞扬、军书旁午的时候，我们今日所发现的天王洪总司令在"龙舟"中所写的谕旨，竟然只有一份严禁随征将士在御舟之侧偷窥天王"娘娘"的诏书，奇怪不奇怪呢?!

所以我们可以开个玩笑说：洪天王不但像驴、像牛、像鹿、像骆驼，他也像一头雄海狗呢！读者贤达认为这是笔者倚老卖老，对天王不敬吗？非也。这是佛洛依德①学派中的主要的严肃的议题呢！这就叫作"以社会科学法则治史"（social science approach to the study of history）。我们写中国近代史，连《推背图》都要容忍三分，对佛君的不朽之作，岂可充耳不闻哉?!

阉割幼童和民间选美

洪秀全既然和所有封建帝王一样，有其海狗之癖，他那雄伟的"天王府"，就不许其他任何"雄海狗"擅入了。——除非像北京一样，也来搞一群李莲英、小德张等老幼太监作为奴隶。

前节已言之，南京这个现成的帝王都，对洪天王的服务是"万事俱备"的，只是独缺太监这阵东风。——天王府内尽管多的是来自两广的大脚女兵，但是任重道远，究不若膀大腿粗的男性苦力。天王东王因而也就

---

①今译作弗洛伊德——编者注。

想在天京制造些太监来，以便与北京的咸丰爷分庭抗礼。

朋友，制造太监可不是一件简单的事体呢！我们儒家道统，集3000年之经验才把阉割太监做得个干净利落，有伤无死。施阉割之术需有高度消毒防毒、去腐生肌、蜡条通便、温（蚕）室护理等尖端医学。还要长短大小分厘不爽，手快眼明、钢刀锋利等高级手术和器材。为避免被阉者精神异化、发疯寻死，它还需要有诸种"复身""娶妻""纳妾"等阿Q制度来加以慰藉。这都是极高深的心理学……如此这般，才能制造出大批"公公"，来保证万岁爷做雄海狗的特权！——这些都是我汉家文化极卓越的"成就"，始克臻此！

读者贤达，您知道制造太监，哪儿能像我们东王的干法——到民间去捉些幼童来，把他们的"小鸡"割掉，就可变成公公呢？！据可靠的证据，洪、杨等人确实杀掉幼童无数人，而一个太监也没有制造出来啊！

我们写历史的人，落笔至此，想到天下父母心，不禁拭泪一问：教授先生，您还要说洪杨政权是"阶级革命"，为人民服务？！

太监既然制造不出来，那么偌大的天王府和东王府就全靠女人来服务了。所幸来自广西的女兵（尤其是客家妇女），都是世界上极少见的劳动妇女。笔者在《李宗仁回忆录》中曾有极详细的叙述，可供参考（见该书第二章）。长毛军中的女兵，是空前绝后的。太平军在东征战役中打下扬州、死守镇江，女兵都是主力之一部。迨天京事变时，洪、杨同室操戈，为天王守卫宫廷的，也全是女兵。这不但是国史上之所无，世界史上亦所未见。

可是劳动损朱颜，花木兰、穆桂英都不可能还是窈窕淑女。贵易交、富易妻，所以洪、杨诸公，进城以后，看到多情湘女，软语吴侬，他们就心慌意乱了。据资料显示，1852年冬季，太平军攻占武昌，为时虽短，东王已迫不及待地学着古封建帝王的恶行，在民间开始选美了。

东王有令要全城13岁至16岁少女，通统向官府报到，以备选入后宫，违令者罪及父母。在那个"杀头之外无他法"的革命政权的淫威之下，谁敢违令？为父母者只好污秽其面，把美女扮成丑婆，报到应差。谁知在报到处即有满盆清水以待，责令报到少女，先洗面，后参选。一下便选了美女60人，挟之而去。

朋友，我们要记着，所有搞独裁专制的独夫政权，没有一个是把老百姓放在心上的。这些英雄好汉大都起自民间，出身于被压迫阶级。可是他一旦翻了身，其狠毒、其腐化、其堕落、其制造被压迫阶级而奴役之的劣行，往往百十倍于原先的压迫阶级。本来嘛！中国资源有限，少数人要腐化、要享受，则多数人就要被压迫、被奴役——不管这些新的统治者打的是什么旗帜，叫的是什么口号啊！

东王的声色之好

以上所说是壮丽的天王府和后宫。现在再看看被许多历史家捧上天的东王杨秀清的排场。杨秀清（1823[①]—1856）原是广西桂平县里一个不识字的烧炭工。但是此人有军事天才。当太平军永安突围时，秀清才28岁，已经是实际的革命军总司令了。奠都南京时，洪秀全（40岁）原是虚君；秀清（不足30岁）已是全朝大权独揽的宰相。

但是秀清究竟是个不识字的老粗，"有雄才而无大略"（引张学良评张作霖语）。一朝得志，便发起烧来。进城以后，他至少有老婆（她们叫"东王娘"）60余人。

［附注］东王在1856年为北王所杀。同时被戮，在后宫殉夫而死的有美人54人。至少还有几个幸存者嘛！所以笔者估计，他老婆至少有60人。北王杀东殿后宫，着重在斩草除根（有孕者必杀）。少数无孕者可能被掳或潜逃，见下节。

纵使是沙乌地贵族、印度酋长，有60个老婆也应该满足了。可是我们的东王却偏偏看中了天王后宫的四位佳丽：朱九妹（姊妹二人）、石汀兰（石达开的姊妹）和杨长妹（他自己的姊妹）。为争夺这四位美女，在1853年冬季，距他们"进城"才不过半年时光，他便弄出个"天父下凡"（附在秀清身上），要打天王屁股四十大板的怪事。——这一丑行，在佛

---

① 一说约1820——编者注。

洛依德和金赛博士的书里，都可找到正确的解答的。

个人的性心理影响到团体的政治行为，而终于祸延国族，只是个顺理成章的逻辑发展。秀清三年后弄得身死族灭，与这些个人行为上的"细行"，都是有直接关系的。

以上是"进城以后"才几个月之中，东王杨秀清这个烧炭儿，沉溺于色的小例子。再看看他在发烧中摆排场，又是什么个气派？下面且抄一段罗尔纲先生根据清朝官书《贼情汇纂》，对他的描述。东王爷有轿夫48人……

> 东王每出必盛陈仪仗，开路用龙灯一条，计三十六节，鸣钲打鼓跟随。其次绿边黄心金字衔牌〔注：牌上写明他的各项官衔〕二十对。其次铜钲（大锣）十六对，用人肩挑，后飘几尺黄旗墨写"金锣"二字。其次绿边黄心绣龙长方旗二十对；其次同上色绣正方旗二十对；其次同上色绣蜈蚣旗二十对。高照、提灯各二十对，虽白天也一样地用。其次画龙黄遮阳二十对，提炉二十对，黄龙伞（大伞）二十柄。参护背令旗〔注：像京戏舞台上武将所背的〕，骑对马约数十对。最后执械护卫数十人，绣龙黄盖一柄，黄轿二乘，东王有时坐在前面，有时坐在后面，这是仿古代副车的制度，以防意外，轿后黄纛千余杆，骑马执大刀的数十人，更用鼓吹音乐数班，与仪从相间。轿后也用龙灯钲鼓。凡执事人都穿上黄下绿号衣。至于执盖执旗的多用东王府中属官，都穿公服。每一出府，役使千数百人，摆出十足的威风。（见罗史第1214页，引《贼情汇纂》卷六《伪礼制伪仪卫舆马》。）

俗语说："一双象牙筷配穷人家。"牡丹虽好，怎能没有绿叶扶枝？东王"出府"如此，那么"住府"的规模，岂不更阔哉！事实上太平天朝，政出东王。东王府的排场不在天王府之下，实权则犹有过之。

知识分子的杯葛

忆幼年读《古文观止》，背诵王安石的《读孟尝君传》，至今不忘。王安石批评那位专搞渣滓普罗的孟尝君的话，实在极有道理。王说：

> 世皆称孟尝君能得士，士以故归之，而卒赖其力，以脱于虎豹之秦。嗟乎！孟尝君特鸡鸣狗盗之雄耳，岂足以言得士？不然，擅齐之强，得一士焉，宜可以南面而制秦，尚取鸡鸣狗盗之力哉？鸡鸣狗盗之出其门，此士之所以不至也。

洪、杨二君在基本上是次于刘邦和朱元璋的草莽英雄。他们需要张良、陈平、刘基、房、杜等知识分子为他们来出谋策划。不幸他们却为清末中国知识分子所彻底杯葛。然考其实，非知识分子杯葛洪、杨也，洪、杨"反知"（anti-intellectualism）而自食其果也。诸位就看看东王爷那两套大龙灯吧！哪个有修养、有学问、有taste①的知识分子，张良、陈平、诸葛亮、容闳……吃得消那一套呢？！

纵谈那头有反清复明意义的"长毛"吧！长毛非洪、杨故意"蓄发"以对抗"剃发"也，那也是由于深山区少数民族贫穷落后，尚未进步到经常理发修面之现代文明呢！英人密迪乐访南京（见上篇）时就遇到很多"小苗子"。他们十分骄傲地说他们的头有"原始长毛"。换言之，也就是他们自十几二十多年前出生之后，一辈子未理过发。

洪、杨二公生于19世纪西风东渐下之中国，却要保留这个落后的习俗以为革命象征。在一个经常不理发、不修面的生活条件之下，试问读者诸公和在下，吃得消否也？！所以在长江流域被卷入长毛区的汉族男士，一旦脱离长毛，第一桩事便是剃头修面。安全考虑固属第一，另一则是卫生上的要求。理发之后，无不有"还我头颅"之感。——吾人读过十数家清

---

① 意为品位——编者注。

人类似的笔记，纵使是亲洪、杨者，亦有相同描述也。

至于洪、杨诸公所炮制的那些天父天兄"下凡"的"诏书"，其荒诞固无待言，其鄙俚之辞，亦酸入骨髓——哪个张良、陈平、王安石……吃得消呢？真是"鸡鸣狗盗之出其门，此士之所以不至也"！

靠工商业打仗的小朝廷

没有知识分子来为二公出谋划策，而二公又不愿依样画明清两朝之老葫芦，那他们的政治设施就愈来愈走样，愈没章法了。

第一，洪、杨没个中央政府。洪塾师熟读四书五经。根据《周礼》，他搞了一套王国官制来。官分爵职而以爵为大。"爵"自天王以下有诸"王"（最尊者有东、西、南、北、翼五王，世袭罔替）。王之下为侯。其后王、侯之间又加义、安、福、燕、豫五等勋爵，以赏有功。

官职则文武不分，最高者为丞相。其下有检点、指挥、将军、总制、监军、军帅、师帅、旅帅、卒长、两司马（排长）。丞相分天、地、春、夏、秋、冬六官，各有正副，共12级。其他官位亦各有正副，乃至"职同"（如国民党军中文职什么同上校、同中校等所谓"军简一阶""军荐二阶"等名目）。其后官爵混淆，又弄出些什么"义上王下"的天将、朝将、神将来。

其实天朝是没个可行的制度的。"天王"这个国家元首，似乎是个虚君制。按《周礼》称"王"，不称"帝"。看起来又像伦敦的英王。但他有个六官丞相的中央政府，却没个首相，因而六官丞相皆有位无权。

真正在中央大权独揽的是东王，而东王则与中央内阁无关。他有自己独立的行政系统，一般称之为"东殿"，"东殿"之内自有六官丞相分掌国政。"东殿"甚至可以单独举行"科举"，名曰"东试"。1853年东试秋闱的题目叫"四海之内有东王"。

洪、杨合作时期的太平天国一直是军事第一的。所以天朝行政一直也是军政不分的。因此，太平政制第二要项值得一述的，是它没个地方政府的制度。南京事实上只是个堡垒、军营。扎在孝陵卫的清军江南大营距朝阳门（今中山门）只数里之遥——笔者在南京当中学生时，乘公共汽车，两站路也。所以洪、杨的天京日夕皆可听到炮声。只是清军十分窝囊，连朝阳门一块城砖也打不掉。

太平军在苏浙皖赣鄂诸省所占领的其他城镇，很少占领过三年以上的。所以它没有多少"地方"需要治理，因此也就没个"地方政府"了。中外史家历来所讴歌的所谓"天朝田亩制度"，事实上这宗社会主义的土改方案，只是个无名氏的纸上作业，和孙中山先生的"建国方略"一样，一天也没有施行过。至于在解放区暂行的征税办法，太平军所实行的，还是最简单的老办法——"照旧完粮纳税"。

可是太平军打仗，动辄十万八万人，军饷从哪里来的呢？有关太平天国的财政问题，上引史学权威郭、简、罗诸前辈都未能说服我。

在20世纪50年代末期，有一次我和适之先生谈到"红学"上有关江宁织造的问题。胡先生说，江宁织造曹寅是内务府的采购官，同时也是康熙爷的特务，在江南打统战。余不谓然也。

我认为明清两代的江宁织造，是和汉代的盐官、铁官，唐宋明的丝官、瓷官、茶官，及民国时代的烟酒专卖一样，是一种替朝廷捞银子，与民争利搞"国有企业"的商务官。谁知这一"大胆假设"，一经"小心求证"，竟不出所料。它不但为"红学""曹学"开了个新渠道，为治太平史者也提供了新的"烟丝披里纯"。

洪、杨割据东南，内战打了十余年，丝茶功不可没也。——太平天国实在是中国内战史上，第一个靠工商业打仗的小朝廷啊！这也是"转型"期中特殊的历史现象之一吧！

经营丝茶，禁绝鸦片

若论丝茶贸易对太平天国的影响，专书也，博士论文也，岂可轻碰？然既已提及，则不妨三言两语为读者略陈之。

盖在18世纪到19世纪中期，我国对外贸易一直是巨额出超的。欧美原先运来者只是整船整船的白银，而我们出口的则是大量的丝绸、瓷器和茶叶。可是这一出超贸易至鸦片战前突然逆转，因为英商东印度公司在印度和土耳其发现了鸦片。他们可以无限制供应，我们也可以无限制内销。因此我国顺差外贸，顿成逆差。迨两次鸦片战后，西人可公开对华贩毒，这一来黄河决口，烟毒泛滥，我们就不成个国家了。

可是我国财富集中在东南长江三角洲，外贸的死结则全在鸦片。一旦能把鸦片根绝，则外贸便顿成顺差，黄金白银自会滚滚而来。以我东南人才之鼎盛，资源之丰硕，"四小龙"何足道哉？果然1853年，天王定鼎金陵，彻底禁烟。据祁寯藻著《贼情访问记》所载："贼（太平军）禁食旱烟、水烟、潮烟。有吸鸦片者立杀。"长毛杀人，可不是讲着玩的啊！所以东南烟毒，一时皆绝。

鸦片既绝，而丝茶出口如常。时不旋踵，我长江下游外贸，顿成出超。斯时湘淮军尚未出现，洋人务利，也正在观望，为向交战双方发战争财，且帮同维持秩序以增加贸易。黄金白银漫天飞来，也大大地刺激了丝茶的生产与出口。一时生意兴隆，长江下游竟成后来"四小龙"之鼻祖，出口陡增。

前文已言之，洪、杨入南京之后，把百工技艺按性质编入"百工衙"和"诸匠营"。"把生产资料收归国有，废除了生产资料私人占有制，以手工业国营的形式，代替手工业工人个体生产……"（见罗著前书第839页）。在这些百工衙、诸匠营中，洪、杨搞得规模最大、最成功的便是制丝绸的"织营"和"机匠馆"了。

南京在历史上原是"海上丝路"的起点。在洪、杨入城之时，城内有织机五万架，几乎有半城居民靠其为生。长毛现在把它集体化，全城成为一大国有工厂。厂内工匠数万人都加以军事管理，分编为五军，官长俱以本地人充之。因为这是纯技术性的工作，外行不能领导内行也。（见谢炳《金陵癸甲摭谈》）

据说这个伟大的工厂从构想、设计到执行，实是由一位汉口绸缎商吴复诚一手搞起的。城破时他在金陵，乃通过一个有免死特权（长毛北蹿长江时有"两广人不杀"的默契）的粤人叶秉权，说动丞相钟芳礼来主持实行的。这所伟大的国有工厂既然是太平朝国库的主要收入，则朝廷对本厂的两万机匠，免兵役、减税捐，也特别优待。因此该厂亦成为本城富商士绅的避难所，故颇为人知也。（见简著前书，第508—509页及所引杂书）

所以当年湘淮军中都知道长毛有钱而缺粮。试看天王东王的大兴土木、讨姨太、摆场面，在在皆是暴发户的作风，钱哪儿来的呢？原来他们也有个绸缎大王吴复诚，在替他们打算盘！他们搞工商业和外贸，搞出了兴趣和经验来，其后虎踞苏州的忠王，坐镇常州的侍王，都大搞经济、大兴土木，而黄金白银硬是挥之不去。——笔者闻诸深知淮军的老辈乡人说：当淮军打下苏州，进入忠王府时，只见府内后花园中竟堆了几座银山，"高与屋齐"。李鸿章也曾亲自进入忠王府视察，惊叹其华丽，直如仙境。至于这几座银山后来哪儿去了，他就三缄其口了。

禁鸦片是与虎谋皮

长毛有钱是事实，但长毛的军纪也有足多者。全军不烟不酒，不淫妇女，不奸小弟，动不动就斩首不留，给老百姓的印象，是"杀以外无他法"（其实亦有"他法"，只是不如砍头那样干净利落罢了）。加上上下笃信宗教，确守"天条"（仿诸《圣经·旧约全书》中的摩西"十诫"）。"早请示、晚汇报"，最初真是纪律严明，秋毫无犯。在一批军事天才领导之下——包括晚期的忠王李秀成和英王"四眼狗"陈玉成——真是战无不胜、攻无不克。他们与松散窝囊、军纪废弛、斗志毫无的政府军——八旗军和绿营兵相比，实在是判若天壤。

［附注］旗军为清朝政府驻防各地、以旗民世袭为主的职业性国防军。绿营则为各省征募的省防军。

由于太平军十分精锐，洪、杨在南京"进城以后"，派兵东取镇江、扬州，西征安庆、九江、武汉，无不得心应手，足使千里长江（上达武汉下及吴淞），终成为天朝内河。

其北伐兵在李开芳、林凤祥两将率领之下，北上皖豫，最初也势如破竹。

当然纪律森严的太平军，亦有其意想不到的君子之失——他们严禁鸦片，谁又知这项爱国行为，竟成为天朝覆灭的最重要原因之一呢？前已言之，鸦片原是19世纪列强扭转对华贸易逆差之关键商品。而当时所谓国际贸易者，对英贸易也——英商占中国对外贸易额的70%以上，航运则90%以上也。中国对外贸易从逆差转至顺差，则首受其殃者何人不言而喻也。所以，英国绝不能容忍中国变成个禁烟国家，而洪、杨诸公偏要禁之，则戈登（Charles George Gordon）将军及其常胜军之出现，又岂是历史上之偶然哉？！

天真的罗尔纲教授在其大著上时时惋惜，太平军未能配合刘丽川的小刀会打下上海，赶走帝国主义。（见罗书《忠王李秀成传》等篇）帝国主义是那样容易被赶走的吗？一代贤豪林文忠公都丢盔卸甲，老塾师洪秀全有啥除洋的神通？！洪、杨欲觅外援，就得与清朝竞抽大烟。洪、杨如禁烟到底，则英帝就要把你剿灭到底。英国是老虎，鸦片是虎皮。与虎谋皮，哪儿有不被老虎吃掉的呢？

果然英国在1860年烧掉圆明园，打赢了第二次鸦片战争（The Second Opium War，也叫The Anglo-French Chinese War，英法联军之役，1856—1860），签订了《北京条约》，取得了对华一切特权，包括对鸦片毒品的公开合法贩卖。逼死了咸丰爷之后，它就要调转枪头来对付那个糊涂虫洪天王了。

垄断海外汉学界对清季外交研究的哈佛学派，一直高唱"鸦片战争不是为着鸦片打的"（The Opium War is not for opium）。如今费正清先生虽已作古，我还想正告费公的门徒们一下，不但第一次鸦片战争是为着鸦片打的，第二次鸦片战争还是为着鸦片打的呢！（参见拙著*United States Diplomacy in China*. Seattle：University of Washington Press，1964. *p.* 232.）不信你再查查中国海关账目，研究研究常胜军的来龙去脉。只是这些事只能为知者言，洪天王那批乡下哥儿们哪里知道呢？

称王太早，圣灵乱封

太平天国在洪、杨领导之下的军事和工商业经济，搞得都还不错，所以他们"进城之后"还能搞出个像孙权那样的东吴割据之局——其后石达开领兵去四川，也是想去做刘备的。

可是洪、杨所领导下的政治再夹杂着一个二百五的洋教邪门，那就一塌糊涂了。

朱元璋当初造反时，颇能礼贤下士。所以还有个举人朱升给他一点忠告，叫他：高筑墙、广积粮、缓称王。

洪秀全在政治上犯的第一个严重的错误，便是"称王太早"。他还不过只有喽罗两三千人的时候，在永安就称起王来了。他不但自称天王号万岁，他底下五个王——东、西、南、北、翼，也分别成了九千岁、八千岁、七千岁、六千岁和五千岁。

这一来不得了，不但他自己不能再有心理上的满足，他底下那个连环套也不能再升了。设若那个文武双全的五千岁翼王石达开，忽然建了个三箭定天山的不世之功，要升官了，他的上级跟着升。别人犹可，东王就不能再升，一升升到"万岁"，搞成天有二日、民有二主，那还得了?!

再者，在他们的宗教里面，可能是由于洪氏对耶教神学之无知，他把杨秀清封至高于自己一级。杨在教里的头衔是："禾乃师、赎病主、圣神风、劝慰师……"其中尤其是"圣神风"这个神位在耶教"三位一体"（Trinity）的教义中，是和上帝与耶稣同列的。

三位者，圣父（上帝，Father）、圣子（Son，耶稣）、圣灵（Holy Spirit or Holy Ghost）也。而"圣灵"在《圣经》的早期译本中被译为"圣神风"。秀全不识西文，只对中译的"风"字望文生义，误以为"圣神风"只是个资深传教士或"风师""雷公"一类的东西。因此把这个神位颁给杨秀清了。其实在教义中，"圣神风"是上帝一神三体中之一体，非比寻常传教士。正如佛教中的"千手观音""千眼观音"之化"身"，不能与一般尼姑同列也。

其后，当洪教主与西方传教士争辩教义时，他还是坚持他自己的解释，并举例说：他也曾封翼王石达开做个"圣神电"（雷公？）呢！至于圣神电在耶教的神学里算个什么东西，他就不管了。——他认为他是可以修改《圣经》的。

可是杨秀清既有此头衔，自认为"圣灵"，并可以代上帝天父传语，一切都在天王之上，他就要取代天王为教主了。

在政治实力上和宗教理论上，杨秀清都觉得是篡位的时候了，果然这出滑稽剧，便在他们"进城"后的第三年1856年的夏秋之交上演了。

我做万岁，你做万万岁

1856年是太平天国14年的历史上比较光辉的一年。是年6月，在翼王石达开、燕王秦日纲、丞相陈玉成和李秀成通力合作之下，太平军一举攻入向荣的江南大营，解了历时三年的天京之围。向荣未几即羞愤而死。

东征的太平军据守扬州镇江亦固若金汤。西上的太平军此时也打下汉口和汉阳，武昌亦在围攻之中。南下略地的太平军，深入江西，也不无战绩。这时他们的北伐军虽然已被打得全军覆没，但是对这群在小天堂享福的太平王和高干，那是太遥远了。不但对他们个人享受无关痛痒，对他们东吴这个割据小王国也没有威胁。——国无外患，内忧就应时发生了。

关于"太平时，王杀王"的"天京事变"，当时中外人士都有很多大同小异的记载。做个综合报道，故事大致如下：

在向荣死于8月9日的消息传入南京之后，东王极为骄傲，认为是他一人的功勋，便心存篡窃之异志。乃借口西线紧急，遂悉调北王韦昌辉、翼王石达开等要员，赶赴前线督师。天京后方就只剩天王和他自己了。一日东王诡称"天父下凡"，召天王至东府，由天父对天王说："你与东王均为我子。东王有咁（这样）大功劳，何止称九千岁？"洪说："东王打江山，亦当是万岁。"天父又问："东世子（东王的儿子）岂止千岁？"洪说："东王既称万岁，世子亦当是万岁；且世代皆万岁。"天父大喜说："我回天矣。"

据说天王既答应东王称万岁之后，却反问一句："四弟……万岁之称，久宜顺天应人，顾将何以处我？"东王说："二哥当称万万岁。"洪佯喜。二人乃决定在下月秀清生日时（1853年9月23日），正式晋封。

洪氏还宫后，一面调动宫内女兵防守皇城，以防东王偷袭；一面送密诏致在长江上游督师的北、翼二王，令其迅速返京，勤王护驾。翼王较远，归来需时，而北王较近，乃率锐卒三千，星夜乘船赶回南京，9月1日夜遂舍舟登陆，潜入城内。他是否曾入天王府与洪密议，不可考。但知他当夜便伙同燕王秦日纲，攻入东王府，其情况可能像西安事变，于半夜中出其不意也。

有人记载说秦日纲直扑东王卧室，见到东王没二话便当胸一刀，"刃出于背"。东王既死，他们乃杀尽东王府男女数千人，其中包括东王娘及妾侍54人。天明后，他们更用软硬功夫遍捕"东党"。一日一夜被屠杀者两万余人，其中着红衣黄袍的高干不计其数。全朝掌政之干部精英，一时俱尽！

东王死后，北王一不做、二不休，乃大开杀戒。以搜查东党为借口，大捕异己。南京城内被杀得鬼哭神号。

结果东王之篡窃未遂，而北王之叛乱反成事实。东王死后十余日，翼王始自武昌前线赶回南京。他晤北王之后，大感恐怖，黈夜缒城逃去。北王捕之不及，乃索性正式叛变，攻打天王府。所幸此时忠于天王的干部和将士仍多，他们乃伙同东王余众向北王反攻。北王不敌，终死于乱军之中，结束了这一场"王杀王"的"天京事变"。

东王、北王皆死之后，当年首义老干部，唯翼王仅存。秀全乃召石达开回朝辅政。可是太平天国经此"浩劫"之后，人事全非。洪氏兄弟开始当政揽权。石达开惧诛，乃再度缒城逃命。

翼王一去，太平朝中除天王之外，首义领袖就无一孑遗了。

五、两次"长征"，两番"寸磔"

发生在1856年9月的长毛"王杀王"的"天京事变"——北王杀东王、天王杀北王；天王又要杀翼王，翼王缒城逃走，太平天国分裂——是杀得够惨了，但这在3000年国史上，并不算什么例外。君不见刘邦杀韩信、彭越，李世民杀哥哥弟弟，朱元璋杀尽功臣，康熙爷平三藩？

可是在3000年"杀功臣"的公式中，表演得最下流、最无知的还是长毛这一窝起义的农民领袖呢！他们进城以后才三年嘛！就等不及，互相砍杀起来，把个极有希望的革命政权砍得稀巴烂，而同归于尽。

由主动割据到被动围剿

前文已言之，太平军在兴起的前三年（1851—1853），原是一股流寇。这股流寇如学学闯王李自成，倾巢而出，不顾一切，一鼓作气，便把北京打下，坐上金銮殿，再号令全国，传檄以定，那时他们是做得到的。——这是所有太平史家，包括笔者自己，都一致公认的。不幸这群来自两广的贫苦工农和三家村教书先生，误认为"北方沙漠苦寒"，直隶（今河北省和北京市）是"罪隶之省"，太遥远、太苦了，引不起他们的兴趣。他们远在金田、永安时梦幻中的"小天堂",便是六朝金粉的金陵南京。三月江南的真天堂、大天堂之迷人,是出乎这些贫农领袖之想象的。一旦到了天堂,他们就沉不住气了——"得此已足",其外还要什么呢?遥望那沙漠苦寒之地,就放它一马,由它去吧!

"北伐燕都"呢,就骗骗人家,骗骗自己,派两员偏将李开芳、林凤祥带几千人马北上,试试他两人的运气吧!万岁爷(洪)和九千岁(杨)乃至六千岁(韦)、五千岁(石),也不用亲自去辛苦"长征"了。

读者们知道吗?在洪、杨奠都南京之后,他两人派出攻打北京的"北伐军"的基本部队,人数只略多于洪、杨在南京"每次出巡"的仪仗队呢!——岂非开玩笑哉?

没有闯王的志气也就罢了,他们之好色,却不下于李自成和吴三桂。李、吴两人为着个苏州小婊子("吴中名妓")陈圆圆,弄得清兵入关,颠覆了汉家社稷。洪、杨两人也为着几个小美女,弄出九千岁要打万岁爷屁股的闹剧,最后闹出个"天京事变"来。

洪、杨之奠都南京,虽然是失去了他们改朝换代的天赐良机,但是他们虎踞金陵,掌握了物阜民丰的长江下游,犹不失为一种地方军阀之"割据"的局面——缓图"二期北伐",仍然未始不可为。可是内部"打屁股""王杀王",石达开再搞个"宁汉分立",所谓太平天国就"割据"不成了。割据不成就变成清军"围剿"、太平军"反围剿"的形势。这一反主动为被动的形势之形成,太平天国之消灭,就成为历史上的必然了。盖一次围剿失败,还有二次嘛!二次不成,还有三次、五次嘛!韩文公在潮州围剿"鳄鱼",对鳄鱼说:"三日不能至五日,五日不能至七日……"你鳄鱼可得小心,天下哪儿有攻不破的堡垒?太平军在经历三五次围剿与反围剿之后,终于不敌,天京就被曾九帅攻破了。

二十八岁的北伐军统帅

太平军之反围剿,固然解决不了根本问题,而清军之围剿,当然也吃尽苦头。但最倒楣的自然还是老百姓。

拙作前篇已一再言之，太平天国的政教实无足言，而长毛的武装斗争却颇有足多者。让我们再回头看看，李开芳和林凤祥所领导的孤军北伐，那一段可泣可歌的故事。

太平军北伐燕都之失败，实在是出发之前就已决定了——因为中央统帅部对北伐一事，简直是以"敷衍公事"态度出之。洪、杨那时正忙于在南京整理和享受其暴得大利的成果。对北伐一事，似乎只是俯顺急于立功的军心而敷衍敷衍的。

先看看他们北伐军的人数：

郭廷以、简又文二史家都认为太平北伐军有数万人乃至十万人之众，这是误估了。太平军自武昌东下时，实力不过75000人（号称50万）。1853年三四月间打下南京、镇江、扬州时，兵分三路，主力在南京由东王、北王直接指挥，面对向荣的江南大营。镇、扬二地的太平军则由"冬官正丞相"罗大纲和"殿前左五检点"吴如孝所统率，面对清军由琦善、胜保所建的江北大营。而洪、杨于1853年5月仓促组成的"北伐军"，则是从扬州前线抽调下来的，其人数不可能有"数万人"。

据清朝官书，太平军"自扬州逸出"的不过千人。其后附义、裹胁的加起来不过万人。据罗尔纲教授的估计则为22500人。罗的估计似乎是较为接近事实的数字。

让我们再看看太平北伐军的统帅们：

罗氏认为北伐军的统帅是"天官副丞相"林凤祥。凤祥这时才28岁。十年前他还是广西桂平县山区里的一个不识字的小放牛（读者可参阅"凤阳花鼓戏"里那位善于唱歌的"小放牛"）。永安突围之后，这位小放牛勇敢善战，几乎每月一升。至是官拜"天官副丞相"。再升一级成为"天官正丞相"，就是"王、侯"之下的"极品"了，但是还不是王侯。——太平军占领南京之后，把整个南京城改建成中央首长的住宅区。其中"王府"处处，"侯宅"不太突出，"丞相第"就较嫌寒碜了。（关于太平朝天京王府的分布位置，可参阅郭毅生主编《太平天国历史地图集》，1988年北京地图出版社出版，第59—62页）官拜丞相自然都是急于立功的。

可是清朝官书和简著太平史，则认为太平北伐军的统帅是"地官正丞相"李开芳。开芳为避翼王石达开的"开"字讳，又叫李来芳。他是广西郁林人。在打下南京之前，已官拜"地官'正'丞相"。这个位置较诸"'天'官副丞相"哪个大呢？我看长毛自己也搞不清楚，所以历史家就要争辩了。

其实这可能是东王的诡计，故意搞他个"两头大"，以便分而治之。洪、杨那伙草莽英雄在得意之时，都把革命胜利看得太容易了。在李、林二将率军北伐时，太平朝上下都是充满自信的。他们认为一旦真的把北京打下，那么"先入关者"一人为王，就不如"两将争功"之容易驾驭了。这可能就是李、林两头大的基本设计的初衷。至于李、林以下，其后与两人同时封侯的吉文元、朱锡锟、黄益芸的故事，限于篇幅，就不再噜苏了。

"过河卒子"的北伐之战

现在再让我们检讨一下，他们北伐的战略和战术：

简言之，太平军这次北伐所用的战略和战术，还是他们年前自永安突围，北窜武汉的老套路——流寇式的钻隙前进。没有后方，没有补给；就地裹胁，沿途征发；得城不守，顺民不杀；坚城必围，不破则舍，攻破必屠。"过河卒子，拼命向前"，义无反顾……拖死追兵。

为避免与江北大营及传闻中南下的清军正面突破，李、林北伐军是于1853年5月初旬，绕道浦口，军分三路，先后北上的。对手方的清军这时也按他们的既定公式，由江北大营派兵堵截，江南大营派兵尾追。——一时前进者，豕突狼奔；尾追者，更是奸掳焚杀。可怜身在战区的黎民百姓，就惨遭浩劫了。

那年代是清朝末季。江淮一带，久遭天灾人祸，早已民不聊生，盗贼横行，人心思变。而这时太平军江南新胜，锐气正盛，美誉方隆。一旦北上，当地灾黎，真有久盼王师之感。因此，失业工农参军如潮。尤其是原已潜藏民间，早有组织的"捻（练）党"及"白莲教"残余，更是英雄豪杰闻风而起，附义如云。一时军威大振。——此时太平首义"五王"如有一人前来领导，这把野火一阵风便可吹覆北京。不幸这批长毛领袖贪恋"六朝金粉"，不肯百尺竿头更进一步而坐失良机，足令读史者为之扼腕也。

太平北伐军原可自苏北、皖北循今日之津浦线直扑山东直隶（今河北），然终以主力太薄，无力亦无胆做正面突破，乃迂回自安徽滁州、凤阳、蒙城、亳州而窜入河南陷归德。北伐军本拟自归德之刘家口渡黄河北上，无奈时值盛夏，河水暴涨，民船为清军烧毁，北渡受阻。李、林大军乃舍归德，西向围开封掠郑州，进陷荥阳、汜水、巩县。在巩、汜河边，太平军掳获少数运煤船，乃于6月底挥军北渡。孰知全军方半渡，河南清军的追兵已至，半渡太平军乃被截成两段。

已北渡的太平军乃继续前进，陷温县，进围怀庆府（今河南沁阳县）。累攻不克，与清军胶着至三月之久，始舍怀庆，钻隙自太行山侧羊肠小径，西窜入山西，陷垣曲，克绛县、曲沃、平阳，进陷洪洞（京戏里"苏三起解"的地方）。自洪洞分两路再转向，钻隙东进，乃直入直隶，威胁保定，震动北京了。

当时北渡不成之太平军，则自许昌、郾城，自东边绕过信阳，再东南转黄安，循大别山西麓，经麻城、宋埠，返入皖境与在皖之太平军合流，亦疲惫不堪，所余无几了。

至于6月底渡河被截之两路太平军，究有多少人马，说者异辞。北渡太平军有说为8万余人（见《盾鼻随闻录》），显为夸大之辞。实数盖在两三万之间。南归之太平军人数，清朝官书记载不过数百人。实数盖为三两千人，而史家亦有记为两三万人者。传闻异辞，终难知确数也。

从天堂打入地狱

太平军此次北伐，在战略战术上都犯有极大的错误。

第一，以流寇方式钻隙流窜，得城不守，不要后方，就地裹胁，这一传统办法，自永安打向南京，是十分灵验的。因为那是从地狱打向天堂——倒吃甘蔗，愈吃愈甜。军心愈打愈振，裹胁也愈来愈多。终于攻入天堂。

从南京向北打就不一样了。古语说："宁愿向南走一千，不愿向北走一天。"我国的自然环境是南富北贫。从东南经皖北豫南打入山西，朋友，那就是自天堂向地狱迈进了。

如果北伐军是以东南为后方，挟东南财富，步步为营，得城必守，有计划地扩大占领区，次第北上，自当别论。以流寇方式，向北方钻隙窜扰，那就是自取灭亡了。

君不见，国民党北伐期间，冯玉祥于1926年9月17日在绥远五原誓师东下，不是不逾月便占领西安、出潼关、据洛阳、夺郑州？何等顺利。可是四年之后，冯在中原大战中败北。他又要带他的"西北军"回西北去，大家就不干了。韩复榘、石友三首先就拿了银子向南京输诚，其他将领也蜂拥而去，40万西北大军就解体了。

所以1853年6月底，太平军在汜水北渡黄河时，大队半渡，小队忽然回旆南下。他们是真的半渡被截，还是借口溜掉，这至今还是历史上一段公案呢！——想想看，那些留在天堂之内的两广弟兄、天兵天将，这时锦衣玉食，多么享福？再看看北渡黄河吃的是难以下咽的窝窝头，以两条腿去和北妖四条腿的马队竞赛，拼其老命。两相比较，揆诸情理，岂可谓平？——矫情毕竟只能维持短时期，天长地久，还得顺从人情之常也。因此，太平军北渡黄河之后，主观和客观的条件都迅速改变了。

太平军第二大错是被胜利冲昏了头脑，太轻敌了：不知彼、不知己，不知天时、不知地理，在敌人的腹心重地打无根的游击，不灭何待？

老实说，这时清廷的君臣，于能于德，且在太平之上。

咸丰皇帝奕詝（1831—1861）这时才二十来岁，精明强干，勤于政务。他虽生长深宫，但对国家大政的掌握和文武大臣的驾驭，均能深得其要。余读咸丰朝政书，深觉这位（与石达开同年的）小皇帝，并非昏君。他量才器使，观察朝政，实远非洪秀全这位迷信教主所能及。虽然他两人之不通"夷务"，却在伯仲之间。

在咸丰初年奕詝所专任的武将向荣、胜保、僧格林沁，均可算是将才。洪杨革命初年在军事上，每受掣肘，不能为所欲为者，这几位满蒙军人之强力对抗，亦是主因之一也。无奈清室统治200余年，机器已经锈烂，少数干才（包括皇帝自己）终难复振。

以华南步卒对蒙古骑兵

放下主题，讲两句闲话。记得我的老师，那位高大的民族主义者缪凤林先生，讲历史最欢喜提的便是"汉唐明"三字。他认为这三朝是中国历史中最值得骄傲的三个阶段。其实这三个朝代论文治、论武功，哪一个比得上那个由边疆少数民族统治的清朝？——只是在晚清时代，由于统治机器腐烂，转型无能，才被许多现代史家，评成一无可取。现在满族大皇帝恩怨已断，公正的历史家，实在应替我们少数民族的统治者平平反才对。

就以那些统治者的个人才能德行来说吧！清朝的"九代十皇帝"都不能算是窝囊货呢！甚至连溥仪，都不能算是"昏君"——他是时代和历史的牺牲者嘛！与"个人"何有？

再看看我们民国时代的总统们，哪一位又比那十个皇帝高明多少呢？相反地看来，可能还差得远呢！朋友，不怕不识货，就怕货比货嘛！

所以咸丰爷当时所擢用的文武大员，都不算太"鲁"，他管得也相当严格。因此李开芳、林凤祥二将在围攻怀庆不克，窜入山西时，在胜保等包围之下，已成强弩之末。再东窜就变成被围挨打的局面了。

李、林大军于1853年9月中旬舍洪洞东入直隶时，华北天气已转寒。风沙日厉，自然环境对这些南国英雄，已构成严重威胁。这时咸丰革去直隶总督和山西巡抚等失职官员，而提胜保为"钦差大臣"，专责追剿。双方打转，两路太平军终于迫近深州与保定。两地皆为防守北京的咽喉，因此北京为之戒严，咸丰乃急调蒙裔科尔沁郡王僧格林沁的蒙古马队入关"助剿"。

"蒙古骑兵"可能是世界骑兵的巅峰。古匈奴曾以骑兵横行欧亚，威胁罗马。13世纪忽必烈亦以之征服亚欧大陆，建立了空前的大元帝国。如今咸丰不得已亦冒险调蒙骑入关，太平军步卒渐渐地就不是蒙古骑兵的对手了。

其实李、林二将进入直隶地区时，实力已大不如前。但是叛军迫近，京师戒严，可是国内外的大新闻啊！对在南京过腐化生活，却正在暗斗的洪、杨来说，李、林北伐军虽早已变成断了线的风筝，可是捷报传来（可能得自上海西人报章，盖陆路早已不通也），天王、东王还是要遥加封赏，因有五侯同封的盛事——李开芳封定胡侯，林凤祥封靖胡侯，吉文元封平胡侯，朱锡锟封剿胡侯，黄益芸封灭胡侯。（其实吉、朱二人这时已是生死不明了。黄则于北伐中掉队，嗣参加北伐援军，战败被俘而死；但也另有异说。）

权威的太平史家和许多热情的读者一样，以为太平北伐军已迫近京畿，全国震动，该是何等大事。太平军之终于失败，足使许多读史者顿足叹息，认为是功亏一篑。——其实李、林孤军拖曳至此，陷入风沙，已到死亡的边缘。

朋友，在那个传统农业大帝国面临改朝换代的末季，民不聊生，饿殍遍地。你如能统率三五千亡命死党，就可以横行天下。茫茫大地、山林原野，青纱帐里、烟雾丛中，何处不可存身，不可流窜？官军究非长城，人数有限，堵不胜堵，何况他们心照不宣的剿匪策略，一向都是只追不堵的呢！——你有死士三千，尽可钻隙前进，直迫保定、涿州，但是区区数千南国健儿，两广步卒，在强大的敌方劲骑追围之下，逃生不及，还想打下北京，那就是过分的梦想了。因此李、林孤军在打下正定、深州之后，乃掉头东进，攻陷沧州。攻沧之役，太平军受到当地民团的强烈抵抗，大愤。城破时乃将合城军民满汉回居民男女老幼万余人，悉数屠杀。然经沧州一战，太平军于10月底进占青县、静海、独流、杨柳青，迫近天津城郊时，本身实力也就走到极限，而这时清军马步齐来，势如潮涌，很快就攻守易势了。

这时时令已进入冬季，北国大雪苦寒。孤军久战无功，北方附义者及沿途裹胁者，见势无可为，早作鸟兽散。所余死党，只是些南国同来的"长毛老干部"，在风雪之下，局处津郊三城，逐渐就陷入重围了。

由苦守到覆灭

上节所述的是1853年太平军北伐，历时半载这阵旋风的大略经过。当他们于冬季在津郊被围时，最后被迫放弃杨柳青，只苦守独流、静海二据点。这年秋冬之季适值漳河泛滥，运河外溢，津郊各城镇都被淹成孤岛，攻守两方都可以相互掘堤灌水，淹没对方。隔水为战，两方遂打成个胶着状态，经冬相持，难有进展。

但是华北平原毕竟是清军的老家，粮饷充裕，胜保可以调度自如。胡马依北风，僧王的蒙古精骑，更是日行数百里，从心所欲；而被困重围的长毛壮士，就只有死守孤城、弹械两缺、坐吃山空了。

1854年2月初李、林残部（可能尚有万余人），乃一面向南京秘密乞援，一面试图突围南归。但是他们要以两条腿的流窜，来摆脱四条腿（骑兵）的追击，其困难也就可想而知了。——笔者见闻有限，然亦尝目睹蒙古族骑术表演，叹为观止！冯玉祥在其自传《我的生活》中亦有描述。中西古人记载，更是车载斗量。蒙古族友人告诉我，蒙古妇女甚至可以于马匹飞奔中，在马背上生孩子、接孩子……信不信由你！

朋友，在这一情况之下，李、林两位司令员，要全军各背个炒米粮袋，来逃避蒙骑的追逼，如何逃得了？果然他们在1854年2月开始南逃，3月便被围于阜城，5月份再窜入连镇，便无法全师突围了。二将乃分成一前一后——林率全军殿后，在原地与僧王拉锯攻守；李则率少数精骑突围，入山东据高唐州筑寨，最后窜至冯官屯，苦守待援。——二将再分别苦守一年而南援不至，直至人相食的程度，才被清军于1855年3月、5月分别突破，全军覆没。

历史名将的可悲下场

据官私各家记述，李、林二虎将的最后下场是惨绝人寰的。林侯所守的连镇是在1855年3月7日第一个被攻破的，其中所余残卒存者仅两千余人。将士悉数被俘之后，独缺统帅林凤祥，僧王乃遍询俘虏中之"幼童"。

［附注］所有革命造反的团体，其中都以幼童组织最为激烈、最为忠心、最为厉害，也最为残酷。——长毛中的"小长毛"也是最厉害的和最残酷的。天王自武汉出征南京时，那座九江名城便是由一群十余个十五六岁的"小长毛"打下的。太平军中的将领，尤其是丞相级的将领最喜欢小长毛。据《盾

鼻随闻录》（简又文藏钞本）所载，太平北伐军中"伪丞相三人，各有美童三四十人随身伺候，绣衣扎额，宛如娇女"（简书第597页）。证诸有关太平朝的其他官私记录，此条显为事实。这种军中携带幼童的行为，除军事作用之外，极可能还有性侵犯的行为在内。清朝官场原本是同性爱的避难所。盖清初诸帝为整饬官箴，乃严禁官吏"挟妓上任"。谁知道高一尺，魔高一丈。显宦高官乃改蓄"男宠"。至清末民初几成无耻士大夫（包括贿选当国的大总统曹锟）的时尚。——今日美国竟至泛滥成灾。洪、杨革命之初有宗教狂，男女分馆，夫妻不许同床，厉行节欲。但是长毛阶级森严。一旦身跻"王"位，则"王娘"就可以定额分配了。位虽不至王侯，而官拜极品的"丞相"，却正在男女分居和"配给制"的边缘，他们动辄以"宛如娇女"的"美童"伺候，就居心可诛了。——朋友，这也是性心理学上的一个有力的旁证吧！

僧王俘获林侯左右之幼童，据其报告，果得凤祥于隧道之中。据《粤氛纪事》所记，这种隧道"深数十里，纡回曲折，皆有暗门……其上皆瓦砾榛莽，踪之不可得"云云。凤祥原已负重伤，至是已奄奄一息。清方恐其因伤致死，乃不等他断气，便凌迟处决之。

至于李开芳，他在冯官屯被僧军重重包围，最后只剩百余人，乃于5月31日（阴历四月十六日）率众出降。开芳被捕受鞫情况，目击者写有很生动的报道：

（僧王）单令开芳进见。［开芳］戴黄绸绣花帽，穿月白袖短袄，红裤红鞋，约三十二三岁。伺候两童约十六七岁，穿大红绣花衣裤，红鞋，美如女子；左右挥扇，随开芳直入帐中。开芳仅向王、贝子，及各大人屈一膝，盘腿坐地下。总兵以下持刀环立，怒目而视。开芳与二童仰面四观，毫无惧色，但云罚能宽贷，愿说金陵伙党来降，并求赐饭。遂开怀大嚼，说笑如常。僧邸知其叵测，饭毕遣去。又令八人［皆开芳麾下同时被俘的高级将领］进见，皆跪而乞赦，当即遣出。于是红旗报捷……以马队数百，将九人押解进京，限六日解到，明正典刑。（见《李开芳在冯官屯被擒始末》，载《太平天国丛书十三种》第一辑。上段转引自简著前书第654页。)

开芳在北京被凌迟处死。目击者亦有报道，不忍多录。

为着活捉李开芳，一举除掉清室近在京畿的心腹大患，这位威风显赫的蒙古郡王僧格林沁，乃因功加封"亲王""世袭罔替"。但是这位大王爷又哪里知道，十年之后他自己也全军覆没，一人躲在麦田之内，被捻军里面的一个十几岁的小鬼张皮绠找到了，被小鬼一刀两断呢！——一说是张皮绠五更起来"拾粪"，在高粱地里碰到了躲藏的僧王，他就把僧王打死了。（见罗著前书，第2268—2270页，《张皮绠传》。）

北伐援军五将四殉

李、林北伐的全军覆没，也是太平革命必然失败的几个关键因素之一。盖李、林既诛，则清室的根本重地华北大平原遂安如磐石，叛党便永远无法染指了。根本既安，则远在长江流域的内战，就变成单方面的"围剿"与"反围剿"了。被围剿与反围剿的太平军，便永远处于被动地位，太阿倒持，就只有挨打和招架之功了。

当李、林二将自天津前线南溃时，洪、杨在南京也曾调兵援救——是所谓"北伐援军"。

这批北伐援军虽非太平劲旅，人数也有四万人，由五位丞相级的将领黄生才（夏官正丞相）、陈仕保（夏官副丞相）、许宗扬（冬官副丞相）、曾立昌（夏官又正丞相）、黄益芸（一说黄随李、林北伐半途死于火，北伐援军中并无黄某。另说其未死，被复派入北伐援军）等率领，于1854年春季从安庆分批北上。最初也很顺利，竟能北渡黄河，于4月中攻占漕运咽喉山东临清，再北上即有与李、林会师的可能。

这时清军僧格林沁和胜保正在阜城、连镇一带与李、林纠缠，得报，乃使僧军留后，而胜保则南下抵御北伐援军。此时胜保清军甚为完整，而北上太平军则挟有土著捻党，难免乌合，时有内讧，加以全军缺粮，与胜保交锋，终于不战自溃。清军于4月底收复临清时，据报"埋尸二十七万"，纵是虚报，亦见内战之可怕也。——太平援军自临清一败，迅即溃不成军，主帅黄生才化装成乞丐潜逃被俘，据说黄益芸亦阵前被捕，曾立昌溺毙，陈仕保战死，四万大军片甲无存。五帅之中，唯许宗扬只身逃回南京。东王追究战败责任，把许监于"东牢"。

他可能在其后"天京事变"时被北王释放。因此一说当夜他衔恨直入东王府，手刃东王，"刃出于背"——杀东王的是许宗扬，不是秦日纲。（参见郭、简、罗诸家著述及其他官私文献）

石达开之死

前文已言之，石达开（1831—1863）在天京事变时回师靖难为北王所忌，缒城逃走，全家均为北王所杀。北王乱平后，翼王又奉诏回天京辅政。在1856、1857年之交，偌大的太平天国只有四个"王"爷。天王之下有他兄长二人（洪仁发、洪仁达）分别晋封安王、福王，其下便是翼王了。天王本是个不管朝政的昏君；安、福两王却是两个野心大、气量小的脓包，对翼王忌嫉特甚。而秀全既经天京事变之惊以后，对非内亲外戚的功臣，亦心存疑忌。

在这一可怖的三洪一石对立的情况之下，石达开自觉朝中无立足之地，1857年6月2日[①]他就潜离南京，从陆路逃往安庆。天王发觉后，乃遣将蒙得恩等追之，谁知追兵竟与他一同逃去。

石达开在安庆待了50余日，不知所适。其后他可能想到在江西、福建、浙江一带另成局面或可与南京争雄；是年9月底乃率精兵万人突入江西，经景德镇入赣南抚州、吉安，再掉头东去浙西，经鹰潭、上饶于1858年4月中旬攻入衢州。一路上太平军兄弟从者如云。太平军精锐，一时俱去。

在浙西一待数月，那流窜成性的翼王又掉头西向进入福建。1859年春，又兵分两路进入湘南与粤东，掠郴州、韶州。北克宝庆，南围桂林不下，终于又窜回自己的老家贵县，但是他显然知道老家广西太穷了，养不

---

①一说5月底——编者注。

起他的十万大军。要称王称霸，只有北上四川，在天府成都做个刘先主，然后再慢慢地六出祁山，北伐中原。

石达开会作诗是假的，是南社诗人冒充的；他熟读《三国演义》，倒是真的。因此他在母省广西盘桓了几个月，于1860年秋又率十万健儿回师北上，冲入湘西经靖州、芷江、泸溪、乾州、永绥，进入川东，直迫涪州……

笔者随翼王大军精神长征，神游至此，记忆中简直重入童年，随军西上。因为抗战初期，我自己便是循这条路"步行入川"的。那种峭壁悬崖、巨瀑险滩……与苗民打交道，与猴子抢果子，罗曼蒂克得很呢！

拙作读者中的老兵，可能分享这些讲不完的故事；年轻的少爷兵，幻想也幻想不出了。笔者便是穿着草鞋，从芷江、泸溪、乾州、永绥、秀山、彭水，在涪州乘民生公司小轮船西上重庆的。

可是翼王爷就没民生公司小轮船可坐了。他原先在湘桂一带流窜时，饥民灾黎都知道翼王殿下是要到四川去做皇帝的。——谁没看过《三国》呢？四川这个"天府之国"，谁不想去？大家一哄而来，从龙如云，所以兵临涪州时，据说他的人马，有20多万，可谓盛极一时。但是他并没有打下涪州，乃舍涪而去。沿江西上，经綦江、叙永，又南下攻入贵州遵义。再西窜昭通，这时已是1863年的春季了。

在西南丛山峻岭里流窜，可不像在蒙古草原或华北平原里那样随心所欲。你得循山势、水势和古驿道，转弯抹角，按理出牌呢！深山大堑，狼嗥虎啸，野人猎头，由得你随意进进出出？！

果然石达开的太平军，于1863年5月中旬，兵临大渡河边、铁索桥头！"金沙水拍云崖暖，大渡桥横铁索寒。"当地土司王应元拆桥防河，隔河有清朝大军列阵以待，太平军便在河边的紫打地（亦作紫大地）陷入绝境了。

翼王石达开身为全军统帅，不忍见全军饿死，乃只身向清军"请死""请降"，以救全军。1863年6月13日乃被清军械送成都，"凌迟处死"。长毛老兄弟2000余人、石家"王娘"十余人、翼王五岁幼子石定忠和一个出生才数日的无名幼弟，一时俱殉，惨不忍言。

从晚清到民国

第三章
甲午战争与戊戌变法

　　甲午战争，一场最具关键性的海上战役。孤臣无力可回天，北洋舰队全军覆没，它的胜负改写了中国历史。戊戌变法，一次注定要夭折的改革运动。小皇帝不敌老太后，维新政府无疾而终，它的结果预示了大清命运。科技现代化与政治现代化双重挫败，第二次社会文化转型前途漫漫……

一、甲午战争百年祭

世界第八位海军

在甲午战前，我们的大清帝国也有一支相当可观的海军呢！它拥有装甲14英寸，配备有12英寸巨炮的7000吨主力舰两艘和各式巡洋舰、鱼雷艇数十艘。每次操演起来，摆出"船阵"，也是樯橹如云，旌旗蔽空，气势非凡呢！

这支舰队甲午战前亦曾由清政府派往朝鲜、日本、南洋新加坡一带巡弋示威。堂堂之阵、阵阵之旗，连欧美海军大国的观察家亦均拭目而视呢！据当时世界军事年鉴的统计，大清帝国这支海上武装，居世界海军的第八位。排名仅次于英、美、俄、德、法、西、义七大列强。此时日本亦雇有大批欧美专才，订购船舰，锐意发展海军。然在甲午前夕，日本海军全部吨位炮位及海战潜力，实远落我后，在世界排名仅为第16位。按资料分析，清日对阵，日海军断非我之敌手也。

〔附注〕其实所谓世界列强海军排位问题，只是当年海军年鉴等一类书刊编辑，根据各国吨位与武器装备，所做的比较之词，并无绝对标准。甲午战前，我海军实力通常被估计约在第六与第八位之间。日海军则在第11与第16位之间。

谁知海战于7月25日爆发后，不出数周，我舰艇竟一败涂地，全军尽墨。堂堂主力舰，最后为敌方所掳，竟被拖回三岛，充当海边码头上的商用"趸船"，亦辱华之甚矣。回忆1948年夏，笔者赴美留学，路过日本时，随团参观日本之战史馆。曾见有大幅油画，渲染其黄海一役，歼灭我方舰队之战绩，睹之触目惊心。返船之后，同学百余人相约联名上书南京国民政府，请责令日本拆除此画！——那时我们是战胜国嘛！——今日思之，心有余酸也。

以上所述只是海军。至于陆军之一败涂地，更不忍多说。斯时清朝的陆军，尤其是湘淮两军，刚刚打完惨烈无比的对内战争：剿平"粤逆"，消灭"捻匪"，镇压西北"回乱"……在国内真是威无复加，不可一世。在甲午前夕，大清境内的百万貔貅，都是久战之师，气势夺人。

这时日本陆军新建，可用之兵不过十余万人——明治维新时，天皇原无一兵一卒。谁知牙山一声炮响，我军竟瓦解土崩，不可收拾，而敌军则追奔逐北，斩将搴旗。不数月不但占尽边塞，势且逼近京师。清方朝野震动，不得已而膼腆求和。真丢人至极！

在下愧为人师。授课时每至牙山败北，东海丧师……时，在作业里、在试卷上总要问问学生：中日之战，其胜败之结局若此，原因何在呢？！这一标准问题，在课堂上问了数十年，迄无明确答案。惭愧的是，不只学生不知，做老师的自己，翻烂中西史籍，讲义十易其稿，至今仍在云雾中也。愚者千虑，不能说一无所得。只是敝帚自珍，终嫌谫陋，不敢张扬耳。

此次因事赴台，滞留逾月，适值甲午战争100周年。刘绍唐兄因嘱撰文纪念。复承台湾师大历史研究所主任王仲孚教授，以师大近月所举行的"甲午战争100周年纪念学术研讨会"之论文全集见赠。逆旅闲居，因将此704页约60万言之巨著，逐字拜览一过。此集为甲午文献之最新资料，有缘即时捧读，获益良多。因思随群贤之末，就笔者历年教学心得，对甲午战争，从不同角度狗尾续貂，做一综合分析，以就教于群贤。

也曾试撰"中国海军史"

回忆童稚之年，因出生于淮军遗族之家庭，学未启蒙，而耳濡目染，即多为淮勇水陆两师之故事与遗物，且时闻白头老兵操韩语闽语为笑乐者。及长受业于郭量宇（廷以）师，并受当时突发的珍珠港事变之启迪，兼以孩提时即大有兴趣之海战故事的鼓舞，初生之犊，不自揣浅薄，曾试撰《近代中国海军史》，并拟分章发表之于当时后方的《海军整建月刊》〔1942年某期起。近阅王仲孚先生所赠之《甲午战争中文论著索引》第50页，编号1007，唐德纲（笔者原名，刚纲两用）《中国海军的结胎年代》载海校校刊，1948年9月。实系拙作第一章之重刊也〕。其时曾为某一小节之探讨，与当时亦在煮字疗饥之著名戏剧家田汉先生发生抵触。

田汉先生战时寄居贵阳，研究海军史，参考资料甚少，不若我有"国立中央大学"之图书馆为后盾也（中大图书馆是当时后方最好的图书馆）。结果该刊编者是我而非田汉，使我这一后辈心中不怿者久之。因为我当时十分敬重田汉，对他更万般同情。作为后辈，我绝无心顶撞之也。记得当时田汉曾有诗自伤曰：

> 爷有新诗不救贫，
> 贵阳珠米桂为薪；
> 杀人无力求人懒，
> 千古伤心文化人。

田汉是诗人才子，散文和剧曲作家，也相当有学问。其时蜗居贵阳，生计艰难，而我目睹重庆街头贪官污吏，征逐酒肉；对田汉之潦倒，敬重与同情之心，不免油然而生。无心顶撞了这位前辈，心中怿怿，实出自至诚也。

我那部可笑的《近代中国海军史》，虽然已积稿甚丰，手钞史料更是满箱满筐。甚至战后还乡，犹试图去丁府（丁汝昌）、吴府（吴长庆）探寻其早年文献。吴府为至戚，丁府则沾亲带故也。我当时没有急于完工，也是觉得海军原是个洋东西，未能充分掌握洋史料，写起来终嫌美中不足也。小子既然年富力强，又有志喝洋墨水，则来日方长嘛！

后来想不到三凑六合，又跑到美国大学里教授起中国近代史来。适乡友包遵彭兄自台湾间关来访。包兄时在海军部门任职，曾阅读我在海军月刊上之旧作，有意约我重作冯妇，合著海军史。然斯时我正忙于他事，期以异日，初未料竟成永诀也。再者笔者当时正在教授近代史，牵涉殊广，海军亦只是一部分而已。

就以第一任海关总税务司，那个毛头小子英人李泰国（Horatio Nelson Lay）来说吧！在同治初年（1863），清廷委托他购船八条，试办海军之时，这小子时年不过三十，居然想当大清帝国的海军大元帅（admiralissimo）。这个大元帅他当然没当成，而清廷又找不出自己的大元帅。曾国藩想把这八条炮船编入他的水师，满人又怕国藩坐大而不允。国藩的老弟国荃，那时正围攻长毛于南京，也不愿这洋船来分他攻取南京的首功。八条大洋轮终于变成了丧家之犬，最后还得由李泰国把它们退回原主，拍卖了事。——这种买来卖去的折耗和佣金，都是大得不得了也。李泰国小子发了大财不用说了。好歹钱是公家出的（李泰国经管的关税），大清朝中诸大臣对大清帝国的损失，也不痛不痒也。

后来赫德（Robert Hart，1835—1911）继李泰国为总税务司，固亦有充任大元帅之雄心也。其后终以文人不胜此职，乃改介英国海军军官琅威理（William M. Lang）。琅氏在李鸿章正式编练北洋海军时，自认出任副提督，官职实系"总查"（总教官），然汉文语意不清，英译固为海军上将（admiral）也。琅氏出身英国皇家海军，带职出任中国海军官职。英国海军原为三头马车制，因此琅氏也要在中国海军中实行两头马车制。终于闹出所谓"升旗事件"。琅氏不甘"受辱"，乃一怒而去，中英关系为之搁浅。下节再续论之。

无独有偶。谁知50年后，"酸醋约瑟"史迪威（Joseph W. Stilwell）在重庆也不甘心做"花生米"（"花生米"为蒋委员长在二次大战期间，国际密电码中之代号）的"参谋长"（总查？），硬要出任"中国陆空军总司令"，最后为"花生米"所撤职。史氏一怒而去，也为其后雅尔达①会议伏下艰难之一笔，贻患至今未了。

这些历史上的小故事，你说它大，也不太大。你说它小，可也不太小。有关它们的中西史料，是汗牛充栋呢！因此研究这种历史，史料就不是问题了，史料多的是嘛！那么问题所在，便是如何去"解释"这些史料了。根据这些初无异说的历史事实，要用简明而抽象的语言，把它们"解释"得言之成理。这在社会科学领域里便叫作"概念化"（conceptualization）。笔者自20世纪50年代中期在纽约各大学兼授中西近代史以还，讲稿十易，非全为新史料之出炉也。实在是想"自圆其说"，讲一点自己可以相信的学理，然后再去课导各族学生，让他们也相信"师说"罢了。

甲午战争过去已100年了。原始史料大致也已发掘殆尽。根据这些史料，来把这次战争做一综合的解释，这就是笔者胆大妄为，在本篇拙文里所致力的了。

甲午战争的阶段性

与洋学理接触既久，每好替土学理打点翻案官司。这大概也是"五四后"（Post-May 4th）中国文化界应有的现象吧！自五四（甚或更早）以来所谓"传统主义"（traditionalism）被洋人和新派学人骂惨了。子曰："再思可矣！"我们在骂人之后，来他个"再思"（second thought），便时常发现"骂过了头"，甚或"骂错了"，乃至"你自己才该骂呢"！

例如洋人和他们的中国徒弟们，总欢喜说："倒楣的中国，3000年没进步。"我这个世界通史教师倒发现将中国比异族，3000年来，我们的政治社会制度却最为稳定呢！连个倒楣的小脚，也一裹一千年不放，漫说是

①今译作雅尔塔——编者注。

"三纲五常""四维八德"和"三公九卿"了。小脚是混账了，而三纲五常、四维八德、三公九卿就一无是处哉?! 去其渣滓，汰出有用金属，就不能替所谓"西方现代文明"拾遗补阙哉?!

笔者正撰拙文半截，忽然老友杜维明教授敲门寻访。我初以为维明兄有私事相询，孰知他竟为谈学问而来，真使我受宠若惊。

杜教授近承哈佛大学校方之委任，正组织汉学儒教在该校必修科中之普及工作，列为大学本科生必修课程之一部分。受业者恒至千人以上，实美国高等教育史上，前所未有之盛事也。

维明说："近百余年来，我们都在向西方学习。现在他们的好东西我们都学会了。他们也该学学我们的好东西了!"

杜子之言，深得我心。杜教授为今日华裔最突出的"五四后"的学者和思想家。非一般保守的所谓"国学大师"所可同日而语。——这也是"现代化"和"超西化"（Post-Western），与"僵化"和"基本主义者"（fundamentalists）之别也。

长话短说。我们有个2000年不变的文化定型；但是这个"定型"在鸦片战后维持不下去了。它要"转型"。转型从"变"开始。它从"千年不变"，忽然地弄得"十年一变"，连变二十变。穷则变、变则通。变它200年，变出一个新的"定型"来。然后它又可以千年不变了。

或问：这新的定型是个什么模式呢？曰：吾不能确知也。它将是全民族的智慧、经验和血泪，通过200年的"历史三峡"慢慢熬出来。等它熬出来之后，足下自会恍然大悟也。——如今我们这个历史三峡已快到尽头。诸位少安毋躁。另一"定型"已隐然在望矣。

所以一部中国近现代史，便是一部中国文明转型史，而这个转型运动是有其显明的"阶段性"的。甲午战争便是一极重要的阶段——它标志着一个阶段的结束和另一阶段的开始。——用一种最新的具体语言来表达，那便是由"四化"进入"五化"。没有"五化"，则"四化"往往是徒劳（着重"往往"二字）。这便是甲午战争中国打败仗最基本的原因。至于多开两炮，少打两炮，朋友，那是小事也，不足挂齿也。

原始"四化"，先炮后船

"四化"这个东西，在清末原叫作"办夷务""办洋务"，叫作"师夷之长技"，叫作"中学为体、西学为用"。民国学人把它加一顶洋帽子，叫"自强运动"，叫"科技现代化"，叫"国防现代化"。

科技现代化最早搞起的，是林则徐所发动的船炮政策。但是林则徐这位科甲出身的士大夫，与他的上司道光皇帝，和上司的儿子咸丰皇帝，以及许多"中兴名臣"，都属于"望洋兴叹族"（且用一个新式台湾语词）。他们只搞"炮"，不搞"船"。在他们看来，在那波涛险恶的大洋之上去与蛮夷搏斗，做个"龙王三太子"，是不可想象的。在中国历史上，上至秦始皇，下至戚继光，都未尝动下海的念头，何况他们。所以早期的船炮政策，在道咸两朝，只搞炮，不搞船。

在鸦片战争期间，林则徐曾向美商买了一条1080吨的大洋船"剑桥"号（Cambridge），并装了34尊英制大炮。但是林钦差并不是要把这条大洋船开到海上与英船对轰。相反地，他把这洋轮横停于珠江口内，作为障碍物，兼做炮台之用。结果被英国水兵爬上去，连船带炮给开走了。

后来长毛打到上海附近（1854），要与小刀会合流。那位行商出身的上海道吴健彰颇通洋务，他知道洋船是无敌的，所以向洋商买了一条吃水430吨，名叫"孔夫子"（Confucius）的大洋轮来"助剿"，并雇了些洋水手来驾驭"孔夫子"。那个后来在清军与长毛之间反反复复的美国瘪三华尔（Ward），便是"孔夫子"的一个水手。后来吴健彰不要"孔夫子"了，他把"孔夫子"送给江南大营的向荣。向荣对"孔夫子"也没兴趣，因为"孔夫子"太胖大，不够灵活，在长江里动不动就搁浅。而那些划小舢板的长毛，却躲在小河湾和芦苇之中，"孔夫子"对他们毫无办法。所以向荣也不要"孔夫子"。——这也是上述李泰国所购八条大洋轮被退货的基本原因。

总之早期清廷的"满大人"（mandarin）们，都对洋人的开花大炮有兴趣，而对洋船没兴趣。要搞国防现代化，他们就拼命买大炮、筑炮台。

因此上至旅顺口、大沽口，中在吴淞口，下及虎门栅，他们买了无数尊开花大洋炮，建了数十座海防大炮台，等待着"夷人"登陆。朋友们相信吗？后来在"一·二八"（1932）、"八一三"（1937）期间，我们在吴淞口大炮台上，放得震天价响的开花大炮，都还是逊清末叶的曾文正、李文忠装上去的呢！

炮是购自外洋。但是消耗量极大的炮弹、鱼雷、水雷和步枪，总应该自己造造吧！因此，在太平天国快被打平前，曾国藩当了两江总督，左宗棠当了闽浙总督，他二人乃在上海、福州（马尾）、南京三地，分别招洋匠，购洋机，自制洋军火了。殊不知洋人是船炮不分的。能造炮弹，就可造炮；能造炮，就必能造船。我们既能自制大炮，很自然地也就能自制"火轮"了。这便是后来的"江南机器制造总局"（今日已能制造十万吨以上的远洋大轮，说不定已在设计制造航空母舰了）、"马尾船政局"和"金陵机器制造局"的起源了。等到李鸿章出任直隶总督，张之洞出任湖广总督，这项军火工业便扩展到汉阳、天津和大连了。各地封疆大员也可乘乘自造的火轮了。

既然自己能制造小火轮和小炮艇，则自己的维修技工、驾驶舵手，甚至设计监造的工程师，也就势在必有了。因此那位有远见、有魄力而廉洁奉公的左宗棠，便于1866年（同治五年）在马尾办起了第一所船政学堂来，其中分轮机与驾驶两科——这便是中国第一个现代海军的摇篮，虽然它的结局是十分可悲的。那也是单搞"四化"，忽略"五化"的错误酿成的啊！

海军始于抗日

上述这项西化初期的缩头挨打、守株待兔的旱乌龟政策，到1874年（同治十三年）却发生了划时代的变化。盖此年日本借口台湾牡丹社番民杀害琉球船民而出兵侵台，在清方朝野引起了震动。尤其是新任直隶总督、北洋大臣的李鸿章，对日本之蠢蠢欲动，起了严密的戒心。

李氏于1870年（同治九年）继曾国藩出任北洋大臣，驻节天津。下车伊始便碰到日本派专使来华，要求取得与欧美各国相等的"条约权利"（其实是不平等的条约权利）。鸿章为之愕然。盖自往古以来，中国便把区区日本，视同藩属。初不意这蕞尔小邦，今日竟以帝国主义自居，要在中国发展殖民地了。

吾人翻读李鸿章与当时日本使领人员的谈话笔录，李之口气仍以上国大臣自居，然读史者固知其色厉内荏也。在日本大部分得其所偿之后，条约墨沈未干，日军又在台湾琅璚登陆（1874年4月。除另注外，本篇全用阳历）。在举国惊呼之下，鸿章乃急调时驻徐州的淮军精锐唐定奎部6000人，租轮赶往台湾对抗。

定奎为淮军宿将。当其亲率子弟兵之精华跨海南渡时，心中亦惴惴不安，盖商轮无护航，渠深恐日军半渡腰击也。——唐定奎此时的担心，20年后证明并非过虑。盖"高升"号被日轮击沉时，殉者近千人，尽是江淮子弟也。笔者幼年即尝听祖父的客人，高声谈论此两役的惊险场面而自庆未死。

李鸿章经此刺激，即决心自建海军御侮。他自始至终的假想敌便是日本，知道清日迟早必有一战。盖牡丹社事件之后，1875年9月，日人又在朝鲜制造"江华岛事件"，迫令朝鲜断绝与大清宗藩关系，并与日本订立条约。

1879年日本再迫琉球绝清而加以并吞。1882年及1884年，日本又在朝鲜制造所谓"壬午事变""甲申事变"。其志在并吞朝鲜，已昭然若揭。——这样一来，李鸿章认为，欧美列强还远在万里外，而新兴的日本则祸在肘腋。建军抗日，刻不容缓，乃奏请朝廷解散所有旧制水师而迅办新式海军。

所幸国内的内战已暂告结束，外战减缓。朝政，尤其省级政权，由开明派掌握，国力迅速恢复。朝中由两位年轻寡妇垂帘，也颇能招贤纳谏。总理衙门由恭亲王和大学士文祥主持，二人久历坫坛，亦熟谙外情。而外国公使长驻京师，酬酢频繁。中外相处，也颇能互信互谅。尤其是美国由惨烈内战（civil war），转为国内建设（reconstruction），对华无领土经济野心，遇事且可开诚相助。1868年（同治七年）美国驻华公使蒲安臣（Anson Burlingame），竟被文祥说动向华盛顿辞去本职，接受清廷委派，为中国出使欧美钦差大臣，颇多建树——笔者曾有专文论之，不再赘。其时美国传教士丁韪良（W. A. P. Martin），亦应聘为总理衙门之顾问（洋员），并将国际公法译为汉文，使国人耳目一新。丁氏颇通中国古籍，兼擅国语粤语，甚为中国士大夫所重。曾纪泽赠诗恭维他说："羡君兼擅中西术，双取骊龙颔下珠。"洵非虚誉。

总之，在此所谓"同治中兴"的巅峰，衰老的大清王朝，一时颇有复振气象。此时中国海关在赫德的科学管理之下，贪污敛迹，收入甚丰。总理衙门因策动廷议，以海关收入的40%，约400万两，作为建设新式海军之用。斯为中国近代史上第一个新型的"国防预算"。

中国海军的结胎年代

清末中国新式海军筹建之初，议者纷纭，然以淮军智囊、曾任驻法公使的薛福成所论最为中肯。薛氏主张中国海军应分成北洋、南洋、闽粤三大舰队、48船，分建合操。北洋舰队由直隶总督北洋大臣负责监督与建设，以拱卫京师门户；南洋舰队则由两江总督南洋大臣统率，以防卫东南海岸及长江内外；闽粤舰队则由两广总督负责，保卫东南沿海。——此一三分制，至今未改。

此后李鸿章及总理衙门复参照洋员建议，将新建海军按英制训练，德制统率。英国海军制度系由海军上将三人，分工合作联合指挥。德制则听命于海军总司令一人也。

中国海军指挥既取德制，而海军亦如陆军，听命于省级封疆大员，则中国之"海军上将"（admiralty）亦取省级"提督"制。迨新式海军成立，旧制水师撤销，李鸿章乃调身经百战、守身廉洁笃实之前淮军水师提督丁汝昌，转任海军提督，统率北洋舰队。南洋与闽粤管带最高官阶仅至总兵（海军师长），无提督衔也。说者或讥鸿章以陆军统海军，为战败原因。殊不知击败中国之日本联合舰队指挥官伊东祐亨（1843—1914）亦是由陆转海，与丁汝昌无异也。持此论者，狃于皮相之说也。

此海军规划期中，400万两之预算，原议为南北各分其半。双线延伸，平行发展。斯时南洋大臣两江总督为沈葆桢。沈氏原为福州船政局监督，本系行家。他认为新式战舰，不论自建或外买，所费均属不赀。400万两之预算，为一队购舰造舰未见其多，两队分摊则嫌太少。既然北洋舰队职在拱卫京师，责任最大，他主动建议，全预算划归北洋。迨北洋舰队速建成军之后，再建南洋。

李鸿章对沈之建议，当然求之不得。孰知同治中兴时之清朝，仍只是清朝。南洋谦辞，北洋未必受益。在李鸿章建军期间，北洋舰队所实受，每年不过120万两而已。预算巨款何往？则公款挪用，私囊窃取，都早为官场惯例。李鸿章虽一代能吏，亦是宦途老官僚，不会因公款之失，为一己找其私家之麻烦也。然纵是120万两，在当时已是巨款。在同一时期，英德二国所承造的高等战舰，索价亦不过四五十万两而已。——在同治末年日军侵台以后，鸿章即以此每年百万预算，购舰造船，一支像模像样的世界第八位的海军大舰队，居然也就呱呱坠地了。

［附注］关于上述诸节，中文史料山积，见王仲孚编《甲午战争中文论著索引》，台湾师大1994年6月印行。大陆十年前亦有类似著作。其中有关北洋舰队的资料，应以戚其章教授的《北洋舰队》（1981年山东人民出版社出版）最为简明，足资雅俗共赏。简明的英文史料可参阅John L. Rawlinson, *China's Struggle for Naval Development 1839−1895.* Harvard University Press, 1967.作者出身教会家庭。其父于1937年沪战期间，我机误炸"大世界"时遭难。本书为作者的博士论文，附有简明西文参考书目。作者与笔者为数十年老友。笔者亦编有较详尽之英文书目以补其不足也。

北洋舰队的虚实

规章既已厘定，经费亦有着落，李鸿章乃于1875年（光绪元年）获拨款45万两，委托总税务司英人赫德专程返英，向英国最先进的"阿摩士庄"（Armstrong）船厂，订购舰艇四艘。这便是后来北洋舰队里的镇东、镇西、镇南、镇北，一式四船的标准炮艇了。后来李鸿章以其船炮新颖犀利，造价低廉（每艘15万两），因此又加购两条——镇中、镇边。这六艘英制炮艇，所谓"六镇"，也就构成北洋舰队的雏形了。

六舰原是分别建造的。它们的吨位、炮力等，都不可能绝对相同。中西史料记录，亦确有差异，史家亦难复考。但大致说来，它们是属于同一级的，则无可非议也。六舰排水量大致均为440吨级，舰长127英尺，钢壳而无装甲。时速十海里。每舰有22磅（火药）退管炮二至五门。这种阿摩士庄的"艾朴塞隆"（Epsilon）型新舰的最大特点是可双向航行，如横渡长江的渡船，回航不用掉头。在重洋之上作战，忽前忽后，神出鬼没，就制敌机先了。这种灵巧炮艇，在当时英国海军里也是先进的。

为避免中国新建海军只受某一国家影响，并由于鸿章对德制军火的喜爱，尤其是克虏伯厂（Krupp）出产的大炮——且插句闲话：李鸿章这时所买的炮，后来被赛金花的德国"男友"瓦德西看到了都叹为观止呢！因为德军里也没有几门。蒋公也喜欢德制大炮。连笔者这个小小的"将门之后"，童年时也曾拥有一支德制"三号驳壳"（盒子炮）和100发403号子弹。其青光闪闪，精巧绝伦，至今梦寐思之；儿时最爱的玩具嘛！——因此当鸿章再获巨款时，他就转向德国订货了。

1881年（光绪七年）鸿章再投百万巨资，通过中国驻柏林使馆，向德商伏尔铿厂（Vulcan）订购7400吨，具14英寸装甲，配备有12英寸（30.5公分）巨炮四尊的"主力舰"（battleship）两艘。这便是中国北洋舰队的定远、镇远两艘"铁甲"（ironclad）了。

定远（后为清海军旗舰）、镇远二主力舰，是当时五大洋中最新型的战舰。此二舰成为我海军主力之后，再加上若干辅助舰艇，中国海军的战斗力，就超过当时世界最强的英国海军的"远东舰队"了。——换言之，鸦片战争或英法联军如再来一次，鹿死谁手，就很难说了。只是定远、镇远装甲过重，船长308英尺，用的也是复式螺旋推进机（twin screw），可以双向航行。它们的时速就只有14.5海里，有时可能只有十海里，就稍嫌其慢。作战时可以坚守，也可以围歼敌船，但是要动如脱兔，追奔逐北，就非其所长了。——总之"装甲"是其时海上战略思想的重点，李鸿章也被它迷住了，所以不惜重价，务必求其兵利甲坚、尽善尽美也。——二舰的造价是620万马克一艘（关两总在200万两以上吧）。

李鸿章是合肥人。"合肥老母鸡"的地方国民性中有个癖性叫作"府大架子"，是一种赌徒性格，所谓"家无甔食之储而一掷百万"。李鸿章就是这种人。所以他搞起海军来，是不顾一切的。时不旋踵他就跻身于八强之林，花起钱来当然也就吓得合朝上下目瞪口呆了。

须知100年前世界海军的发展，亦如今日之空军，是日新月异、一日千里的。海军的战略思想也是变动不停的。它从着重主力舰的"厚重"，很快又转移到巡洋舰的"轻快"。世界列强也就围绕着这种战略观念，相互较劲，是所谓"世界军备竞争"（World Arm Race）也。

在中国近代史上，李鸿章实在是第一位国家领导人物，可能也是唯一的一位，领导着中国参加这场世界级的武装奥林匹克。可是参加奥林匹克是需要全国动员的。可怜的是李鸿章搞来搞去，始终只是"以一人而战一国"（梁启超对他的评语），就难以持久了。

继定远、镇远二舰之后，李鸿章又继续向英德二国订购两三千吨级的轻快巡洋舰五艘——济远、经远、来远（德制）和致远、靖远（英制），再加上稍前购买的超勇和扬威，以及福州船厂自造的平远、威远、康济、湄云、泰安、镇海、海靖等木制战船和若干鱼雷快艇，这就是北洋舰队的全部实力所在了。（共船舰25艘，约45000吨，参见戚其章《北洋舰队》；王英男《北洋舰队实力总览》，载上引《论著索引》第300页；或Rawlinson前书List of ships, 1860—1895, p246—259。作者查明甲午之前35年中清海军共有舰艇134艘。资料分列极为详尽。）

表面上看来，李鸿章这支大舰队是世界一流的了。但是亲自参加这场军备竞赛的李鸿章本人是知彼知己的。他知道他的舰艇速度不够快。他要加买快速巡洋舰。在甲午前夕英国的阿摩士庄厂知道它老主顾的脾胃，特以新近下水的世界最快、时速23海里的4000吨巡洋舰，奉献给这位中国"宰相"。英人知道鸿章是内行，非买不可，鸿章也自知非买不可。——

但是"四化"没有"五化"，就要出毛病啰！举朝只一个行家，余子碌碌，众口铄金，他就买不成了。结果这条船被日本人买去，就变成后来日本的"吉野"号。——其后把我北洋舰队冲得落花流水者，即此姝也。著史者，执笔至此，岂能不感慨系之？此是后话。

以一校一级而战一国

以上所述的是清末北洋舰队的船炮等物质条件（hardware）。船炮总得要有人使用嘛！为着掌握这支即将到来的中国史上前所未有的庞大海军，李鸿章于1881年（光绪七年）在天津成立水师学堂，以训练海军专才。但千船易买，一将难求，远水不救近火也。谁知他因祸得福：1879年那位也是船政专家的两江总督、南洋大臣沈葆桢病故。1884年秋中法战争扩大，法帝海军偷袭我马尾舰队，七舰皆毁。沈葆桢生前苦心孤诣所建设的南洋舰队，至此半遭摧毁。李鸿章奉命调刘铭传（1836—1896）率淮军旧部再援台湾，同时收拾中法战争这个烂摊子。他乃南才北用，把南洋舰队里的精华干部，悉数调入北洋舰队服务。宝剑赠英雄，二者竟然一拍即合。这才解决了他的人才（personnel）问题。

为着了解甲午之战时北洋舰队里那些失败的英雄，我们还得从他们出身的马尾水师学堂说起。

且说甲午黄海之战时，中日双方参战者，各有大小舰艇12艘。我方的12舰共有舰长（管带）14人（镇远、致远二舰均一死一继）。这14名管带经笔者约略调查，似乎全是马尾水师学堂的毕业生。最不可想象者是，他们14人中，至少有十人是马尾船校"第一期"的同班同学。在他们底下工作的大副二副等人，马尾校友就更不知道有多少了。

在这14名管带之中，有四人在黄海之上阵亡殉国，有三人因战败随丁提督愤恨自杀，另一人显然含冤而死。——真是惨烈之至！

梁启超说：甲午战争是李鸿章"以一人而战一国"。同样地，那空前绝后的鸭绿江口黄海大战，也是马尾船校以一校一级而大战日本一国呢！

马尾！马尾！我为尔欢呼。您在五千年中华通史上，青史留名，永垂不朽！

马尾水师学堂（俗称）或福州船政学堂，原是左宗棠左文襄公任闽浙总督时，于1866年（同治五年）在福州马尾创办的，隶属"福州船政局"。聘法人日意格（Prosper Giquel）为总教习，任期五年，从事船炮轮机的制造和驾驶人才的训练。

是年左宗棠奉调远去新疆，对付正在挑衅的俄人。左公在西北"手栽杨柳三千里，引得春风度玉门"，也干了一番大事，而他在福州留下的船政局，就保荐科甲正途出身、林则徐的女婿沈葆桢继承其事了。——抗战后那位受辱于美军皮尔逊，而引起全国学潮的北大女生沈崇，便是沈葆桢的曾孙女，林文忠公（则徐）的外玄孙（见当时北大校长胡适的电报）。

沈葆桢是个有见识有度量的干才，他把这船政学堂取了个文绉绉的名字叫"求是堂艺局"，办得有声有色。但是从这"艺局"二字，我们也可以看出当时科甲出身的士大夫，对这所新式的"海军官校"的认识了。艺局所培养出来的当然只是些学徒技工啊！技工艺人在清朝以前的传统宗法制度里，往往都只是些与倡优同列的"无籍"或"乐籍""贱民"呢！为缙绅之家的子弟所不屑为。所以沈氏当时所招收的，都只是一些清寒之家的子弟，为贪图食宿公费和每月一两的饷银而来。然既来之后，则不许利用艺局的免费教育，私自准备参加科举。

这个近代中国第一座海军官校，第一期有学生约60人，于1867年2月（同治五年清历十二月）正式开学。学生分为轮机与驾驶两班。课程则由基本数理化、英法文与古典汉文开始。轮机术语用法文（当时欧洲大陆乃至国际法的标准语言），驾驶用语则英语也。盖斯时英国掌海上霸权，英语欧美通用也。纵迟至今日，国际机场指挥塔（包括北京、上海、台北），公用语言仍为英语也。

由浅及深，学制五年，学科术科与舰上实习并重。学生结业后，再随轮实习三年，便粗具一轮之长（驾驶或维护）的资格了。然后再由政府选送至英国格林威治皇家海校（Royal Naval College, Greenwich），深造三至五年，并进入英国舰队见习或至德法各高级船厂见习造船。——十年树木，百年树人。一个现代海军将才的培训，其严格有如此者。反观数十年后，我们"黄埔一期"搞三五个月的稍息立正，就可毕业。二者何能相比？

所以当李鸿章在欧洲大买其舰艇时，他需要大批专才来当"监工"；来"接舰"时，这批南洋培训的海军学生就可以大派其用场，他在天津自办其水师学堂（1881）也就不愁没有师资了。

严复、刘步蟾和黎元洪

且举几位"马尾一期"的佼佼者，让大家结识结识：

马尾一期生，以第一名入校，可能也是第一名结业者，名为严宗光。他后来改名严复（1854—1921），则康有为、梁启超、张之洞、翁同龢、谭嗣同、载洰，乃至陈独秀、胡适之等早期就丢掉"四化"、专搞"五化"的人们，就受其影响了。

严复和他的同班同学刘步蟾、林泰曾等人，似乎都是一窝"格林威治"。——再插句闲话。在下没钞票也没时间，若有机会去伦敦也住他个把月，我保证可把这批小格林威治的成绩单，翻它个篓底朝天。没这个机会，就只能和野史馆长摆摆龙门了。设有差错，旅途匆忙执笔，尚乞读者教正之也。

严宗光后来被李鸿章罗致了，去当天津北洋水师学堂总教习。在这学堂里，老严教了个湖北学生叫黎元洪（1864—1928）。小黎在甲午前二年（1892年）毕业，被送往德国留学。逾年归来，被分发到刘步蟾当管带的"定远"主力舰上当个"炮弁"。——他如被分发到骑兵部队里去，那就变成"马弁"了。所以炮弁者，马弁之弟兄也。

后来这位黎炮弁又被转职至"广甲"舰。广甲被日舰击沉时，老黎泅水逃生，又干起陆军来。想不到他捡回的小命"贵不可言"。武昌城一声炮响，这位历史反革命加现行反革命，竟被革命军强迫做了革命元勋。其后又做了两任"中华民国大总统"！（他是分两次做的，非"余又任"也。）——读者欲知其详，去看看章太炎那一篇顶呱呱的《黎大总统墓志铭》，价值数千块袁大头的好文章！

但是他的老师严复就没那个好命了。严复学贯中西（非笔者过誉吧）。他压根儿瞧不起他那个臭官僚土上司李鸿章。鸿章也嫌他古怪，敬而远之。严宗光因而觉得要做官，还得走"正途"考科举。提调不干了，乃"捐"了个监生（秀才），参加福州乡试，想来个"一举成名天下知"，扬眉吐气一下。谁知三考不售。只好卖卖洋文，当当翻译，了其怀才不遇的一生。

再看刘步蟾：刘氏则代表他们同学中的另一个极端。步蟾显然没有严复的文采。但是他在本行学术科的成就可能远超过严宗光。他于1867年入伍（且用个现代名词），五年毕业，三年实习期满，1874年（日军侵台之年）即由总教习日意格发具船长证明书，证明他可以独立做一舰之长。这时正是李鸿章要购舰造船买炮，成立新式海军之时，苦无人才。此时步蟾20岁左右（严复刚20岁），英姿焕发，一下便被李鸿章看中了。步蟾其后留学格林威治，并在英国舰队见习。归国后立刻成为北洋大臣身边的红人——也是理所当然的嘛！此后他奉命率队赴欧"接舰"，可能不止一次。1881年李氏向德国订购定远、镇远两大主力舰时，步蟾又奉命率十余员工赴德监造。1885年船成，又奉命"接舰"返国。未几北洋舰队完成编制，步蟾奉命出任旗舰定远的管带，官阶是总兵（位同今日的师长），地位仅次于提督丁汝昌，为中国海军中的第二号将领。此时刘步蟾年龄不过三十上下。少年得志，意气风发，可想而知。

在千舰易买，一将难求的情况之下，李鸿章对刘亦万般倚重，密奏他才可大用，隐然是将来的提督人选。但鸿章对他也稍有保留，则是因为他们南方子弟，略嫌轻浮。其实这是清朝老官僚的成见。须知清末的海军正如民国初年的空军，是一种最时髦、最洋化的兵种。当时的威海卫和旅顺口的海军俱乐部内，酒吧间、弹子房、跳舞厅……应有尽有，斯时国内闻所未闻也。过这种时髦生活的青年军官，在清朝老官僚的眼光中就略嫌轻浮了。

刘步蟾事实上只是他们"马尾一期"同学中一个最突出的例子。与他同时出任的镇远管带林泰曾、致远管带邓世昌、来远管带邱宝仁、济远管带方伯谦、威远管带林颖启等，都是大同小异的青年军官。总之，他们都是当时中国受过十年以上最严格的最现代化训练的海军专才。驾驶这种庞大而复杂的大洋轮，外行是不能领导内行的。而这种内行在当时的大清帝国之内找不出30人。这30人却又是一个师父（马尾一期）下山的。李中堂不办新式海军则罢，要办，则所有主要舰长职位就由他们包办了。——顺理成章的事嘛！

再者，他们既有此相同的背景和友谊，也就很自然地形成了一个帮。对帮之外的外行领导丁汝昌，不用说阳奉阴违；对老李重金礼聘来的外国专家，也就不放在眼里了。在这一心理状态之下，1890年就发生上述的"升旗事件"了。原来丁汝昌于是年率舰访香港。一时因公离舰，旗舰管带刘步蟾乃降下提督旗，改升总兵旗（他自己是总兵），以示他才是一舰之主呢！这时还在船上的琅威理不服，因他自认是大清海军的副提督。有他在船，自应升提督旗。步蟾没理他，官司便打到李鸿章那儿去了。李鸿章来他个是刘而非琅。琅威理大怒乃拂袖而去。英国那时想掌握中国海军，琅氏一去便削弱了英国的影响力。英国再一怒，就不许中国学生进入英国皇家海校就读了。

二、慈禧太后和她的颐和园

在前篇拙文里，笔者曾提到，在近百余年的中国里，李鸿章实在是最早的，乃至唯一的当国者，曾经领导我国参加过世界军备竞争（World Arm Race）。

我们应当了解，自哥伦布发现美洲（1492），到二次大战结束（1945），在白色帝国主义的五霸七雄（后来又加上个日本帝国主义）的操纵之下，我们这个地球，实在是个"土匪世界"。只有强权，没有公理。强权从何而来呢？曰：武装也，军备也。在李鸿章那个时代，人类还没有发明飞机和原子弹。列强要横行世界，就只能靠强大的海军了。

在19世纪，英国的海军是世界上首屈一指的了。大英帝国要维持"日不落"的权势，在海军实力上还要确保它的"两强标准"（two-power standard）呢！换言之，大英帝国的海军实力，要超出其他任何两个列强合并起来的战斗力量。

1870年（同治九年）以后，出任北洋大臣的李鸿章深谙此道。他一再讲，洋人的神气，就神气在有"铁甲"。你跟洋人打交道而自己无铁甲，你就得闭起乌鸦嘴。

李鸿章是近百余年来，我国仅有两大外交家之一——另一人是周恩来。笔者曾替顾维钧先生写了几百万字的回忆录。但是翻烂顾氏的公私文件，我总认为威灵顿顾只是个"技术官僚""博士帮首"和"黄面皮的洋员"。他一直只是在替老板干活而已，自己没有真正在外交上做主的政治力量——李鸿章和周恩来就不同了。

李鸿章也是近代中国搞以夷制夷的祖师爷，但也成绩欠佳。李氏未搞好的道理，是他的"铁甲"被日本打沉了。搞以夷制夷而无"铁甲"为后盾，那就变成买空卖空了。"夷"也不是傻瓜嘛！专搞买空卖空，哪里行得通呢？！所以甲午之前，李鸿章立志要参加世界军备竞赛。

老实说，在李鸿章出任直隶总督、北洋大臣时期（1870—1895）的大清帝国，要参加世界军备竞赛，是绰有余裕的。大清帝国毕竟是个大帝国嘛！甲午之前漫说像上述的日本"吉野"号那样的巡洋舰，就是再买它三五条"定远""镇远"那一级的主力舰，也是轻而易举的。

君不见一项《马关条约》（1895）我们就赔了两万万六千万两。六年之后的《辛丑条约》（1901），我们不又赔了四万万两？合计，七年之内一下便赔掉六万万六千万两！——我们有这么多钱去付"赔款"，没钱买船？！

当然四万万两是分期付的。付多了蒙债主们退款，还要让我的老师胡适之，我的朋友杨振宁、何炳棣……去放洋留学呢！羊毛出在羊身上，我们老太后当年赔的款，一小部分被退回，我们到现在还没用完呢！——甲午战前我们没钱买船？！我们再买五条（定远级主力舰）、十条（吉野级巡洋舰），也游刃有余呢！

有钱为什么不买船，要等到打了败仗再去"赔款"呢？！

朋友，这便是上篇拙文所说的：专搞"四化"，不搞"五化"，则"四化"往往是徒劳——此地着重"往往"二字。社会科学与自然科学不同。搞社会科学的人，不应该把话说得太"绝"。

须知，四化者，科技现代化也。五化者，政治现代化也。政治现代化不一定要搞什么鸟"民主墙"嘛！但你至少也该搞个干净而有效率的现代化政府——至少也得像当时德国和日本那样。像我们慈禧老太后治下的那摊烂狗屎，总归是不够资格参加世界军备竞赛的——帝国主义虽然都是"土匪""强盗"，但是盗亦有道也。

现在且看看我们李中堂，如何在这场世界军备竞赛中先败下阵来，然后才打败仗，才赔款。

海军衙门是个大"肥缺"

在北洋舰队成军之初，李鸿章便极力主张三洋一统、分建合操。中央政府应有个研讨战略、统一指挥，以及筹划预算、部署后勤的总机关。这本是顺理成章之事，任何现代国家都是少不了的，只是名称不同罢了。例如英国的海军部（Admiralty）、德国和日本的"大本营"和"参谋本部"，今日美国的"五角大厦"（Pentagon）一类的机构……在清末，就叫作"总理海军事务衙门"或"海军衙门"了。

李鸿章本是个好权而又有责任心的干才。在海军衙门的酝酿期间，他本来就当仁不让的，可是这次却由不得他了。在大清国海军成立之初，那些自视为统治阶级的满族亲贵，早已虎视眈眈。本来湘淮军之崛起，他们已感到切身威胁。海军再起，他们就不能再让汉人掌握了。不幸的是，两百多年的荣华富贵和游手好闲的生活，早把这个高踞统治阶层的少数民族，腐烂得无可救药了。上文已述之，海军是多么技术化的现代兵种。这种腐烂的满族亲贵，如何能插手其间呢？

但是，现在这个"海军衙门"可就不同了。它是个高高在上，设于皇城之内，外表上似乎只是个专门管人事、管钱包的大"衙门"！而这衙门所管的海防经费，动辄百万。在他们的眼里，这衙门是比大清朝廷之内的六部九卿，朝廷之外的督抚司道，任何一个衙门都更要有银子的新衙门。总之，在大清官场中，海军衙门是一个最"肥"的大"肥缺"。亲贵们是绝不能放过的！

大清王朝发展至此，也可说是"气数已尽"吧！就在这紧要关头，那个比较贤良而识大体的慈安太后，忽于1881年（光绪七年）离奇病死。慈安是慈禧所最为敬畏的正宫娘娘。慈安一死，这个姨太太出身、个性又泼辣狠毒的慈禧皇太后大权独揽，渐渐地便原形毕露了。

三年之后（1884年），她就把恭亲王奕䜣赶出总理衙门。奕䜣是总理衙门（中国第一个外交部）的创办人。20多年与洋人折冲樽俎，使他颇谙外情，是当时中国少有的开明政治家，同治中兴的名臣之首——没有他，慈禧也做不了皇太后。所以他也一直是慈禧所敬畏而嫉妒的第二号人物（仅次于慈安）。恭亲王一去，慈禧在朝中便肆无忌惮了。

在这种政潮中居心叵测而推波助澜的，还有个举足轻重的洋官僚赫德。赫德是英帝安插在中国官僚体系（Chinese bureaucracy）之中的一个公开的间谍。他掌握了中国的关税。中国政府向外国购买船炮，支票要由赫德签名。他不是袁世凯的古德纳①，更不是蒋中正的端纳。他在中国官僚体制中，是有其一言九鼎之权威的。加以他在中国官场厮混数十年，早变成中国政治的老油条。吹牛拍马，纵横捭阖，无一不会。一个白色帝国主义在中国政治中的代理人，再熟谙中国官僚的那一套，这位洋大人也真是"双取骊龙颔下珠"，为中外少有的枭雄。

前文已略言之，在中国海军成立之初，他就设法排斥其他列强（美、德、法）在中国的影响力，要把中国海军变成大英海军的附庸。他的这项阴谋，慈禧和她的近支"懿亲"像醇亲王奕譞（慈禧的妹婿、光绪的生父）等人哪里知道呢！可是，李鸿章和恭亲王奕䜣就洞若观火了。不幸恭亲王早就是自身难保，也就顾不得什么海军了。而李鸿章却是慈禧的"总理"，是个少不了的人物。他一要效忠大清，二要自己抓权。他对赫德的阴谋就要加意防范了。

李、赫交恶突出醇亲王

为防止赫德搞鬼，鸿章乃拿出他那套以夷制夷的看家本领，密遣原任马尾造船厂总教习法裔洋员日意格和原任天津海关监督的德裔洋员德

---

①今译作古德诺——编者注。

璀琳（Gustav Detring）暗中加以监视，要他们向他告密。日、德二人得令，那真是忠于职守。因此，来自柏林和巴黎的小报告，把赫德的诡计一一揭了底。

不特此也。那时奉华府之命，前来中国协商开放朝鲜的美国海军司令舒菲特①（Robert W. Shufeldt），日久也变成李鸿章的情报员。舒氏原是直接去朝鲜办交涉的，但朝鲜王口口声声自称"本朝为大清之属国"，外交未便做主云云。舒氏只好到天津去找李鸿章。李鸿章对付洋人是有其魅力的，加以美国人当时对中国十分同情，因此，舒氏也变成鸿章对付赫德的顾问。

但是赫德又岂是省油灯？你搞以夷制夷，他也会搞以华制华，尤其是以满制汉。他知道太后要以满人掌海军；他也知道和"小六子"恭亲王争权的"七老爷"醇亲王奕譞，早就对海军衙门这个大"肥缺"垂涎欲滴；他更知道他自己的话对那无知、擅权和恐洋的慈禧，有一言九鼎之力。他如发动使醇亲王出掌海军，那么他的政敌李鸿章也要举双手赞成。因此，他就公开建议以醇亲王出任海军衙门的总理大臣——此议一出，连哑子吃黄连的李鸿章也得抢先保举。1885年（光绪十一年）醇亲王奕譞就正式受命为"海军衙门"的总理大臣了。外行而颟顸的醇亲王当了海军大臣，李鸿章就要靠边站，那手握钱包的赫德也就挤向前排了。

醇亲王是个什么东西呢？他是道光皇帝的第七子，咸丰皇帝和恭亲王的胞弟，同治皇帝的胞叔，光绪皇帝的生父，宣统皇帝的祖父，后来当上摄政王载沣的爸爸。

但是这些血统关系中最重要的一环，还是他的婚姻：他老婆是慈禧皇太后的妹妹。就因为这一条不平凡的裙带关系，他才当上了皇帝的爸和皇帝的爷；而最糟糕的，是他凭这条关系挤走了奕䜣，当上了海军衙门的总理大臣，做了李鸿章的顶头上司。自此大清政局就是清一色后党的天下了。

醇亲王这个大清帝国中的首席大贵族、头号纨绔子，懂得啥海军呢？因此，海军衙门抓在他手里，就不成其什么"参谋本部""神经中枢"和

---

①今译作薛斐尔——编者注。

"五角大厦"了……可是反过来说，这个"大肥缺"对他的服务，那可就说不尽了。

奕谡当时是北京城中生活最豪华、最糜烂的亲王，真是所谓把银子当水一样去花掉。但是除掉他爸爸和哥哥所给的有限的赏赐之外，他哪儿有那么多的银子，去维持他那奢靡的生活呢？那就靠以不同的方式去贪污了。因此，所谓"醇邸"是其时中外咸知的最大的一个贪官污吏。但是当贪官污吏，也总得有个地盘。所以海军衙门一旦落入这一个大贪官之手，那就不堪想象了。

不特此也。醇邸既然掌握了这样一个大"肥缺"，满族亲贵中的饿鬼，也跟着一哄而来。更不只此也。那时开支浩繁的皇族账房内务府也在闹穷。那生活日趋奢靡的半老的太后，却舍不得花私房钱。醇亲王等为着奉承太后，把她许多大小的费用也都开销在海军项目之中了。一人得道，鸡犬升天。醇邸既然抓到海军衙门这个大肥缺，亲贵无不欢喜——老太后也觉心满意足。

李鸿章原也是"后党"中的一个干将，对老太后奉承之不暇，何敢"忤旨"？！如此上下交征利，军备竞争管他娘，中国海军的发展就不可复问矣！

清皇室房地产巡礼

读者如不惮烦，我们不妨再把这个腐烂的帝后生活清查清查。看看他们究竟拥有多少房地产，以及如何管理这些财产，再及其他。

暂且把"故宫老档"放在一边，权以游客身分来看看他们留下的皇家房地产。且从故宫开始：

在紫禁城内，他们拥有9999间雕梁画栋的宫阙。这些都是木结构的建筑。三年不维修，就难免坍塌。余游故宫，遇一洋老太婆惊奇地告诉我："They are running down！"（这些房屋都在倒塌呢！）我安慰她说：10000间只少一间嘛！要全部维修，你们的布希①总统也花不起这笔钱呢！

---

① 今译作布什——编者注。

113

禁城宫殿之外，还有数不尽楼台亭阁的"三海"（中海、南海、北海）。今日除那由李连杰当"保镖"的"中南海"之外，其他也都running down 了。这儿让我们查一查档案：在海军衙门成立之后，李鸿章为着购买快速巡洋舰，向海军大臣醇亲王奕譞签请拨款。醇亲王不但未拨款，反而批复说："三海"快running down了，老太后无处乘凉，还要请李中堂自海军购舰项下，稍助微款，以表对圣母皇太后之忠荩。李鸿章果然是忠臣，就拨了30万两，"助修三海"。

"三海"之外，还有个人间天上的颐和园。关于颐和园的故事就说不完了。留待后叙。

颐和园之外，北京东西郊区，还各有纵深百里的东西皇陵各一座。甲午前后，慈禧正在东陵建造她自己的陵墓"普陀塔"——这便是后来孙殿英盗墓的地方。孙氏不但把它炸破，还拖出了老太后尚未腐烂的尸体。并有迷信而兼性变态的士兵，要对她的遗体进行"尸奸"。真是不堪想象。

余与何炳棣兄一次同访普陀塔，见其"享堂"斑驳不堪。询之故老，才知这享堂梁柱和天篷原由黄金数千两涂饰而成。其后涂金为军阀士兵"刮"去，故显其残破也。

再搭"游十二号"火车（车票不足十美元）去承德，一览"避暑山庄"和它的"外八庙"。山庄之内的塞外江南，固无论矣。单是外八庙中某一屋顶的金饰，便用掉黄金15000两！——不睹帝后之居，焉知帝后之奢靡。光翻"老档"，隔靴搔痒也。至于奉天之陵寝，江南之行宫，毋须多赘矣。

以上那大宗房地产（恕我大不敬用个市场经济的名词来形容皇帝），都属于皇帝一人。请注意"一人"二字。天无二日、民无二王。皇帝只许有一个。谁当上皇帝，这财产就属于他一人。他的父子、叔伯、兄弟、姊妹全无份——雍正爷当了皇帝，他的亲兄弟阿其那、塞思黑等人，只能做做奴才，和奴才的奴才。在这大宗房地产中，他们半片瓦也分不到。虽分不到足够的皇产，但他们都无钱而有势，就都变成吸血吮髓的无所不为的亲贵饿鬼了。至于和皇帝一齐来的荣耀、权威和美女，那就不必多谈了。

所以四海之内的华裔同胞谁不想"做皇帝"？为着做皇帝，英雄好汉们不惜弑父杀兄，不惜一切手段而达其目的。做上皇帝的人，最怕的则是别人也想做皇帝。谁再想做皇帝，那就是十恶之首，大逆不道，被抓到了就要"寸磔"，就要"凌迟处死"。

读者贤达，这就是在下不厌其烦，所说的"转型"的问题了。皇帝是我国历史上，2000余年未变的一个"定型"。这个定型在鸦片战后搞不下去了，它就开始"转型"。但是百足之虫，死而不僵。辛亥之后，又已"转"了半个世纪，继起者如有历史眼光，像蒋经国那样，顺水推舟，另一个百世可知、千年不变的新"定型"，可能很快就会出现了。笔者这项乐观的推测，自以政治制度为限。至于社会经济和文化的另一定型，如何出现，机运如何，自当别论。得机再细研之。

四万两银子一天的宫廷生活

现在言归正传，把时间再推回一百年，看看甲午战争前后的晚清宫廷的生活实况。

俗语说："一双象牙筷配穷人家。"因为你既然有一项奢侈品，你得拿另一些奢侈品去"配"呀！这样连环"配"下去，就没个止境了。皇室正是如此。你已有九千间华丽的宫殿，还得有对等的金玉珠宝、绫罗绸缎、山珍海味、宫娥采女和千万个大小太监去"配"呀！这也就没个止境了！

康熙皇帝曾说过，他宫廷一年的用度，还抵不上明朝皇宫一日之费也。他老人家所说的只是他自己啊！他如从棺材里爬出来，看看他那五世孙媳叶赫那拉氏的排场，他就不能夸口了。据李莲英的接班人，清朝王朝最后一任总管太监小德张的回忆：慈禧皇太后当年一天的生活费，大致是纹银40000两！

这个数字意味着什么呢？试把它折成实物就知道了。那就是宫廷半月之费，就可买吉野级巡洋舰一艘。两月之费，可购一超级主力舰。一年之费，至少可以装备一支高踞全球六七位的海军舰队。

再反过来说，为维持这位老太婆的奢靡生活，一年之中我们每半个月要卖掉一条巡洋舰，一年要卖掉一支海军，才可马虎应付！

或问：这个老太婆哪儿能用掉这许多钱呢？曰：她老人家场面大嘛！不信且从那9000间大宫殿再算一下。40000两一天也不算多嘛！再者，办事的官员还要贪污中饱呢！——溥仪不是说过，他五岁的时候，一个月要吃掉810斤猪肉和240只鸡鸭吗？（见溥仪著《我的前半生》）他的鸡鸭可比我们吃的昂贵得多呢！

据康有为的调查，清官中一切的用费都是三七开。那就是报销十成之中，三成是实际用费，七成是层层经手人的分润，这是例规。至于那三成是否是真的用费，还要待考。例如，西太后在颐和园赏王公大臣看戏，怕露天有阴雨要搭个"凉棚"。这凉棚搭掉30万两。三七开，则凉棚实际用费是九万两。一个凉棚要九万两银子？那就天晓得了。

总之，那时宫廷中的贪污是没命的，也不是按常理可以推测的。例如左宗棠在新疆立了大功，返京两宫召见。太监们要左氏出陛见关节费3000两。左宗棠不出。可是李鸿章为顾全大局，就代他出了。后来左宗棠将军奏对称旨，慈安太后大为感动，乃赐以先帝（咸丰）墨晶眼镜一副，以奖有功。谁知太监公公捧旨颁赐时，按例又要索礼金数千两。可是这位左大将军一气之下，"先帝眼镜"也就不要了。又是我们和稀泥的"李总理"，为顾全大局，替大将军出了半价买下了事。（见《李鸿章年（日）谱》）

朋友，人总归是人。人类的武器已从石斧、弓箭进化到原子弹，但是人类的"社会行为"（social behavior）则变化不多也。余读《史记》《汉书》，余亦读近代、现代、当代中国史也。标点符号打起来，今文古文之雷同，不可胜数也。岂小子性好以古比今哉？

李鸿章做了20多年的终身"国务总理"。没个李宰相，八国联军期间，大清帝国没那个好下场啊！不佞曾慨乎言之，并曾蒙老友徐乃力教授，同情过奖也。（见上引《论著索引》第29、33页）俾斯麦曾暗喻李鸿章只会打内战，鸿章向老铁血喟然叹曰："与妇人孺子共事，亦不得已也。"（见同上。只辞句稍有不同，然余亦闻之于更可靠的淮军耆旧之口述历史也。）历史家臧否"古大臣"，可不慎哉？！

老太后不如小阿巴桑

以上所述虽只是一窝小故事，但一叶知秋，以小见大，我们也就知道这个太后主政的王朝是个什么东西！它纵在帝王时代的传统中国里，也是个"亡国现象"。这种中世纪的烂王朝配不配在"现代"世界上与列强争雄？！

至此我们不妨再看看我们的敌人是怎么回事。前已言之，明治天皇登基时原无一兵一卒。日本那时是个农业小国，落后不堪，没几两银子好筹也。然维新之后，面向大陆，全国处心积虑，举朝卧薪尝胆，立志要夺我大清的锦绣江山。购买"吉野"的银子不够，明治皇娘把仅有的首饰都捐了出来——她这个小阿巴桑，哪儿能跟老太后比，没几件首饰呢！

其后我们一赔就是两万万两。这小日本婆子，一本万万利，岂偶然哉？岂偶然哉？至于天皇陛下那几位大败我军的海军将领，伊东祐亨（Ito Sukeyuki，亦读Sukenari）和东乡平八郎（Togo Heihachiro，1848—1934）都是自视超人的"藩士"（原"武士"）出身——我们蒋公最佩服的"不成功，便成仁"的死士。东乡也是个小格林威治。在英国海校与海军中搞了七年之久，与严复、刘步蟾等同学。下段有空档，再补叙之。

总之，敌我相比，清日战争的前途如何，那时如有电脑，一揿电钮，何待蓍龟？！孙子说：善战者要"不战而屈人之兵"。殊不知善败者，未待交锋也早就一败涂地了，何待枪响？！

抑有进者，清廷腐化，慈禧老太后不过是冰山的尖子罢了。太后之下，还有近支亲贵、远支宗室，乃至整个满族构成的吃粮不当兵的统治阶层，和汉人也有份的庞大无能、昏聩颟顸的整个官僚体系！

先看所谓旗人。1644年吴三桂引清兵入关时，满军八旗加汉军旗和蒙旗全民皆兵，男女老幼（今日所谓军眷）盖有30余万人。且用个大陆的名词，他们的军需给养是实行一种"供给制"。

那时既然所有的旗人都是兵，所以所有的旗人都"吃粮"。后来再经居心不良的汉奸代为策划，旗人纵不当兵也照样吃粮。因而有幸生为旗人，呱呱坠地时便开始领退休金、养老金，一领领了200多年，终于把一个劝劳尚武的边疆少数民族，大半变成了通都大邑里游手好闲、吃喝玩乐的"懒满"（不是懒汉）。但是，这些"懒满"的生活费是哪里来的呢？那就靠原是八旗大军后勤总司令部的内务府了。

所以清朝的内务府所管的钱包，一般都比户部（国家财政部）所管的要扎实得多。对上它是皇帝和后妃的账房、私府，管皇室衣食住行和玩乐；对下面那些满族（和旗人）的无业游民来说，它便是他们的衣食父母。且看我们近代中国最伟大的文学家，《红楼梦》的作者曹雪芹，晚年便是个靠内务府过活的无业旗人。（曹霑和内务府的关系，红学家还大有文章可做呢。）

户部自有来自各项税捐的"国库收入"，可内务府的钱又是哪里来的呢？这原是清史里还未完全解答的问题。可是简言之，在清军于1644年入关之前，它原是八旗的军需署嘛！入关以后场面大起来，清承明制，在财政上，内务府几乎与户部平分天下。丁银（人头税）、地银（钱粮）统归户部，但内务府有时也有一份！特殊税收如粤海关、浒墅关，部分盐茶丝瓷等税收有的就直接划归内务府了。此外满人入关后直接承继了明朝的皇庄土地，还无限地圈地（圈无主与有主的土地）为皇帝的私产。因此大清皇帝也是大清帝国之内的第一号大地主。但是再大的地主的地租也养活不了一个皇帝，所以皇帝另一项更大的收入，便是"升官发财"了。皇帝是一国最大的"官"，他也就发最大的"财"。

公开的卖官鬻爵

在清朝做官（纵使是清官），也有"陋规"可使你发财。赃官就不得了也。他们看"缺"，缺愈"肥"则钱愈多。

做皇帝也有陋规。纵是再好的皇帝，像唐太宗、康熙，陋规（如地方官之进贡）也可使你富甲天下。"赃"皇帝那也就不得了也。他可卖官鬻爵。官论"缺"，"缺"愈"肥"则价愈高也。俗语说："一任清知府，十万雪花银。"但是一任"赃知府"，那可能就能赚几十万乃至百万了。

皇帝或太后要把这个百万"肥缺"的"官"，"卖"给有志做"赃知府"的人，那索价该在数万两吧！

清末卖官鬻爵是大小不分的，它也是根据市场经济原则，公开贸易，自由竞争的。上述严复，在水师学堂干不下去了，一怒便去"捐"了个监生（秀才），参加乡试，考举人。"捐"者，"捐款救国"也，"捐助军费"也。严复大致"捐"几千两银子或几百篓茶叶（叫"茶捐"）吧！咱们敝国中央政府，干这项买卖，是从汉朝就开始的，为打那个混账的匈奴嘛！笔者幼年也曾慷慨地"捐款救国、献机祝寿"，"捐"过五块袁大头，买飞机去打那混账的倭奴。虽然我并不是为着一张小学文凭（监生）而捐的，其捐则一也。捐可捐给国家，也可捐入私囊。

以上是明盘，另外还有暗盘。

"刘六麻子（铭传）打台湾"，建了大功。死后官颁谥法，礼部主持部门乃暗问死者家属，如肯多花万把银子，便可让死去的功臣"戴一顶'草帽子'"。刘家认为这顶帽子太贵不肯出，因此刘铭传就变成"刘壮肃公"；肯花钱，他就会变成"刘庄肃公"。"壮肃""庄肃"之别在哪里，年轻读者如不知其妙处，去问问古汉语老师就明白了。

在那帝王专制时代，所谓"谥法"，便是对死去功臣补发的一种"勋章"。连个死人的勋章都要按等级卖钱，则孟子所说"上下交征利而国危矣"，也就发展到最大限度了。

亲贵"执政党"是腐化的核心

总之，大清王朝发展至此，是真正的"气数已尽"。它的国家机器已完全锈烂成一堆废铁，而在这废铁堆中还在操纵把持的，便是爱新觉罗皇室和那窠满族亲贵了。

须知满人入关之时，为羁縻汉人曾有不成文规定，全国高官厚禄满汉各分其半。但是汉满人口的比率，则至少是2000万比30万啊！以中国之大，高官厚禄职位之多，只有30万人口的满人竟占其半，则满人中之有知识有能力者，也就无人不官了。因此，吾人如果把这个享有特权的满族整个一"族",看成个一党专政的执政党,则每一个"满人"和附属于他们的汉人"包衣下贱"及若干蒙人所谓"旗下人",不论贤愚,都是享有特权的"党员"。只是他们"党员""入党做官"的资格是天赋的,毋须搞"表现",更不要走后门罢了。

可是事到如今,大清帝国这个执政党专政了200多年,现在是彻底地腐烂了——在国家急需现代化,尤其是"国防现代化"的紧要关头,他们就变成最大的反动势力了。这个反动势力最主要的根据地,便是这"最大的肥缺",为醇亲王所盘据的海军衙门了。

不过话说回头,搞同治中兴、搞自强运动,那些科甲正统出身的清末名臣,自林文忠公以下的曾、左、李、胡(林翼)、沈、张(之洞)、文(祥)、陈(宝琛)、刘(坤一)等人,都不失为榱榱大才。老实说,后来我们及身而见的高官,有几个能和这一大群翰林进士之中的"文"字辈人物相比?——文字辈是指他们谥法中嵌入个"文"字的高干,如林"文"忠、曾"文"正、左"文"襄、张"文"襄、李"文"忠等等。

须知这批文字辈人物,都是在我们华夏文明的范畴之内,优良的文官制度那一个"定型"中所培训出来的拔尖的精英。他们的不幸和失败是上帝安排的,是时代变迁的结果——他们那个"定型"是个有待"报废"的形态。加以"君为臣纲",王纲解纽,他们纵有天大的本领和至高的公私德行,但是形势比人强,一切努力也是徒然。

至于我们的高官呢?!他们多半都是"历史三峡"里某一二阶段中过渡性的官僚,他们不属于任何一个"定型",也没个"定型"好属。他们之中有的还是满口孔孟的。但是他们的孔孟也缺少个"定型"。既不属于上述文字辈那类形态;也不属于杜维明式的"后西方"(Post-Western)那一类,而是属于未定的"过渡形态"(transitional pattern)。他们之中也有满口民主的,其实他们只是向往民主,向往于英美传统(Anglo-American tradition)的民主。属于自己的民主形态还未出现呢!

在"昆明湖"里办"海军学堂"

现在还是谈谈老太后和她的颐和园。

据说在同治初年两宫垂帘之时，二十来岁的青年寡妇，可能由于禁城之内深宫太闷，她们曾往劫后的圆明园废墟凭吊一番。西太后睹物伤情，曾对之垂泪，并有意加以修复。事为恭亲王所阻。盖内战方殷，外患未已，哪儿有闲钱来重建花园呢！

迨同治崩殂（1875年），慈安亦逝（1881年），恭亲王见黜（1884年），50岁的西太后大权独揽，在新任海军大臣醇亲王奕譞以次的王公大臣的一片阿谀声中，她就坤纲独断，决定重修名园为郊外游憩之所了。

西太后原意是重建圆明园。但是圆明园为洋兵烧成荒坦一片，从头建起，盖需款三万万两才可恢复原貌。既然一切需从头建起，那又何必拘泥于圆明园故址呢？西太后经臣工聚议，转而注意于虽为洋兵烧毁，然尚有若干孑遗的清漪园了。反正都是从头来起，清漪园的条件且较圆明园为佳。西太后乃决定将清漪园改名颐和园，就加工扩大改建了。改建的初期预算是白银一万万两！

这个预算令人感叹的则是，它可用以增建十支北洋舰队而有余。但是"北洋"对一位无知而泼辣的老寡妇，未免太遥远了。建个园子解解孀居禁宫之闷，那才是当务之急呢！

颐和园工程是1884年正式开始的。这时光绪帝载湉已13岁。西太后的打算显然是，五年之后园工可完成，而光绪18岁亲政，她就可以第二次（第一次在1873年同治亲政之时）结束垂帘。把日常朝政交儿子去管，她自己就可以长期住园，对军国大事遥控之外，平时就颐养安和了。换言之，建这个园子的目的，是为她"离休"后的生活打算的。西太后生性奢靡。她原是那豪华的圆明园内一位得宠的姨太太。现在做了太后，身为大清女主，与大英帝国的女王维多利亚（Queen Victoria）东西遥相呼应。生活自不能较当年的懿贵妃为差，所以她要倾全国之力，来为她造颐和之园！

慈禧本是个精明强干的王熙凤。在19世纪的60年代垂帘之初，她就卖官鬻爵，累积私房钱。俗语说："富不了光棍，穷不了寡妇。"这寡妇当然只是指"富孀"而言。叶赫那拉氏当时是全中国的第一富孀。经过20多年（1861—1884）或明或暗地没命搞钱，据说在光绪初年她已积有私房钱两万万两——这是当时在华的高层洋人的估计。须知此时洋人（如赫德、李提摩太、丁韪良等"中国通"）的消息，往往比局外的中国人更为灵通。因为洋人的交际圈可直达恭亲王、文祥、翁同龢那一阶层。一般中国文士，尚攀不到那么高也。加以白话文尚未出炉，中国社会中尚无大众媒体这个东西，而洋人在华已早有之。（参见Archie Bill, "*I'll take those 50 million dollars*," in *Ladies Home Journal*, Feb. 1919. p15，82 and Carroll Brown Malone, *History of the Peking Summer Palace under the Ch'ing Dynasty*. University of Illinois Press, 1934. The last Chapter.）

读者或许要问：西太后垂帘二十来年，哪儿能贪到那么多钱？可是我们只要看看有高跟鞋三千双的菲律宾寡妇伊美黛[①]，大致就不会惊奇了。伊婆的私房钱大概十倍于慈禧吧！而菲律宾怎能与大清帝国相比呢？！况伊婆并未当政。

按理西太后本可自建其园，但是愈有钱的寡妇，愈不肯花自己的钱。何况醇亲王新得肥缺，正在力图报效呢！从醇邸来说，趁报效的机会，也正可自捞一笔嘛！就这样，醇亲王就开始挪用海军经费为太后造园了。这时为国宣劳、日理万机的老太后，也一天天地老起来。1884甲申是太后半百万寿，再过十年1894甲午便是太后的花甲（60）万寿了。花甲是那时富贵人家，尤其是皇室最大的庆典。如何庆祝花甲，康熙爷、乾隆爷史有先例。老太后要循例照办。拍马屁的王公大臣，就更要锦上添花了。

为着"万寿"、为着"造园"，奕譞挪用了多少海军经费言人人殊，谁也不知其详。至少是1000万，多至3000万也不算意外。至于利用"海军"这个"衙门"和"海军"这个名义去另外捞钱，那就没法估计了。

一般说来，百官为效忠太后"捐俸"四分之一，这是当时醇府对下

---

①今译作伊梅尔达——编者注。

面的倡导。至于用海军的名义来"建军祝寿"（和我们的"献机祝寿"一样），挖昆明湖来"办海军学堂"，捐了多少钱，那就天也不知道了。

笔者幼年成长于老淮军和新（皖系）军阀的"眷村"之中（王揖唐原先便是我家的塾师，由先祖资助他三考及第，留学日本，返国后享有洋土两重"进士"身份，终于坐上皖系二号交椅而最后沦为大汉奸），当年对"昆明湖海军学堂"这个掌故是耳熟能详的。我一直把它当成真实的故事，直至在沙坪坝课堂中，听了郭廷以老师的中国近代史，才知道是一大骗局！愤恨无已。

我家当年想必都捐过很大的款子去"建军救国"。老祖宗们可能也都不知底蕴。因为当醇亲王发动这场骗局，连李鸿章也不敢拆穿。至于醇亲王为着这个昆明湖中的海军，强募恶化，究竟捞了多少钱，那就只有上帝知道了。今日尚有若干可以考据出来的，单是李鸿章和曾国荃往来的零星书信中可查出的便有：来自江苏、江宁、两淮的捐献70万两，江西十万两，直隶、四川各20万两，两广（时两广总督为鸿章之兄李瀚章）100万两，招商局十万两等，即在200万两以上。……至于直接献给海军衙门和其他管道的全国性捐款究有多少？从1000万两到3000万两，总归都不算太离谱吧？！

五分钟打一炮，一分钟打五炮

就在这造园、祝寿，并大办其"昆明湖海军学堂"之时，以侵华为第一目标的日本帝国主义，却正在疯狂地扩军备战。在甲午前夕，日本海军已拥有新式舰艇21艘。其中九艘是1889年以后始完工下水的英德制最新型快速巡洋舰，装配有十英寸左右速射炮数十尊。前节所述那条世界最快的巡洋舰（时速23海里）"吉野"号便是一个有决定性的生力军。当时世界军备竞争激烈，日本海军之迅速发展，足令欧美震惊！它从世界的末位迅速蹿升至第11位，黄海炮响时，它的战斗力已早越我军之上矣。

在这一国际军备发展之下，我方当时的反应又如何呢？第一敏感的当然是身当其冲的海军将领了。丁汝昌不是如后来人想象的颟顸官僚。他是一位立志以身许国的战将和"死士"。他虽是旧式水师出身（如日本的伊东祐亨一样），但是在重洋之上，16年不断的磨练，使他对国际形势和新的海军战略，也了如指掌（丁汝昌曾数度去欧洲和日本、南洋等地访问考察）。何况他手下的各舰管带和大副等人，都是经过严格训练，而精通外语的第一流世界级的海军将领。外加数不清的"洋员"随舰服务。

他们眼看假想敌日本海军咄咄逼人，一天天地超过自己，诸将生非木石，首当其冲，怎能不忧心如焚？他们都是职业军人，知道在大洋之上作战，以时速15海里的慢船，对抗时速23海里的快艇，那自己只有挨打的份儿。打败了，无法逃避。纵使打胜了，也无法追击！克敌制胜，贵在知己知彼，李鸿章在其奏折上，也一再转述之。

他们更知道，在海上炮战中，五分钟打一炮和一分钟打五炮的区别。敌人以快艇快炮，飘忽而来。一瞬之间，敌弹如疾风暴雨，临空而下。再一转瞬，敌舰又已逃得无影无踪。你以15海里的时速，五分钟一炮的慢劲，真是既无招架之功，更无还手之力。乌龟对鲨鱼，如何克敌制胜？！

不幸的是他们所具有的拔尖的"四化"专业，在那个颟顸无知、贪污腐化的官僚垃圾堆里，完全被孤立了——在下者是急烂肝肠，居上者却无动于衷。

丁汝昌和他的将领们，无专折奏事之权。他们只有向李鸿章呼吁、陈情，请求"转奏"。李鸿章对国际局势的认识，难道还不如丁汝昌、刘步蟾？面对这种昏后暴君，他们知道"忤旨""强谏"不但无济于事，后果有时且不堪设想。但是和稀泥和久了，以时间换空间，事情有时或可有转变的机会。所以他们就和稀泥了！

李宰相是久历宦途的太极拳师，岂好和稀泥哉？形势比人强，亦有所不得已也。何况各自的朝廷也各有个"四人帮"（西太后的"四人帮"，笔者曾另有专文详述之）。加以派系倾轧，幸灾乐祸，所以李鸿章对自己部下的要求，有时连转奏也不敢转奏一下。因此，虽然大清帝国的海军在创办之时，曾火热一阵子，把"四化"（科技）推到巅峰，跻身八强之列，但由于"五化"（政治）不能配合，科技发展也必然走入死巷子。

1888年（光绪十四年）以后，正当日本海军全力向前推进之时，中国海军竟然"未购一舰"！

不特此也。就在中日双方都已箭在弦上之际，户部却取得海军衙门的同意，于1892年正式宣布以太后万寿需款，海军停购舰艇两年！这正是甲午的前夕啊！

快舰买不成了，至少快炮也该多买几尊嘛！朝鲜局势吃紧，李鸿章循部下之请，要海军衙门拨款60万两，购快炮20尊，以替代各主要舰艇上之慢炮，而户海两处，竟一毛不拔。李氏不得已，乃自海军日常粮饷给养之中，挤出20万两，聊购次等快炮12尊，以平舰上官兵之积愤。

这种腐烂的政治，拖垮了新兴的海军，在前线剑拔弩张的将士，焉有不知之理？知道了，内心又做何反应呢？

朋友，我们读史者和著史者，不妨设身处地想想嘛：假如你我也是当时海军将士的一员，我们做何感想呢？据中西记载，丁提督那时忧心忡忡。他已做好心理准备，死而后已。

刘步蟾、林泰曾、邓世昌……诸将领又何如呢？——他们三位后来都是自杀殉国的。据当时随舰的"洋员"事后的回忆，甲午战前，各舰之上的青年水兵（包括黎元洪吧），士气极高，个个摩拳擦掌，准备厮杀；可是舰上的高级将领则个个面有忧色。这一现象因而使那些旁观的洋员认为，中国下级士兵水手战士可爱可敬，而他们的上级将领则个个畏葸无能、胆小该杀。（详见下节）

根据这些洋员目击者唯一的记录（中文记载极少，几乎没有），我国后来的历史家和新闻作家，几乎众口一词把丁汝昌、刘步蟾以下的殉国将领，鄙夷得一无是处。岂真如是哉？！这儿倒想以历史事实，与本文读者，平心再思之。

老李得罪了"天下英雄"

北洋舰队里的下级军官和战士、水兵、炮手们，士气之高是可以理解的。海军那时是我国唯一的一支现代化武装。亲身参预此一新式武装的青年战士，无不感到光荣和自豪。其情况正和我国抗战前，以及抗战初期的空军一样，有志青年真争先恐后。笔者自己在青年期，对空军即非常向往。曾有三试三北的悲壮经验。当时眼见青年伙伴，通过体检献身空军，我对他们的向慕之情至今难忘——这些伙伴多半都是一去不返，把他们那无限美好的青年生命，献给了祖国！

我国空军当年士气之高，作战之勇，牺牲之大，史有明文，也有目共睹，无待多赘——大清帝国当年的海军，正是如此。

下级战士披坚执锐，豪情万丈，他们是知己不知彼的。

高级将领便不然了。他们是知彼知己。眼看敌人的军备早已超越我们，而我们朝廷之中的贪官污吏舍黄海不要，还要在颐和园内雕其"石舫"，办其"海军"；眼看日人咄咄进逼，大战迫在眉睫，而我军炮慢船缓，既乏招架之功，更无还手之力，如何得了？日夕念及，能不五内同摧？！

朋友，你我如处此逆境，如何奋发？而况当年无知的言官御史，他们既不敢批评太后，亦不敢詈骂醇亲王。终日只抱着个他们并不了解的海军将领丁汝昌、刘步蟾，做辱骂和讥笑的对象，揆诸情理，岂可谓平？（上引《论著索引》中，庄吉发先生的宏文《甲午中日战争期间翰詹科道的反应》，第167—194页，便颇值一读，也颇能发人深思。）

再者，那时刚练习"亲政"，新官上任三把火的小皇帝，对宫墙之外的世界原不太了解，但是在翁同龢一批近臣的影响之下，也成为主战派的核心力量。皇上有所不知，当时大清帝国的基本问题，都扎根于宫墙之内。宫墙之内的问题不解决，则宫墙之外的任何维新变法，都是肤浅的、治标的。万岁爷尚在童稚之年，见不及此。他插身其间，便慢慢地形成一个以翁同龢为中心的"帝党"。而帝党的主要政敌，便是那以李鸿章为首的"后党"。帝后之间倾轧起来，倒楣的便是国家和人民了。当时一些文士所作的比较高雅的"顺口溜"（和今天一样），说什么"宰相合肥天下瘦，司农常熟世间荒"，指的就是这个帝后与翁李之争。李鸿章自知其陆海军的无能，不敢轻言对日作战。朝鲜问题发生了，他一意拜求帝国主义俄英两国出面调解。后党的李鸿章愈是畏葸主和，帝党的翁同龢便愈是坚强主战。在这一情况之下，老太后也相信大清海军既是世界八强之一，打不过红毛番，至少打得过东洋鬼，所以她老人家倒没有李宰相那样懦怯。东洋人要打就打嘛！女老板要打，男伙计怎能抗命？王家俭、王尔敏两教授对老李都颇有正论。

在帝党方面，那个小学还未结业的小皇帝，其主战却不在师傅之下——翁是他的老师。他对老官僚李鸿章的畏首畏尾，则大不以为然。老师的话就益发有力了。

再者翁李之争，还多一层个人恩怨。

原来在太平天国之乱时，淮军奉命增援苏杭。这批只想"顶子红"不怕"颈子红"的陈胜、吴广，一旦打入"天堂"，猪八戒游上海，乱来一通，是可以想象的。那时受祸最深的当然便是苏常一带的地主豪绅了。

但是这批地主豪绅，原都是在长毛久治下自保身家的。长毛又岂是省油灯？——这也是咱们中国人的特性吧！对统治者自会拍马溜须。因此这些地主豪绅，对长毛也是歌功颂德的。这种"德政碑"纵迟至今日，仍有耸立街头者。碑上题名自然都是各地的头面人物，工农不与焉。可是一旦长毛革命政权崩溃，这些碑上留名的头面人物，就有"通匪"和"匪谍"之嫌了。由于"通匪"或"匪谍"案子而被警总抄了家，你又能到哪里去"按铃控告"呢？倒了长毛，发了淮勇（湘勇），倒楣的当然都是老百姓，尤其是那些"父子宰相、叔侄状元"的阀阅之家和他们的宗亲至戚。但是哑子吃黄连，有苦难诉。这样反映到朝廷里去，就变成翁李不和的私人情结了——翁师傅对李宰相是唯恐天下不乱的。

这在清末，就要由老李来背其黑锅了——打败仗，反正是老李一个人的责任！

何以造成了这种局面？除掉民族劣根性之外，便是由于处于转型期的末世社会，没个规矩绳墨之可言。再说下去，那便是老李也不是好东西。他纵横捭阖、抓权揽位；享荣华、受富贵；扶植死党、包办朝政……得罪了"天下英雄"！

【1994年8月27日脱稿于台北南港】

三、为黄海血战平反

为着纪念甲午战争100周年，在刘绍唐兄的嘱咐之下，笔者已东扯西拉地写了好几万言，至今还一枪未响，那还成什么战争呢？事实上这问题正在此。

什么叫作战争呢？西人有言曰："战争"者，"政治"之延续也。不知"战"前的"政治"，空谈"政"后的"战争"，小儿科也。

我国的战略家，也强调"庙谟"，强调"运筹于帷幄之中，决胜于千里之外"。关张赵马黄跑断了腿，终不若大战略家诸葛孔明，扁舟之上，轻挥羽扇也。——隆中一对、天下三分，岂偶然哉?!

甲午打败了，那位责任最大的"李二先生"，被御史们骂成"汉奸"。朝廷也把他摘掉"三眼花翎"，剥掉"黄马褂"，留党察看。

朝中无人了。西太后不得已，又把小叔子恭亲王奕䜣找出来，收拾烂摊子。不久，恭亲王也病死了。奕䜣弥留时，太后着人去问"何可继者"，曾提到光绪的老师翁同龢。恭亲王摇摇头说：磬南山之竹，难书此大错。他责怪翁同龢不该主战。——不可战而战，一战而败，八强之一的纸老虎被拆穿，列强就开始在中国划分"势力范围"（spheres of influence），接着就要"瓜分中国"（cutting the Chinese melon）了。

最近老同班黄彰健先生与笔者咖啡叙旧，提到甲午之战，彰健也喟然叹曰：甲午之败，影响太大了。大清帝国就垮在这一战。黄公是当今搞"甲午"下一"阶段"历史"戊戌变法"的权威。从"戊戌"（1898）回看"甲午"（1894），则这一战是败得太惨了。它也是大清帝国最后崩溃的关键所在。

炮上晒裤，太监阅军

这一战，当然李翁二公皆责无旁贷。不过，他二人究竟只是两个个体人物。英雄未始不可造时势，但在那个排山倒海、文化转型的客观潮流中，少数个体英雄，究不能使"历史三峡"改道！

关于历史三峡的具体情况，"身在此山中"的峡中舵手、梢公不知也。但是百余年后的历史家，乘着小飞机，于巫山十二峰之上，飞来飞去，俯瞰江流山势，就一目了然了。——笔者前些年游美西"大峡谷"（Grand Canyon），乘了一架小飞机，穿峡而行，即有此切身经验。我国的三峡，至今还没有穿峡飞行的设备。笔者亦尝乘轮而过。在船上摇头四顾，前不见古人，后不见来者。仰看神女，坐井观天，哪知历史三峡的全貌是个什么样子呢？

笔者不学，尝一再强调我国现代化运动的"阶段性"。我国现代化运动的"第一阶段"便是洋务阶段，也就是科技现代化的阶段，甚至也可牵强地叫作"四化阶段"，而在这一阶段中最重要的一个人便是李鸿章（1823—1901）。李鸿章搞"四化"最大的表现和成绩，便是他的宝贝北洋舰队——从无到有，老李在20年中把古老落后的中国，在军事科技上提高到世界"八强之一"。成绩不差呢！

40年前我的老学长窦宗一（仪）教授，开始撰《李鸿章年（日）谱》（香港友联1968年出版），我就随他学习，巨细靡遗，兴趣盎然。自此此书便成我的"三上读品"（枕上、厕上、车上）。30年来把宗一赠书翻成一团纸球，读犹未辍。

近年我母省安徽且设有专门机构研究李鸿章，并正编撰出版"全集"。余亦忝为"顾问"，尾随学习，并拜读不少前所未见之秘籍。年来复蒙中国驻联合国（现驻美）大使李道豫（鹤章的玄孙）伉俪不时召宴，浸成好友。——这位头戴三眼花翎、头品顶戴的现任钦差大臣，在今日国际站坛，以立场开明颇享盛誉，大有文忠遗风！——所以，李鸿章对我们搞中国近代史的人，还不算太遥远，其影响犹一触可得。但是，李鸿章毕竟是个悲剧人物。在他于1901年11月7日（阴历九月二十七日）积劳而死之时，可说一生事业全付东流。其所以然者，便是他不幸生为这个"第一阶段"的"总设计师"。在这个阶段性极重的历史发展上，第一阶段是不可能"成功"的。

俗语说："倒楣的医生治病头，走运的医生治病尾。"在那个病愈害愈重的"病头"期间，你当医生若不能"着手成春"，就"倒楣"了。当那位病人已日渐痊愈，在这"病尾"期间，你一碗药下，他立刻下床跑步，那你就是华佗了。

医人医国，李鸿章便是倒楣的前者。因此，李鸿章主持这个专搞科技的"第一阶段"，而缺少个即将到来的"第二阶段"的"政改"（"五化"吧）相配合，科技是必然没有出路的。—— 一叶知秋，那个有名的"炮上晒裤"的小故事，就可说明老李搞"四化"的极限。故事是这样的：

1891年（光绪十七年）7月9日，循日本政府之邀请，李鸿章特派丁汝昌率"定远"、"镇远"等六舰驶往东京湾正式报聘。一时军容之盛，国际注目。其后汝昌率六舰管带刘步蟾等在驻日公使李经方陪同之下，晋谒日皇，备受礼遇。剑履鲜明，威仪棣棣，岂在话下。那时恭迎恭送，敬陪末座的日本海军司令伊东祐亨和东京湾防卫司令官东乡平八郎，就显得灰溜溜了。东乡原为刘步蟾的留英同学，但是当东乡应约上中国旗舰"定远"号上参观时，他便觉得中国舰队军容虽盛，却不堪一击——他发现中国水兵在两尊主炮炮管上晾晒衣服。主力舰上的主炮是何等庄严神圣的武器，而中国水兵竟在炮上晒裤子，其藐视武装若此。东乡归语同僚，谓中国海军，终不堪一击也。

其实东乡所见还是皮毛呢！八郎有所不知，中国海军于1886年第一次在黄海之上"大操"时，检阅台上，直立于两位海军大臣奕譞和李鸿章之间的，最重要的检阅官竟是太监李莲英！海军是当时大清帝国最新的护国武装，中华现代化的灵魂，而其最主要的检阅官，竟是一位上无胡须，下无生殖器官的刑余阉宦，也就不太成话了。

能把个无知腐烂的太监放在海军检阅台上做检阅官，那么在主力舰大炮上晒几条裤子，也就微不足道了。

总之，长话短说。建立现代海军，参加列强的军备竞赛，不是单纯的科技问题。牡丹虽好，还需绿叶扶持。只搞科技现代化，而我们的社会结构、政治组织、生活习惯、价值观念等，基本上还停滞在"中世纪"的落后状态，要科技先生独挑大梁来救国救民，是救不起来的。中山曰："破坏难于建设！"但是不破不立。我们不把中世纪落后的遗传从身上甩掉，现代化的衣履是穿不上去的。老实说，日本人之胜于我者，便是他们善于模仿，把中世纪的东方习俗彻底丢掉，全盘西化，所以他们与西方科技也就一拍即合了。

"大炮上晒裤子"是个笑柄吗？君不见时至今日，我们的唐人街、中国城、华埠，哪一个不属于各该都市中最脏最乱的（可不是最穷的）ghetto area①呢？！今日仍然如此，何况当年。只是西人暗笑，我们自己不笑就是了。

其实裤子只是一件形而下的小东西，至于形而上的落后遗传就说不尽了。我国海军当年便被"省籍情结"这个"区域主义"的魔鬼牢牢缠住而不能自拔。前文已言之，当年海军将校几乎是清一色的福佬。那位"浮游于诸闽之上"的总司令安徽佬丁汝昌，有时就号令不行，一筹莫展。那位饮誉至今不衰的邓大人邓世昌，却是个浮游于诸闽之中的老广。他的英勇殉国的悲剧（见下节），据说与畛域观念也有直接关系。畛域观念是中世

①少数民族聚居区——编者注。

纪中国享有专利的坏传统。它的幽灵至今不灭，今后还有大祸好闯呢！朋友，这也就是我国甲午战败之前的国内政治和社会的背景啊！

东事三策

即当日本正处心积虑侵朝，中日关系日趋紧张之时，中国总理衙门当轴曾有解决朝鲜的东事三策的构想。第一，他们曾提出"郡县化"的方案。企图把朝鲜属国改成中国郡县，把李氏朝王内迁。仿孔子子孙旧例（如今日的孔德成），设立"衍圣公"一类的机构，优待朝王，世袭罔替。此一设计，在清朝康雍乾盛世或不难实行，然值清朝衰世，列强环伺，那就是梦想了。

第二，干脆把朝鲜全部开放，造成列强机会均等、利益均沾之局。庶几利用国际势力平衡，保持朝鲜独立，以防止日俄等帝国主义一强之独吞。此策未始不可执行，然清室颠顶而自大，亦不能斩钉截铁，加以实施，而朝鲜朝廷孱弱亦不具备独立条件。宗邦一旦撒手，日本会立即取而代之。

第三，任其局势自然发展，相机行事。此为下策。然清廷无能，只得听任此下策之自然发展矣。

迨朝局日坏。1894年夏6月，清廷应朝王之请，始派总兵聂士成，续派提督叶志超率兵1500名援朝，助平东学党之乱。日本得讯随即否认朝鲜为大清属国，并同时出兵8000人赴仁川，以清军为目标，虎视眈眈。——自此，日政府便不听清方及任何第三国之调处，自组其大本营，成立战时体制，不断对朝增兵至三万有奇。借口"改革朝政"，实则志在驱除清方势力，终结清日宗藩关系而兼并朝鲜。

面对日方此一咄咄逼人之势，中国朝野哗然，庙谟清议几乎一致主战。是年7月中旬，率千余清军孤悬牙山的守将叶志超，亦急电鸿章以"大举进兵为上策。派舰撤兵为中策。守此不动为下策"（见《李鸿章年（日）谱》第261页，引李文忠公电稿）。然鸿章自知其陆海军之无能，始终欲以"以夷制夷"的外交方式牵制日本，乃转电总理衙门建议接受叶电之"中策"。李氏此电对当时激烈之主战派简直是火上浇油。"汉奸李二先生"顿时变成众矢之的。而在此全国主战声中，则以生长深宫，只能听近臣之言，做宸纲独断的23岁小皇帝光绪尤为激烈。——他的主战情绪，其后竟发展到"赐翁同龢、李鸿藻、恭亲王'尚方（宝）剑'，命对言和者先斩后奏"的坚决程度。（见同上，第289页，注502，引《清实录》第352页，及《字林西报》1894年11月23日电讯）如此一来，连慈禧太后也不愿支持鸿章，轻言和议了。——这时他们母子之间的感情尚笃，而恭亲王犹在靠边站也。

笔者昔年曾细查鸦片战争（1839—1842）时道光皇帝之上谕，及英法联军之役（1856—1860）时咸丰皇帝之上谕，其后再看甲午战争（1894—1895）时光绪皇帝之上谕，发现他们祖孙三人，应付此三次严重之外战的心态发展，简直如出一辙：

在开战之初，这三位万岁爷总司令都意气风发，坚决主战。臣民有思蒄主和者，简直是杀无赦。可是迨战争爆发，洋兵把清兵打得一败涂地，万岁爷又惊惶失措，抱怨当初主战者欺君罔上、误国误民，要他们提头来见。最后对侵略者的要求又百依百顺，恨不得青衣行酒。不惜答应一切丧权辱国的条件，但求帝国主义者高抬贵手、刀下留情。（见拙著英文《中美外交史》序言）

因此，在甲午开战之初，那位71岁的李老头，便被那23岁的小上司不断辱骂，骂得狗血喷头。翁同龢、李鸿藻等主战派因乘势鼓噪，要小皇帝撤换老李，甚或要向太庙请出专杀宰相的青龙刀，把老李正法。对日抗战，由小万岁御驾亲征。

可是那时的大清帝国，一无策划战守、运筹帷幄的大本营或参谋本部，二无调度补给的后勤体制。帝国对抗日战争，可说是无丝毫准备。他们之所以不断"主战"者，无非要手握兵权的李老头赤膊上阵，率领他那批贫下中农组成的过气淮军和那炮慢船缓的落后舰艇，去和东洋小鬼厮杀一番。——胜则大清之福，败则老李砍头，此梁启超所谓李鸿章"以一人而战一国"也！

［附注］李鸿章当年派往朝鲜的淮军将领从吴长庆、叶志超开始，一大半都不识字。他们几乎全是我乡（当年合肥县）的贫下中农。乱世投军，砍得一身"刀疤"，大难不死。此时都是五六十岁之间，吃得胖嘟嘟的"一品大员"。可是，虽是高官，他们却不失其视死如归的英雄好汉本色。且看聂士成，在八国联军期间，他以革了职的一品大官在前线指挥抗战，腹为洋炮所穿，肠流尺许，他还在挥刀冲杀，惨烈可知。至于叶大呆子（志超），个性之火烈、上阵之勇敢，笔者在孩提时代，便能叙其故事，仰慕不已——他家与我家为近邻。只是这种瓦岗寨上的英雄，能否打现代化的国际战争，那就是另一问题了。——志超后来落了个"斩监候"的下场。

李鸿章久涉洋务，对此岂有不知之理。所以他虽奉谕不断把这些土军队送往朝鲜，他真正的顾虑却在海军。北洋舰队那几条铁船才是他的宝贝，他的baby呢！——迨中日战争已箭在弦上时，他还要连电驻英公使龚照瑗，"设法购速率在23海里以上之最新式大军舰"，同时并抢购"智利铁甲舰二只"以壮大我军。（见同上，第262及268页）真是临渴掘井。

另一面鸿章则冒全国辱骂之大不韪，严令丁汝昌保舰避战，不得冒险游弋大同江。在李氏看来只要海军不败，则陆军虽挫，华北仍可无虞，京津安全终能确保也——他还是相信他的宝贝海军，"攻虽不足，守则有余也"。

谁知他还是过估了他北洋舰队的实力。打现代化的海战，不能攻，便不能守也。结果大东沟一声号炮，中国海军便再也无法防守了。

丰岛是珍珠港前身

中日甲午之战的第一炮发自朝鲜西岸的丰岛海域。接着才是陆军的牙山之战、平壤之战和海军在大东沟的黄海血战……然后才一连串打下去的。本文限于篇幅，且略去陆战而专谈海战，看看这场海战真相究竟何似。

先谈发生在1894年7月25日（阴历六月二十三日）中日海军的"丰岛之战"。

丰岛之战事实上始于日军向我军的"偷袭"。其偷袭性质与47年后日军偷袭珍珠港，并无两样。因为此时中日两国关系虽甚紧张，然双方仍在交涉，并未进入战争状态，日本就罔顾国际法，突然偷袭起来，一举击沉我运兵船"高升"号，并在海上射杀我军700余人。——其后食髓知味，在珍珠港他就如法炮制了。美军在珍珠港被偷袭，遭射杀与沉溺而死伤者约3700人。两次偷袭，倭人均甚得手，然结果相反，也是日本侵略者多行不义的因果报应吧！

丰岛之战的经过是这样的：

1894年7月下旬，李鸿章奉谕向朝鲜增兵备战。7月22日济远舰管带方伯谦乃奉命率济远巡洋舰（重2300吨、炮20尊、时速15海里）及威远（1268吨、铁骨木壳、炮12尊、时速12海里）、广乙（千吨、铁骨木壳、炮3尊、时速14海里）两船，护送运兵及辎重给养去朝鲜牙山增援。

抵埠后，方管带以时局紧张，乃令威远黉夜先归（旅顺）。方氏自己则率济远，待广乙人口拖驳事毕，于7月25日黎明，始启碇返防。二船刚出汉江口，即见日本钢质巡洋舰三艘取势而来。这三艘日舰分别是：

吉野（重4150吨、2英寸装甲、6英寸速射炮4尊、4.7英寸速射炮8尊、鱼雷发射管5条、时速23海里）

浪速（重3650吨、不同口径速射炮8尊、鱼雷发射管4条、时速18.6海里）

秋津洲（重3150吨、不同口径速射炮13尊、鱼雷管4条、时速19海里）

按国际惯例，在非战争时期两国舰艇在公海相遇，礼应相对鸣炮或鸣笛"互敬"（exchange salute）。然此次日舰取势而来，方管带立见其来意非善，即下令备战。果然日舰驶近万码时，吉野突发号炮一响，三舰乃直扑济远，速射炮弹如雨下。我舰仓促应战，然优劣势殊，众寡不敌，胜负立见。

当炮战初起时，管带方伯谦、大副沈寿昌（上海人）正并立于主桅之端的望台上，指挥反击。瞬间沈大副头部直接中弹，脑浆迸裂，溅染方氏衣裳。立于前桅望台之二副柯建章亦为敌弹击中，胸腹洞穿。斯时舰上将士亦伤亡枕藉，计阵亡13人，伤者40余人，一舰皆血。然我将士并未停止拼搏。一小时之纠缠，我舰连发40余炮。日舰浪速竟为我连续击中而倾斜失速！

在此一小时拼搏之中，慢说我济远以一船敌三舰，纵是以一敌一，我舰亦非其对手。我广乙船太小，自始即难参战反击，在仓促脱离战场时，终于搁浅自焚。济远官兵自知亦难久战，据说曾诈悬白旗，冲出包围圈向西南逃避。日舰吉野鼓浪追之，竟为济远尾炮击中要害，死伤枕藉，济远终能逃出沉没之厄运。（见下节有关方之评论）

当济远向西南疾驶时，适遇我增援赴朝之运兵船，怡和公司之英轮"高升"号，正运盛军淮勇950人驶向牙山。济远乃以旗语通知，嘱其立即转舵南返。孰知高升商轮，时速有限。在其南旋途中，终为敌舰追及，迫令下锚停驶。随高升而来之我炮艇"操江"号（重640吨）遂为敌舰所掳。

高升被迫停轮之后，日酋乃迫令高升英籍船长随日舰驶往仁川或日本，以船上华军为俘虏。英船长被迫听命，而舰上我军不从，盖中日并未开战，日本岂可于公海之上窃轮索赎呢！我船上将士则强迫船长驶返大沽。在双方僵持期间，日舰忽升红旗，通知"高升"号上之西人"离船"。旋即对高升发炮，我军亦据船以步枪还击。然时不旋踵，"高升"号即倾斜沉没。我将士遍浮海上，泅遁无所，日舰竟以机枪向浮沉之人群扫射。枪声轧轧之下，白浪皆赤，浮尸蔽海。日舰乃挟我操江掉头不顾而去。

斯役也，敌人系以间谍探得我军运兵情报，蓄意"偷袭"而来，志在必得。盖其时日军主帅伊东祐亨、副帅东乡平八郎，皆在军中，见其决策之坚定也。

此役亦系敌我两国，新建现代海军之处女战。初试锋镝，双方之优劣毕露，而敌人之残暴，亦不待南京大屠杀而后始为世人所知。

李鸿章论敌我优劣

"高升"号沉没的消息传入北京之后，举朝大哗。众议均以我海军亦有铁甲多艘，运兵增援，为何不派充足舰艇护送，致有此失？损兵折将，实因我海军将领，尤其是丁汝昌"畏葸无能，巧滑避敌"之所致。光绪帝盛怒之下，其后竟将丁汝昌"革职留任"，要他"戴罪图功"。主战廷臣翁同龢、李鸿藻与庆亲王奕劻等，甚至奏请连李鸿章亦一道撤职，东事由朝廷直接指挥。不幸的是李鸿章那时却是大清朝廷中一个无人可以代替的全能宰相。如今他虽是全朝公敌，实际责任还非由他一人担任不可，尤其是日军在朝，此时正得寸进尺，攻占牙山（7月29日）之后，已进窥平壤。清廷不甘示弱，乃于8月1日与日本同时"宣战"。宣战之后，清廷一面增调大军，进援平壤；一面严令北洋舰队向黄海出击，与倭舰决战。这时丁汝昌亦因屡遭委屈，受气已多，亦迭向鸿章陈情：不顾生死，出海与倭人一拼。然鸿章老谋深算，知彼知己，终不忍将数十年抚育的宠物，负气一掷。他一面仍严令汝昌，不许轻易出海觅战；一面密奏小皇帝，力陈海军不应轻掷之道。这篇有血有肉、情辞恳切的密奏，光绪读之，亦为之动容。笔者不学，窃思我们读者作者，亦有细读的价值，谨抄全文如下：

> 查北洋海军可用者，只镇远、定远铁甲船二艘，然质重行缓，吃水过深，不能入海汊内港；次则济远、经远、来远三船，有水线穿甲，而行驶不速；致远、靖远二船，前定造时号称一点钟行十八海里，近因行用日久，仅十五六海里。此外各船，愈旧愈缓，海上交战，能否趋避敏活，应以船行之迟速为准。速率快者，胜则易于追逐；败亦便于引避。若迟速悬殊，则利钝立判，西洋各大国讲求船政，以铁甲为主，必以极快船只为辅，胥是道也。详考各国刊行海军册籍，内载日本新旧快船推可用者共二十一艘，中有九艘自光绪十五年（1889）后，分年购造，最快者每点钟行二十三海里，次亦二十海里上下。我船订造在先，当时西

人船机学尚未精造至此，每点钟行十五至十八海里，已为极速，今则至二十余海里矣。近年部议停购船械，自光绪十四年（1888）后，我军未增一船。丁汝昌及各将领屡求添购新式快船，臣仰体时艰款绌，未敢奏咨渎请。臣当躬任其咎。倭人心计谲深，乘我力难添购之际，逐年增置，臣前于豫筹战备折内奏称，海上交锋，恐非胜算，即因快船不敌而言。倘与驰逐大洋，胜负实未可知。万一挫失，即设法添购亦不济急。惟不必定与拼击，今日海军力量，以攻人则不足；以之自守尚有余。用兵之道，贵于知己知彼，舍短取长，此臣所为兢兢焉，以保船制敌为要，不敢轻于一掷，以求谅于局外者也。似不应以不量力而轻进，转相苛责。丁汝昌从前剿办粤捻，曾经大敌，叠著战功。留直后即令统带水师，屡至西洋，借资历练。及创办海军，简授提督，情形熟悉。目前海军将才，尚无出其右者，若另调人员于海军机轮理法全未娴习，情形又生，更虑偾事贻误，臣所不敢出也。（见《奏稿》78，第53页；《清实录》345；《年（日）谱》，第271页）

李鸿章这件密奏缮发于1894年8月29日（清光绪二十年七月二十九日）。他绝没有想到，半个月之后，中日黄海大战爆发，经过四个半小时的血战，他苦心孤诣扶植起来的心头肉、掌上珠，还是被"一举轻掷"了。

劣等洋员的谰言不可信

公元1894年9月17日，也就是清历光绪二十年甲午八月十八日，是我国近现代史上一个有决定性的日子。这天下午，我国第一支、高踞当时世界第八位的现代海军——北洋舰队，在黄海之上，大东沟海面，与日本第一支现代化海军——联合舰队，发生了遭遇战。双方血战四个半小时才鸣金收兵，未分胜负。当然，我方的损失远大于敌方。

这一战，在双方都是破题第一遭。在我国近代军事史上，可能更是第一次和唯一的一次，以现代武器、现代组织、现代法则所打的大规模的现代战争。除此之外，连台儿庄之役乃至印缅战场，都只能说是一窝

"烂仗"。

这场战争是怎样打的呢？百年来史家著述甚丰。但是故事大都是千篇一律，把黄海之战抹黑，把我们海军里大批的殉国英雄说成狗熊。首倡其说的原是一些当年海军里自高自大的洋员，尤其是那位英国浪人瘪三泰乐尔[①]（William Ferdinand Tyler）。泰氏曾亲历黄海之战。且在他的回忆录里（*Pulling Strings in China*. London：Constable & Co.，1929）写了一些亲历记。后来史家就根据他的故事，人云亦云地讲了几十年以迄于今。

笔者在当学生时，也对他的故事笃信不疑。后来教书海外，把他的回忆录指定做参考书而细读之，便怀疑起来了。等到在洋社会住了数十年，摸透了那些洋冒险家到殖民地国家打天下的丑恶底子，我对他的故事就彻底否定了。

泰乐尔1865年生于英国农村，在他的祖国里他小学也未毕业。后来到一艘商船当技工，才申请到在英国海军受连制服都要自购的"备役"训练一年。据他自述，曾取得英海军"备役中尉"（sub-lieutenant R. N. R.）的资格。1888年他到上海掘金，想在中国海关谋一"室内工作"（indoor staff），但是海关人事室却把他分配到海关巡逻艇上去当个小职员或水手。在这儿他一干五年，1895年经人介绍进入中国海军旗舰"定远"号当差。不久便碰上了黄海之战。

泰乐尔在"定远"号上当的什么差事呢？他在回忆录里说他是定远号的"副船长"（co-commander）——他这牛皮可吹得太大了。且看上文所述，那位天津水师毕业、德国留学归来的黎元洪，在定远上只当个"炮弁"，他至少会放炮嘛！泰乐尔除掉碧眼黄须之外，他会放啥子呢？

无独有偶，那位在镇远舰上服务的美籍洋员马吉芬（Philo N. Mc-Giffin），原任美军少尉，来华教操，后来也自吹自擂说他曾是镇远的船长（commander）呢！其实他二人都只是两个水兵级的"营混子"而已。

不特此也。黄海战后，那位有提督衔的德籍顾问汉纳根（Constantin

[①]今译作戴理尔——编者注。

von Hanneken）辞职了。李鸿章又找了一个英籍拖船驾驶麦格禄（John Mc-Clure）来补其缺。麦格禄原来也是个一无所长的酒鬼，出任有提督衔的总顾问，就自认为是中国海军的副司令了。泰乐尔对此缺也垂涎欲滴，因此对麦某也嫉忌不堪，弄得这两位英国浪人终身不和。

这儿的问题便是：李鸿章为什么要找这些烂仔在海军里鬼混呢？这大概是因为在他处理内政和外交上，"洋员"（尤其英国人）都是个必需品。但他又不愿雇用有真才实学者。有真才实学者如琅威理，就必然要抓权。在海军里抓权，则海军里就要再出个赫德了。中国有一个赫德已嫌太多，再来个赫德，中国岂不要亡国？所以琅威理一怒而去，老李也就由他去了。——琅威理怎能建设中国海军呢？充其量把中国海军建成个印度海军罢了。此老李所深知也。所以麦格禄、泰乐尔者，老李麾下一些虾兵蟹将、小棋子而已，什么鸟"洋将""洋员"哉？但是，把这些烂仔混入军中，军中将士对他们的反应就不一样了。在那个崇洋时代，一般将士，包括丁汝昌，对他们都会崇而敬之。但是，对那些自己也洋过了头的人，像刘步蟾、林泰曾、严宗光、方伯谦等，就不会把这些一无所长的洋混子看在眼里了。

因此，泰乐尔跻身定远之内，对一般兵将他可七拼八撞，但在刘管带面前，那就是小鬼见阎王了。甚至连英语会话、作文，刘步蟾可能也高他一筹——泰乐尔的英文风格十分低下。他原来连小学也没毕业嘛！怎能写出好文章呢？

因而泰乐尔在后来所写的回忆录里，要不惜一切丑化刘步蟾。情见乎辞，以泄其咬牙切齿之积恨。他这种书，历史家恶可据为信史呢？不幸，在张荫麟（1905—1942）教授以后，我国史家、作家，竟然偏信了数十年，此笔者不揣浅薄，希望据实稍为扭转之也。

大东沟血战真相

前节已略言之。在丰岛一役之后，敌我优劣毕露。鸿章深知，鏖战于大洋之上我舰队断非日舰之对手，因而避战之心愈切。我舰游弋，只许自威海卫、旅顺至鸭绿江口之一线，不许越境御敌。然李氏退避之策，终难执行。盖海军避战，陆军屡败，最后必至避无可避之绝境。再者，清廷已对日宣战，海道向朝鲜增兵，舰艇护航有责，又从何避起呢？果然牙山既失，平壤吃紧，清廷续调刘盛休部铭军4000人于9月16日自大沽出发，由丁汝昌率北洋舰队自中途护送去朝，增援平壤。日舰得报遂集中其最精锐之舰艇12艘于鸭绿江口外之大东沟一带，伺我舰返航时加以邀击。我舰避无可避。两军遭遇于大东沟上，一场惨烈的中日黄海血战，便在9月17日中午12时50分，正式爆发了。

这次黄海之战，百年来史籍滋多。史家亦时有异辞。然去其传言妄语，根据史实，择要简述之，真相大致如后。

我方护航舰艇，于9月17日抵达大东沟者，计有18艘。其中镇中、镇南两炮舰（均重440吨），率鱼雷艇四艘护兵入港。平远、广丙两舰则在口外下锚。余十舰为北洋主力，则下锚于口外12海里之海面。十舰中计有：

定远（旗舰）、镇远二主力舰，各重7000吨，各有14英寸装甲，12英寸巨炮各4尊，时速均为14.5海里；

致远、济远、靖远、来远、经远钢质巡洋舰5艘，各重两三千吨不等，各种口径钢炮十余尊，时速大致15至18海里之间；

超勇、扬威、广甲三炮艇，各重1300吨，各有炮十余尊，时速15海里。

我舰队此时之重大弱点，盖为：一、无新船。所有舰艇均为1888年前下水之旧式战船；二、我舰无快炮。李鸿章勉力所购之12尊，此时尚未及安装。

而此时在大东沟外，伺机拦击我船之敌舰12艘，其性质则正是我舰之反面。其12舰中，计有：一、三四千吨之巡洋舰吉野、秋津洲、松岛（旗舰）、千代田、严岛、桥立、赤城七舰为1888年以后始下水之新船。吉野、松岛等五舰且为19世纪末之崭新（brand-new）产品。二、各新船之时速均在18海里以上，吉野则23海里也。三、日舰新船均配有速射炮。四、日方老式舰艇，除比叡外，其他如高千穗、浪速、扶桑、西京丸皆钢质。

船既不老，设备弥新。

朋友，现代化海空战，全打科技，全打年代。时新一年，技高一筹，就逼手逼脚。人海战术、血气之勇，中古打法也。抗战中期，日机在我成都机场着陆，取走中山先生遗像，留下战书向我空军挑战。我健儿不理他。但是我最高当局忍无可忍，拍桌严令应战。结果璧山一役，只有我领队两位大队长开了枪。其他健儿尚未及扳机开火，便纷纷坠毁如秋风落叶。从此，我们在后方就只有抱头挨炸之份了。——此事余闻之于当年参战英雄，想我空军旧档中，应有案可稽也。——甲午黄海之战，正是如此。

且说9月17日中午，大东沟上我海军将士正吃完午餐，警报东南海面发现敌船。我舰乃起锚，列阵，迎了上去。

据说，我原队形为两主力舰平行居首，余舰排成双行尾随于后。然全队启碇不久，副帅刘步蟾忽改传旗令，变原船阵为一字横排。伸张两翼，向敌阵包围上去。

何以刘氏中途改变队形呢？据泰乐尔说是起于刘的胆怯和自私。他故意要暴露两翼小船以饵敌，庶几敌船将不致攻击刘所乘之旗舰云云。泰乐尔更强调说，刘氏这一变队阴谋，连在吊桥上观察敌情之丁汝昌和汉纳根均未发觉，只有他泰乐尔看出了。然大错已成，无法改回，他乃向丁、汉二主帅建议，将错就错，令全队右转迎敌。丁氏称善。泰氏自称，他乃跃回司令塔要刘步蟾改变航向，右转四度。刘佯从而阴违，口嘱司舵曰"舵向左"（port），即改定远航向向右也。然旋又低声嘱舵手"且慢、且慢"（steady，steady），结果舰止不动。泰乐尔说，他见刘步蟾抗命乃大愤，厉声向刘辱骂，并跃上司令塔顶，攀上吊桥向丁报告。此时汉纳根已因指挥旗尉他去，只丁汝昌一人在吊桥上，他二人言语不通，未能即时纠正刘步蟾之错误。即在此千钧一发之际，刘步蟾忽下令开炮。四炮齐发，竟将吊桥震断。丁汝昌坠地受伤，他自己也摔得双目失明，不省人事……自此中国船阵大乱，终致不可收拾云云。（见上引泰乐尔自传，第50页）

上面这段泰乐尔所描述的故事，以后竟被张荫麟、郭廷以诸教授，乃至其后无数著述家引证为海战信史，并对刘步蟾随意诋辱。吾友Rawlinson

后来在哈佛大学撰写博士论文（导师为费正清教授），亦持此说，信而不疑。（见上引Rawlinson之*China's Struggle for naval Development*, 1839—1895, p. 175, 179—180.）

读者贤达，您相信泰乐尔在事后30多年才写出的这段故事吗？——我个人是始信而终疑也。

第一，泰氏在定远舰上向未参加过军事会议。他不够资格嘛！这也是他在书中公开承认的。在他们众舰长必然都参加的军事会议里，原议是否是"纵阵"（line ahead）？纵为"纵阵"，是否一定不能改为"横阵"（line abreast）？原议详情，后人不知也。泰乐尔当时不够资格过问此事，因此他在当时亦不知也。30多年之后，重要当事人死绝了，他才著书编造，漏洞百出。我辈治史者，能有疑处不疑？！

［附注］其实此一变纵阵为横阵之命令，据戚其章所获原文件，实出自丁汝昌的直接口令。泰氏毫无所知，实是信口胡说。

第二，变换阵形，事关十舰，左右数千码，是何等大事。这种变换，丁汝昌、汉纳根近在督战吊桥之上，林泰曾总兵（师长）近在邻船，居然都未看到，只有他这一无职守的营混子、无事忙发现了，由他来提出警告，三位正副主帅才听他建议来匆忙改正。他是老几？！这分明是一派谰言！

第三，丁汝昌不能实际指挥作战，骑兵出身的汉纳根原是炮台工程师，对海军也是外行。指挥主力舰作战的司令官原是一种最高级的"技术官员"（technocrat），所用专业技术语言，在早期中国，全属英语，日本亦然（此亦泰乐尔自觉神气的主要原因）。所以中日黄海之战时，双方实际指挥官皆为副帅。在我方为副帅刘步蟾，在日方则为副帅东乡平八郎——这两位格林威治的老同学。步蟾恃才傲物，他把个真正的英国海军司令琅威理（上校）且视同无物，怎能把这个营混子、小水手，自称"备役中尉"的泰乐尔放在眼里呢？！泰乐尔吃气在心，所以后来著书，乃一意以骂刘为职志。其含恨之深，诬蔑刘步蟾之刻毒，简直匪夷所思！笔者因限于篇幅，未能多译。须知定远当年是我军旗舰，在这一庄严军营之内，士卒途遇主帅，是要"目迎八步、目送八步"的。泰乐尔在其书内把自己写成一个跳梁小丑，三位主帅都听其指挥，最后竟至厉声辱骂（curse）司令官。自我膨胀，一至于此，真是不要脸至极！

第四，纵阵、横阵之优劣，在当时海军操典上，原是各有其说的。至于阵形之变换，令旗一扯，一个立正向左（右）转，横阵也立刻可以变为纵阵。其他如由单行变双行，由方阵变圆阵，双向行驶，忽前忽后，忽快忽慢，在重洋之上，指挥作战，依敌情变化而判断之，其运用之妙，存乎一心。斯皆主帅之责，偏末小卒，何能了解呢？泰乐尔这个"洋营混子"，纵在晚年著书，对此仍一无所知也。他小学未尝卒业，常识不足故也。但是这洋瘪三信口编造成篇，居然骗了我国并不知兵的史学界至数十年之久，亦可惊矣。

我舰一字排开，敌船锥形突击

当然上述主帅作业，要能得心应手，如臂使指，就一定要将士训练有素，船械设备新颖，才能制敌机先——那时我军船械过时、炮上晒裤，一时颇难做到，可是日本人却做到了。

当敌我于17日中午12时50分接仗时，我十舰排成一字横阵，定、镇居中。定远之左列各舰以次为靖远、致远、广甲、济远四舰。镇远之右则为来远、经远、超勇、扬威也。十舰以六海里时速，排列前进。然两翼尖端船小，速度较慢，以致"一"字渐成弧形。

迎头而来之日舰12艘，则分为前后两队，以"吉野"号等四舰居首为游击队，以松岛旗舰为首，余八舰分两行跟进，是为本队，以十海里时速，向我扑来。

当敌我距离接近八千码时，我方首发巨炮，因炮震桥断，丁提督被摔落于地，身受重伤，口吐黄水，足折不能行。船员乃抬其入舱包扎，丁坚拒不许，遂坐于甲板上过道之侧，督战到底。彼可目睹合船将士操作，船面将士亦可时见主帅所在。

此时日舰距我既近，乃以巨炮还击，并由吉野率领前锋突击队，加快速度至14海里，随即直穿我右翼而过。速射炮数十尊，左右开弓，一时俱发，弹下如雨。我镇、定二主力，直接中弹百十发，死伤枕藉。甲板上之樯橹、瞭望台、帅旗、令旗，以及悬旗绳索，悉被敌方之密集速射炮火轰毁殆尽。所幸由于装甲坚厚，敌十英寸巨弹，亦只能穿甲五英寸，以致两舰始终有伤无险，并逼近敌舰，发炮还击。唯我右翼之小船，尤其是超勇、扬威两舰，不胜负荷。船身中弹数十发，引起大火。我将士虽舍命扑救，终难控制。扬威原在右翼尖端，被迫外驶避炮，不幸受伤过重，火势蔓延，全船尽毁。挣扎愈时，终致无救。全军弃船时，管带林履中蹈海自杀。海上存者65人，卒为我一赶来应援之鱼雷艇救起，驶出战场。

敌方前锋突击队，既以疾驶速射，穿我右翼而过之后，乃再向右急驰，绕过我镇、定二主力之尾部，拟再右旋冲折我左翼，与随后而来之本队八舰，形成包围圈，围攻我定、镇二舰为首之主力，作歼灭战。

然正当吉野二度右转拟自后方冲我左翼时，我平远舰适自大东沟之北部，率鱼雷艇四艘赶来参战。吉野见状，乃舍我左翼，改道扑我平远。我平远管带早知平远非吉野之敌，乃掉头并饬雷艇四散避之。吉野无所获，遂又奔向我舰，拟与其随后绕我而来之敌舰本队围攻我主力、轰沉我辅舰。

末世友情，人不如狗

此时敌我鏖战激烈，大东沟上烟雾弥天，风云变色。

当敌舰本队随其突击队冲向我右翼，拟绕我主力做大包围时，我右翼诸舰拼死抗拒，亦发炮如雷。唯此时我超勇炮舰，已受重伤，大火不熄，船身倾斜，敌本队乃以快艇快炮轮番攻之，超勇卒被击沉。管带黄建勋随众落水。当时有人抛长绳系救生圈救之，黄推绳不就，遂随超勇自沉殉国。

我军左翼自吉野折返后，战况亦至激烈。我致远舰拼死抗战，中弹累累，船身已受重伤。致远管带邓世昌见敌船纵横驰骋，率领诸舰进攻，对我舰为害最大者，厥为敌舰"吉野"号。若去此酋，则我军颓势或可稍转。乃伺机取好角度以全速向吉野撞去，拟以重伤我船与敌舰同归于尽。

当两船迫近，同沉势在不免时，敌我船员均大惊大哗。孰知致远半途竟被敌方鱼雷击中要害，锅炉爆裂，壮举成空——而该鱼雷原定目标本是定远旗舰，中途误中致远，救了吉野。也是天意。

当致远沉没时，管带邓世昌与合船战士250人同时坠海（后只七人生还）。其时僚属有以救生木给世昌者。世昌推木不就。当年海军将士生活西化，世昌在舰上本蓄有二犬，如今该犬亦随主人同时坠海。此二犬希图搭救世昌，乃衔其臂不令沉没。世昌推去之。此犬竟游回再衔其发以图拯救，世昌终于抱犬同沉。

这一幕重洋之上，活生生的"义犬救主记"，真令人感叹。将来如有朝一日，我黄海血战殉国将士含冤得雪，立碑平反，则此两头义犬，也应该勒石纪念啊！

窃念我人，生逢末世，道德陵夷。数十年友情往往为私心所蔽，为芥末之微的小名小利之惑而竟不惜投井下石，捐之一旦。比诸此犬，真是人不如狗，思之慨然。

世昌死前之激愤，或言与省籍情结亦不无关系。世昌粤人，而当时海军将士多为闽人。临危相救，世昌或嫌闽人对粤人略有轩轾云。（以上故事多采自Rawlinson著前书；吴相湘等编《中国近代史论丛》第一辑第六册，《甲午中国海军战绩考》；前引戚其章书与其他若干中西史料。）

济远和广甲的疑案

致远既沉，我舰队左翼顿折。敌舰乃以优势火力与优势速率，轮番围攻我经远。经远不支，终于下午4点40分为日舰击沉，管带林永升阵亡。合船死难者凡272人，生还者只16人。（见同上）

我致远、经远相继沉没之后，所余之济远、广甲二船，如不及时逃出战场，必被击沉无疑。广甲原为我福州自制之木壳铁质千吨小船，本不堪一战。只是广甲撤退时，因管带吴敬荣判断错误而触礁不起。全体船员（包括黎元洪）撤出之后，翌日始被巡弋日舰所毁。

至于济远疑案，则至今不能解。济远在黄海之战时，战争未终，即全舰而返。济远归来如系"临阵脱逃"，则其管带方伯谦其后之被"正法"（砍头），实罪有应得。然该舰如系"力竭撤退"，则在那军中通讯被割，请命无由的情况之下，全舰而归，理应嘉奖呢！

总之，方管带之死，军中哀之，洋员亦不服。敌军主帅亦感惊异，盖伯谦在丰岛之役，以一船敌三舰，表现至为优异也。大东沟之战，济远发炮过多，炮盘为之熔化，而方氏终遭"军前正法"者，显似李老总或小皇帝一怒使然。伯谦之死，是军中无法，未经过"公平审判"（fair trial）也。人主红笔一勾，小臣人头落地，中古干法也。以中古帝王办法，打现代国际战争，宜其全军尽墨也。在下落笔万言，未开一枪，私衷所欲阐明者，旨在斯乎?!

刘步蟾战绩辉煌

前节已言之，黄海一役，实际指挥作战之主帅为刘步蟾也。步蟾接仗之初，麾下原有十舰。经四小时血战之后，我方有六舰或沉或毁或逃已如上述（另二舰平远、广丙未参战），然此六舰之损失实为器械窳劣所致，非主帅指挥错误有以致之也。以超勇、扬威、广甲各蚊船，置之两翼，置之排尾，其结果不会两样，则纵阵、横阵云乎哉？

四个半小时之后，步蟾只剩四船——定远、镇远、来远、靖远也。其时来远全船着火，梁柱皆曲，已不成船形，犹与敌舰炮战未已。

定远、镇远二舰连续血战四小时有半。二舰共中重炮弹3700余发，遍体如麻。据日人统计，定远一舰独中轻重炮弹即不下2000发。盖血战自始至终，日方即以我二主力舰为攻击重心。二舰被摧，则我势必全军尽墨，毋待三月后之刘公岛也。

定、镇二舰各长300英尺，于四小时内，各中敌炮千弹以上。如此则船内官兵承受如何，不难想象也。泰乐尔即两耳鼓被震破，终身重听。丁汝昌、刘步蟾耳鼓如何，吾人不知也。

我两舰共有12英寸巨炮八尊。四小时中共发12英寸弹197枚，有十弹直接命中。不幸我舰无战场经验，每炮只有"爆炸弹"15枚。其中一枚直接击中敌松岛旗舰，死敌80余人，器械尽毁。伊东祐亨被迫另换旗舰。此12英寸爆炸弹威力可知。

爆炸弹之外，我舰多的是"穿甲弹"，而敌舰无重甲。穿甲弹攻力虽猛，过猛反而无用。我有两穿甲弹直接击中敌舰西京丸。然两弹皆穿船而过，把西京丸凿了四孔，而全船无恙。

我各舰小炮共发482弹，有58弹直接击中敌船。敌舰"比叡"号被我围攻，独中22弹，几被击沉。我一鱼雷亦尝直射敌船，不意此雷迫近敌舰时，竟潜入船底之下，穿船而过。敌人全船大惊，然卒有惊无伤，亦我国运不济，战神捣鬼也。

综计全战局，日人炮多而快，命中率至15%。我舰炮少而慢，然命中率，亦达10%。

敌舰快捷如鲨鱼，要来便来，要走便走，要打便打；不打，我亦不能追击。

然我主力舰则沉重如大海龟，任你捶打，也不会下沉，鲨鱼亦奈何不得。

双方厮杀，难解难分。至下午5时半，我12英寸巨弹只剩下三枚，而伊东深恐天黑，我鱼雷艇逞凶，乃收队而逃。刘步蟾鼓浪追之数海里，速度不及，愈追愈远，乃收队而归。——结束了这场黄海血战。

读者贤达，您读毕上列诸节的真实故事，该知刘步蟾、丁汝昌并非饭桶。大清不亡，我军不败，实无天理，然非战之罪也。我辈臧否先烈先贤，可不慎哉？愿与贤明读者共勉之。

【1994年9月30日脱稿于北美洲】

四、一百年后回看戊戌变法

在一百多年的中国近代史中，我们苦难的中国人民，承担了无数次大小"革命"，也有变法。粗浅地说来，"革命"易而"变法"难也。盖革命者，革他人之命也。革他人之命则敌我分明、对象显著，而手段单纯。变法者，变自己之法也。变自己之法则对象不明、敌我难分，而手段千变万化也。毛泽东不言乎："矛盾"有敌我矛盾与人民内部矛盾之别也。敌我矛盾可以一枪了事，人民内部矛盾则抽刀断水，沾涟不尽矣。"变法"者亦"人民内部的矛盾"之一种也。

君不见戊戌之变时有新旧之争、帝后之争、母子之争，甚至婆媳之争。帝党中有后党，后党中亦有帝党。开衙门、关衙门，纠缠不尽！

苏东坡不也说过"不识庐山真面目，只缘身在此山中"？其实苏子这话，并未说透。谈时政、评当朝，当局者固迷，旁观者亦未必清也。不信，到报摊上去翻翻，有几位大家名笔不在自说自话，甚至瞎说胡扯？

但是天下真有天不知、地不知的变法？非也。时间因素不够嘛！等它一百年，再回头看看，自会透明如水晶球。

今且谈谈一百年前的戊戌变法。

"社会转型"需时数百年

有人或嫌我们"转型"（也可说是"现代化"吧）太慢了一点。君不见日本转型，只需三五十年便可完工吗？其实日本转型是个例外（容后节细论之），其他民族社会转型，均需三两百年始见肤功也。

我国古代的商鞅变法自公元前356年变起，至前221年始皇统一凡130余年，始搞出"秦政法"（毛泽东语）来。但是秦皇"任刑太过"（顾炎武语），再继续向前"转"进。又实验了100余年，至汉武帝以后才慢慢地搞出个"霸王道杂之"（汉宣帝刘询的话）的中央集权文官制和重农轻商的大帝国的"定型"来。这一汉家制度的"定型"，一"定"便是2000余年，基本上没有原则性的改变。在始皇前、武帝后这两个定型之间，"转型期"延长至300余年！

近代欧洲社会的转型，实始于14世纪初年（1300）的文艺复兴。一转也是300余年，直至17世纪（1600）之末，才逐渐"定型"；变成以自由个体为社会基础，以大规模机器生产为财富来源的"资本主义"（capitalistic）的"民族国家"（nation state）和以"中产阶级"为主体的"代议政府"（representative government或parliamentary government）来。这一现代西方的"定型"已维持了400余年。可是在1991年年底苏联解体，原苏联各邦同意再组邦联。西欧各国与此同时也正在大搞其"币同型"（common currency），一个新的西方政治社会的"转型期"又已显其端倪矣。——现代中国的社会转型尚前途漫漫，而当代西方社会又已开始转型，这大概是现代科技快速发展的必然后果吧！

在近代世界社会转型史中，日本转得最快。1868年明治维新后，不出一代，日本便已跻身世界先进强权之列。这可能是由于维新前，日本的封建制度与中古欧洲封建制的基本形态甚为接近，因此日本一旦实行"欧化"（欧洲式的现代化），则社会发展程序若合符契，所以就一鸣惊人了；另一点则是岛居小邦的关系。西方的现代化，尤其是"经济起飞"，都是从"小邦"（small state）开始实行的［而现在又逐渐走向大型的经济邦联（economic commonwealth）]；美国独立之初不也是13个小邦的邦联吗？现在亚洲的"四条小龙"还不是四个"小邦"？

我们中国是个有特殊历史和"亚洲式社会"（Asiatic society）背景的大国，一旦搞起"西式"的"现代化"（简称"西化"）来，凿枘不投，就没有日本搞"西化"，一拍即合那么轻松了。我们搞"西化"，尤其是搞脱胎换骨的"全盘西化"，那就要迂回曲折地一个阶段、一个阶段地慢慢向前爬行了。——康梁变法便是这次爬行中的一小段，搞"全盘西化"的胡适则是另一小段的领袖。

固有文化的"现代"处理

"全盘西化"这个口号多吓人！胡适原来就是主张全盘西化的。可是在十目所视、十手所指的咒骂之下，这位调和性极重的启蒙大师乃改口说什么"充分西化"和"充分世界化"。其实"充分世界化"这口号大有语病，甚至欠通。"全盘西化"这口号听来虽吓人，但是我们今天如把中小学教科书翻开来看看，其中除掉我们继续用筷子吃饭一些小事物之外，还剩下多少"固有文化"呢？近百年来在教育上，在日常生活上，朋友，我们几乎在不知不觉之间，是真的"全盘西化"了。

可是我们的固有文化就真的一无可取哉？——怎能如此说呢？"中国的固有文化"至少可以和"西方固有文化"分庭抗礼，甚或占"世界固有文化"之一半。怎能说一无可取？只是"文化"加"固有"二字，便属于前一形态或中古形态的文化了。它要经过一个痛苦的西式"现代化"（二次大战前只叫"西化"）的洗刷，才能属于转型期以后的次一形态或现代形态。

我国固有文明里的道德标准、价值观念、孔孟之道、四维八德……无一不需"现代化"（包括"科学化""民主化"）的处理始能适应于次一形态的社会，无一不经现代化处理而能公之于全人类（世界化）的。因此所谓"西方文明"，非本质优于我"东方文明"也。近300年来西风之所以能压倒东风者——包括西方小说之能够压倒东方小说者——"固有"

与"现代"之别也。近百年来吾人所见之所谓"西方文明"者，"现代文明"也。他们通过这个"现代化程序"，早于我们300年；而吾人口口声声所说之"东方文明"者，仍停滞在"现代化"前期之"固有文明"也。"固有文明"比诸"现代文明"就相形见绌了。等到东西两个"固有文明"都完成了各自现代化的程序，到那时两个"现代文明"截长补短，才能言其高下。

但是我们如果要把全部"中国固有文明"都加以现代化处理，那就非一朝一夕之功了。它是在不知不觉之间分段前进的。康有为和梁启超等人所领导的"戊戌变法"，便是这"分段前进"的"现代化运动"中的一小段——集中于"政治现代化"的一小段。

从"科技现代化"到"政治现代化"

但是康、梁所领导的这"一小段"又是整个的"现代化运动"中的哪一段？

曰：从2000年的中国通史来看，它是第二个"转型期"中的"第二阶段"，也就是"政治改革阶段"。"政治改革"在清末原有"急进""缓进"二派。急进派以孙文为首。他们搞的是"驱除鞑虏、建立民国"，暴力革命，以美为师。缓进派则以康有为为首。他们主张"变法维新、君主立宪"，和平演变，排除暴力，以英国制为鹄的。——这两派之同时兴起、殊途同归，都是受了中日甲午战争（1894—1895）的挫败，清廷丧权辱国的影响。在此之前，这两派原都寄望于"同治中兴"（1862—1874）期间及至甲午战前，中兴名臣所推动的以科技为主，以船、炮、路、矿为内涵的新政，也就是所谓"洋务运动"。

这种早期的"新政"，事实上便是我国"现代化运动"中的"第一阶段"，也就是"科技现代化"的阶段。再用个最新的名词，那就叫作"四个现代化"吧。

其实搞这四个现代化的老祖宗还不是李鸿章等"中兴名臣"呢！它的两位老祖宗是林则徐（1785—1850）和徐继畬（1795—1873）两位总督

大人，尤其是前者。他的幕僚魏源（1794—1857）在鸦片战争时期就开始呼吁改制，要"师夷之长技以制夷"（见1842年·道光二十二年版《海国图志》序）。魏之所谓"夷之长技"者，用目前的语言来说，那就是"西方先进国家的科学技术"，也就是"科技现代化"，即"四个现代化"。——140多年之后，我们搞"洋务"的历史又"重演"一次罢了。

科技现代化经林、徐二公首倡之后，至同治中兴，竟成显学。一时新政云涌，人才辈出，中兴名臣如曾国藩、李鸿章、沈葆桢、陈宝箴、张之洞、刘坤一、盛宣怀等，把四个现代化实在搞得有声有色。虽然我们历史家一直在咒骂昏聩淫佚的慈禧太后，把建海军、修铁路（天津到沈阳）之款数千万两，拿去修治颐和园。纵使如此，我们的海军那时在规模上，还是超过日本的，路矿的资源就更不必谈了。自鸦片战败（1842）之后，我们苦苦地搞"四化"，搞了52年之久，纵自"同治中兴"算起也有32年，谁知至中日甲午战争（1894—1895）之役，那些坛坛罐罐，被东洋鬼几炮就打掉了。

我们甲午战败（1895），非由于器械之不精也，资源之不广也，或人才之不足也。我们之败，是败在颟顸落伍、贪污无能的政治制度——我们的"祖制"，也就是属于前一形态的老制度。搞"坚船利炮"搞了数十年，至此朝野上下始如大梦初醒。原来没有个赶上时代的政治制度，则纵有超等的坚船利炮，旧瓶装新酒，也无济于事。

远在80多年前，这也是清末朝野上下一致的呼声，他们那时所坚持的"变法改制"这个大方向，正和大陆今天的改革开放一样，是历史发展进入一个"新阶段"的时代精神。除了最无知、守旧和自私的少数冬烘之外，基本上是无人反对的（包括慈禧老太后在内）。因此清末在甲午、戊戌（1894—1898）之间，主张变法改制的时论和奏章，真如狂风暴雨，雪片飞来。在当时这类文献里，我们读得最沉痛的，莫过于日本的战胜者，对我国战败者的"劝降书"了。

一封沉痛的日本"劝降书"

在中日甲午之战的后期，我国当时最现代化的北洋舰队，被日方打得几乎全军覆没之时，剩下的几艘残舰，于1895年2月由海军提督（海军总司令）丁汝昌率领退守威海卫，被日舰重重包围，走投无路。当丁提督与他的高级僚属海军总兵张文宣正预备自杀殉国之时，他收到一封敌军主将的劝降书。这封劝降书值得一读。以明国耻，以志其恸，今且节录若干段原文于后：

> 大日本海军总司令官中将伊东祐亨，致书与大清国北洋水师提督丁军门汝昌麾下：时局之变，仆与阁下从事于疆场，抑何不幸之甚耶？然今日之事，国事也，非私仇也；则仆与阁下友谊之温，今犹如昨，仆之此书岂徒为劝降清国提督而作者哉？大凡天下事，当局者迷，傍观者审。……清国海陆二军，连战连北之因，苟使虚心平气以察之，不难立睹其致败之由。以阁下之英明，固已知之审矣。至清国而有今日之败者，固非君相一己之罪，盖其墨守常经不谙通变之所由致也。夫取士必以考试，考试必由文艺，于是乎执政之大臣，当道之达宪，必由文艺以相升擢。文艺乃为显荣之阶梯耳，岂足济夫实效？当今之时，犹如古昔，虽亦非不美，然使清国果能独立孤往，无能行于今日乎？［上句或有抄脱之字，否则可能是译者文字欠通顺所致，因此函原稿为英文。］前三十载，我日本之国事，遭若何之辛酸，厥能免于垂危者，度阁下之所深悉也。当此之时，我国实以急去旧治，因时制宜，更张新政，以为国可存立之一大要图。今贵国亦不可以不去旧谋新为当务之急，亟从更张。苟其遵之，则国可相安；不然，岂能免于败亡之数乎？与我日本相战，其必至于败［亡］之局，殆不待龟卜而已定之久矣……（原函汉译全文见王芸生编《六十年来中国与日本》，民国二十年，大公报出版，第2册，第197—198页。）

　　伊东此函作于1895年阳历1月23日。十天之后（2月12日），丁汝昌就自杀了。

　　伊东这封"劝降书"虽算不得是我国清末变法改制的重要文献，然此书出自把我海陆两军都打得全军覆没的敌军主将之手，它对麻痹已久的中国朝野，简直是一记"震击治疗"（shock therapy），使战败国人民觉悟到"政治改革"实远比"科技改革"更为重要。因为在此之前，倡导变法改制的虽亦大有人在——康有为第一次上书吁请改制，便在甲午战争的六年之前。康之前还有冯桂芬、容闳等人——但是言者谆谆而听者藐藐。同情者固不乏人，认真的就寥若晨星。可是这一次为日本小弟所战败，情况就不同了。再加上伊东这封连劝带讽的劝降书，一朝传出，对古老的大清帝国，真是一极大的震撼。自此以后"变法改制"的呼号乃如狂风暴雨，不可抗拒。康、梁师徒，风云际会，也就一马当先了。康、梁师徒何以会有这样的机运？下篇且把老康解剖一番，自见分晓。

五、解剖康有为

前篇已言之。清末首倡除旧布新,做"缓进派非暴力的政治改革",康有为并非第一人。在他之前有深入的观察、成熟的理论和悲痛的心情,而主张变法改制者有如冯桂芬(1809—1874)和容闳(1828—1912)等人。甚至在位的李鸿章(1823—1901)也早已有此认识。但是在传统士大夫阵营之内,首先以中西理论相结合,并化理论为行动,不眠不休地以推动变法为职志,结果祸延家国、名扬天下,终以变法专家载记史册的,那就只有一个康有为了。——他是近代中国"现代化运动"这场长程"接力赛"中,第一个"接棒"跑其"第二段"的短跑健将。他跑完第二段,才由另一个广东佬孙中山,来接棒跑其"第三段"——那个"急进派政治改革"(用暴力推翻专制政权)的阶段。孙中山"建立民国"以后,问题仍是一箩筐,无法解决,才由胡适来接棒,跑其"第四段"——那个"打倒孔家店"、"全盘西化"的文化革命阶段。此是后话。续篇中自另有交代。

可是话说回头。在清末搞"缓进派"政治现代化——其实是"政治西化"(更正确一点地说,则是仿效"英国模式"的"君主立宪"),为什么轮到康、梁师徒来执其牛耳呢?道理很简单,康、梁都是广东人嘛!在清末搞英美式的变法改制，广东佬是得风气之先的。那时候我们内地人把英美诸"夷"还看成只会制造杀人武器的野蛮民族呢！而当时的广东佬耳闻目睹之余，才开始承认野蛮民族的文化和政治社会制度，也远远超越我们呢！康、梁师徒便是当时在南方知识分子集团中，脱颖而出的佼佼者。

广东、广西两省在我国数千年的政治史和文化史上，原是落后地区。盖汉族文化发展，原是自北而南的。广东地居南陲，所以在文化上就落伍了。梁启超说："吾粤之在中国为边徼地。五岭障之。文化常后于中原。故黄河流域、扬子江流域之地，开化既久，人物屡起，而吾粤无闻焉。数千年无论学术事功，皆未曾有一人出……"（见梁著《康有为传》）。

可是三千年风水轮流转。时至现代，汉家文化萎缩，西学东渐，则搞信奉洋教、变法维新、革命排满的先进分子如洪秀全、容闳、孙文、康有为、梁启超……那就是清一色的老广了。让我们先把这位"康圣人"解剖一下。

解剖康有为

康有为（1858—1927）广东南海人，长孙中山八岁。他出生之日正值英法联军入侵（1856—1860）之年。他生后六年，他的小同乡洪秀全所建立的太平天国就亡国了。在他的青少年期，我们那个百足之虫的清朝大帝国，在咸丰皇帝北狩承德"龙驭宾天"，幼主登基、"两宫垂帘"，太平军与捻军相继覆灭之后，居然又搞出个"同治中兴"（从1862年开始）的小康局面来。在一系列"科甲出身"的"中兴名臣"的通力合作之下，表面看来，这个腐烂的王朝，倒颇有点"中兴气象"——至少政局还算安定。这一局面一直维持到甲午前夕。

［附注］1883年的中法之战，对国内政局和人民的信心，影响不大。刘铭传在台湾、冯子材在安南，毕竟还打了两个小胜仗，足使当时朝野还保存点幻想。

笔者走笔至此，又要搁笔叹息两声：在同治中兴时期的那一批"科甲出身"的"中兴名臣"，被后来国、共两党的理论家、宣传家，真骂得狗屁不值。可是我们一百年后，再回头看看——那批狗屁不值的翰林、进士、举人（早一点的林则徐、徐继畬、阮元等不提了）如曾、左、李、胡、张（之洞）、翁（同龢）、陈（宝箴）、沈（葆桢）、刘（坤一）等，在后来能找到几位？朋友，你能小视我们的"固有文化"和"科举制度"？不幸的是他们都生在"转型期"中，而属于前一期的形态，不能应付后一形态的发展罢了。——民国以后的洋奴大班、党棍政客，是不能同他们比的啊！——这也是康有为青少年期的文化环境。因此这位"大材槃槃、胜臣百倍"（翁同龢评语）的小康祖诒（有为学名），在乳臭未干之时，就有澄清天下之大志，而自封为"康圣人"了。

享有特权的小神童

他们南海康家，据有为自述，原是岭南的书香之家，世代官宦。他的高祖康辉是嘉庆举人，曾任广西布政使（俗称"藩台"，从二品官，兼管一省民财两政）；曾祖康健昌曾任福建按察使（俗称"臬台"，三品官，为一省最高司法长官）；祖父康赞修是道光朝举人，曾任连州训导（州内管秀才的学官），升用广州府教授（府学内的候补教育长官）。他父亲康达初学历虽低，也在江西做过知县，不幸早死。因此有为早年教育的责任便全由祖父承担了。以上是康有为的直系亲属。其他近支有官至巡抚、知府的。所以有为说他康家，为士人已十三世。"吾家实以教授世其家"，至有为终成进士。（以上均据《康南海自编年谱》）

因此青少年期的康有为，在教育上是享有特权的。那时的农村里既无学校，更没有图书馆。少数儿童能有私塾可读已是凤毛麟角。纵有幸能进入私塾，而所读的也只是些《三字经》、《百家姓》等启蒙之书。能读毕四书五经，那也就到此为止，其后的前途，就要看"一命二运三风水"的科举考试了。为着参加考试，一般士子所能继续用功的，也只是一些"帖括"之学。"帖括"者，用句现代话来说，就是"考试指南"、"托福捷径"一类的书。因此大半青年考生（包括青年期的梁启超），都是"帖括之外，不知有所谓经史也"（梁启超语）。——事实上一般士子，也无钱买经史之书。

可是康有为在他求学时代就不一样了。他不但家中有四壁图书，堂叔家还有座"二万卷书楼"，古今典籍应有尽有，再加上一个身为名"教授"的祖父，终日耳提面命，有为本人又聪明好学，有神童之誉，因此他在11岁读毕四书五经之后，就开始读《纲鉴》《大清会典》《东华录》及《明史》《三国志》等典籍，并不时翻阅《邸报》（近乎民国时代的政府公报），熟知朝政时事。腹有诗书、下笔成篇，有为自然就"异于群儿"。这也就养成他一生孤傲不群的坏脾气。不过若论考试必备的"帖括之学"，他却未必就高于"群儿"。因此在"四积阴功五读书"的科场之中，康祖诒在广州府连考了三次，到16岁时才搞了个"秀才"头衔。——注意：比康较早的洪秀全就在同一个科场中考秀才，三战三北，才发疯去见上帝的。

二十年老童生的辛酸

既然当了秀才，下一步就得参加"乡试"考"举人"了。当年广东人考乡试可在两处参加。一在本籍（广州），而成绩较优秀的秀才（监生和贡生），则可去北京参加"顺天府乡试"，所谓"北闱"中的"南皿"。"皿"字是"监"字的缩写。南皿便是来自南方诸省的有资格进"国子监"（国立大学）的监生。乡试考取了，大家也都是同样的"举人"。可是考于北京的举人可能就要比在广州考取的举人更光鲜些。

有为于19岁时（1876年），在广州第一次参加乡试，显然是帖括之学未搞好，结果乡试不售。三年之后（1879年）在叔父"督责"之下，重赴科场，又不售。再过三年（1882），有为换个地方，去北京参加"顺天府乡试"，还是名落孙山。

三战三北，这时康有为已是个"老童生"。他易地参加北闱，可能就是为了避免在广州科场出现尴尬场面。明清两朝的社会中，是把"老童生赶科场"，当成笑话来讲的。康有为自命不凡，是位极端倨傲的老少年。他显然是受不了这种冷眼和暗笑，才避开乡人进京赶考的，殊不知"北闱南皿"比广州乡试更要难上加难。盖在广州和他竞争的只是两广一带的当地学生。参加北闱南皿，他就要与整个华南精英为敌，而南皿当年往往为江浙才士所包揽（参阅《清史稿·选举志三》）。康祖诒舍易就难，就是知其不可为而为之了。

在唐、宋、元、明、清时的"传统中国"里，知识青年的"晋身之阶"（the ladder of success）只有科举这一条路。吾之畏友何炳棣教授曾著有专书论之。考场往往是"赚得英雄尽白头"的牢房。我乡某前辈，三年一次，他老人家雄心壮心，老而弥坚，在"江南乡试"中，前后一共参加了24次。最后一场失败之后，曾赋诗自况曰："可怜明远楼头月，已照寒生念四回。""明远楼"为南京考场所在地，而江南乡试总是在中秋前后举行之故云。这时他童生老人家至少是年近九旬，所以和他相比，康老童生还有21次考中的机会呢！

果然1885年（光绪十一年乙酉），康祖诒28岁，又老起脸皮走入广州考棚，去和当地的青少年一争短长。榜发，又来个"乡试不售"。三年又过去了，我们发现祖诒又在北京南皿试场出现，翌年在北京同一考棚（可能是光绪大婚的"恩科"吧），老童生又连续两度落第。——计自1876年（光绪二年）至此（1889·光绪十五年），13年中，康童生六考六败。这对一个自负极高的知识分子的心理的打击，是不难想象的，亏他还有耐性和雄心。所幸苍天不负苦心人。康有为本已绝意科场，欲终老山林。可是他敌不过可怜的寡母（三十左右开始守寡）和诸叔的强大压力，在他36岁时（1893年），还要提着个"考篮"，再与一些十余岁嘻嘻哈哈的小把戏，排队走入广州考棚，拼其最后一次的老命。果然有志者，事竟成。康有为这一次"中举"了。——前后做了20年的"老童生"。其后时来运转，连科及第。两年之后，他在北京会试高中，居然当了"进士"——真如郑板桥所说的："如今脱得青衫去，一洗当年满面羞。"——板桥是康熙秀才、雍正举人、乾隆进士！

学问是失意苦读的收获

康有为考秀才曾三战三北，考举人又考得六试不售。到后来由举人考进士，反而一索即得，岂科举考试真要靠"一命二运……"哉？其实考生胜败之间，亦可另有解释。盖县试、府试（考秀才）和乡试（考举人）的要点是文采重于学识。有文学天才的青少年再加点"帖括"（八股文）的训练，就可以应付了。像"笔端常带感情"的梁启超就可以12岁"进学"成秀才，17岁中举了，而中举之后还是帖括之外不知有学问。他的老师康有为则正相反。康氏有学问而无文采。落笔无才气就要见扼于有地方性的科场了。至于中进士、点翰林，光靠才气就不够了。赴考者总得有点真才实学和真知灼见。所以科举时代，不通的举人（像《儒林外史》上的范进）随处皆有，狗屁的进士、翰林则不多见也——毕竟是国家的最高学位嘛！所以康有为六困于"乡试"，一朝"会试"，他就以"会元"（会试第一名）自许了。

记得李宗仁代总统以前曾告诉我说：民国时代的职业军官都是"桐油桶"。除掉装桐油之外，就是废物。其实科举时代的士子，也是桐油桶。除读书、考试、做官之外，也百无一用。做官要科举出身，考试及格。考试不及格，预备再考，帖括之外也没什么好预备的。但是也有少数士子，除掉预备考试之外，是为读书而读书的，读久了也就可以变成一些专家学者。专家学者不停赴考再取得了功名，就成为有学问的大官僚，像阮元、曾国藩、张之洞那样；专家学者始终考不到功名的，也可做做优游泉林或笑傲王侯的"布衣"，有时心血来潮，也可搞搞无利而有名的"上皇帝书"。那时的中国既然没有太多的官办学堂，他们也可以办学设校和开门授徒。——学问小的就做最起码的"三家村塾师"（郑板桥就做了半辈子塾师）；学问大的就办私立大学、开书院，像东汉的"马融绛帐"、宋朝朱熹的"白鹿洞"，和清代的各种书院了。

康有为正是这样。他在1876年（光绪二年）19岁，第一次"乡试不售"之后，受了很大的刺激。做了一阵子塾师之后，乃投奔当时有名的进士、理学大儒朱次琦继续学习。朱是一位大学者，康有为跟他学了不少东西，尤其是宋明理学。可是一学五六年还是考不了功名，而自己的"学问"却一天天地大起来——从儒学到佛学，从佛学到西学，熬了十年寒窗，竟然变成当时中外兼通的大字纸篓。因此在朱老师于1882年病死之后，有为又一再乡试不售。在继续当了一阵子蒙童塾师之后，他也就自我升级，试办小书院，授徒讲学了。

康有为那时因数度晋京，道游港、沪、天津等洋码头，并专程游长城、西湖，访金山寺、黄鹤楼、白鹿洞等名胜古迹。读万卷书、行万里路，交游日广。在名儒硕彦、达官贵人之间，论学衡文，评论国事，他这位康布衣且每在同侪之上。日子久了，竟然也颇负声誉。偶尔以老监生资格教读广州学宫，远近学子，亦闻风向慕。在这些慕道者之间，居然有一位颇有才名的新科举人，后来成为康圣人第一号大门徒的梁启超（1873—1929）。这一"秀才老师、举人学生"的搭配，就更使康童生声价十倍了。

梁启超投师始末

前段已言之，广东新会县出生的梁启超是12岁"进学"，17岁"中举"（都是虚龄）的神童。他在考中举人时，竟被颇享时誉的主考官李端棻看中了，乃把他的堂妹许配给启超为妻。这不用说是当时传遍华南的师徒佳话。但是梁启超是聪明的，他知道他这位新科举人，一朝成名天下知的梁才子，肚子里除掉一些"帖括"之外，究竟有多少"学问"。因此他在久仰康氏盛名之后，尤其是康氏搞第一封"上皇帝书"（1888年）回来之后，便亲自投拜门下，做了有为的第一号大门徒了。

梁之谒康是在他"己丑中举"（康于同科落第）后一年，公元1890年（光绪十六年庚寅）。时康有为33岁，启超18岁（虚龄）。据梁启超回忆说，他自己那时是"少年科第，且于时流所推重之训诂词章学，颇有所知，辄沾沾自喜……"（见梁氏《三十自述》）可是词章训诂康氏则斥之为"数百年无用旧学"。他师徒初见时自辰（上午八时）至戌（下午七时）一日之谈，启超觉得简直是"冷水浇背，当头一棒，一旦尽失其故垒，惘惘然不知所从事"，直至"竟夕不能寐"。从此梁举人就尽弃所学，去向康秀才从头学起了。

行文至此，笔者亦不禁想起一件往事：在50年代中期某夕，余随侍先师胡适之先生谈训诂学终宵，亦曾弄到竟夕不能寐的程度。乃起而作小诗数首，有句曰："著书为探生民术，忍共胡郎辨尔吾。"适之师作《吾我篇》与《尔汝篇》时，才19岁。余发此感叹时已三十中年。历经寇患内争，家破人亡，自觉"数百年无用旧学"，不忍再为之肝脑涂地矣。初不知三十中年的康圣人，亦尝发此感慨也。悲夫！

康秀才自得此高徒，不觉信心大增。翌年（1891·光绪十七年辛卯），康氏在诸高足簇拥之下，乃移居广州"长兴里"，正式挂牌讲学，这就是后来哄传海内的"万木草堂"了。

读史者皆知道万木草堂是后来康、梁变法理论的温床，也是戊戌变法的干部养成所。但是康有为大师究竟在这所"堂"里，讲了些什么学问和理论呢？这儿倒稍有厘清的必要。

圣人知道多少"西学"？

康有为当时在万木草堂中，向梁启超等学生所讲的学问，总的说来，大致有两大类："西学"和"中学"。康山长（清朝书院院长例称"山长"，康似未用此头衔）在那里又讲了些什么"西学"呢？原来他数度自广州乘洋轮北上，去北京参加顺天府乡试时，途经香港、上海、天津等地"租界"，见"西人宫室之瑰丽，道路之整洁，巡捕之严密，乃始知西人治国有法度，不得以古旧之夷狄视之。"康氏在内心钦佩之余，乃大购汉译西学之书，潜心阅读。久之也就变成当时寡有的"西学"行家了（见《康南海自编年谱》光绪五年己卯22岁诸节）。康有为这种经验与体会，实在和孙中山早年乘海轮的观感完全相同。他二人因此也都成为清末提倡西学的先驱。这种不寻常的文化经验，我们内地的士大夫就望尘莫及了。

但是康有为不谙外语，而当时汉译（或自日文重译）西书，极其有限，且所译亦均为最初级的作品。这些作品中所介绍的史学、文学和政治社会等科的内容，大致可比上五四运动以后的"高级中学教科书"的程度；至于所谈的声光电气等自然科学，其程度则远在"初中"之下了。不过康有为毕竟是位有"超进士"程度的儒家大学者，又是长于理学佛学的文章家，特别是善于演绎义理的成熟的"今文家"。他闻一知十、举一反三——最长于望文生义，自己并不知其不知，就东扯西拉，大写其《康子》上下篇了。

其实这不是"康子"一个人的毛病。它是文化转型期思想家的通病。继康、梁之后，直至20世纪的八九十年代，为时人尊为国学大师，而好以圣贤自诩的学人，也每每自觉微吾曹则民族就要遭殃、国家就要灭亡者，都是害有患不己知的毛病。自信心太大，无不如此也。余夜读康子选集，至其《大同书》未尝不掩卷长叹。如此书生，真欲做"帝王师"耶？然自思论聪明才智，吾何敢上比任公？而任公竟为乃师是书而焚香顶礼，亦不可解矣。其唯一可"解"之道，那就是时代的关系了。——这也就是笔者常说的笑话：若论对"天文学"的了解，则诸葛亮也比不上台北街头的一个小学生了。

吾友人每叹今日之中国，是没有产生一个"真正的大思想家"的结果。愚不谓然也。盖真能扭转乾坤，领导我民族（恕我借用一套"今文家"的滥调）通过这个"据乱世"、致"升平"、入"太平"，长逾一个半世纪的"现代转型期"，不能依赖一二至圣天贤，稳坐沙发之上，手不释卷，而胡思乱想出来之所谓"主义"也、"思想"也。它要靠数不尽的"智者"（wise men）和常人（ordinary people），乃至军阀官僚、流氓地痞、洋奴大班的综合"经验""思想""实践""试验"等过程，并配合主观和客观的"机运"（chances & opportunities），分期分段，积累而制造之也。哪儿能专靠一两位"思想家"呢？

写到这儿，我们也就要替"实验主义"那个框框之内的历史哲学家，尤其是杜威、胡适师徒的理论，说点公道话了。他们"实验主义者"认为在社会科学的领域之内（其实自然科学亦何尝不然），是没有什么"终极真理"（ultimate truth）的——"真理"是在不断制造和不断扬弃的程序之中的。

"实验主义先生"和"孙中山国父"一样，学名谱名是搞不清的。稍一翻它的族谱，就可查出它的原名就有四个之多。曰"实验主义"（experimentalism）也，曰"实用主义"（pragmatism）也，曰"机会主义"（opportunism）也，曰"机具主义"①（instrumentalism）也。

杜威的"实验主义"事实上是个"实验报告"（lab report）。他把美国这个大实验室中，两百年来实验的结果，加以总结而"概念化"（conceptualized）之。

胡适就不然了。胡氏没有进过实验室。他所着重的只是杜威的抽象概念。多谈"概念"还不是多谈"主义"，而他的"主义"，却没有触及当时中国的实际"问题"。所以他那套"实验主义"，很快就让位了。

笔者在本节内写了偌大一篇似乎与主题无关的议论，目的无非是想指明，把我国政治社会和文化形态从中古的东方式，转型入现代的西方式，是多么复杂的运动。历史包袱太重，康有为以他所具有的那一点点中学程度的西学常识来搞变法维新，真是蚍蜉撼大树，其失败在起步之前就已决定了。百年回看戊戌变法真如在玻璃球中也。可是康圣人在儒学上的火候就不那么简单了。下面辟专篇再细论之。

---

①今译作工具主义——编者注。

六、"新学伪经"和"托古改制"

康有为在万木草堂内所授的"西学"，包括他在近代中国教育史上开天辟地的体育课，都是些很原始的启蒙性的东西，不值得多费笔墨，故在上篇首先提出后，便一笔带过。

万木草堂中学科的重点，是它的儒教"今文学"和康氏用今文学观点所发展出来的两本教科书《孔子改制考》《新学伪经考》。所以今文学实在是康氏变法的"意蒂牢结"的根基所在。

康有为是在近代中国，受西学挑战而奋起搞政治改制的第一位改革家。他对传统中国的学术思想和政治社会制度的了解，是蔚成宗师的，虽然他搞的到底只是中国思想的偏锋。可是他竟然能以此高度发展的中学偏锋，与最幼稚的西学认知相结合，搞出一套他自己的康有为思想，并画出他自己的"以君权行民权"的建国大纲的政治蓝图，再来个挟天子以令诸侯的方式加以推行。结果弄得人头滚滚，一败涂地。但是康之起伏也标志出中国现代化运动中一个承先启后的重要阶段。我们如不把康有为弄清楚，我们也就很难了解继康而起的孙中山、陈独秀、胡适、毛泽东、邓小平了。康子这两部大著，所讲的又是些什么内容呢？为康氏以后诸大家做导论，也为一般读者做参考，且让不学略事钩沉。

"先师"和"素王"

我国汉代的今古文之争，今文家猖獗了四百年，到头来反被古文家占了上风。一言以蔽之，这就是"学术"和"政治"的关系了。搞政治的光彩是一时的；搞学术的成就则是永恒的。东汉王朝的毛病就是把学术和政治分了家。搞"意蒂牢结"的都只是一些不学有术之士。

古文经学既被赶出了政治圈，和利禄绝了缘，三百余年的演变，终于使它变成一项"纯学术"的研究，皓首穷经的老学究们，一个接一个"穷"下去，乃开创了我国古典学术里的注疏笺证、训诂考据的主流学问来。是则是之，非则非之；"有一分证据说一分话，有九分证据不能说十分话"。这种"科学实验室的态度"，竟能把目空一切的国学大师章太炎和"中西之学俱粹"的胡适之，后来都网罗到"古文家"的队伍里去。而清初的"朴学家"，乾嘉的"汉学家"，自然更是古文家的嫡传了。他们自己实事求是，一丝不苟。酸则有之，马虎则绝不许也。他们自己如此，从而认定他们的开山老师，那位删诗书、定礼乐的圣人孔丘，也是如此，因此在他们"古文家"的学派里，孔子就被尊奉为纯学者的"先师"了。今文家就不是这样了。

今文家搞治国、平天下（那时的"天下"就是中国本部）有三大阶段，曰："据乱世""升平世""太平世"是也。所以在他们看来，做学问、写历史，都不应该是"为学问而学问"。它们应该是"有所为而为之"。因此什么"训诂辞章、考据注疏"，什么"大胆假设、小心求证"，都是些"数百年无用之学"（康有为语）。所以治经书、读历史、搞文艺重在明了"义理"。义理既明，写历史就应该"以论带史"，甚或"以论代史"。至于历史事实，纵写它个"七真三假"，又何伤哉？孟子不也说过"大人者，言不必信，行不必果，惟义所在"吗？

今文家们本身既有此意志，他们心目中的祖师爷孔子，也就是这样的救世济民、学以致用的政治家，而不是搞"纯学术"的"先师"了。在今文家的认知中，孔子不只是"删"诗书、"定"五经的大编辑。他老人家是六经的作者。"六经"（《易》《书》《诗》《礼》《乐》《春秋》）是孔子本人的"选集"和"建国方略""建国大纲"。孔子是要根据这套蓝图去变法改制，去重振那"王纲解纽"了的东周衰世。但是他的孙子不是说他的爷爷"祖述尧舜、宪章文武"（见《中庸》）？他自己不也说："殷因于夏礼……周因于殷礼"（《论语·为政》），所有文物制度都是前后"因袭"的吗？"和平演变"的嘛！什么鸟变法改制呢？今文大师说：孔子布衣也。布衣欲改王制，谈何容易。所以他怕他同时的人不相信他那一套新制度，所以他才伪"托""古"圣先生，来"改"变"制"度啊！夫子是"圣之时者也"。我们怎能以"伪托"小节，来拘泥局限伟大的政治家呢？

所以今文家认为孔子不是搞"无用之学"的迂夫子和"先师"什么的。他是一位活生生的救国救民，终日栖栖遑遑搞行动的政治家。可惜他不在位，但是正是如后人所说的，他是一位"素王"！"无冕之王"（新闻记者）！

"我们安徽"的"乾嘉之学"

可是这种只着重哲学的"义理"，而藐视史学"真伪"的"今文学"，两汉以后就失势了，因为它失去了政治上的靠山。隋唐之际，以诗文为时尚，经学浸衰。今文学就尤其显得灰溜溜的了。可是今文学本身的学术性，还是有其客观的价值。宋明之际它那重义理、薄史实的精神内涵，又被宋儒承袭了。只是两宋的"道学"是受印度思想的影响所形成的。"由佛返儒"的"道学先生"们，特别推崇《大学》《中庸》（《礼记》中的两个短篇），着重在个体的"修身养性"和"明心见性"。对"今文家"的"尊素王、张三世"那一套，心既非之而口亦不是。他们对孔子的看法，还是比较接近"古文家""至圣先师"的主张呢！明代的王（阳明）学虽继陆（九渊）而非朱（熹），然在中国哲学大宗派上说，程朱、陆王基本上是属于"理学"这个大范畴的。

时代发展至清初，由于异族入主，文纲孳严，清初诸儒，再也不敢乱碰什么华夷之别、君臣之分的义理上的大道理。加以三代以下无斯盛，历朝"诸夏之君"却远不如目前的"夷狄今上"，所以他们对满族的统治也颇能相安。继续搞其《明夷待访录》（清初明遗老黄宗羲所著）一类的学问，冒砍头之险也大可不必。思想搞通了，清初诸儒乃摒弃"理学"，而一头栽入故纸堆，大搞其"汉学"（他们叫作"朴学"）。此风至乾隆（1736—1795）、嘉庆（1796—1820）之间而大盛，人才辈出，学风鼎盛。迨婺源江永（1681—1762）和休宁戴震（1724—1777）同领风骚之时，盛极一时的"乾嘉之学"，简直就变成"我们安徽"（胡适口头语）的"徽学"了。受了老乡戴震的绝大影响，那位"三分洋货、七分传统"的青年古文家胡适（1891—1962），在五四时代就要以戴震的"方法"，来"整理国故、再造文明"了。

胡老师也因此在20世纪30年代的思想界就显得"臭烘烘"和"臭名昭彰"了——这是他的大弟子，也是当今执社会主义经济学牛耳的千家驹教授对他的评语。最主要便是胡适钻入古文家的字纸篓，做了"新思想"（也是现代的今文家吧）"逃将"的缘故。

在20世纪40年代，亿万人民为之家破人亡。大部分读书人则不知何择何从。他们把固有道德、固有文化，已丢得干净，而在有关国族存亡的"新思想"里，也找不到答案。但是在此同时却发现他们所仰望的"启蒙大师"，搞新思想义理的一世祖，却在大钻其《水经注》。而他老人家对"民主法治和人权自由"等等的理解，与其说是"科学的认知"，倒不如说是"宗教的信仰"。——《水经注》何物哉？"数百年无用之学也"，也值得如此大搞特搞？这种心情也帮助我们理解到，梁启超何以在一夕之间，就变成了康有为的信徒。它也帮助我们理解到，为什么国故学中的"今文经学"，在僵死2000年之后，在清末忽然又复活起来。

现代今文学的宗师

在清末今文经学之复振，实始于刘逢禄（1776—1829）、龚自珍（1792—1841）和魏源（1794—1857）诸大家。龚、魏都曾亲历鸦片战争之痛。定盦（自珍号）强调"自古及今、法无不改"。魏源则认为"知"出于"行"，主张"师夷之长技以制夷"。他们的学理，都是康有为思想的背景。康原是治"理学"的。他由理学转治《公羊》，则是受一位四川佬廖平（1852—1932）的直接影响，而廖平又是曾国藩幕僚湘潭王闿运（1833—1916）的学生。廖氏无行，学凡六变。但是他的《知圣》、《辟刘》诸篇，则是康有为的两大理论著作之所本。梁启超说："今文学运动之中心，曰南海康有为，然有为盖斯学之集成者，非其创作者也。有为早年酷好《周礼》，尝贯穴之，著《政学通议》。后见廖平所著书，乃尽弃其旧说。"（见梁著《清代学术概论》）

本来嘛！任何学说思想，都不是天上掉下来的。它是相袭相承，由前后思想家慢慢地发展出来的。有为思想的来源虽出自廖平，但是他学问比廖大，悟解力也超过廖平，甚至龚、魏诸氏。其影响力亦远大于上述诸子。因此我们如要肯定一位清末民初也就是现代今文学的宗师，那就非南海莫属了。——这是康有为在现代中国学术界的地位。

"长"于"素"王，"超回""驾孟"

今文经学既然是指导康有为搞维新变法的意蒂牢结，因此我们在列举有为变法的实际行动之前，最好把为幼稚西学所渗透的康氏今文学的要义，再约略提纲挈领一下。梁启超说得好："戊戌维新，虽时日极短，现效极少，而实20世纪新中国史开宗明义第一章也。"（语见《康有为传》，载于《饮冰室文集》）真的，我们如不把"开宗明义"的"戊戌变法"的意蒂牢结先搞明白，以后接着而来的"辛亥革命""五四运动""联俄联共""法西斯运动"等，都不容易说清楚。因为它们都发生在同一条"三峡"里，只是各自有其不同的阶段罢了。——我们要把"三峡"看成一个整体的地理单位。各阶段的连锁反应，（让我套一句时髦名词）也就是一种分不开的"辩证发展"而已。

康氏今文经的第一要义盖为他自吹的为往圣继绝学。康氏认为东方文明的正统是儒教，儒教的正统是今文学，而今文学自东汉以后，2000年来都为"伪经"所篡夺。所幸天不亡中国，如今又出了个康圣人来恢复圣教真义，来以夷制夷。康氏对他这种继绝学的自信心，已发展到入魔的程度。在万木草堂时代，有为竟自号"康长素"。"长素"者，"长"于"素"王也。孔圣人哪儿能比得上"康圣人"呢?

康有为不但自封为今日的素王，他的五位及门弟子也各有逾越孔门"十哲"的名号。试列如后：

陈子秋号"超回"——超越颜回也。

梁启超号"轶赐"——"轶"意为超车。启超超过子贡也。

麦孟华号"驾孟"——骑在孟子头上也。

曹泰号"越伋"——孔伋（子思）何能与曹某相比也。

韩文举号"乘参"——把曾子当马骑也。

这个康门五哲之名（见冯自由《革命逸史》）如果真是康圣人自己取的，他的自大狂也可想见了。所以梁启超说康"先生最富于自信力之人也。其所执主义，无论何人不能动摇之。于学术亦然；于治事亦然。不肯迁就主义以徇事物，而每镕取事物以佐其主义。常有六经皆我注脚、群山皆其仆从之概"（见同上）。

知识分子的通病

乍闻之下，我们会觉得康有为害了自大狂。其实非也。这是我国传统知识分子的通病。传统儒生治学有了自信心，往往就有"以天下为己任"的自大心理——一种舍我其谁的个人英雄主义。我们中国知识分子几乎全是个人英雄的"单干户"和"个体户"。他们真要"在位"，中了头奖，当了"总统""大元帅""最高领导"等等，未有不是"独夫"的。得不了奖，赍志以殁的，也不甘心与草木同朽。他们还是要以"帝王师"自诩。大家都有"舍我其谁"的抱负，谁也不会想到"以天下为'公'任"。顾炎武说"天下兴亡，匹夫有责"，孙文说"天下为公"……事实上这些大师和他们的弟子，也确有其"治国平天下"之才，只是时代不同了。他们乃至那些"最高领导"如早生200年，都不失为明君贤相。因为在那个时期，当明君、做贤相，自有其固定的框框可循。这框框是数千年亿万劳碌子民和数不清的明君贤相的智慧与经验，慢慢累积起来的。明君贤相们，只要笃守框框，按理出牌，再读他"半部《论语》"，也就可以马马虎虎地治国平天下了。不幸他们却生在我辈这个受西方"文化侵略"（中山语）和"文化污染"的时代，要来搞个张文襄公的"五知"（见《劝学篇》），可就不那么简单了。"五知"者为：

一、知耻，耻不如日本……

二、知惧，惧为印度、惧为越南……

三、知变，不变其习、不能变法……

四、知要，……西艺非要、西政为要。

五、知本，在海外不忘国，见异俗不忘亲，多智巧不忘圣……

张之洞这项"中学为体、西学为用"的高论，用句目前的新名词来说，便叫作"文化融汇"（acculturation）——也就是不同文化之间的截长补短。可是铁镜公主说得好："驸马爷，您要我怎么'长'？怎么'短'呀？"要"知道"中西文化之间的"长短"，不但驸马爷不够格，康有为、张之洞也不具备"知道"的条件。连个"中西之学俱粹"的胡适，纵粗知其长短，亦不知如何去"融汇"，因为acculturation不单是"智慧"（wisdom）的问题，它还牵涉到"实验"（experimentation）、"时机"（timing）甚至"机运"（chances）等多种条件的汇合。这是整个社会长期的运作。佛语所谓"福慧双修"，不可一蹴而就的。所以少说大话，搞点"黑猫白猫"，从头来起，也未始非解决之道。

如此说来，则康有为所搞的不但不是acculturation，反而是一种cultural division（文化割裂）。他把那些原不成问题的学术问题，所谓"今古文"的教条（dogmatism），搬出来和人吵架，使它成为变法维新的绊脚石，就是本末倒置了。

历史不会重演，而覆车则可以为鉴。当康有为在1895年搞其"公车上书"和"强学会"之时，全国风从，连李鸿章、张之洞、袁世凯等都甘附骥尾，是何等声势?！其不旋踵而灭者，亦是空谈主义，以短取败。读者如不惮烦，下篇再结论之。

七、公车上书和保国保种

"圣人"要"国父"拜师

甲午战后在中国兴起的政治改革热潮，上篇已略有所述，原有急进、缓进两派的。康有为所发动的缓进派，比杨衢云、孙逸仙所搞的急进派还要早两年——孙中山于1893年在广州行医时，原来也是个缓进派。他为仰慕康氏，曾托友好转致结交之意。谁知康氏自高自大竟然说"孙某如欲订交，宜先具'门生帖'拜师乃可"，拒不见孙。中山原也是个"舍我其谁"的人，何能拜康有为做老师呢？二人因此就缘悭一面了（见冯自由《革命逸史》）。翌年孙上书李鸿章时，又碰到一位更自高自大的老官僚，抹了他一鼻子灰。中山一怒之下，才舍缓就急，遂转往夏威夷自组其兴中会，并结交了杨衢云来联合造反。谁知杨衢云又是个唯我独尊的人。（见谢缵泰回忆录）一槽容不了二驴，中山其后竟变成急进派的单干户。

康有为原来也是个求政治改革的单干户。当他在传统的科举制度里屡考屡挫，心情沮丧的情况下，他就想到科举制度，甚至所有传统官制和社会习俗之没有道理。再加上在香港、上海、天津一带租界里的所见所闻，益发增强了他要求改革开放的信心。1888年（光绪十四年）秋，那时年已31岁，在北京参加乡试，再度落第的老秀才康有为，感身世之落泊，思国事之蜩螗，内心实在忍不住了，乃认定时在朝中当权得势而颇负时誉的三位高官翁同龢、潘祖荫、徐桐为目标，投书论国是。主张变法维新——这是他搞变法改制实际行动的开始。

以一介"布衣"向朝中当权的公卿写公开信，论国事、评时政，并自述身世学养，发怀才不遇的牢骚，原是我国古代穷知识分子的老传统。在那个既无报章杂志能让你投稿，又没有地方能让你贴"大字报"的专制时代，这本是穷知识分子发表政见和在人才市场标售自己唯一的办法。"世有伯乐，然后有千里马。千里马常有而伯乐不常有。"我们那位"文起八代之衰"，而以四条腿"千里马"自况的韩文公韩愈，便用这种方法在人才市场里亮过相。同样的，我们那位"斗酒诗百篇"、古今第一大诗仙李白，也在这一自由市场中标价出售过自己。篇前所言，我们的孙国父，不也上过书？

那些"买主"（buyers）如上述朝中那三位权贵，为着"爱才"、为着"颇受感动"，或许只是为着"沽名钓誉"搞"野无遗贤"的玩意，往往也"礼贤下士"一番。如此劳资两利，相互宣传，足使三尺微命，一介书生也得以扬名天下，光宗耀祖。就在这个传统之下，康有为在向三位权贵上书之后，竟颇受青睐。三人之中尤其是翁同龢对他最为器重。

透过皇帝的老师上书

翁同龢那时是个不折不扣的"帝王之师"。他是同治、光绪两个小皇帝的老师，出入宫禁30余年。在百日维新之前，他每天都要到毓庆宫去替光绪讲书的。在小皇帝日渐长大，垂帘老太后预备"归政"之时，同龢正是当朝的"宰相"——加太子少保衔的"协办大学士"，两入"军机"，兼总理各国事务。他与那时权倾朝野的李鸿章，简直是平分朝政。时人揶揄他二人说："宰相合肥天下瘦，司农常熟世间荒。"其权势亦可想见一斑。加以同龢又是"状元及第"，系出所谓"父子宰相，叔侄状元"的翁氏名门，真是天下无双的士林泰斗。

有了这样一条好"关系"和大"后门"的援引，康布衣在北京文化界和官场中的知名度也就日渐高涨。台阁之中既不乏纡尊降贵的高官时加捧场，翰苑中的文士更以交结为荣。这样一来，康君一不做二不休，就要向皇帝直接写信了。

老百姓，尤其是自命不凡的时贤名士，为着国家大事向皇帝直接写信，也是我国的老传统。自周武王时代的伯夷、叔齐开始，正不知有几千百人如法炮制。可是搞"上皇帝书"是有重大冒险性的。上得好，固然天恩有加；上得不好，惹起龙颜大怒，往往也被"下廷尉"、"下蚕室"，弄到杀头抄家的下场。

康有为搞第一次"上皇帝书"是在1888年（光绪十四年），也就是他见重于翁同龢的那一年。这时刚好在皇帝祖坟附近发生了"山崩千余丈"的灾难。这在传统的迷信上，叫作国有大故，天意示警。康氏乃夸大这个天意，上书请皇帝"变法维新"，并责难朝廷"不复登用人才"，但是皇帝是没有通讯处的，他得找翁同龢代递。孰知翁氏览书胆怯，就打了回票。

康之上皇帝书虽然上不去，可毕竟是轰动朝野的大事。该书自然也是一篇今文大儒的呕心沥血之作，一篇脍炙人口的政论文章，遍传海内。水涨船高，有为也就随之文名大噪。因此他落第还乡，办起万木草堂来，不特新科举人梁启超慕名而来，那位潜龙在田的孙中山也想结交他一下。中山于1894年向李鸿章上书的灵感，可能就得自康有为。

"公车上书"始末

有为在草堂中教了三年书，想不到时来运转，于1893年（光绪十九年），36岁的老童生居然在广州乡试中了举人。有了举人的资格，康圣人也就可以与比他小15岁的天才学生梁启超，联袂去北京参加会试，争取进士的学位，做"天子门生"了。

康、梁师徒于1894（甲午）及1895（乙未）年两度入京。这时中日甲午之战方酣。我海陆两军，兵败如山倒，全国震动、人心惶惶。朝臣或主迁都抗战，或主订约媾和，莫衷一是。当时年轻的光绪皇帝和他那并不知兵的老师翁同龢，原属主战派；而比较知彼知己、老谋深算的李鸿章集团，则说动年老怕洋的西太后，实行议约谋和，因此就发生一连串的"广岛拒使""马关议约"的国耻大事。——朝中也隐隐地形成帝后二党，暗中对立。

就在这国族岌岌可危的年头，北京却是个热闹非凡的城市。第一，1894这一年慈禧太后（1835—1908）虚龄60岁。这位有权而无知，当国30余年性喜奢华的女独裁者，挪用了海军经费和京奉路款，加上内府外省的各种奉献，共花去白银数千万两，大修其颐和园及东陵的坟墓。奇技淫巧，工匠艺人，麇集北京，极一时之盛。第二，是年又是科举制度中的会试之年。各省举人数千人，各倾家当，齐集北京参加会试。

谁知就在这场熙熙攘攘的假繁荣里，忽然渔阳鼙鼓动地来，王师溃败，噩耗频传。1895年初春当乙未科进士正企待发榜之时，《马关条约》中对台湾与辽东之割地及两万万两赔款之噩耗，亦适时而至。一时群情鼎沸。举人数千人乃发动学潮，伏阙上书，誓死抗日。其中尤以台湾籍青年举人之痛哭流涕，最是感人。在此群情激昂之时，康氏原有他"上皇帝书"的老底子，梁则是一位"笔端常带感情"的煽动性作家。所以学潮一起，他师徒就领袖群伦了。

在1895年4月22日（阴历三月二十八日），康、梁师徒经一昼两夜之力，写成上皇帝"万言书"三章，呼吁"拒和""迁都""变法"。18省在京举人集会响应。一时连署者多至1200余人。5月2日（阴历四月初八）乃由康、梁师徒领队，率18省举人及市民数千人，齐集"都察院"门前，递请代奏。这就是那桩名垂史册的"公车上书"了。

后之视今，亦犹今之视昔

康梁这次上书是连一部"黄包车"也没有的。所谓"公车"者，在一百年前无人不知，一百年后就无有人知了。原来在两千年前的汉朝，政府官吏很多都是地方举荐的。这些被举之人抵达京师，照例都由朝廷派"公车"接送。乘"公车"是多么光鲜的事。自此以后"公车"和"举人"就分不开了。公车就是举人，举人就是公车。

所以康、梁这次所领导的上书，实在是一个"举人造反"的团体行动。秀才造反三年不成，举人造反就等而下之了。就在这造反未成之时，朝廷的威胁利诱一时俱来。它一面声明要严办聚众滋事，一面又贴出了黄榜，学潮总指挥康有为，高中第八名进士。这一下"金榜挂名"，数十年灰溜溜鸟气全消。马上脱青衫、着红袍，保和殿面圣去也，还闹啥"学潮"呢？那些名落孙山的榜外公车，也只有打点还乡，还债、赖债、打秋风去了。台湾割给日本，让唐景崧和胡适的爸爸去善后受罪吧！他们在痛哭流涕一番之后，也暂时管不着了。大家鸟兽散。

康、梁师徒为着变法改制，虽然后来都变成在逃的死囚犯，但是历史毕竟是公正的。最近的舆论不是心血来潮，对康、梁和王安石等人，又补做了至高的评介？

人民问政的开始

公车上书这一出小闹剧未搞出什么立竿见影的效果。地还是照割，款也照赔。可是举人造反这一闹，却闹出个庶民问政的风气。关心国事，却变成了一时的风尚。关心之道，则是纠合志同道合之士，组织社团，报效国家。士大夫们目光远大、满腹经纶，就要组织他们的"强学会""保国会"；江湖豪杰，气功师、武术师，忠肝义胆、视死如归，就要组织他们的"义民社""义和团"来"扶清灭洋"；海外华侨青年、海内知青和秘密会党，也要组织他们的"辅仁文社""兴中会""华兴会""光复会"来"驱除鞑虏、恢复中华"。一时组织林立，百会蜂起。据梁启超所做统计，自甲午（1894）至辛亥（1911）有章程可考的各种公开社团，盖有160余家之多。——其宗旨除少数的革命造反之外，盖多为保种强国，扶清灭洋也。

在这百余种社团中，那最有声势、最有内容、也是最先组织的团体，应该是由康、梁领导的强学会了，原来康有为在领导公车上书之后，一时名满天下，变成了时代的宠儿。朝野士大夫皆折节下之。大家（包括西太后）都认为改制维新是中国必走之路，而康有为是这条路上的明星甚至是先知。康氏如果真是个政治家和思想家，他是大有可为的。不幸我们在一百年后的"恩怨尽时"为他"论定"，才发现他老人家二者都不是，后节再详论之。虽然他也为着他所想象中的"变法改制"，不眠不休地投下了百分之百的精力和一个胞弟的生命。

在《马关条约》签订后的几个月之间，中国朝野在痛定思痛之余，大家真是洗心革面，想在北京和上海等大城市办报办学，组织社团从事革新。那时中国居然也有"高干子弟"（且用今日的语言来说）——那批有改革思想的"高干子弟"，如张之洞的儿子张权、曾国藩的孙子曾广钧、翁同龢的侄孙翁斌孙、陈宝箴的儿子陈三立（著名史学家陈寅恪之父）、沈葆桢的儿子沈瑜庆、左宗棠的儿子左孝同等数十人——其中最重要的可能就是湖北巡抚谭继洵的儿子谭嗣同了。

写历史的人不能小视"高干子弟"这个东西。因为他们得天独厚，家庭影响深远；受的教育最好，知道旧政权的内幕最真切，接受新思想也最快。他们如果不流于吃喝嫖赌、贪赃枉法而有心为国为民，他们往往是传统中国里最精彩的接班集团或进步改革人士。

清末除高干子弟之外，一批有能力有经验的中年官僚军人如袁世凯、聂士成、张謇（1853—1926）等人，老年官僚甚至是李鸿章、孙家鼐，都倾向于改革开放。至于张之洞、陈宝箴、翁同龢等高干子弟之父就更不必提了。康有为是搞英国式君主立宪缓进派政治改革的领袖。他对上述的保皇集团应善加领导，耐心教育才对。谁知他一开头便四面树敌，自我孤立呢？

强学会的成立和声势

原来强学会在1895年夏发起于北京之时，它最热心的赞助人便是翁同龢和张之洞，而最诚挚的实际组织者，便是上述这批高干子弟了。一次翁

氏曾折节亲访康有为于其私邸,不遇。康回访时,二人竟如老友晤谈数小时。翁对康真是推心置腹。且看有为的自述:

> [翁说]与君虽新见,然相知十年,实如故人,姑为子言,宜密之。上(指皇帝)实无权,太后极猜忌。上有点心赏近支王公大臣,太后亦剖看,视有密诏否?自经文芸阁(名廷式,翁的学生,亦一改革派)召见后,即不许上见小臣。即吾之见客,亦有人窥门三数巡之者。故吾不敢见客,盖有难言也。(见康著《康南海自编年谱》)

康有为这时是个才拿到学位(进士)的小知识分子。在工部当个芝麻绿豆的小京官(六品主事),而翁师傅宰相对他折节若此。朋友,若说"固有文化",实应于此等处求之。近来新加坡李光耀要提倡"儒教",可能他看中的也在这个"温柔敦厚"的一面。但其结果有时亦适得其反者,其中牵涉学理之深邃,就一言难尽了。——这当然是题外之言。

强学会在北京之成立,便是由翁同龢从户部划出个小预算,并拨出一部印书机开始的。工部尚书孙家鼐为它找座房屋做会址。其后复由大学士王文韶、两江总督刘坤一、湖广总督张之洞各捐五千银元。现役军人如淮军中的聂士成和毅军的宋庆,亦各捐数千元。其他小额捐献更是所在多有。有这样的经济基础和政治背景,学会的会务照理是应该一帆风顺的。不幸的是它一开始便发生了若干政策性的争执。其中有部分负责人想把这个学会逐渐办成个自给自足、提倡新思想、推动改革开放的出版文化事业,庶可自力更生,长久维持。但是这一构想却为康某所峻拒。他认为这样做是"以义始而以利终",结果争辩得"举座不欢"。

一个社团的成员对政策发生争执,原是正常而应该有的现象,可是它如发生在一个中国知识分子的组合里,往往就要产生并发症而导致分裂和解体。再者除这一内因之外,它对外亦示人以不广。这时因战败失势而在"总理衙门行走"的李鸿章,对强学会也十分敬慕,自愿出银2000元,加入做一会员或赞助人。但是李氏的申请竟被该会所否决。康有为自然也是这项否决的主要决策人。

李鸿章那时是世界闻名的中国政治家。虽然暂时失势，他的潜势力，他的国际声望，尤其是他在后党中的地位，仍是一时无两的，而康有为这个六品小京官，居然公开刮其胡子——这也可见当时康的气焰了。所以那时纵是最器重他的翁同龢，在他的日记里也说"康祖诒狂甚"。

一个气焰太高的人是要四面受敌和自我孤立的，何况在那红顶如潮、花翎似海而保守成习的首都北京。康氏锋芒太露，大学士徐桐和御史潘庆澜就扬言要点名参劾了。康氏是个具有殉道者精神、虽千万人吾往矣的烈士型人物，怕什么"参劾"呢？但是他的同伙却劝他暂时离开北京，到上海去另开局面——上海本来也是他们计划中的重心所在。

新政、新思想毁于教条主义

康有为于1895年10月29日（阴历九月十二日）到了上海。在上海，他的清望真如日中天。谁知他的气焰不但未丝毫减退，反而因之水涨船高。

这时在中国最有权有势而又有新思想的"方面大员"，实在是张之洞。张于此时适自武昌调到南京，出任南中国最重要的"两江总督、南洋大臣"，辖江苏安徽江西三省（包括当时经济文化中心的上海市）。康一到上海，张之洞便派专人把他接到南京去。在南京，康有为一住20余日，变成张之洞的上宾。张对他真是言听计从。这期间在上海正式成立的"上海强学会"和该会的机关报《强学报》之发行（1896年1月12日），都是由张之洞支持的。《上海强学会序》这篇重要宣言，便是由康有为执笔，用张之洞名义发表的。谁知张、康这段合作的蜜月，后来竟被康有为的教条主义彻底破坏了。让我们再抄一段康有为的夫子自道：

> ……入江宁居二十余日，说张香涛开"强学会"。香涛颇以自任。隔日一谈，每至深夜。香涛不信孔子改制，频劝勿言此学，必供养。又使［梁］星海来言。吾告以"孔子改制大道也。岂为一两江总督供养

易之哉？若使以供养而易其所学，香涛奚取焉？"（见《康南海自编年谱》光绪二十一年）

吾人读上段文字，便不难想象出康有为当时气焰之高了。其语言之横蛮，态度之恶劣，可说是达于极点。但是这篇回忆还是他失意之后追记的。当他春风得意之时，其猖狂的态度，可能更甚于此。尽管如此，这位比康年长21岁的南洋大臣张之洞（1837—1909）对他还是曲予优容、热心地支持和诚恳地劝勉。但是康有为对这位开明的老辈和上级领导，硬是不假辞色。且再把康氏有关的回忆看下去。康说：

在江宁时，事大顺。吾曰，此事大顺，将来必有极逆者矣。与黄仲弢梁星海议［强学会］章程，出上海刻之，而香涛以论学不合背盟。电来嘱勿办，则以"会章大行，不能中止"告，乃开会赁屋于张园旁。远近响应，而江宁一切不来，处处掣肘，即无杨崇伊［御史］之劾，亦必散矣。（同上）

在这段记述里，康有为认为强学会之失败是由于张之洞的"背盟"。但是根据他的夫子自道，分明是他自己拒人于千里之外，哪里是张之洞背盟呢？

康、梁师徒在甲午战后所推动的这个强学会运动，实在是清朝末年在中国最有"智慧"（wisdom）最有"契机"（chance）的一个全国性新文化、新思想、新制度三位一体的群众运动。它如搞得好，则后来的"华兴会""光复会"乃至"同盟会"，可能都不会另起炉灶。没一个辛亥革命和随之而来的军阀乱政，哪儿还轮到后来的胡适、陈独秀、李大钊等人去搞什么五四运动呢？

须知当年支持强学会这批人，实在是中国知识界（也可说是"资产阶级"吧）的精英。他们的政治力量也十倍百倍于当时保守派中的徐桐、刚毅和荣禄（1836—1903）等人。这种集体力量之未能发挥，实在是和强学会的崩溃血肉相连的，而强学会之崩溃也就直接缩小了其后"保国会"的阵容和光绪皇帝搞变法维新的声势。这种搬石头砸自己脚的办法，都是康氏搞"教条主义"的后遗症啊！

报酬大于贡献

强学会的失败，在中国现代化发展史上实在是一大顿挫，顿挫于康有为在"今文经学"里的教条主义。"今文经学"是个什么东西呢？笔者为使一般读者对它有个粗浅的了解，特辟前篇为万言专论加以阐述。读者批览后，便知今文经学在我国的"儒教"里，除被一些官僚利用于一时之外，在学术界并未成过大气候。所以自汉以后，轻视甚至鄙弃今文经学的儒家，正不知有几千百人。张之洞之劝康有为搞变法"勿言此学"，实在是一个长辈学人的善意劝告。翁同龢在1894年也读过康著《新学伪经考》。看后他在日记里写道："看康长素、祖诒，广东举人名士，《新学伪经考》，以为刘歆古文无一不伪，窜乱六经，而郑康成以下皆为所惑云云，真说经家一野狐也。惊诧不已！"（见翁《日记》）

其实把康说看成"野狐"，又何止张翁二人。其后的章太炎、胡适之，以及钱穆，对康的看法都是一致的。记得笔者本人在重庆读大学期间，便有一位同班同学（似乎是黄彰健兄）专治公羊学为毕业论文。余亦偶涉之，但觉以"三世"论，读《春秋》，未始非"通经"之一说，若要以它来"致用"，那就是"迂儒"了。不学在20世纪50年代亦尝试述文，阐两汉"太学"。在拙篇中，我自己亦斥汉代的今文家不只是"迂儒"，简直是把持立国意蒂牢结的"学阀官僚"也。——当时也是有感而发。当然那时的"学阀官僚"的学术水平与两汉和清末的今文家相比，还差得远呢！

康有为不自量力，引学术入政治，也就从"迂儒"逐渐蜕变成"学阀官僚"。把支持他变法改制最热心最有力的张之洞、翁同龢等都摈之门外。以他这个六品主事的小官，来独力抵抗那红顶如云的顽固派，那就是螳臂当车了。果然在1896年年初，在数名昏聩老领导授意之下，御史杨崇伊一纸弹章，张、翁等实力派在一旁幸灾乐祸，康有为的强学会就烟消云散了。强学会一散，小会分立。当时的知识分子，对新政新思想，就没有共同语言了。

记得胡适之先生以前曾对我说过："社会对一个人的报酬，实远大于一个人对社会的贡献。"那时去古未远，我们记忆犹新。对汪精卫，余曾撰文论汪之"十大错误"。认为汪犯了九大错误，社会和历史都原谅了他，使他有"复出领导"的机会。只是他把第十大错误做得太"绝"了，历史无法原谅他，他也就只有以"大汉奸"之名遗臭史册了。

康有为当年犯了他那教条主义的绝大错误，但是这错误虽使他铩羽而去，却没有影响他衣锦还乡，为老太太做寿的风光。其后他曾一度想移民巴西，到海外去另觅前途。谁知1897年山东曹州教案突起。全中国很快又被卷入另一个更严重的危机。在朝野束手之时，闻鼙鼓而思将帅，大家又想到康有为毕竟是个人才，他的变法维新的主张，也是"今日中国之必需"，这样康有为也就东山再起了。

瓜分的威胁和图强的意志

所谓曹州教案原是发生在1897年11月1日，有两位德国传教士在山东巨野县为暴徒所杀的小事——在当前纽约市上，每天都有五至八人为暴徒所杀（最近还有一位前来开会的日本大学校长被杀）——可是这件小事却被那时后来居上的德意志帝国主义引为借口，强占了胶州湾，并要求在山东省筑路开矿。老实说，我们本钱大，出租胶州湾也不是什么大事。但是这时甲午新败，大清帝国已至死亡边缘，德国人一开其端，其他帝国主义援例一哄而来——俄国人要租旅顺大连，英国人要租威海卫和九龙，法国要租广州湾，日本要在厦门一带打主意……这样群盗入室，划定"势力范围"、割据自雄，那问题就大了——弄不好，大清帝国就要步波兰后尘，被列强瓜分了。

为应付这种严重局面，那在总理衙门办外交的清室诸大臣也并不太颟顸。李鸿章就是个搞"以夷制夷"的老手。在他访问俄期间（1896年4月30日至6月13日，共44天），便与俄国订有密约以应付贪得无厌的日本。胶州交涉期间，翁同龢、张之洞乃至康有为等也想联英法而拒俄德。但是帝国主义哪儿会那么笨，让你去以夷制夷呢？他们要搞他们自己的"权力平衡"（balance of power），划定他们自己的"势力范围"（spheres of influence），要把东亚病夫"瓜分"（partition of China）掉，哪儿由得你"支那曼"（Chinamen）去自作主张呢？所以清廷的外交至为棘手，而瓜分之祸，则迫在眉睫。这时当政不久的光绪皇帝和有远见的大臣们，就感到与其治标则莫如治本。这样他们就想到要"变法图强"。要变法，就少不了那个变法专家康有为了。而康氏自己也当仁不让。1897年年底，有为乃携满箧奏稿与所著新书，赶往北京。

康氏这时在北京自然又变成变法的智囊了。因为他毕竟写过一些小册子，什么《俄大彼得变政记》《日本变政考》《法国革命记》《波兰分灭记》等。若论内容，这些名著只不过是今日台湾之高初中历史教科书耳。然在那时的一般朝野人士则闻所未闻。据说光绪皇帝后来看到《波兰分灭记》，曾为之掩卷流泪，西太后读之也颇为感动。

再者，有为此时既然仍在工部挂名为主事，他的上皇帝书依法也可由本衙门代递。不幸康氏个人与"本衙门"之内的人事闹得很僵，遭到工部各阶层的留难。所幸光绪曾看过他公车上书期间的奏章而极为重视，此次知康来京即思召见而为老叔父恭亲王奕䜣所劝阻，乃明谕总理衙门中诸大臣先期约见，谈个底子，然后再由皇帝亲自召见。

1898年（戊戌）1月24日（阴历正月初三）康有为乃应约至总理衙门，与翁同龢、李鸿章、荣禄、廖寿恒（刑部尚书）、张荫桓（户部左侍郎）等五大臣，先来一套舌战公卿。旋奉谕作书面条陈，以待皇帝召见。在书面条陈里，康的主要建议是先设立"制度局"，来从事研究设计如何更改全部旧法与官制。康甚至主张"六部尽撤""则例尽弃"，而代之以"十二局"（法律、度支、学校、农、商、工、矿、铁路、邮信、会社、海军、陆军）。各省则设"民政局"，实行"地方自治"。

只保中国，不保大清？

康有为这一制度的构想，显然为光绪皇帝所看中。这位有心为治的年轻皇帝就预备召见康氏面询变法了。这是1898年的初春。也正是四夷交迫、国政如麻之时。光绪一面要应付列强（尤其是俄国）租地的要求，急如燃眉；一面又要在新旧派群臣之间，折冲抉择，更要抽空研究康氏新进呈的泰西新学。最重要的，他还要应付那个泰山压顶的慈禧老太后——光绪的任何决定，都要以西太后一言为准。她是享有大清皇朝一切政策的最后决定权的。

这个春天可说更是康有为一生政治生涯中最春风得意的一季。这时他独承天眷，终日忙于草折著书。另外，在举朝瞩目和各省名流的簇拥之下，他更要恢复他那一度风行天下的强学会的组织。

前文已交代过，当强学会在1896年初季被强迫解散之后，结社集会已成一时的风气，如火之燎原、水之就下，不可遏阻。强学会被禁，全国虽失去一个统一的领导中心，而散居各省的地方性组织，如湖南的"湘学会"、广东的"粤学会"、湖北的"质学会"、广西的"圣学会"、浙江的"保浙会"、云南的"保滇会"、上海的"蒙学会""农学会"等等则如雨后春笋，一时俱起。但是这些组织者之中，知名度最高的自然还是康梁师徒。康氏如今东山再起，他就想再来个统一组织、统一领导了。

以他们原有的粤学会为基础，康、梁师徒乃于1898年（戊戌）4月于北京的"粤东馆"创立了"保国会"。这个保国会虽比不上当年强学会的声势，然也网罗了一些豪杰。后来为变法维新而杀身成仁的"六君子"——杨锐、林旭、刘光第、杨深秀、康广仁、谭嗣同等几乎全部都是保国会的发起人或赞助人。

这个会言明以"保国、保种、保教"为宗旨，以"讲求变法、研究外交、谋求经济实效"为方法。它一开始就以显明的政治面貌出现，并且得到光绪帝的认可。所以有些政治史家竟认为它是近代中国政党政治的第一次出现，而康有为则是近代中国第一个政党的党魁。

可惜的是这个党魁的格局太褊狭了。那时强有力的所谓东南三督刘坤一、张之洞、李鸿章（后任两广总督），都还算是开明的。而这三督和一般开明派，都不在康、梁"保国"的圈圈之内。少了这批开明而成熟的实力派（西太后也让它三分的实力派），则康、梁等保国分子，就只是"儿皇帝"之下的一群孤臣了。孤臣能夺掉谁的权呢？所以保国会一成立，吏部主事洪嘉与、御史潘庆澜便交章弹劾，老顽固派刚毅、荣禄等更在老太后前制造谎言，说"保国会""只保中国，不保大清"。老妇人耳朵软，受不得播弄。一怒之下，加以杯葛，则帝后异途，冲突就不能免了。但是醉心改革的年轻皇帝，认为他既然有了这一群年轻有为的班底，他不能做"亡国之君"——朋友，1898年的大清帝国的确已到了被列强瓜分的边缘——他就要不顾一切地去变法改制了。

可敬可悲的光绪皇帝

我们治中国近代史的人，每谈到戊戌变法，总是过分地突出康有为，光绪皇帝似乎只是个次要角色。这个印象是与历史事实不符合的。

其实戊戌变法的中心人物还是光绪皇帝。康有为只是他看中的一个变法顾问而已。但是康派之毕其功于一役的过激作风，却颇能说服那急于求治的年轻皇帝。皇帝既有过激倾向，乃激起保守派和投机派的联合阵线和反击。而康派的教条主义和过激作风，也拒斥了开明而强大的中间派。开明派和中间派靠边站，剩下的过激派和顽固派两极分化，势均力敌，就短兵相接了。在这两派较劲之时，过激派——也就是所谓帝党吧，原是个纸老虎、空架子。一旦临阵交锋，其结果如何，就不言可知了。现在且让我们搜搜根，看看光绪皇帝是怎样搞起维新变法的：

光绪爱新觉罗·载湉（1871—1908）原是道光皇帝的孙子、咸丰皇帝奕詝的胞侄、同治皇帝载淳的堂弟、醇亲王奕譞和西太后妹妹的儿子。慈禧是他的亲姨妈。当同治皇帝于1875年驾崩之时，西太后已当政十余年，权势已立。她不想为自己的儿子载淳立后，因清法太皇太后不能听政，所以她就选择了既是胞侄也是姨侄的载湉来承继咸丰。如此，她就又可以继续去"垂帘听政"了。

载湉四岁即位。自此便受教于深宫之中，成长于妇人之手。慈禧原是一位干练而无知的满族老妇，个性又泼辣凶狠，残酷无情。她不是个好妈妈。所以光绪帝自孩提时代起，就畏之如虎。偶遭斥责，便跪地颤抖，齿牙撞击作声，至年长亲政时，亦不能改。但载湉是个聪明俊秀，有见识有良心而爱国的佳子弟。在一个状元老师的教导之下，熟读儒家礼教的诗书。知识渐开，自知为一国之主，也颇想做个明皇圣主，至少不能做"亡国之君"。

1887年2月光绪帝17岁行"亲政"礼，实习做皇帝。1889年1月"大婚"。册立一后（叶赫那拉氏）二妃——瑾妃15岁、珍妃13岁。二妃为亲姊妹（他他拉氏）。载湉不喜皇后而爱二妃，尤其是聪明美丽的珍妃。但在那太后独裁、宗法礼教下的皇家，他哪里能享有爱情的自由呢！同年3月，太后依法"归政"，迁往新近完工的颐和园去颐养晚年。按法理，载湉这时就是真正的皇帝了。但是在任何专制政体之内，哪儿有不死就退休的独裁者呢？不管他是男是女。所以西太后也坦白承认她身在园中、心在宫内。日常政务，不妨由儿皇帝去管；军政大权，她是一寸不放的。这时的王公大臣、军头疆吏，原都是她当政40年一手栽培的。他们被她管得俯首贴耳，也视为当然。

在这种母后专政的压制之下做儿皇帝，最好的方式便是做个鞠躬尽瘁的诸葛亮。要有野心，则做个日积月累，奉命操劳，慢慢培植自己肱股的蒋经国，以待天降大任。接班人富于春秋，水到渠成，是急不得的。最下策则是做个荒淫酒色的昏君，也可避祸。

所幸光绪亲政之后，国无大故，而李鸿章等所主持的侧重路矿、海军的所谓"洋务""新政"（也可说是"科技现代化"或"四个现代化"吧），表面看来，实颇有可观。至少不在日本之下，而北洋海军在吨位和炮力上说，且超过日本。——事实上中国这时也真是个海军大国，所以西太后才看上了海军。她之所以不顾国情民意，挪用海军经费数百万两去修造颐和园，可能就是出自她自觉当家数十年，历尽艰辛，如今国家承平，海军强大，她自己退休了、"归政"了，理应造个好的花园来享享清福的"老姨太"心情。

"东事三策"中的"下策"

可是日本在明治维新之后，亦在向西方帝国主义急起直追。到1894年它居然插足朝鲜，抢夺中国主权，做个后来居上的东方帝国主义。为对付日本，那时的朝中老臣如久涉洋务的恭亲王奕䜣和一手创造北洋海军的直隶总督、北洋大臣李鸿章，均知国际战争不可轻易发动。透过总理衙门，他们条陈"东事三策"：上策是"郡县化"，把属国朝鲜变成一省；中策"国际化"，开放朝鲜，制造国际均势，以夷制夷；下策"用兵"，以武力驱逐日寇。

当时李恭诸老成分子均主采上中二策，而缺乏实际主政经验但是清望颇高的翁同龢，那些清议制造者的各省名士和"公车"，以及许多李鸿章的政敌御史等人，则力主用兵。其时亲政未几而求胜心切的青年皇帝，在心理上原来就是个主战派。再加上个有"独对"（可以单独向皇帝说话）特权的状元老师之不断怂恿，也就主张用兵。至于那个有最后否决权的西太后，她老人家原是个村妇出身的姨太太，她恐"洋"，但不一定恐"日"。所以在多数朝臣谏净之下，她也就批准了儿子的要求，"下诏宣战"。一战至全军尽墨，举国惶惶之时，他们又把这战败责任，一古脑放在李鸿章头上，把李氏骂成"汉奸"——"汉奸"一词后来之流通全国，就是从骂李鸿章开始的——使鸿章百口莫辩。

老实说，大清帝国之亡国，并非亡于辛亥革命，而是亡于甲午战争。甲午之败把我国现代化运动的第一阶段，历时50年，尤其是其后期的25年（所谓"同治中兴"之后）的"科技现代化"的总成绩，给冤枉地报废了。甲午之败也拆穿了大清帝国50年科技建设的纸老虎，而使新（德日）旧（英法俄）帝国主义加紧进逼，从而形成1898年的瓜分危机。甲午之败也使那个有见识有权力，集中兴名臣于一朝的官僚集团，胆战心寒而全部自动或被迫地靠边站，对变法图强丧失了信心。这一集团的隔岸观火，乃导致上述朝政之走向"两极分化"。皇帝与太后既然不能靠边站，乃各趋极端，一分为二。林肯说："一个分裂的房屋，是不能站立的。"大清皇朝这座"房屋"哪儿能例外呢？

八、那变不了法、改不了制的一百天

召见康有为，决心变法

现在再看看慈禧光绪这对母子，是怎样闹僵的。

时在1898年（光绪二十四年）春初，帝国主义瓜分中国之危机正迫在眉睫之时，我们那位颇有个性而赤忱爱国的青年皇上是不能再沉默了。透过他的身任军机大臣的族叔庆亲王奕劻，向太后申诉他不能做亡国之君。如太后再不授权改革，他宁愿"逊位"云云。据说西太后闻此言至为愤怒，说："他不愿坐此位，我早已不愿他坐之。"嗣经庆亲王力劝，始说："由他去办，俟办不出模样再说。"但庆亲王复命时，不愿多言，只向皇帝轻描淡写地说太后不禁皇上办事。诚实而少不更事的光绪皇帝得此传语，就真的大干特干起来了。

他的实际行动的第一步便是《明定国是诏》，公开宣布他决心"变法改制"。时为戊戌年四月二十三日，公历6月11日。这便是这件可悲的"百日维新"的第一天。紧接着他便召见康有为，因为康是他的智囊和改制理论的源泉。但是光绪并没有看过康有为著的《孔子改制考》或《新学

190

伪经考》。他所着重的改制显然只限于日本模式或俄国彼得大帝的模式。

光绪召见康有为的时间是戊戌四月二十八（阳历6月16日）早晨五点至七点。地点是颐和园仁寿殿。因为此时已号称"归政"的西太后，长住于颐和园。然国有大政，皇帝还是要亲去颐和园向太后请示的。此次光绪已早两日来园驻跸。他之召见康有为显然是得到西太后面许的。

颐和园是今日名闻世界的旅游胜地。很多读者和作者对仁寿殿均不生疏。康有为当年在这座房子里是怎样陛见光绪的？想读者们和作者一样，都有若干兴趣。今且将他君臣二人当时相见的实际情况，节抄若干。以下是康氏在逃难中，亲口向新闻记者说的：

> 六月十六日皇上曾召见我一次。这次召见是在宫［园］内的仁寿宫［殿］，从清晨五时起长达两小时之久。当时正是俄国人占领旅顺口与大连湾不久，因此皇帝是面带忧色的。皇帝身体虽瘦，但显然是健康的。他的鼻梁端正，前额饱满，眼光柔和，胡子刮得很干净，但面色颇为苍白。他的身材是中等的，手长而瘦，仪表精明。其态度之温和，不特在满洲人中少见，就连汉人中也没有。他穿的是普通朝服，但胸前不是那大方块的绣花，而是一个圆形的团龙；此外在两肩之上也各有一小块绣花。他所戴的也是普通的官帽。进来的时候，由几个太监领先，然后他坐在一个有大的黄色靠垫的宝座上，双足交叠。坐定之后，他命令一切侍候的人都退出去。在我们整个的谈话中，他的眼睛时时留神窗户外面，好像防备人偷听一样。在他的前面，有一张长台子，上面有两个烛台，而我则跪在台子的一角，因为台子前面那个拜垫是留给高级官员跪的。在整个时间里，我一直是跪着的。我们的交谈是用京话。（见中国史学会编《戊戌变法》第三册，第506页。原载1898年10月7日香港《中国邮报》。）

以上是光绪和康有为的第一次见面，也是他们君臣之间唯一的一次。康有为向他的主上当然是说了一些废八股、练洋操，"小变不如大变"，

"缓变不如急变"的变法主张。其实这些话都是多余的。光绪这时已决定依照康的条陈变法改制，召见只不过是一种形式而已。——他有意以康有为提调"制度局"。

康有为师徒这时对变法步骤的具体主张，可以概括言之曰：质变而形不变。他们怕保守派顾虑失权失位而反对新政，乃向皇帝建议把一切高官厚禄的名位和王公大臣的职权，表面上全部保留不动；然在同一时间，则重用小臣主持实政来推动改革。例如裁汰冗员、撤销无职衙门、废八股、试策论、开学堂、练新军、裁厘废漕、满汉平等、满族人民自谋生计等等"新政"。

与此同时，光绪帝也真的绕过大臣而重用小臣。第一当然是康有为。康自工部主事，升入总理各国事务衙门，"在章京上行走"（行走者，有事则行，无事则走也）。虽然还是个五品小官，但康有为可专折奏事，为天子近臣——成为一个举朝注目的实际掌权的人物。

其后不久，光绪帝又擢用谭嗣同、杨锐、林旭、刘光第四个年轻小官，以"四品卿衔在军机章京上行走"，襄赞天子，处理日常政务。——这一不次之迁，不但把军机处和总理衙门都给"架空"了，连无缘再见皇帝的康有为，也大有酸葡萄的感觉。有为说他们四人事实上已居相位，但是四人相貌单薄，没有威仪，望之不似宰相，云云。康氏尚有此感，则满朝文武的醋劲，也就可想而知了。而新派人物亦难免有其少年得志的冲动和气焰。——他们甚至公开讨论某职应撤、某官须废。弄得满朝文武（尤其是满族），惶惶不安。

前有古人、后有来者的"架空政治"

这种重用小臣、架空大臣的办法，康梁二人都认为是他们的新发明。其实"架空政治"在中国政治史上是前有古人，后有来者的。

在我国隋唐以后的中央大官，最尊贵的莫过于所谓"尚书"了。其实"尚书"一职，在秦汉官制里原是皇宫里面的"五尚"或"六尚"之一——什么尚宫、尚寝、尚食、尚衣、尚书（可能还有尚厕吧）等等。那都是服侍皇帝和后妃的黄门内官，只有宫女和太监才能担任。男士要当尚书，先得阉割，才能入宫。可是在西汉武帝、成帝之世，皇权上涨。这个原是阉人黄门充当的尚书小官，因为是天子近臣，渐渐就重要起来了。时至东汉之末，十常侍乱政之时，这些尚书就把朝中的"三公九卿"全给架空了。这一架空政治，经过魏晋六朝，就变成九卿备位，尚书当权的怪现象。至隋文帝统一天下，改革官制，乃干脆把九卿全废，改用"六部尚书"。当然隋唐以后的"尚书"，太监也就没份了。

可是架空政治这个魔术，却不因尚书之扶正而消灭。明太祖废宰相，代之以内阁学士，还不是这魔术的重演？等到内阁大学士又变成宰相了，雍正皇帝要架空他们，乃以小臣设军机处来取而代之。现在军机又有权了，康、梁师徒乃为光绪设计以四品小臣的四位"章京"，把位高一品的军机大臣架空了。

不特此也。到民国时代此一艺术仍为蒋公所承继。

在20世纪30年代之初，当汪精卫出掌行政院，蒋公任军事委员会委员长时，那个六部俱全的"委员长侍从室"的重要性，不也是在"行政院"之上吗？事实上"侍从室"这个机关的名字，就有封建王室中内廷的气味。"侍从室主任"和他以下的各组组长等小官，如果生在汉朝，都是应该要阉割的呢！

所以这种架空艺术，是我们中华三千年来的国宝。康、梁师徒在自己脸上贴金，但这哪里是他二人发明的呢？

不过搞这种以小臣近臣来架空大臣权臣的政治艺术，却有个先决条件——搞架空的主使，一定要是像汉武帝、明太祖、雍正皇帝、蒋委员长那样有"最后决定权"的大独裁者。一个见着老娘就发抖的儿皇帝，则千万做不得。不幸的是那时主持变法改制的光绪，却正是这样的一位"儿皇帝"。以儿皇帝的"小臣"去架空老太后的"权臣"，则成败之数，岂待著龟？——这种政局的演变，我辈熟读《通鉴》的后世史家都洞若观火，而精敏如康、梁竟无觉察者，便是身为急功"小臣"，以致当局而迷罔了。

维不了新、变不了法的一百天

戊戌年的夏天，那座"天晴似香炉、天雨似酱缸"的北京城，是炎热难当的。可是这个季节却正是我们那位可敬可爱、也可叹可悲的年轻皇上，为国为民而疲于奔命的时候。为着推动他的变法改制，他三天两天都要从那时的紫禁城、今天的故宫赶往颐和园，向太后请示。（可怜的光绪爷是没有空调汽车的。）

自他于6月11日（阴历四月二十三日）下《明定国是诏》之时起，到9月21日（阴历八月初六），西太后还宫"训政"，把他关入瀛台止，前后103天，光绪帝去了12次颐和园，每次驻留三数日。至于他们母子之间交谈的实际情况，外人固无由得知，但是这位年轻皇帝苦心孤诣恳求的改革，太后不同意，致其每遭训斥，则尽人皆知。等他回到宫中，诏书虽一日数下，而朝臣则对他拖延时日，拒不回报；疆吏（湖南巡抚陈宝箴是唯一例外）对他则阳奉阴违，甚至阴违阳亦不奉。但是他们也有他们的苦衷和借口。盖向例南洋大臣和外省督抚的行动，都是以北洋大臣、直隶总督的马首是瞻，而这时的北洋大臣、直隶总督荣禄则是顽固派的总头头。他仗着太后的权威，对光绪简直公开抗命。他认为皇帝年轻无知、任性胡闹，因此不但把光绪所有的诏命都当作耳边风，而且纠合朝中保守要员刚毅等加油添醋地向颐和园打小报告，联衔吁请太后回朝训政，恢复垂帘，以遏乱萌。——这当然是西太后求之不得的，有的甚至出于她的授意。

再者，新政的施行和步骤当然亦有它本身的困难。就以"废八股改策论"这一考试新政来说吧！八股是空话，策论还不是空话？然写八股文要读圣贤书，还有个"帖括"（英文叫format）可循。写"党八股"式的策论则并此而无之。所以在戊戌夏季有个老实的浙江学政陈学棻上奏说："改试策论，阅卷艰难，不如八股之易。"光绪览奏不悦说："陈学棻既不会看策论，可无庸视学。"就把他撤差了。其实如把康有为放出去做学政，以他那一点点的所谓西学知识，恐怕他对策论考卷的批阅，也没个取舍的标准呢！

梁启超说，开明而通时务的达官如张之洞，也深知废八股为变法之第一事，然张氏亦不敢轻言取消八股。因为他深"恐触数百翰林、数千进士、数万举人、数十万秀才、数百万童生之怒，惧其合力以谤己而排挤己也"。（以上均见梁启超著《戊戌政变记》）这本来是关系到国内数百万知识分子命运和前途的大"问题"，哪儿是空谈变法"主义"，所可解决的呢？徒足制造"问题"而不能解决"问题"的废八股改策论的"新政"，究竟能派啥用场呢？

再说改庙宇办学堂吧！当时那几十万座庙宇，几百千万佛道各教的神职人员，也都非等闲之辈，哪儿能只凭一纸上谕、两页公文就可以把他们赶出庙门，还俗结婚呢？纵使能废庙办学，则经费、师资、课程、学童哪里来，也非朝夕之功。至于康氏所想象的"举行地方自治"，更属空中楼阁。光绪爷要在100天之内就可以改旧换新，搞出个奇迹，岂不是痴人说梦？

总之，长话短说，我民族的历史走进那清末戊戌年代，已积重难返。我们的国家机器已全部锈烂，无法修复。我们的社会亦已至癌症末期，病入膏肓，医药罔效。所以在许多激烈的志士看来，其彻底解决之道，那就是人死病断根，怜悯杀人，枪毙了事。孙中山先生说"破坏难于建设"，正是此意。可惜他老人家破坏未竟身先死，长使英雄泪满襟。

老佛爷的手掌心

且看与此同时，那位在颐和园内纳凉避暑的慈禧老太后，又在干些什么？她老人家没有闲着。身在园中，心在宫内，她特务密布、眼线满朝，小报告日夜飞来，满族预吏、汉族谄臣，求恩乞怜，亦时时跪满四周。光绪帝的一举一动都在她的严密监视之下。

西太后原是个阴险狠毒、睚眦必报，狐狸其貌而虎狼其心的泼妇人。但是她也是个精明强悍，老谋深算而善于纵横捭阖、恩威兼施的女主。她对情敌政敌（包括她的两个儿子），都会不动声色地设下陷阱而伺机捕杀。这种复杂的个性，是舞台艺人扮演不出的。她没有银幕上的刘晓庆那么可爱。

远在戊戌之前，她对那逐渐长大而颇有个性和脾气的嗣子载湉，已早存废立之意。这是从单纯嫉妒心出发的——一种卧榻之侧不容他人鼾睡的、很通常的精神病现象。但是她一怕洋人干预，二怕疆臣不服，三怕小叔（恭亲王）不依。同时她所看中的对象也不敢承受，所以她才隐忍未发。

迨戊戌暮春，当载湉要求授权变法时，她当然更不能容忍。但慈禧是一只老狐狸。她纵想结束退休，还宫训政，也要布置出一个适当的局面和时机。第一要孙行者跳不出老佛爷的手掌心；第二还要有面子。——她之复出是循臣工百姓之请（在美国政治上叫作draft，即拉夫），不得已而为之也。因此在戊戌春夏之间，她就做了几项重要的安排：

首先她就把翁同龢罢官，赶出政治圈。翁是享有"独对"之权的光绪帝智囊。他这位享有清望的状元老臣，也是朝中开明派的班首，更是康、梁等激进派的家长与护法。翁氏一旦被黜，光绪就失去了一个首席谋臣、一个中间桥梁和一个翼护新党的家长。一箭三雕，翁同龢就在6月15日被"开缺回籍"。儿皇帝也就被完全孤立了。

其次她要保持京津和华北地区在内争上的绝对安全。为此，在翁同龢被革的同日，西太后即擢升后党总头目荣禄署理直隶总督，旋即真除领北洋大臣。统辖董福祥（甘军）、宋庆（毅军）、聂士成（武毅军）和袁世凯（新建陆军）及京畿旗军数万人，拱卫京师及各交通要隘。有此项军事部署，虽不足以御外寇，然（如满族王公所说）在防备"家贼"方面，京津一带可以说是固若金汤了。至于太后所居的颐和园，更是警卫森严。入觐的命妇女眷都要搜身。相形之下，光绪除掉少数扈从太监之外，安全措施实在是俯仰由人，他自己一无所有。

记得我的朋友李宗仁将军，当年被指派出任"代总统"。他不服，吵着要当"正总统"。在吵闹之间，吴忠信提醒他说："你的卫兵都是蒋先生的人，你还吵什么'代总统''正总统'呢？！"李氏闻言大悟，就决定不吵了。

光绪爷当年在类似情况之下，向西太后哭哭诉诉要她授权变法。他和他的青年谋臣们就没有想到，他们的卫兵也"都是蒋先生的人"，他们的安全也得不到半点保护，而他们的"变法改制"或"幼稚胡闹"，总归会有人反对的——多则几百万人，少则是顽固派里面的几十个满汉人马。这批反对派在忧心忡忡之时，乃结伴东去天津"督署"乞援搬兵，西去颐和园哭跪，吁请太后回朝训政。西太后这个老狐狸，最初笑而不言。更有涕泣固请者，西太后就笑而骂之，说："你们为什么要管这些闲事？难道我的见识还不如你们？"那时也有人到督署诉苦。荣禄说："让他去胡闹几个月嘛！闹到天下共愤，恶贯满盈，不就好了嘛！"

所以西太后的对策是不动声色地布下陷阱，让光绪和他的新党去"胡闹几个月"。这时恭亲王已死，干涉无人。等到"天下共愤"，太后振振有辞之时，只要她脸色一变，则跪在地下颤抖得面无人色的万岁爷，自然就知道"朕位不保"了。哪儿还要等到（如当时盛传的）秋季去天津阅兵，才搞废立呢？

果然事态发展至9月中旬，当光绪帝还忙着要开懋勤殿，以鼓励臣民向朝廷直接荐贤进言时，西太后脸色突变。光绪便立刻感觉到大祸临头、皇位难保了。为着保位保命，他才临时抱佛脚，于9月13日阴历七月二十八日（一说9月14日）密诏康有为及四章京"妥速密筹，设法相救"；一面又另谕康有为"督办官报……迅速出外，不可延迟"。可笑的是当时这位康圣人竟毫无警觉，他还以为皇上是真的要他到上海去办报呢！乃大模大样地搭车去塘沽，乘轮南下。他那时要不是以亲英出名，而使情报灵通的英国人派专轮赶往吴淞口外抢救他脱险，老康纵长着十个脑袋，也都搬家了。

袁世凯告密

就在戊戌9月中旬，康圣人悠闲离京南下之时，那留在朝中的谭嗣同等四章京可就紧张了。他们与光绪之间可能有过密议并取得一致意见，认为唯一可以挽救危局、扭转乾坤的办法，就是说动袁世凯兴兵勤王。袁如能效忠皇上，则大事或有可为。

袁世凯那时所统率的新建陆军7000余人，兵力为诸军之冠，的确是个实力派。他的作风与思想也表明他是个新派人物。但是他的正式官衔则只是"直隶按察使"，是荣禄下面的一个"正三品"的省区中级官吏，俗称"臬台"。袁之有此地位多得力于荣禄的"知遇"，当然他与荣禄勾结得很紧，而荣禄又是太后的心腹，他自己也就前途无限。如今光绪要他脱离荣禄、撇开太后而转投毫无实力的空头帝党，这对袁世凯的仕宦前途，甚至身家性命，都是个极大的赌博。——在这场帝后冲突之中，他只要按兵不动，则帝党就必然会杀头坐牢，全军覆没。他如贸然加入帝党，兴兵勤王，他那7000子弟也未必救得了皇帝，而自己脑袋反可能搬家。袁世凯是个治世之能臣，乱世之枭雄。利害之间，他是洞若观火的。

就从是非之辨来说吧！袁老四如真具赤子之心，像那位冲动的小六子"张少帅"，他或可不计利害和后果，来搞他个爱国的"苦挞打"（coup d'etat）。不幸袁氏却是个比老狐狸更老狐狸的老狐狸，他就不会上那群爱国君臣的大当。——对这一政治秀，在当时稍具政治头脑的观察家都可了如指掌，何待乎一百年后的历史家来放其马后炮呢？

可是那时的帝党中的首脑分子，已面临不测之祸，精神上也已被逼到歇斯底里的程度，只好死马当活马医，顾不得许多了。9月14日（阴历七月二十八日）袁世凯乃奉召入京，16日在颐和园面圣，光绪对他慰勉有加。袁氏旋奉朱谕，"按察使开缺"，以"侍郎候补，专办练兵事务"，并随时具奏应办事宜。这一下袁世凯便从一个"正三品"的中级地方官，升调成为一个"正二品"的中央大吏。清制"侍郎"与各部"尚书"通称"堂官"，几乎是平等办事的。袁是个精明强干的人（不像康有为那样木讷），他知道他的擢升有个中原因，尤其是在"谢恩"时，皇帝面谕，要他与荣禄"各办各事"。

这时荣禄已获得情报，他一面调兵布防，以备不测；一面制造英俄开战的假消息，并派专差急催袁世凯回津。当袁氏正在进退两难之时，便发生了谭"军机"深夜密访的敏感事件。据袁死后才泄露的《戊戌日记》所载：9月18日（阴历八月初三）谭嗣同黉夜来访，并开门见山地告诉他，西太后与荣禄有弑君和废立的阴谋。皇上希望袁氏保驾，率兵诛除荣禄并包围颐和园。袁问如何处置西太后呢？谭说他已雇有好汉数十人，"去此老朽，在我而已，无须用公"云云。袁在其日记中说他闻言"魂飞天外"，但是嗣同此时已"类似疯狂"，又系"天子近臣"，他不敢不敷衍。好不容易才把谭送走。

上节已交代过，袁世凯是绝不会接受谭嗣同之密谋的。两天之后他回到天津，乃把谭的计划向荣禄全盘泄漏。其实谭氏这一秘密计划，西太后与荣禄早已知道，也早已采取行动了——慈禧已于19日（阴历八月四日）自园还宫，21日正式临朝"训政"，并下令京师戒严，火车停驶。随即幽禁皇帝、缉捕新党，尽废新政、恢复旧法。这就是所谓的"戊戌政变"了。——西太后发一阵雌威，新党新政也就从此烟消云散，皇帝也被关入瀛台。

戊戌党人碑

在政变骤起时，第一个关城搜捕的要犯，自然就是康有为了。谁知康竟能于前一日，大摇大摆地走出城去。康氏第一名大弟子梁启超，幸好平时也有亲日言行。这时乃由日友保护躲入使馆，化装逃去。其他与新政新党有关，未及逃走或不愿逃走而被捕者凡数十人。其中首要分子就是所谓"六君子"——谭嗣同、杨锐、林旭、刘光第、杨深秀和康广仁。这六人未经审讯就于中秋前二日阳历9月28日，在北京菜市口被杀，由顽固派的大头头刚毅"监斩"。刚毅（1834—1900）就是讲那句有名的混账话，什么"宁赠友邦，不畀家奴"的满族协办大学士——一个浑球。

就义的六人之中，最有殉道精神的要算谭嗣同（1865—1898）了。他本可逃走。但是他觉得他是新政前锋，新政失败他有殉难的义务。嗣同告诉劝他逃走的朋友说，变法就必然会流血，要流血，就应该从他开始。所以他就从容就义了。嗣同是一位无私的爱国者，一位真君子，中华民族的好男儿。

杨深秀（1849—1898）也是一位守正不阿、轻生重义的豪杰御史。

他虽然也是维新派，但是在政变已成事实，西太后正式"训政"，皇帝被幽，举朝战栗之时，他本可闭口免死。但他偏要挺身而出，诘问光绪被黜之故，并抗疏坚请慈禧归政，以致被捕就义。我们试查明、清两朝千百个御史和后来专打苍蝇、穷拍马屁的所谓监察官员中，有几个杨深秀呢？孙中山就是看重像杨御史这种言官，才坚持要搞"五权"宪法呢！

六君子之中死得最冤枉的要算是31岁的康广仁（1867—1898）。广仁没有做官，也没有在维新运动中当过重要干部。所以变法失败之后，他无心避祸，也没有逃难。因为他实在没有被杀的罪状。但是他最终陈尸菜市口，只因为一条资格——他是"康有为的弟弟"。所以他在被杀之前，在狱中以头撞墙，悲痛呼号，实在也是很够惨烈的。

诸烈士既死，新党中坚或逃匿，或拘囚，或流放，一时俱尽。那些原与他们同气相求、同声相应的开明朝臣，或被黜（如翁同龢），或被阻（如张之洞），或缄口自保、靠边站（如李鸿章、刘坤一、孙家鼐）……朝中无人，大清帝国的内政外交决策大权，便掌握在以西太后为首的一群老朽昏庸、顽劣无知的自私官僚之手。如此则其后朝政每况愈下，终于引起义和拳和八国联军之祸，那也就是顺理成章的事了。

必然之中有偶然

戊戌变法是我国3000年历史中，在商鞅（约公元前390—前338）、王莽（公元前45—公元23）、王安石（1021—1086）之后，几个惊人的变法运动之一。

商鞅"作法自毙"终遭"车裂"（四五部马车或牛车把他拉裂成几条肉块），死得最惨；王莽食古不化，搞教条主义，结果也被砍头；王安石以旧瓶装新酒，用已锈烂的国家机器，来改造积重难返的大病态社会，他能保全了首级，也算是"命大"。

至于康有为戊戌变法，就不然了。戊戌去古未远，史料齐全。如在水晶球内，事实昭然；而载湉康梁、慈禧荣禄，威权久泯，恩怨已断。当今史家，如熟悉史实，剔除成见，未始不能作论定之言，以彰史迹而戒来兹。笔者不揣浅薄，试做此想，曾为这桩公案，誊出四章，凡数万言，以窥其堂奥。长话短结，试问戊戌变法在历史上，究竟应该怎样定位呢？

首章已言之，长逾150年的中国近代史，在社会发展的性质上，原是一部"转型史"——从中古东方型的社会，转入现代西方型的社会。这一转型自鸦片战争开始，但时至今日我们仍然徘徊于中古边缘的"第三世界"。其工程之艰巨，可想而知。但是那时的光绪爷要把这百年难变之"型"，而变之于指顾之间，其必然失败，实无待多费笔墨。把这一现象"概念化"一下，我们可以说："戊戌变法之失败"是个历史上的"必然"。

但是历史上的"必然"，往往又为"偶然"所左右。因为失败的时间和空间、全面或局部、程序和方向、方式和影响……在在都决定于"偶然"因素。这些"偶然"有时也就"必然"地成为下一阶段历史发展的"基因"（gene或cause）。

例如："全部失败"和"局部失败"二者都是"偶然"，但是二者不同的空间，对下一阶段历史的基因，就大不相同。

再如：失败于"百日"和失败于"十年"，也都是人为因素的"偶然"，但是这不同长短的时间，对于下一阶段基因的发展，也就"必然"有决定性的影响。

研究戊戌变法，我们之所以要用两篇篇幅来解剖康有为一人，正是因为左右这个历史"必然"的最主要的"偶然"，便是康有为这个"人格"（personification）。把康有为换成康无为，则戊戌变法这段历史失败的过程和它对下一阶段所发生的基因作用，可能就完全不同了。

通古今之变，识中西之长

在这段历史之中，康氏所扮演的角色，应该是理论家、思想家和政治家。不幸康有为在这三方面，连最起码的条件亦不具备。因为生为现代中国的理论家和思想家，他的见识和学养实应兼跨古今两代和中西两型。康氏对西学那一点点粗浅的认识，不但跨不过这两条鸿沟，而且他强不知以为知，适足以为害。

至于康有为的汉学，他的火候可还在梁漱溟、钱宾四之上。不幸的是他故步自封，走火入魔，犯了教条主义的大错。康作诗说："良史莫如两司马，传经唯有一公羊。"两千年旧史都赶不上两司马，可能是事实。传经唯有一公羊，从今文家观点出发，也没人能制止他作如是说。百家争鸣，原是盛事。他千不该万不该的是，不该真来搞个通经致用，以死硬的教条主义来排斥一切。他如果不搞教条主义，而能虚怀若谷地与以张之洞、翁同龢为首的开明派合作，则变法维新亦有其建设性，而不致走上后来顽固派独大的局面。教条主义之为害中国，康有为是始作俑者。——这也是个历史的"偶然"。

不能做理论家、思想家也就罢了，康有为至少可以做个民胞物与、襟怀豁达的政治家嘛！可惜康氏也没有做政治家的禀赋。他生就是个骄傲不群、木讷乖僻，而又顽固急躁的知识分子。他19岁结婚，我国千年旧俗，花烛之夕，亲友们热闹一番，闹闹新房，也是常事。而他这个乖僻的新郎，却不许闹新房，弄得颇失亲友之欢。那时有为笃信周礼，一切要按"礼"行事。所以在他祖父去世之日，他也在棺前结苫庐，缞经白衣不去身，终年不食肉。他自记说："时读丧礼，因考三礼之学，造次皆守礼法古，严肃俨恪，一步不逾。"但是他自己也说，他这样做"人咸迂笑之"。可是他自夸"少年刚毅，执守大过多如此"。他我行我素，才不在乎别人如何批评呢！

记得清人笔记亦尝记有某翁，因笃信"正心诚意"之说，他"昨夜与老妻敦伦一次"，也要在日记里"正心诚意"地记录下来。康有为正是这样木讷乖僻之人。

这种少年康有为形态的知青，我们小中大学同窗好友之中，正不知有多少。人各有其不同的个性与生活方式，本不应彼此相强。但是这种人就不能当"公关"，尤其是不能做政党的党魁了。

有为青年期，在一再"乡试不售"的沮丧心情之下，也曾习禅打坐，诵佛道经典以自遣。有时竟弄到"哭笑无常"的程度。这也是根据他的夫子自道（自编年谱）得知。"哭笑无常"是初期精神病的现象。据心理医师言，病人本身如知此现象为不正常而求医，则其疾不致深入；如病人以此"佯狂"而自傲，那就可能变成"疯子"。做疯子仍可做大学者，如章太炎，但是做"章疯子"就不能做政治家了。

在我国明、清两代旧俗，考生进学或中举点进士，都要拜主考官为"房师"，以报答主考官对他才华和学问的赏识。可是康氏骄傲成性。他要孙中山拜他为师，他自己则拒绝拜自己的主考官为师，弄得狂名满天下。最后应朋友之劝，康氏总算拜他的乡试主考官许应骙（后任礼部尚书）为房师。但他们师生的关系却弄得形同水火。其后维新期间，对康氏痛心疾首，而参劾最厉的也正是许氏。许氏之劾康，与其说是由于意蒂牢结，倒不如说是感情用事。据说康亦怂恿御史反劾，在皇帝面前打个火上加油的笔墨官司。光绪袒康革许，斯为光绪亲政之后，第一次黜陟大臣。其后帝后两党之水火，就更无法收拾了。

据说康有为于6月16日光绪召见之时，在"朝房"（等候召见的地方）与荣禄不期而遇。二人谈到变法。荣说："法是应该变的，但是一二百年的老法，怎能在短期内变掉呢？"有为愤然回答说："杀几个一品大员，法就可以变了。"

我们在一百年后回看戊戌政情，固知那时的荣禄有力足以杀康，而康绝无力量可以诛荣。在这百日维新刚启幕之时，康对旧派第一号大头头，作此毫无必要的愤激之言，也可想见他在处人上的偏激和政治上的木讷了。

总之，戊戌变法实在是我国近代史中，继"科技现代化"（或"四个现代化"）而来的第一个"政治现代化"（也可说是清末的"第五个现代化"吧），但是这个运动不但未能领导我们的政治体制前进一步，反而倒退了数十年。胡为乎而然呢？

我们知道戊戌变法主要的推动者是光绪皇帝。若以《春秋》的标准作"诛心之论"，要从为国为民、牺牲小我的动机着眼，光绪帝这位爱国青年，实在是我国历史上极少有的"尧舜之君"。但是光绪帝毕竟是长于深宫之中，受制于无知而狠毒的母后的一个儿皇帝。经验不足，徒善亦不足以自行。他应首先慢慢地建立自己的权力基础——像蒋经国那样——然后才能试行变法。纵使时机发展至法有可变之时，也应分为轻重缓急次第施行。诏书一日数下，朝野莫知所适，也不是个办法。不幸这位年轻皇帝，显然感到国亡无日，所以迫不及待。但是他的军师谋臣，应该有见及此。不幸康某木讷执拗，识见不足，而操切浮躁，且有甚于幼主。——言念及此，我们不能不说康有为实在只是一位狗头军师。他不能担当推行政治现代化的天降大任，而开了倒车。

值此2000年未有的转型期，失之毫厘，差之千里。有心掌舵的人，总应略通古今之变，粗识中西之长，虚怀若谷，慎重将事。君子误国，其害有甚于小人。可不慎哉？

以古方今，鉴往知来。摩挲旧史，涉猎时文。掷笔几上，吾欲何言？！

第四章
义和团与八国联军

　　义和团，亦民亦匪的保国群众运动。从星星之火烧成燎原之势，扶清不成，灭洋无功，上演一出纷纷攘攘的人间闹剧。八国联军，各怀鬼胎的国际武装大拼盘，从护卫使馆转为进军北京，奸掳焚杀，人头滚滚，掀起一次世界文明史上的罕见浩劫。虽有李鸿章巧手斡旋，瓜分之祸可免，但丧权辱国难逃……

一、传教·信教·吃教·反教形形色色平议

在中国近代"转型期"的转变过程中，戊戌变法是个重要阶段。变法失败固然是件惨事，而真正可悲可叹，乃至惨不忍言的，却是它的后遗症，那桩几乎引起中国遭"瓜分"（The Partition of China）之祸的义和团和八国联军之乱。义和团和八国联军是戊戌政变的立刻后果。但是这件中国近代史上所谓的"拳乱"，究竟是怎么回事呢？

拳乱差不多过去快一百年了。近百年来，中外史学家，尤其近十来年在数次关键性的国际研讨会之后，可说已把这桩惨史的事实弄得相当清楚。就历史事实发生的经过来说，史家已大致没太多争辩的了。但是各派史家对这桩史实的解释，则仍是南辕北辙，各异其趣，有的甚至指着鼻子相互辱骂。

不用说在事变当时的一两年中（1900—1901），大清帝国的宫门之内，就为这是非问题而弄得人头滚滚；一百年来的中外、新旧、左右、前后各派史家，中外基督徒与非基督徒，乃至东方和西方的社会科学家、宗教家、政治家等，对这桩历史的解释，也是两极分化，各不相让的。

我们应该承认，作为一个华裔史学工作者，对这件惊天动地而是非难分的历史事件，要想笔端不带感情而据实直书，也几乎是不可能的。但我们也

相信，古今中外，任何惊天动地的历史大事，都应该有其基本的公是公非。戴有色眼镜，作曲笔之言，都是不对的，其记录也是不能传之后世的。

历史家如能压低自己从任何背景所承继来的知识、经验和感情，心平气和地来寻觅这件史实的公是公非，也不是绝对不可能的。本篇在落笔之前，笔者就希望先简单扼要地弄清楚这件历史事实之后，在各派史家对此史实都会觉得没太多争辩之时，我们再来做进一步的诠释：是其是、非其非，找出它比较接近真理的"公是公非"，作为定论。

先看曹州教案

比较具体地说，义和团之乱，应该是从1897年（光绪二十三年，阴历十月）所发生的曹州教案开始的。当然教案不始于曹州，义和拳也并非曹州土产。但故事从曹州教案说起，我相信是个比较实际的选择。

曹州教案是怎么回事呢？原来清末山东曹州府属下的巨野县有个德国天主教堂和属于该教堂的一些教民。一次这批教民和当地人民发生冲突，教堂袒护教民，因而引起群众暴动。在暴动中有非教民30余人冲入教堂，不但把教堂砸了，连教堂内的两位德国传教士能方济（Francois Nies）和韩理（Richard Henle）也被无辜打死了。这一来闹出人命，尤其是那时享有"治外法权"（extraterritoriality）的外国人命，就变成列强"强索租借地"（The Battle of Concessions）的导火线了。

曹州府位于山东省西南部，下接江苏省的徐州府，是个出"响马"的地方，民风强悍。《水浒传》里的"梁山泊"，便在曹州境内。唐朝末年"黄巢杀人八百万"，也是从曹州开始的。继洪、杨而起的捻军，也起于这一带。不用说清末乱世了，就是一般太平盛世，当地老百姓之间的械斗也是随时都有的。出了几个武松，打死几个西门庆，本是司空见惯的，不算稀奇。只是这次械斗的一方是教民，教民背后有洋人撑腰，问题就复杂了。

外国教会是中国第二政府

须知那时在中国的洋人，都是不受中国法律管束的太上皇，他们受

"治外法权"和"领事裁判权"的保护,犯了中国的法,只有他们自己的"领事",按照他们自己的法律,才能"裁判"他们。

纵使是外国教会传教士设在中国的教堂,也形同中国境内的第二个政府。外国的传教士和中国的官员也是按照对等职分平起平坐的。据当时清朝朝廷的规定:教会中的"主教"是与中国一二品大员的地方官"总督""巡抚"平行的;"副主教"与"司、道"(省区二级官员藩台、道台)平行;"神父、牧师"与"知府、知县"平行。

在那官权高于一切的专制时代,老百姓对亲民之官县太爷,都要叩头跪拜,尊称"老爷"。老爷的妻子才许叫"太太"。哪儿像今天的台胞和华侨,动辄介绍自己的老伴为"我的太太"。今日大陆更不得了,开口闭口"我的夫人"。"夫人"者,在那义和团时代,政府高官、三品以上"大人"的老婆,始可有此尊称也。

相对之下,则洋教会中主教的老婆,就等于中国的"一品夫人",牧师的老婆都是"太太"。一般"子民"老百姓见之,都是要下跪的。所以那时在中国传教久了的西方传教士,一旦回到他们自己国内做平民,对他们根生土长的社区,都很难适应。因为他们在中国时,都有高官的身分和供使唤的婢仆。高官就难免有"僚气"。有僚气的人,在西方尤其是美国的社区之内,就很难适应了。

西方教会既然在中国境内形成了"第二个政府"(有时甚至是"第一个政府"),则在这另一个政府庇护之下的"教民",也就不是普通的老百姓了。

[附注]西方教会中的主教原都是有妻子的。有妻子自然就会有儿子。儿子在父亲死后自然就会争遗产。而主教当时都掌握有教会产业,而教会又是大地主大富翁。因此主教一旦死亡,则嫡子嗣子的遗产之争,就闹不完了。这样教廷乃干脆禁止主教们娶妻生子。

教民是怎么回事?

教民又是怎么回事呢?教民现在叫基督徒。那时中国境内极少中国牧师主持的华人教堂，所以中国基督徒都是在外国教会在中国建立的教堂中做礼拜。信徒全是由外国牧师领洗的。中国人久有一盘散沙之喻，而洋教会则善于组织。因此当时分布在山东省各教会中心的中国基督徒（人数在两万至四万之间），实在是一个在外国牧师领导之下，很有组织、极有力量的社团。这个社团的"领导"（恕我借用一个目前通用的名词），每个人都享有治外法权。在领事裁判权的保护之下，他们既不受中国法律的约束，对接受他们传教的中国教民，也就只按他们的教义来加以保护了。所以这时在山东的教民不是弱者。他们的团体在当时多重中心的中国社会里，其力量不但足与任何黑、白社会的民间团体（如大刀会、红枪会、八卦教、义和拳、青洪帮、农会、工会、宗亲会、同乡会等）相抗衡，甚至连当地权力无边的各级衙门也不放在眼里。——清朝政府对当地人民虽享有生杀予夺之权，但是对在洋教会保护之下的教民，就凡事让三分，不愿自找麻烦了。

因此，那平时极少制衡的中国中央和地方政府，这时总算碰到一个克星——那个足以与它分庭抗礼，甚或权势犹有过之的外国教会。所以从"抗拒那极权政府鱼肉人民，防止被社会上恶势力欺凌以及引领教民走上比较现代化的生活"这个角度来看，洋教会在当时中国的政治和社会里，有时也发生着很多的正面作用。

耶稣会士与文化交流

可是那时的中国教民虽享有如许的政治上和社会上的优势，但信教的人还是寥若晨星（约合山东全省人口的千分之一），原因又在哪里呢？

简单说来，这就是个文化融合的问题了。不同的文化会产生不同的"生活方式"。不同的生活方式在同一个社会里同时流行，就要发生社会矛盾，在家庭生活上也要发生严重的代沟。要使这两种生活方式"水乳交融"，要打破这两个泥菩萨，再揉成两个泥菩萨，你身上有我，我身上有你，那就非一朝一夕之功了。所以当时中国老百姓拒绝信仰洋教，便是因为在那时的中国社会里，基督教的生活方式和中国传统的生活方式，不是水和乳的关系，而是水和油的关系。二者是融合不起来的。

须知任何宗教都是从一个特定的民族文化中滋生出来的，然后再以此民族文化为基础，推陈出新，发扬光大，向其他民族文化中渗透传播。基督教原是发源于犹太民族文化之中，是"犹太教"（Judaism）中的一个有革命倾向的开明支派。基督本人被钉上十字架时，他也不知道自己已经成为一个"基督徒"。基督之死，只是一个开明改革派的"犹太教徒"殉道而已。可是基督死后，那些尊师重道的基督之徒（在中国儒家则叫作"仲尼之徒"），保罗、彼得之辈受不了犹太本族的宗教迫害，乃向欧非两洲的异族之中钻隙发展，历尽异端迫害，终于篡夺了东西罗马的政权，成为独霸欧洲的宗教。在北非，他们也建立了一个黑色基督大国亚比西尼亚[①]（今衣索匹亚）。在欧非两洲分别传播的基督教虽截然有别——在欧洲的教义内，"上帝"是没有形象的；但是在早期非洲基督教会内，"上帝"则有个人形塑像，他和佛道两教寺观之内的雕像是大同小异的。所以，洪秀全在梦中所见到的红脸金须的"天父皇上帝"，原是《圣经·旧约全书》和非洲基督教中的上帝。美国当年的新教传教士罗孝全不承认洪秀全的上帝，实在是他神学史未搞通而少见多怪——但是不论欧非两派是怎样的不同，他们同出于最早期基督使徒之传播则一也。

可是基督教却与中国文明风马牛不相及。在唐朝初年东罗马正教的波斯支派（The Nestorians）曾一度循"丝路"东来。但是它除留下一块"大秦景教流行中国碑"之外，历史家找不到它是如何流行的，影响就更谈不到了。迨明末清初，尤其是清初，"耶稣会士"（Jesuits）奉教廷之命来华传教。但是清初的康雍二朝实是中国历史上空前绝后的盛世。这时的中国让那些传教士真看得目瞪口呆。这批"耶稣会士"都是些圣洁（holy）而有殉道精神的学者。在当时中西文明互比之下，他们觉得当时的欧洲在政治管理、社会道德、经济成就各方面往往不如中国。因此在所有传教士书简中，对中国真是众口交赞——甚至是未说过中国一句坏话。所以他们

————————

①今译作埃塞俄比亚——编者注。

东来所走的路，不是"单线街道"（one-way street）。中国文明之西传，他们也是功不可没的。这些耶稣会士当年所搞的是一种真正的东西文化交流。他们要修正他们自己的教义，来配合中国的儒家道统，截长补短、采精取华地融合共存。不幸在17、18世纪之间，他们的教廷却愈走愈教条化，而中国宫廷之内的政争也把他们无端卷入。因此，这场多彩多姿、平等互惠的中西文明之结合，就无疾而终了。

全盘西化论的先驱

耶稣会士绝代后百余年，19世纪中期欧美传教士又接踵而来。时隔百余年，双方环境都完全变了样。这时大清王朝已走入衰世——政府腐化无能，社会贫穷脏乱，公私道德也全部破产，真是人不像人，国不像国。而这时的欧美国家却正如日出东山，朝气勃勃。纵是在他们治下的殖民地如香港，租借地如上海、广州和天津的各国租界，治理都高明得多。

在这个尖锐的对比之下，19世纪的传教士就没有当年耶稣会士那种虚怀若谷的雅量了。这时的传教士也不像当年的耶稣会士那样是经过教廷选拔而为宗教献身的圣徒。他们很多都是《圣经》之外别无所知的神职人员，有许多更是由乡曲小教堂筹款，把他们送到海外的落后地区传教的。因此他们一开始，就有不可一世的种族和文化的优越感，认为他们传教的对象是一种遍身罪恶、满身传染病而无文化的异端。这种异端蛮族也只有信上帝，全盘基督化，才能"得救"。

所以17世纪与19世纪从西方东来的基督徒传教士的作风，简直是南辕北辙。前者所做的是两个对等文化的交流与融合，而后者则是一边倒——中国人民如要"得救"，就只有完全放弃自己的文化传统与生活方式而全盘基督化，也就是"全盘西化"。他们实在都是"全盘西化论"的先驱。

当然那时中国的宗教信仰（如看相算命、崇信城隍土地）和一般生活方式（如缠足、纳妾、吸毒、盲婚……）都表现得十分落后甚至野蛮。但是中国文明中亦有其可取之处，不可因噎废食、玉石不分。除旧布新，原是任何有文化的社会都应该做的事。斯之谓"现代化"也。中西文明之对比，非中不如西也。只是中国文明"现代化"之起步，晚于西方文明300年而已。

即以医药一项作比。中古时期中国之医药，实远迈欧西；而19世纪与20世纪之时，则"中医"较"西医"之落后就不可以道里计矣。然"中医"（如草药、如气功、如针灸）又为何不可"现代化""科学化"，以至于"中西医结合"，截长补短，互惠合作呢？中国人为什么一定要废除中医，全用西医呢？

所以我们谈"中西文化之比较""中西文化之融合""东西宗教之对比"等比较史学和比较文化上之专题，实千万不能忽略其间的"阶段性"。中西互比，我们只能以古代比古代、中古比中古、近代比近代，而分别论其短长。不可不分层次，不辨古今，囫囵吞枣，而泛论一切！

吾人如自觉近两百年来，在"现代化"过程中落后而处于衰势的中国文明，远不如"现代化"较早而至今仍处于盛势的西方现代文明，就要尽弃传统，"全盘西化"，这原是启蒙时代的幼稚病，启蒙诸子的矫枉过正之言，不值深究。而好汉专提当年勇，不分阶段、囫囵吞枣，硬说精神胜于物质，东风可以压倒西风，当然更是不通时务之论。要知东西文化，原无优劣；而时间今古，则长短分明。

不幸的是，在那清末民初之世，中西双方均各走极端。西方神职人员之来华者，认为落后贫穷的中国异端，除信他们的上帝之外，无二话好说。伯驾牧师说得好："中国人不服从，就毁灭（bend or break）。"因此那时纵是最善良、最具好心肠的传教士，对他们母国的帝国主义在中国的胡作非为，也多表支持。有的甚至认为"帝国主义"并不存在。此一"帝国主义不存在论"的心态，其后且蔓延至西方汉学界。连西方汉学泰斗的费正清先生亦终身服膺之。到他写完自传的死前数年，才稍有转变。

这是那时西方人在中国的基本态度。这一态度如不改变，则西方教士传教中国，就永无安宁之日——上至士大夫，下至工农兵，都要一致抗拒了。太平天国之覆灭，就是中国士大夫抗拒基督教之结果；如今义和团之兴起，则是工农兵和基层社会中人抗拒基督教之行为表现也。拳乱之时，除少数满洲贵族乘机附和，企图扶清之外，汉族士大夫几乎完全靠边站，甚至有奋起"剿灭拳匪"者。非汉族士大夫有爱于耶教也，只是他们头脑较为清楚，吃一堑长一智，认为洋人惹不得罢了。

士大夫和工农兵抗拒耶和华

若问中国士大夫和工农兵为什么一定要抗拒基督教呢？为此难题，近年来台湾基督教会在一些杰出领袖如林道亮、阮大年、王永信、周联华、林治平诸先生策划之下，筹有巨款，设立专门计划来加以研究。

据吾友李湜源教授的解答，中国人未尝反对耶教也。只是耶教教义与中国伦理传统互异，二者交流乃发生严重的文化冲突。这种文化冲突不解决，则中国人就难于接受耶教了。李君亦是虔诚的基督徒，对神学与神学史均有深入的研究。举例以明之，李君就认为曾在《圣经·旧约全书》中出现6千次的"上帝的上帝"耶和华（Yahveh）就不是"中国人的神"。下面且抄一段李君对耶和华的讨论：

> 耶和华是一位很特别的神。第一，他是神人合一。他有手，有指，有脚，有腿，有眼，有耳，有口，有鼻，能说话，有声音，他能够种树，也能够缝衣，他是男性，是父亲，有儿子，他能教训，也能咒诅，他能记忆，也能忘记，他能笑，也能哭，也能喜、怒、哀、乐、爱、恶、欲。他有一定的住所，西乃山是他居住的地方，但是他又时常奔走，"自从我领以色列人出埃及直到今日，我未曾住过殿宇，乃从这会幕到那会幕，从这帐幕到那帐幕。"（《历代志》上，第17章第6节）第二，他是一个恐怖（Terrible）的神。原文"Terrible"一字，中文圣经译作"应受敬畏"。"耶和华因为不能把百姓领进他向他们起誓应许之地，所以在旷野把他们杀了。"（《民数记》第14章第16节）"我是耶和华，不轻易发怒。我有浩大的爱；我赦免罪恶和过犯。然而，我一定要因父母的罪而惩罚他们的子孙，甚至到第三、第四代。"（《民数记》第14章第19节）"耶和华吩咐以色列人与米甸人打仗，把一切的男孩和所有已嫁（原文作曾与男子性交的）的女子都杀了，但女孩子（指

小童）凡没有出嫁的（原文作没有与男子性交过的），你们都可以存留她的活命（原文作留作你自己使用［奸淫］）。"（《民数记》第31章第7至18节）"耶和华是一位嫉忌的神，他的名字就是嫉忌。"（《出埃及记》第34章第14节）"嫉忌就是我（耶和华）的圣名。"（《以西结》第39章第24节）。在旧圣经我们可以处处看到，耶和华是一位战神，是一位犹太人的神。

湜源认为耶和华是一位犹太人的神，是一位战神。吾人授中东文化史，固知所有发源于中东的宗教，都是战斗的宗教；在中东寄居或过往的民族所崇拜的神，都是"战神"。因为中东地区，自古便是四战之区，人民不好战便不能生存，为战争而激发的宗教所崇奉之神，自然也都是战神了。

战没什么不好。不过这与宣传反战的儒佛两教，是教义不投的。所以中国人很难接受上述的耶和华。

李君又提到"19世纪中国人信教原因［之一］，是因为教会能够赦罪"。但是教义里的可赦之"罪"不是"罪恶"的罪（crime），而是"过错"的罪（sin）。那时中国教民受享有领事裁判权的洋教士的庇护。"中国人犯了罪就参加教会，得到罪的赦免。因此参加教会要付相当的价钱。"当年教会办的刊物，就记载过一则故事：

> 一位［西方］传教士在渡船里听到两位中国人磋商购买参加教会证书的价钱。这是一件人所共知的事实，在某个中国城市，中国传道人要定下普通参加教会证书的价钱。（见《教务杂志》1910年3月，第209页。）

李教授也对章力生先生所著的《人文主义批判》，做了些反批判。章君说：

> 东方是异教的大本营。我们要使基督教会在东方扎根，建立不拔的基础，必须掀动异教的文化结构和哲学系统，向他们积极挑战……

湜源又说：

> 章先生劝告中国人，大彻大悟，在全能全知的真神之前，去其"骄气与多欲、色态与淫志"；好像"多欲""淫志"也是中国人反对基督教的原因。（章力生《人文主义批判》，第4页）〔见李湜源著《中国人与基督教——商讨中国人对基督教的反响》，载《文艺复兴月刊》，台北"中国文化大学"出版，1981年10月1日，第126期，第58—62页。〕

章力生先生还是生在20世纪的中国人，一位笃信基督的良心教徒。他的言辞之一边倒和他反华卫教态度之决绝尚且如此，庚子年间，那些享有"知府""知县"地位的西方传教士，其卫教反华的态度，就不言可知矣。明乎此，我们也可了解当年所谓"民教冲突"的因素是多么复杂。

其罪可赦而养儿不能防老

须知当年的中国基督徒原有"良心教徒"（Conscience Christians）与"吃教教徒"（Rice Christians）之别。良心教徒一旦入基督之门，则终日忏悔有罪，时时在上帝之前思图自赎。

老来笃信基督的张学良将军夫妇，便是一对标准的良心教徒。张将军在其九十寿诞致辞时，劈头一句便说："我是个罪人！"当时曾使全场大惊。或谓少帅当年在李烈钧庭长之前都没有认罪，这一下被关了50年，反而认罪忏悔起来，亦见军事委员会"管教"之有方也。其实张氏所讲的只是基督教义里的一个术语，他所"认"的只是此罪（sin），而非西安事变时所"犯"的彼罪（crime）也。可惜在国民党的传统之中，党魁之外，教民寥寥。听众之中，通基督教义者，小猫三只四只而已。所以大家就错把冯京作马凉，以为少帅对西安事变这项"罪恶"，忏悔了，认罪了。因此全场大鼓其掌，亦史中趣事之一也。

把少帅之sin当crime来曲解，小事也。最多让后世史家上错一笔账，也使把少帅看成"千古功臣"的中共稍感惶惑罢了。可是对基督其他教义（如

215

"赦罪")的误解，那关系就大了。根据教义"罪"既可"赦"，则又有何罪不可"犯"呢？——这就对"吃教教徒"为非作歹，大开方便之门了。

抑有进者，纵是那些最善良最虔诚的良心教徒，他们在当时的中国社会里，有时也可制造出极严重的社会矛盾。举例以明之：当时所有的基督教会都是以"反孝"甚或"仇孝"作号召的。他们认为人只能向上帝尽孝，不应向父母尽孝。笔者便有一位在中国出生，说得一口京片子国语的传教士好友。她当年在北京对一位搞"晨昏三叩首"形式主义的满族"孝子"，印象太坏了。所以她一辈子坚持她的格言："孝顺"就是"笑话"。

清末在中国传教最有成绩也最有见识的美国传教士，后来又做到中国"同文馆"乃至"京师大学堂"总教习的丁韪良（W. A. P. Martin，1827—1916），也坚持相同的意见。他认为人对上帝的孝顺，不应被人对父母的孝顺所阻隔。

基督教这种上帝独大的"反孝"立场，因此便与当时"百善孝为先"的中国伦理针锋相对了。我们如把19世纪末年来华的传教士与16、17世纪来华的耶稣会士相对比，则后来者就显得武断专横多矣。

笔者不学，亦尝读布道诸子之书，对他们处理如"孝道"这类的社会问题之轻率自信，就时感骇然。姑不论其道德价值如何，"孝"的本身却是一种"社会经济制度"（a socio-economic institution）。在那个缺乏"社会立法"（social legislation）、社会保险，没有退休金、养老金的中国传统社会里，"养儿防老"，岂止"道德"而已哉？社会经济之必需也！

设有男子，受了上帝影响，或经济和老婆的压力而置父母饥寒于不顾，这一"不孝子"，不但道德有亏，为亲友乡党所不齿，他在《大清律例》之中也是个"刑事犯"，要被捉将官里去的。

假若这个刑事犯是一位虔诚的基督徒，甚或只是个"吃教"的骗子。但是这个官家捉人的消息一旦由他家人妻子哭诉到教堂里去，那些笃信教条、诚实而又偏心的外国牧师，可能便要向官方施压索人。那时畏洋人如虎的清朝官吏，为自保禄位、息事宁人，多半也就遵命开释。

那位精通中国语言文字，并曾在说京粤语的华人之间充当方言翻译的丁韪良，在他的自传里就曾自炫他替某些"不孝父母的上帝信徒"开脱过罪名。这些中国伦理范畴内的"不孝子"，在洋人的庇护之下，逃脱了中国法律的制裁，但他却逃不掉社会舆论的指摘。一旦他那年迈无依的二老，把家事闹上街头，则"梁山"下来的英雄，"大刀会"里的好汉，内外兼修、精通"义和拳"的气功师，就要仗义、行侠、锄奸（不孝子）、除暴（洋教堂）了。为锄奸除暴而砸了教堂、打死了洋牧师，问题就大了。打死人的李逵、武松等"义士"，可以上梁山一逃了事，但是这命案变成了国际事件，则本地县太爷、太守、刺史乃至中央的总理衙门就无处躲藏了。中西读者们，且设身处地地想想，你如是那时处理这件公事的中国县太爷，你应该怎么办？

以上所举只是当年千百个教案之一例。其中是非曲直，从何说起呢？不幸的是当年的教会中人都是跟随帝国主义的坚船利炮闯入中国内地的，对中国传统的道德伦理和社会经济结构都只是一知半解，而对他们自己教义的坚持则半寸不让，因此对中国官府民间动辄颐指气使。中国政府对教会过分忍让，则失信于民；民间组织自行抗拒，在洋人压力之下，官又指民为匪，妄肆诛戮。如此恶性循环，治丝益棼。最后官方威德两用，剿抚兼施，难免又良莠难分，养痈成患，为无知昏聩者所利用，则义和团之形成也就无可避免了。

一根油条大小的国际交涉

再如咸丰年间影响中美关系极巨的小教案，则起源于美国牧师以发放铜钱，鼓励市民于礼拜天入教堂做礼拜。一个铜板对富有的美国牧师，只是九牛一毛，但它对流落街头的广州贫民，则至少是一根油条的价值。为控制这根油条的布施，礼拜天的教堂门前就要发生（如今日在美国亚裔社区内所习见的）"帮派斗争"（gang fight）了。青龙白虎两帮为抢地盘，大打出手，城门失火，殃及池鱼，连美国教堂也被砸了。

这桩砸教堂打教民的街头武剧，被洋牧师闹入衙门，就变成国际事件了。等因奉此，那位出身牧师，后来变成美国驻华使馆的翻译，递升代办，终成公使的外交官伯驾乃行文要求清政府赔偿损失。那时畏伯驾如狼，讨好美国公使更唯恐不及的清廷钦差大臣，非敢不赔也；可他老人家怕的是，此恶例一开便不得了也，就只好拖延。但是那时的美国佬也不是好惹的，伯驾岂是等闲之辈？他坚持清方非赔不可，案件一拖十年，竟成为咸丰朝（1851—1861）中美外交中最大的疙瘩。最后还是清朝大臣打躬作揖，赔款了事。

这个由于传教失策引起街头帮派打架，再由帮派打架殃及教堂，递升为国际外交症结的小故事，笔者笨拙，不惜囚头垢面，自美国档卷中穷索之，终于水落石出。但是这一类事件，在一些有既定成见而又不愿深入研究的史家的笔下，都变成华人排外反教的实例。

其实，朋友！他们为上帝的一根油条打架是真，排外反教的帽子就未免太大了。

儒徒、佛徒比较阿Q

在这百十件教案中，当然我们不能说没有为排外而排外，为反教而反教的实例，"排外族""反异教"，各民族之间只有程度深浅的不同，没有有无的例外。

但是在世界各大民族及主要的宗教文化之间，还算是儒佛两教较为缺少"排他性"。凡耶教、回教所不能忍者，儒徒佛徒多能身受之。余读教士书，知彼辈来华之初，多乏托身之所。初期天主堂与基督教堂多借地设于佛寺、道观之内。其神父、牧师讲道往往便置十字架于佛前香案上。宣道至高潮时，往往便挥杖直指神坛上泥塑木雕之佛像，斥之为糊涂偶像，有罪而无灵……基督教原为排他性极强之宗教，对异教之"敌我矛盾"，界限分明。诋辱异端之言辞，均极严峻，而传教士笃信本教真理，亦从不讳言之。有时在其辱骂异端至激烈之际，四周围听之僧侣与群众不但不以为忤，每每且为之欢笑助兴……余读书至此，辄掩卷窃笑，想我民族何阿Q若此？然亦中国文明宽容之一面也。其智可及，其愚不可及，正是圣贤之道也。

试思此一情况如主客易位。设有东方黄人，于坐满爱尔兰码头工人

（Irish longshoremen）的纽约天主堂内，挥杖直指怀抱婴儿之圣母玛利亚（Virgin Mary）为无知村妇，玛利亚之子为顽劣牧童，岂不头破血流，天下大乱哉？

华民非不反异教也，然华族固为一无宗教之民族，群众百姓一般均安于土宗教（folk religion），随地拜拜，神佛处处，再加几个耶稣、上帝，不以为多也。"有教无类"，故对入侵异教，颇能阿Q之。斯为独崇一教之中东及西方诸民族所难能者。所以若论反异教，则我民族较之西人，较之犹族，宽容十倍矣。

为虚无的超自然而相杀，我民族史中，除洪杨一役之外，未尝有也。子曰："未能事人，焉能事鬼？"杀生人而事鬼神，科学耶？民主耶？终须等到中西文明现代化扯平之时，始可言其是非也。

德人强占胶州湾

可是在那义和团时代，最可叹的还不是这些宗教上和哲学上的是非问题，而是德国恺撒以此为借口而强占了中国胶州湾的政治问题。德人既占胶州湾，其他帝国主义之列强乃发生连锁反应。中国沿海港口上自旅顺、大连、威海卫，下至九龙、广州湾，一时均为列强所霸占——99年之强租与霸占何异？由港口之霸占，乃有列强对中国内地"势力范围"之划分。若非由于诸帝国主义之势力相持不下，则大清帝国早就变成波兰了。

此一瓜分局势之形成，实德意志帝国以曹州教案为借口而始作俑者。义和团就是国人对这次国难愚蠢的反应。

德国原为近代世界政治史上扩张主义之后进。所谓德意志联盟本来只是日耳曼民族之间一个松散的城邦组织。1870年（清同治九年）普鲁士一举击败法国之后，普王威廉一世在名相俾斯麦策划之下，一跃而为诸邦之首，德意志始粗告统一。其后十年生聚、十年教训，至1890年威廉二世即位后，俾斯麦罢相时，德国后来居上，俨然已发展成为当时一主要的中欧强国，搞合纵连横，不可一世，而威廉对向外扩张尤迫不及待。不幸此时亚非拉诸落后地区，已为诸先进列强所瓜分，空隙极小。至1895年中国为日本所败，割地赔款。这对欧洲后进的帝国主义德义两国却是个极大的鼓励。（义大利之统一、复兴及扩张，几与德意志同一时间，同一模式）两个迟来晚到的小强梁，当义大利在浙东三门湾一带伺隙而进之时，德皇的先遣密探已在胶州海面打主意了。1896年12月14日（阴历十一月十日）德国驻华公使海靖（Edmund von Heyking）乃正式向总理衙门提出租借胶州湾50年之要求。

总理衙门在它的创办人恭亲王奕䜣的主持之下（奕䜣是同治和光绪两个皇帝的胞叔），爱护胶州事小，怕列强援例事大，乃加以婉拒，交涉经年，没有结果。但是德皇威廉二世和他派驻北京的海靖公使，这时气焰正盛。威廉已派实力可观的远东舰队游弋于胶州湾内外，虎视眈眈。这是当时列强根据不平等条约所享有的特权，而中国北洋海军则于甲午战败后一舰无存，无丝毫抵抗能力。

就在这德国已准备动武而没个借口之时，正好发生了曹州教案。这时中国的山东巡抚是李秉衡。李氏本于教案（1897年11月1日）发生前一月已调升四川总督，遗职由张汝梅接替。不幸他官运欠佳，正办交代而尚未离任时，曹州就出了事。李氏自知大事不好，乃倾全力"破案"。11月9日竟将曹州杀人犯全部缉获，向德使请罪。但是这时德人已决定借机强占胶州湾，并囊括山东为"势力范围"，请罪有啥用呢？

德皇于11月9日始得曹州教案之电讯，经三数日外交试探之后，德国远东舰队乃奉命于11月14日轰击中国炮台，陆战队随之登陆，占领了胶州湾，并拘禁奉命不抵抗之中国驻军总兵章高元，再向邻近即墨等属县进袭，一时难民如潮，血流遍地，时局就不可收拾了。

与此同时，德国公使向北京总署，亦提出六项要求：

一、李秉衡革职永不叙用。（李氏尚未到任的四川总督也就被革了。）

二、赔三座教堂建筑费各六万六千两，教堂失物费三千两。（这笔款子在那时是大得惊人的。）

三、巨野等七县建教士住屋，建费两万四千两。

四、中国道歉，并保证永不再犯。

五、中德合资建全省铁路，开发矿藏。

六、赔偿德军侵胶澳军费约数百万两。

（引自摩尔斯著《大清帝国国际关系史》卷三，第107页。）

此六条墨沈未干时，德使又补提若干条，在落实上述路矿要求之外，更提出租借青岛及胶州湾99年之详细条款。

这时清廷在毫无抵抗能力的情况之下，焦头烂额，在君臣对泣一番之后，也就全部承认了。经四个月之磋商，这项《胶澳租借条约》就在翌年3月6日（阴历二月十四日），正式签字了。今日我们仍然很欣赏的青岛啤酒，也就是那时德国商人在青岛开始酿造的。

"不可战而战"与"可战而不战"

那时的所谓教案是怎么回事？而列强利用教案为借口，以侵蚀中国领土主权，又是怎么回事？笔者已不厌其详，缕述如上。这些都是历史上扳摇不动的事实。我不相信任何中外史家可以否认。若说教案完全起于中国老百姓的排外行为，这分明与事实不符。若说帝国主义在中国并不存在，那就更是强词夺理的胡说。上述胶澳租借史，你说不是欧洲帝国主义的侵华行为的标准记录？

当然，国必自伐而后人伐之。欧美帝国主义为什么不侵日本呢？胡适老师说得好，帝国主义为何不侵"五鬼不入"之国呢？帝国主义之侵我，也是我们自己窝囊的结果嘛！哪儿能专怪人家呢？但是我们为什么要如此窝囊呢？

我国近百余年的动乱，是一种历史上社会"转型"的现象。文化不论中西，都是要从落后的"中古形态"，转入"现代形态"。西洋文明从文艺复兴开始，至此已"转"了600年。我们从鸦片战争开始，至今才150年，按理我们还应该有一段苦日子好过呢！分阶段"转型"是慢慢来的，急不得也。笔者于"转型"之说，谬论已多，这儿就不再噜苏了。

总之在戊戌和庚子那个阶段，自曾、左、李、张（之洞）而下的汉族士大夫和器重他们的皇帝爷——义和团同志们尊之为"一龙二虎"者，他们吃一堑、长一智，知道洋大人是碰不得的。他们知道"外事棘手""教案难办"，不可轻率从事。

记得"九一八"时代，笔者当小学生时，曾读过陈布雷先生的大著《国民政府告学生书》，曰："……可战而不战，以亡其国，政府之罪也。不可战而战，以亡其国，亦政府之罪也……"其实这也是"九一八"之前30年中国士大夫的心境。可是这种士大夫情怀就不是当时工农兵——李逵、武松、花和尚和济公法师一流人的想法了。

在这批英雄好汉、江湖豪杰眼光里，他们所见到的只是洋人的横蛮、教民的仗势和政府的畏葸。尤其是在德军占领胶澳，向内陆进袭之时，官军狗走鸡飞，总兵（今师长）被俘，在如潮的难民的儿啼女叫声中，那群受到洋教士保护的教民，尤其是"吃教的教民"，自然无逃难的必要。道左傍观，可能且有幸免和得意之色，不肖者更可趁火打劫，助纣为虐，为虎作伥。——相形之下，不但强弱分明，甚至忠奸立辨。

这样一来，不但民教双方阵线分明，地方各种教门、拳会、会党，也会认为政府过分孱弱——"可战而不战，以亡其国"，则江湖豪杰，乃至当地武生士绅，也都要揭竿而起，以保乡卫国、仇洋灭教为己任了。

山东本是民风强悍的地方，如今人民既同仇敌忾若此，则一向对人民只知诛戮镇压而畏洋让教的清朝地方官，对他们的传统政策，也就有重行考虑之必要了。

"农民起义"的另一面

我们要知道，在清朝末年的中国政府里和社会上的动乱，基本上是与秦汉隋唐宋元明诸朝代末年的大同小异。这时的国家机器彻底锈烂，政府纪纲、社会秩序同时解体，人祸天灾（天灾往往是人祸的延续）一时俱来。衣食不足，安知礼义。公私道德，也彻底崩溃。人心惶惶，莫知所适，邪教邪门、恶僧妖道也就乘虚而入。饥民索食，难免打家劫舍，为盗为匪。强梁狡黠者以及劣绅土豪，就更要结团结练（练亦为捻，便是捻军的起源），斗争称霸。强凌弱、大吃小，逐渐形成大小军阀，来糜烂一方。一般良民百姓，不论从善从恶，但求自保，亦势必卷入洪流，不能幸免。这种盗贼横行，饥民遍野的社会情况，在我们安徽淮军发源地的江北淮南，俚语便叫作"遍地黄花开"。这种遍地黄花中，如能有个中心力量来加以统率，头目分等、旗号划一，他们就变成所谓"农民起义"了，捻军就是这样发展起来的。

这一自然形成的中心力量，如为张角、黄巢、李自成、张献忠所领导，他们就要横行天下、赤地千里，做历史上有名的"流寇"。这种中心力量如为朱元璋、洪秀全所领导，他们就可以重建国家机器来改朝换代了。

但是对这种农民起义，一个衰世朝廷如剿抚有术，他们也未必就造反到底。国有大故，他们往往也可受抚立功，外御强寇，内除反侧。这一事例在汉末唐初两宋乃至民国时代都屡见不鲜。当年东北的"胡子"、抗战初期淮河流域的"马虎"（红枪会）都是入侵敌军所敬畏的爱国游击队。后者且为笔者所亲见亲闻。但是他们只能做做"敌停我扰"的辅助力量。招抚不得其当，他们就抗敌不足而扰民有余了。庚子年间那些糊涂的满族统治者，竟然想利用他们做"扶清灭洋"的主力，终于使其失去控制，闯下了滔天大祸，如此而已，没啥深文大义也。

庚子（1900）之前在直隶（今河北）山东一带，农民运动的中心力量显然是义和拳。义和拳本是有数百年以上历史的拳术。我国拳术本有内外两派，所谓"内练一口气，外练筋骨皮"。义和拳亦名义合拳，可能是内外兼修的。

义和拳那一套事实也就是一种气功。中国古代自春秋战国以降，对气功的记载是史不绝书的。所以气功之为术，在我国有两千年以上的历史。半世纪来余读"义和拳源流论"，不下数十篇，大半都是浪费精力的以偏概全之作也。

"毓"字帅旗下的"义和团"

当年的满洲贵族被洋人欺够了，乃想组织他们来驱洋除教。这样便出了个巡抚毓贤。他要把他们的"义和拳"改名为"义和团"，打起"毓"字大旗，由官方认可为保家卫乡的正式"民团"。然后又把全省良莠不齐的牛鬼蛇神——什么大刀会、红灯照、八卦教（尤其是有较多群众的"乾卦""离卦"两派）、红枪会等凡数十种，义而和之成为一单一团体，由他来统一指挥，联合"灭洋"。官方既有此辅助和认可的政策，"义和团运动"立刻就如火之燎原，一发不可收拾了。

毓贤原是一个汉裔旗人（汉军旗），监生出身。捐官在山东，于光绪十六年（1890）署理曹州知府。毓贤本是个很干练而狠毒的屠夫。他上任不及三个月便杀掉1500人。杀得那强盗如毛的曹州府（也像今天的纽约市吧），"民怀吏畏"，秩序大定。因此毓贤也颇有能吏之名而为上级所嘉许，以致官运亨通。当1897年冬曹州教案发生时，他已官拜山东按察使，为全省最高执法官吏，俗称臬台。所以在巡抚李秉衡为怕洋人借口生事而严令彻查此案时，毓贤在数天之内便把这案子破了。他破案之时，德国政府还不知教案的发生呢！亦可见毓贤的干练了。

毓贤虽然杀人如麻、草菅民命，但毕竟是个洞察民情的亲民之官。他知道这些教案的详细情况。所以当德军借口入侵，山东全省鼎沸而北京朝廷又一再为洋人所迫，严令"剿匪"以安"教民"之时，毓贤和他的顶头上司李秉衡及李的继任人张汝梅，都有了心理矛盾。他们明知在"民教冲突"的两造之间，"教方"（尤其是"吃教"者）仗入侵洋人之势，并非皆是善类；而"民方"亦非打家劫舍的真正盗匪，如诬以盗匪之名妄加诛戮，非但有欠公允，尤恐激民成变，不可收拾——因为那时纵曹州一地即有大刀会众十余万人；冠县一县的义和拳拳会群众即有"十八团"；茌平县治下有860余庄，习拳者遍布800余处。将如此广大的群众诬蔑为匪，妄加诛戮，官逼民反，不得了也。因此纵是屠夫鹰犬般的毓贤，面对此一实际情况，亦有"与教民为难者即系良民"之叹。（此"即系"二字是否为

"原系"二字之抄误，尚有待另考。）

根据他们对实际情况的了解，李秉衡、张汝梅和毓贤三人都主张分清善恶，剿抚兼施。当毓贤于1899年继任山东巡抚时，他就公开宣布"民可用，团应抚，匪必剿"三大原则，正式把义和拳、大刀会一类的民间结社颁予"毓"字大旗，改组成为政府正式认可的义和团了。其实大刀会当时的声势亦不在义和拳之下。毓贤之所以舍大刀而取义和，是因为"义和团"较"大刀团"雅顺多矣。毓贤虽喜欢大刀，但是他毕竟是个监生嘛！

这一来义和团在中国历史上也就褒贬难分了。

二、列强刺激·太后玩火·端王窃政·群运出轨

民可用，团应抚，匪必剿

发生在20世纪的第一年，1900年的义和团之乱，从星星之火烧成燎原之势，实在是与当时山东巡抚毓贤的三原则分不开的。前文已偶及之，毓贤的三原则是："民可用，团应抚，匪必剿。"老实说这三个原则本没有错，错的是他在把抽象的原则具体运用时不得其当，这就要出毛病了。

就以"民可用"这一条来说吧！当年列强对中国所做的赤裸裸的侵略——尤其德国人在山东，俄国人在东北的所作所为——已激起中国全民的公愤。德国人在山东以教案为借口强占胶州湾，已无理已极，而德皇为皇弟海因利盍亲王（Admiral Prince Heinrich）率远东舰队远征中国，在汉堡所作之送行训辞，说什么 "Should any one essay to detract from our just rights or to injure us, then up and at him with your mailed fist" ［原文英译载1897年12月26日《伦敦观察报》（*London Spectator*）］。那时我方奔走交涉的大员之一翁同龢，在其日记上译为"如中国阻挠我事，以老拳挥之"。德皇这一"挥拳"演说，那时是腾笑欧美的。世人固对德皇之横蛮嗤之以

鼻，而对我华人之不争气也是怜而鄙之。此事当时对我国我民之刺激，亦至深且痛。斯时在巴黎冷眼旁观之法国史家柯利厄[①]（Henri Cordier），便认为这种德国佬加于华民之刺激"纵非义和团兴起的全部原因，也是主因之一"。（见柯著《中西关系史》，卷三，第365页。转引自摩尔斯《大清帝国国际关系史》卷三，第111页。）

至于德军当时在山东之横行，更是笔难尽述。当地百姓如对若辈稍事抵抗，动辄全村被焚，老幼难逃。某次在鲁东日照县，有一极小的民教冲突，在当地士绅出面试行调解之时，五位在场士绅竟被德军强掳而去，送至青岛拘留所，勒令执行极无理之要求。似此绑票勒赎之行为，使在一旁观察之美国外交官亦为之忿忿不平而报请华府留意。（见美国驻华公使康格（Edwin H. Conger）致国务卿海约翰的报告书。载美国国务院"外交档"，1899年4月17日。）

俄国在中国东北所犯的罪恶，就更是罄竹难书了。1899年3月某日，俄人自旅顺港违反条约，侵入中国境内征收地税。当地农民召集群众大会并缮具申请书，请求免征，态度极为和平恭顺，而俄军竟突然对群众开枪，当场便打死农民和老弱妇孺94人，伤123人。（据西文《北华捷报》记者的专栏报道。）

1900年7月15日，当俄军于黑龙江畔的海兰泡（俄名"布拉戈维申斯克"）开始越境时，华军稍事抵抗，俄军便一举将两岸华民男女老幼5000余人悉数屠杀，弃尸江中，江为之塞。此一屠杀，中国政府虽未敢深究，欧美媒体却向莫斯科提出抗议，而沙皇政府竟声言是边远驻军擅杀，俄皇鞭长莫及，无能为力，搪塞了事。［见Arthur H. Smith著《震撼中之中国》（*China in Convulsion*），1901年英国爱丁堡出版，第二册，第607页。］其后俄人在江东六十四屯一带和其他城市中的烧杀，据各方报道，死伤华人20余万，本篇也就无法详加叙述了。（见李文海等编《义和团运动史事要录》，1986年济南齐鲁书社出版，第297页。）

[①] 今译作高第——编者注。

以上所记只是根据西方官员和记者零星的报道，并非受害华人的夸大。当时如做有系统的调查研究，则入侵者之残暴，就更是罄竹难书了。笔者不学，曾就清末民初各种中外冲突中，双方的死伤数字略做比较，所得比率大概可说是一千比一。换言之，在中外冲突中洋人如有一人殒命，无辜华民就要以千命"相陪"（不是相赔）。如曹州教案中有德国传教士两人被杀，德人借口入侵时被杀之华人，加上中国官府在洋人要挟之下所杀戮之华民，以及民教冲突所造成的死伤，即不下数千人。——假如鬼神之说真有可信，数千枉死冤魂在耶稣之侧、上帝之前，与在曹州殉道的两位神父的幽灵同时出现，互控冤情，在此情况之下，上帝和耶稣又何择何从呢？

不幸的是，在类似情况之下惨死的洋人往往都名扬天下，垂誉后世，但是陪他们一道丧命的数千名华人，包括妇孺，那就死得虫蚁之不如了。史达林说："死一个人是件惨事，死一百万人只是个统计数字。"在那庚子年间，死掉任何一个洋人，都是个惊天动地的"惨事"，死掉千万个华民，甚至连"统计数字"也没有一个。但是中国人究竟不是个麻木的民族，在那千万家披麻戴孝的寡妇孤儿的哭声里，稍有良心的血性男儿都是会拔刀而起和敌人拼命的，这就叫作"民愤"。当全国人民都感到国亡无日，都要和入侵者舍命一拼，这就叫作"民气"。这股民气，笔者这一辈在八年抗战的日子里，都是亲身卷入、亲身体验的。老实说，八年抗战就是当年全国人民以血肉之躯，与不可一世的入侵强寇死命纠缠，拼过来的。

朋友，在那庚子年间，八国交侵的时候，全国同胞国亡无日的感觉，实数倍于抗战前夕的一寇独来，尤其是在情况最紧迫的山东和东北。所以这两地区民气最激昂，义和团也滋长得最快。毓贤这个好杀成性的地方官，也深深地体验到这种同仇敌忾的民愤，而感觉"民可用"。他觉得与其杀民媚洋，何如"用"民来除教灭洋呢？毓贤这一心态，事实上是与当时西太后以下，那一批在戊戌以后突然掌权而又颠顶无知的满人小贵族的心态如出一辙。他们但知民气可用，要"用"它来"扶清"。他们怎知甲午、戊戌之后的腐烂朝廷，已是个"扶"不起的阿斗？以它来"灭洋"，则洋又岂是气功师徒"刀枪不入"所能"灭"掉的？

对民气但知有而不知其用，激起了民气，又没个安全塞可保安全，那就非爆炸不可了。义和团运动也就是近代中国，无数次锅炉大爆炸中的一次。

只能造反，不能保皇

再者，毓贤究竟是个非科甲出身而习于杀人的莽汉。下棋不看第二步，为政不作三思，因此他的"团应抚，匪必剿"的原则，应用起来也漏洞百出。

山东那时是处于王朝末季的黄巾、赤眉时代，饥民遍地、盗匪如毛、邪门盈野。毓贤最初的办法是以杀止乱。但是他纵是个嗜杀的屠夫——他有一个月杀500人，一任杀5000人的纪录——也杀不胜杀，最后改杀为抚。他抚的办法是化零为整、招匪入团（民团）。他纵容，甚或授意，乃至干脆鼓励和认可，并发下"毓"字大旗，由徒弟众多、能呼风唤雨的大邪门，并吞那些只有低级气功，组织能力欠缺，而良莠不齐的小邪门，划一名号，整齐服色，统名之曰"义和团"，以示这些组织是由他巡抚衙门认可的私办民团。

这种以大吃小、化零为整，组织并统一指挥起义农民的办法，原不是毓贤所发明的——那是我们的国宝。试翻我国历代农民起义的历史，且看陈胜、吴广、赤眉、黄巾、黄巢、朱元璋、张献忠、李自成乃至洪、杨的成长和扩大，都是一脉相承的。但是毓贤所搞的与上述情况有个根本上的不同。上述诸大家都是搞革命、造反，以"打天下"为号召的。毓贤统一组织他们的目的却是"招安"，为大清王朝"保天下"。这样就变成抱薪救火了。

第一，毓贤无法真正把"义和团"化为"民团"。农民起义的造反大军，裹胁起来是愈大愈好，可官办民团的容量就有限了。再者造反、打天下、搞革命，是泄民愤、主正义的义士之行，士气极高；而保卫腐烂王朝，助纣为虐，那就义士却步，智者不为了。所以义和团运动在山东始终未能步入正轨。它不是个正正堂堂的群众爱国运动，而是以烧香念咒或间有"特异功能"的气功师为主导，终于走火入魔的工农兵运动。——它缺少个"伟大、光荣、正确"而成熟的革命党从中指导和策划，因此它搞起"扶清灭洋""烧教堂、杀教士"，就变成打砸抢，乱来一通了。义和团没个最高指示，在军警也都相率入团之后，连"老佛爷"也对其失去控制，使它真的变成了"拳匪作乱"。发展至此，连老太后也只好丢掉"盆底鞋"，梳上"粑粑头"，化装成农妇逃之夭夭。"拳匪造反"（boxer rebellion）就只有靠洋兵来"助剿"了。——"拳匪造反"原是李鸿章替慈禧推卸战犯责任的外交辞令（见下篇）。

所以毓贤的"匪必剿"的原则也出了大毛病。他不知道"匪"是饥民的化身。饥民在被"剿"得走投无路之时，便入"团"受"抚"，受抚之后还是没饭吃，那就继续为匪，终于良莠难分、团匪并存。而毓巡抚对教民有成见，又没有办外事的经验，不知洋人之可怕，而教民教士与洋公使又恃强欺人。民教冲突中，不论大小事，往往都要劳动位同总督巡抚的"主教"甚至更高的"公使"（在对华文书上自称"本大臣"），来向中国朝廷和地方加油加醋，甚或无中生有、抗议恐吓，弄得中国官方不胜其烦。巡抚衙门仅为教案一项便案卷如山（原档至今仍满筐满篓），忙得不可开交。毓贤一怒乃干脆告其属下府县官吏，把教民控告、教士抗议当成"耳边风"，"当成废纸"。（见李宏生著《毓贤与山东义和团》等多不胜载的第一、二手史料。）

但是毓贤并没有忽视他自己标准中的"团""匪"之别。义和团中如有不良分子对教民杀人绑票，他也绳之以法，大量诛戮。事实上义和团中在山东早期最有名的大师兄朱红灯和遍身气功的本明和尚，就是因为枉杀教民、窃取财货，被毓贤捕杀的。——有些后世史家对事实未加深究，竟把朱红灯与本明之死划在袁世凯账上，实为误人。然毓贤既有"耳边风""当成废纸"一类的指示，则抢匪多劫教民，下级官吏时予纵容，也是事实。这样就要引起洋人严重的抗议了。果然在1899年冬季美国公使康格乃向北京总理衙门连续抗议，要求中国政府把毓贤撤职。总理衙门不敢开罪康格，乃于是年12月5日奏请太后把毓贤"开缺"，以工部右侍郎袁世凯署理山东巡抚，并率其新建陆军11000人入鲁镇抚。毓去袁来，义和团运动便进入一个新阶段，从山东转入直隶（今河北省）和京津地区了。

毓贤和袁世凯的正反两面

毓贤原是慈禧的宠臣，他在山东的所作所为都是太后所嘉许的，如今受洋人胁迫去职，慈禧亦为之不平。所以毓贤奉旨回京觐见时，太后竟颁赏亲书"福"字以为鼓励，并随即调任山西巡抚。毓贤既受此洋人鸟气，又蒙太后赏识，他一到山西对除教灭洋真的就毫无顾忌，大干起来了，甚至不惜亲自操刀去砍掉洋人的脑袋。可是，这时在山东接任毓贤遗缺的袁世凯，其作风却正与毓贤的相反。

袁世凯是一位比毓贤更为老辣而干练的官僚。甲午战前他在朝鲜即有十年以上办外事的经验。如今虽手握重兵，但他知道洋人还是得罪不得的，为着传教等皮毛小事而开罪洋人，更是得不偿失，亦无此必要。再者义和拳民也不只是反教闹教了事，他们是逢洋必反的短视群众。袁氏所统率的新建陆军是当时中国唯一一支现代化的武装部队，在时人的眼里也是一支洋部队——穿洋服、上洋操、吹洋号、用洋枪、抽洋烟、用洋油、点洋灯……无一不洋。如今扶清学洋之不暇，怎能逢洋必灭呢？可是那时山东省内的工农兵群众在洋人和教民的刺激之下，及李秉衡、张汝梅、毓贤三位巡抚的暗地鼓励之中，不但反对筑铁路、开煤矿、办学堂、开报馆，并且要砸海关、拔电杆、封邮局……所以袁世凯一来就要扭转这种落后反动的群众行为了。袁氏尤其认为义和拳民的画符念咒、刀枪不入的迷信是邪教惑众，断难扶清灭洋。因此他对"义和拳匪"就主张全面镇压。这时在他军中以候补知府衔实任"营官"的胞兄袁世敦，其剿灭"拳匪"的意志似比乃弟更为积极。所以在他兄弟于1899年冬领兵入鲁时，世敦衔老弟之命，对义和团民大开杀戒，认真剿办。其后不久，山东的义和团就被袁世凯肃清了。

慈禧太后也有个"四人帮"

可是袁氏兄弟在山东的行为却有反于当时北京城内的政治气候。——这时清廷的最高决策权掌握在西太后包庇之下的一小撮满族王公贵人之手。尤其是皇族近支和宗室的"载"字辈四兄弟：载濂、载漪、载澜、载勋，以及他们的近亲密友们，更是这权力圈的重心之所在。他们依附于那权力无边的西太后的裙带之上，把持了朝政。以最无知的头脑，最下流的手段，为着最自私的目的，利用一个最乐于暴动的社会基层群众组织义和团来"扶清灭洋"，夺取政权。

载濂、载漪、载澜三兄弟原是惇亲王奕誴的儿子。奕誴是道光皇帝的第五子，比他异母兄咸丰皇帝奕詝只小六天。1889年奕誴死后，载濂袭爵为惇郡王；而载漪由于过继给一位早死无后的叔叔瑞亲王奕志，也于1894年慈禧六十寿诞时袭爵成为"瑞郡王"。不意"瑞"字被书胥在圣旨上误写为"端"字，将错就错，他就变成庚子年间权倾一时的"端王"了。

［附注］载漪承继的瑞王是奕国还是奕志，《清史稿》和英文《清代名人传》有不同记载，容续考之。

端王的权势还不止于承袭爸爸和叔叔，他还另有西太后的"裙带关系"，并兼任禁卫军虎神营的总兵（师长）——他老婆是西太后弟弟桂祥的女儿，所以她也就是光绪皇帝载湉的姑表妹。——光绪是西太后的妹妹所生。因此在戊戌政变之后，西太后想把光绪"废"掉，再"立"一个新皇帝时，她最后就选中近亲内侄女的儿子，也是载漪的儿子溥俊，时年九岁。溥俊终被册封为"大阿哥"（详见下节）。作为大阿哥的爸爸，则端王载漪的权力，就更上层楼了。

据说为着增强载漪为首的载字辈四兄弟的权力，老太后竟颁赐"尚方宝剑"一把，交载濂、载漪二兄弟执掌，使他两人在朝中有"先斩后奏"的专杀之权。——这一"尚方宝剑"的故事，当时曾传遍海内外。英文《字林西报》（1898年10月31日）亦有绘影绘声的记载。但其实情如何，笔者因未能细查清宫秘档，只好暂时存疑，以待高明补正。

以上是"四人帮"中老大老二的故事。老三载澜那时也官拜"辅国公"。在那"公、侯、伯、子、男"五等勋爵里,功高不赏的曾国藩不过封"侯",李鸿章生前只是个"伯爵",刘铭传只是个"一等男",都已显贵非凡。"四人帮"身为"王""公",其权力地位,岂在话下?何况他们又手握兵权,于拳民入京时载澜亦出任禁军的右翼总兵。

至于载勋,他虽非皇族"近支",却是一个尊贵无比世袭罔替的"庄亲王"。庄亲王是清初康熙年间八大近支勋臣,世袭罔替的亲王之一。这时的载勋已是第九代的庄亲王。他的门第在北京城内已烜赫了两百余年。载勋此刻则总统禁军,掌握了步兵衙门,与上述他的三位族兄弟沆瀣一气,硬是权倾朝野。

总的说来,这批载字辈的亲贵子弟,都是一批娇生惯养、志大气粗、教育低劣、不谙世情,并无军政经验的纨绔子。这种贵族纨绔子那时在北京是随处皆有的,他们这小小的"四人帮"不过是冰山之一角而已。但是他们却是围绕在太后四周,所形成的一个挟天子以令诸侯的权力核心。他们不但是决策人物,同时也是政策的执行者——是现职军官、大臣和参预实际外交的官吏。为了解他们在政府中所发生的作用,且让我把当时清朝政府的权力结构,择要表解一番。

拳乱时期清政府的权力结构

一、极权巅峰的"两宫":

慈禧皇太后

光绪皇帝载湉

二、朝廷最高决策机构"军机处"中的"军机大臣":

礼亲王世铎(温和而无太多主见的满洲老贵族)

荣禄(戊戌政变时最保守的官僚派的领袖;庚子拳变时却为开明派幕后首领的满族强人)

刚毅(干练而不通时务的保守派,力主重用义和团的满族老官僚)

王文韶（十分衰迈而比较通达的汉族大学士）

启秀（干练而不通时务外情的满族宠臣）

赵舒翘（不通时务外情，保守派的汉族老官僚）

端郡王载漪（西太后最宠信的满族亲贵，"大阿哥"之父，纵在西狩途中，仍被擢升的保守派领袖）

鹿传霖（没太多主见的汉族大臣）

【参见《清史稿·军机大臣年表》与《列传》。】

三、畿辅与北洋军权所在地：

（一）京畿戍卫系统（禁卫军）：

步兵营统领庄亲王载勋兼任（掌京师九门管钥，统帅八旗步兵，肃靖京邑，总兵佐之）

虎神营总兵端郡王载漪兼任（掌辖本营官兵以备扈从，车驾蒐狩列前驱）

神机营总兵辅国公载澜兼任（职掌同上）

（二）北洋国防军系统：

武卫五军总节制军机大臣荣禄

武卫中军总统荣禄兼（德式训练的精锐部队，驻京师南郊）

武卫前军聂士成（日式精锐，驻天津）

武卫后军董福祥（原旧式甘肃地方军改编，驻北京城内）

武卫左军宋庆（原旧式毅军改编，驻山海关一带）

武卫右军袁世凯（德式新军驻小站，后入鲁）

【参见英文《清代名人传》《清史稿·兵志》《义和团档案史料》（正续编）、英文《字林西报》及各将领本传。】

四、总揽外交系统行政大权的"总理各国通商事务衙门"（简称"总理衙门"或"总署"）中的"事务大臣"：

端郡王载漪（1900年6月10日出任总管大臣）

庆亲王奕劻（与荣禄争权而粗通外情的满族元老）

启秀（见军机处表，6月10日随端王入总署）

溥兴（满族宗室，随端王来总署，不通外情）

那桐（原官诸部侍郎，随端王入总署，满族，不通外情）

桂春（三品京堂总署行走，满族）

裕庚（原太仆寺少卿，满族）

崇礼（官协办大学士，满族）

廖寿恒（原礼部侍郎，军机处行走，汉族备位大臣）

赵舒翘（见上节军机处表）

吴廷芬（官户部右侍郎，汉族）

联元（内阁学士，满族，奏保皇帝，被杀）

袁昶（光禄寺卿，满族，反宣战，主剿义和团，被杀）

徐用仪（兵部尚书，汉族，反战、主剿，被杀）

许景澄（原驻俄德等国公使，反战、主剿，被杀）

【参阅郭廷以著《近代中国史事日志》附表，暨《清史稿》诸臣本传。】

五、南北洋大臣暨南北主要督抚将军：

直隶总督北洋大臣裕禄（满族，亲贵出身，少年得志，晚年观望承旨，对义和团先主剿，后主抚，兵败自杀）

山西巡抚毓贤（旗籍，抚团、灭洋、仇教，不通外情，兵败伏诛）

陕西巡抚端方（满族，西狩期间护驾有功）

黑龙江将军寿山（满族，抗俄兵败自戮）

盛京将军增祺（满族，驻奉天，即今沈阳，曾招安张作霖）

山东巡抚袁世凯（汉族，力剿义和团，驱拳民自鲁入直）

两江总督南洋大臣刘坤一（汉族，驻南京，力主剿灭义和团，反宣战，与列强签约，东南互保）

湖广总督张之洞（汉族，驻武昌，剿团、反战、东南互保）

两广总督李鸿章（汉族，驻广州，力主先安内，后议和）

闽浙总督许应骙（汉族，驻福州，主东南互保）

安徽巡抚王之春（汉族，驻安庆，主东南互保）

浙江巡抚余联沅（署理，汉族，驻杭州，主东南互保）

江苏巡抚松寿（满族，驻苏州，随刘坤一主东南互保）

【参阅《清史稿·疆臣表》及《列传》。】

志在夺权的"四人帮"，另有暗盘的老太后

读者如稍一浏览上列五表，立刻便可看出庚子年间清朝政治的特点：第一便是那时中央地方、保守开明、北满南汉，分治而不对立的政治形势。

中央最高的决策与否决大权独操于慈禧一人之手。她在朝中所掌握的生杀之权，远超过后来的蒋中正。但是当时在她手掌中的光绪皇帝，其命运虽不如张少帅，但是他这个政治幽灵却为在康、梁影响之下的海外华侨、位高权重的南方汉族疆臣和辇毂之下各国驻华公使同情甚或崇拜。所以戊戌以后的光绪是慈禧的背上之芒、眼中之刺。她不把这个儿皇帝废掉，是食不甘味、睡不安枕的。因此"他（指光绪）要谋害我"这句话，在戊戌之后简直变成她的口头禅，而这个恐怖感也使她害了心理上的"偏执狂"（paranoia）。所以她那时在政治上的第一要务便是"废立问题"。

清制只有皇太后可以"听政"，而太皇太后则无此特权。所以她原是以庆亲王14岁的长子载振来代替30岁的光绪皇帝载湉。此一试探消息一出，不但刘坤一等汉族督抚反对，满族军机大臣荣禄亦表示异议（庆亲王是荣的政敌），连庆亲王父子本人也不愿伺候，而最重要的则是英国公使也公开表示不支持，终使此阴谋泡汤。

再经过一年的准备，西太后退则求其次，就不搞废立了。她选中了端郡王载漪的儿子溥俊，于1900年1月24日（光绪二十六年十二月二十四日）册封为"大阿哥"（皇太子），以承继穆宗皇帝（同治）。如各方阻力不大，她显然还是要把光绪废掉的。这一次她果然获得满族亲贵（包括荣禄）的一致支持，汉族之中除上海少数绅商（如电报局总办经元善）之外，各疆臣亦多沉默。但是美中不足的，则是如此"册封皇太子"的大事，各国驻华公使却拒不入贺。西太后此时最怕的不是康、梁领导的海外

华侨或汉族督抚，当然更不是革命党领袖孙文，而是列强的驻华公使。她认为只有他们才真有此力量来强迫她"归政"，强迫她"退休"，乃至搞阴谋诡计，暗助光绪搞"苦挞打"（像谭嗣同所策划的），把她幽禁，甚或把她砍头。

在这一"偏执"心理的支配之下，老太后日有所思，夜有所梦的，便是如何解除这项最可怕的洋人（尤其是列强驻华公使）对她所构成的威胁。同样的心理状态，也促使她的行为走向另一极端（恕我试以行为科学来解释历史）——她开始相信，只有与她有血缘近亲关系的小圈圈对她最为忠诚。只有生活在这一小圈圈之内，她才有安全感，每晚才能睡得着觉，不致发生梦魇。

朋友，你说叶赫那拉老太太生了精神病吗？非也。那是所有孤单的独裁者所共有的精神状态！不信，你去分析一下诸领袖的行为，你就知道科学论证之不我欺也。至于理论所自出的西方领袖们大同小异的行为，就不必说了。

晚年的慈禧就是掉入这个心理学上的陷阱而不能自拔。她不但对所有的洋人显得paranoia，连替她老人家做了一辈子最忠实的鹰犬的李鸿章和荣禄都不信任了。她把李鸿章下放到广州去"署理"两广总督；在北京，她也另外扶植一个由小亲贵组成的"四人帮"来夺荣禄的权，把荣禄挤得靠边站。同时她对荣禄所掌握的精锐部队武卫中军也不信任，而把荣禄也掌握不了的杂牌军——董福祥的"甘军"调入京城，来和载勋、载漪、载澜所统率的禁卫军协同保卫畿辅，并牵制荣禄的嫡系部队。必要时老太太自己也可直接指挥各军，来搞一番扶清灭洋。

至于载字辈"四人帮"的迅速崛起，自然更是老太后的杰作。不用说职司京师卫戌的数万八旗军都掌握在他们手里——据英文《字林西报》获自曾侯（曾纪泽，文正公之子）府内的消息，当时载漪所直接指挥的虎神营即有枪兵一万人。属庆亲王奕劻指挥的则有五万人之多。庆亲王当时是众所周知的荣禄的政敌。他所节制的武力可能包括载勋的九门提督和甘军全部。连专掌财权的刚毅也可掌握有12000名枪兵。（见该报1900年5月16

日专栏。）

这项卫戍系统在国民党时代属于首都卫戍司令。谁掌握了这项武力，谁在首都就有生杀之权。所以西太后和她的"四人帮"，后来在一怒之下便可把出言忤旨的五大臣牵往菜市口斩首。德国公使克林德（Ketteler）也是在街上被载漪的虎神营章京恩海打死的（详见下篇）。至于在庄王府前广场被砍头的千百个"教民"（包括妇孺），那就不必谈了。

既有军权，枪杆就可出政权。从暗到明，挟天子以令诸侯，最高决策机关军机处也一直掌握在他们手里——原先最有权力的军机大臣荣禄，一直在"病假"之中，居家养晦。（见《荣禄致四川总督奎俊书》，《要录》有节录，第13页。）

1900年（庚子）6月10日，端王载漪并被派入总理衙门为总管事务大臣，连庆亲王也得靠边站。（见1900年6月10日《上谕》，载《史料续编》（上），第596页。）

军、政、财务、外交大权都集中到以西太后为首的一小撮满族亲贵之手，剩下的如何掌握义和团运动这个政策，别人就更无法置喙了。

"命大"的西太后

慈禧太后是统治大清帝国48年之久的女主。在过去两千年的中华帝国的历史里，除掉她本朝的康熙、乾隆和西汉的武帝之外，也没个男主比她统治得更长。所以，她深通统治的艺术。但是她有个缺点——她不懂外交，内交内行，外交外行。这不能怪她，因为她所主持的中央政府，也是中国有史以来第一个有"外交部"的中央政府。早期叫"总理各国事务衙门"，是英法联军烧掉圆明园（1860）以后才建立的。辛丑条约（1901）以后改称"外务部"，在洋人胁迫下成为"内阁第一部"。这个第一部的荣衔一直到国民政府成立，才让位给"内政部"（清朝叫"吏部"）。

我们这位女家长早年把《三国演义》背得烂熟——可能都是习自京戏的剧目。据说当年多尔衮入关时，他的政治学教科书也是一部翻译成"清文"的《三国演义》。但是在《三国演义》里学不到19世纪的国际外交。

所以，慈禧对早期外交的决策全靠她的小叔子恭亲王奕䜣，晚期则靠北洋大臣李鸿章。——奕䜣和李鸿章两人都是外交界的行伍出身，但他两人都不失为19世纪国际间第一流的外交家。奕䜣于1898年老死之后，鸿章就变成西太后在外交上的第一位谋主。在庚子年初拳乱刚起之时，老太后千不该万不该，不该听信亲贵谗言把鸿章下放到广州去。

慈禧以极高明的政治手法来"安内"，却以最愚蠢的外交头脑来"攘外"。她不但对国际局势懵然无知，甚至连最起码的讯息也无法掌握。最后竟然被一记假情报惊破了胆（见下篇），连下十二道金牌到广州去找李鸿章，而李又迟迟不归。老太婆在歇斯底里的心理状态之下，以王婆骂鸡的村妇放泼行为，伙同"四人帮"，放纵义和团来和洋人一拼……要悬赏杀尽中国境内所有的洋人，并对十一国同时宣战……如此胡来，她老人家最后还能全尸，也算是"命大"了。此是后话。

太后阳剿阴抚，总督后抚先剿

前节已言之，义和团是被袁世凯赶到直隶（今河北省）去的。在义和团北上蔓延之初，西太后对处理拳民的政策原是举棋不定的。她一面听信毓贤的"民可用、团应抚"的忠告，想利用拳民来驱逐洋人；另一面又怕洋人干涉，不敢公开庇护拳民，因此朝廷政策就弄成个阳剿阴抚的局面。在一连串的上谕里，朝廷都不断告诫疆臣说拳会有"良莠之分"。对"不逞之徒"固应剿办，但是一般"安分良民或习技艺以自卫身家，或联村众以互保闾里，是乃守望相助之义"。所以官方剿匪，只能问其"为匪与否，肇衅与否，不论其会不会、教不教也"。（见1900年1月11日，光绪二十五年阴历十二月十一日《上谕》，载《义和团档案史料》上册，第56页。）这一来，朝廷便公开表示民间组团是合法的了。

但是在1900年6月之前，那两位首当其冲的地方官：山东巡抚袁世凯和直隶总督裕禄，都是一意主剿的。两人之中以袁世凯尤为坚决。朝廷当权派对袁不敢轻动。为着杀鸡儆猴，乃把世凯之兄袁世敦加个"纵勇扰民"的罪名革职，并驱逐回籍。

但是袁世凯并没有被朝廷吓阻。他抗疏力辩说拳会"每于数百里外劫取财物，不得谓之为保护身家。焚毁掳赎，抗官拒兵，不得谓之非作奸犯科。掠害平民、骚扰地方，不得谓之为专仇洋教"。他认为莠民习练邪术，不论是会是团，必酿巨患。私团官练（如毓贤所条陈的办法），断不可行。所以，他主张彻底剿办。（见前书第95页）

袁世凯有何胆量敢如此忤旨抗命？盖义和团当时已闹到十一国驻华公使联合抗议的程度。死掉两个德国传教士已弄到胶澳不保，举国惶惶。1899年除夕，又有一个英国传教士卜克斯（Rev. S. M. W. Brooks）在山东为拳民所杀，岂不是火上浇油？所以袁氏不敢怠慢，乃对义和团全面镇压。而且，他手握重兵，将在外君命有所不受。最重要的还是他与力主剿匪的华南三督声气相通。他不受命，朝廷亦奈何他不得。当然在剿拳行动中，他也给予朝中当权派足够的面子，说他所剿者均是盗匪冒充的"伪义和团"，非真正爱国反教的"真义和团"也。

在袁的督饬之下，他的部将张勋、曹锟等则日以诛戮为能事。张勋那位在民国初年曾拥溥仪复辟的"辫帅"，即有在一日之内杀掉"黄巾红兜"的"拳匪"500余人而受袁巡抚重赏的记录。（见《阳信县令禀》，载《山东义和团案卷》下册，中国社会科学院编辑，济南齐鲁书社1980年出版，第659—661页。）

山东的义和团是被袁世凯赶尽杀绝了。可是拳众北窜进入直隶，直隶总督裕禄却慌了手脚。裕禄原与袁氏约好对"拳匪"南北夹击。庚子春初，他的确也曾命令驻津的聂士成的"前军"出剿，杀掉不少"拳匪"。可是渐渐地他就看出朝中"四人帮"崛起、太后护团转趋积极、他的老靠山荣禄已逐渐靠边站的形势，他的"剿匪"政策也就开始动摇了——由剿办到纵容，再到包庇，最后他就干脆投靠了。既靠之后，他的总督衙门就变成义和团的招待站。两位草莽出身的大师兄张德成、曹福田亦啸聚徒众三万人建起"天下第一坛"，祭起关公、周仓、诸葛孔明，烧香念咒，表演刀枪不入。裕禄为讨好朝廷，竟拨饷银20万两（其后西太后亦加赏10万两），敦请众师兄率团来津，扶清灭洋。张、曹二酋竟亦由裕禄保荐，挂一品衔，分乘一品高官的"绿呢大轿"，堂哉皇哉地直入节署，与直隶总督北洋大臣杯酒交欢，分庭抗礼。裕禄并打开军械库，一任此乌合之众自新式器械中自择所喜。在张、曹二师兄祐护之下，天津市民亦沿街设坛，头裹黄巾，腰系红带，相率皈依。入夜家家均悬挂红灯，奉迎仙姑下凡，诛教灭洋。烧教堂、杀教民，搜捕"二毛子"，攻打租界，一时俱来。

裕禄这一转变乃导致山东拳民大量涌入直隶。东入天津，西据涿州，南占保定。焚香念咒，烧教堂杀洋鬼，毁铁路拔电杆，乃至搞"均粮""吃大户"，乱成一片。山东之团既来，直隶之团亦起。入团群众除工农兵之外，绅商官吏亦均相率参加——其中尤以十来岁的青少年最为积极。各州各县、各村各镇，均纷起组团，设坛练技。义和团小将们更是四处串连，"闹教""打教"了。

义和团在保定和涿州蔓延

就在天津地区和保定涿州一带已闹成红旗一片之时，那些住在北京使馆区东交民巷（义和团后来把它改名为"割鸡巷"）之内和天津租界之中的被悬赏捉拿的"洋人"，当然也紧张起来。他们十一国之间的使领侨民和教士当然更是函电交驰。协商会议，调兵遣将，忙成一片。他们既要自保，也想浑水摸鱼，则"八国联军"也就呼之欲出了。下篇再细论之。

在此混乱期间，身居"相位"的荣禄，虽在开刀养病（据说是足疾，由西医开刀），当然对太后意旨、朝中空气，更看得清楚。因此当义和团迅速向保定、涿州一带蔓延，北京城内的响应者亦正蠢蠢欲动之时，他也将原在各该地驻防的武卫中军的主力，以保护铁路为名——调开，以免与拳民冲突。

当时的各路清军（包括董福祥的"甘军"），由于历史性的对立与职业性的嫉忌，与义和团、大刀会等教门都是势不两立的。如今防军主力一撤，团教乃如雨后春笋，一时俱起。少数防军剩余部队反而成为他们追杀的对象了。5月24日武卫中军的一位分统（旅长）杨福同率步骑兵百余人往涞水县一带巡逻，义和团师兄满立和尚乃率众千人设伏围攻。福同逃避不及，竟被拳众乱枪刺死，"脏腑皆出"。（见《史事要录》第110页，引抄本《闻见录》及《畿南济变纪略》。）于此亦可见当时拳民猖獗的情况了。

在杨分统被杀的同时，另一支拳民万余人则侵入保定。这时"卢汉铁路"（自卢沟桥至汉口，亦即今日京广铁路的北段）正在施工。当地有外籍专家和传教士暨家属数十人。义和团一旦串连到此，官方不加阻遏，当地青少年乃群起响应。一时黄巾红带满天飞，秩序大乱。这批洋专家和妇孺闻风落胆。中国地方官不愿也无力保护，原遣的护送兵丁又半途加入义和团倒戈相向。他们走投无路，四散逃命。这群洋专家连家属妇孺原有41人。最后逃入天津租界幸存者9人，轻重伤23人，余9人则终无下落。据幸存者追忆，其逃难之惨状，有不忍卒述者。（见《字林西报》1900年6月6日暨13日专栏报道。）

官方对拳运既失去控制，拳民的群众行为也就越轨了。5月27日拳民三万人乃冲入涿州府。知府衙门被霸占之后，涿州知府龚荫培守城无力、弃城不敢、殉城不甘，因而他想出个聪明的办法——绝食对抗。在那个专制时代，地方官守土有责。城池失守，不论陷敌陷匪，守土者都例当殉职。失土而不死节，其结果也是正法砍头。如今朝廷政策既剿抚不明，殉城而死或正法而死都嫌冤枉。龚大人来他个半死不活、可死可活的绝食抗议，对朝廷、对拳匪，都不失为装蒜自保之道也。——做官搞政治，要有点鬼聪明啰！

涿州是当时京师的门户。乾隆爷下江南时曾许为"天下第一州"。上溯往古，它是"桃园三结义"的故乡；下及民国，它也是傅作义将军死守、张学良少帅猛攻的历史名城。此时也是足与北京城共存亡的咽喉要塞。如今既被三万黄巾所窃据，官军旅长被杀，守土之官也在绝食待命。事实上他们现在都在向朝廷的当权派摊牌：你大清王朝对洋人，究竟要和要战？对扶清灭洋的义民，究竟要剿要抚？总得有个抉择，有个交代！朝廷年来的浑水政策，总得有个句号！

和战必须决定，剿抚不可再拖

其实事到如今，关于和战、抚剿的抉择，地方与中央、满族与汉族之间，早已泾渭分明。南方的汉族督抚袁世凯、刘坤一、张之洞、李鸿章，朝中有嘴无权的汉族大臣兵部尚书徐用仪、太常寺卿（主祭祀宴飨之官）袁昶、吏部侍郎（前驻俄德公使）许景澄——后三人均兼总理衙门事务大臣——皆坚决反战主剿。后来此三大臣也均为主战派所杀。

此时朝中满族亲贵（除荣禄称病不愿表态之外）在载字辈"四人帮"，尤其是端王载漪和协办大学士刚毅的领导之下，连82岁高龄的大学士徐桐（汉军旗）与其子皆坚决主张抚团开战。其中尤以少年亲贵贝勒者流，呼嚣抚团灭洋，已至疯狂程度。

笔者此处所言汉满、和战之分，并不是说主战派中无汉人。李秉衡、赵舒翘皆汉族大臣也。主和派中亦有满人。主和被杀之五大臣中，内阁学士联元即是进士出身的镶红（汉军）旗人。在和战争论中，联元坚持"民气可用，匪气不可用"。又说"甲午之役，一日本且不能胜，况八强国乎"？遂为端王所杀。另一主和派户部尚书立山（蒙族），因在太后之前驳载漪"民可用"之论，说"拳民虽无他，然其术多不验"，也以言祸被杀。（以上均见《清史稿》本传。）这些都是多数中无权的少数，其言行无足重轻也。

因此，在涿州知府龚大人的绝食待命期间，对和战两策还在踟蹰之间者，唯慈禧老太后一人而已。她个人的一念，立刻便可决定这架和战天平两端的轻重。

慈禧不是个笨人，在理智上，她未尝没有想到联元的名言。一国且不能敌，况八国乎。事实上南华四督的电报和被诛三臣生前的忠谏，说得都比联元之言更彻底、更可怕。但是她毕竟是个知识有限的老女人。她怕洋的理性，始终敌不过她恨洋的感性。加之她始终对义和团的"刀枪不入"存有幻想。在涿州被拳众所据时，她就派军机大臣赵舒翘、顺天府尹（今北京市长）何乃莹与刚毅于6月初相继去涿州视察，一探究竟。赵到底是个进士出身的高知，他因此与何市长都对众师兄能否"灭洋"存疑。可是继至的刚毅则对刀枪不入的气功表演大为折服，认为是神术可用。（见《清史稿·刚毅传》，及其他杂著。）

刚毅是太后的红人，也曾是舒翘的恩人，赵氏回朝怎敢顶撞刚相？聪明的何市长自然更会顺风驶舵。太后一旦对调查所得的结果，如说"拳民忠贞，神术可用"，如予以"上等军械，好为操演"，就可以化为劲旅抗御洋兵一类的报告，稍加默认色许，义和团运动就进入北京了。

义和团进北京

北京城内发现义和团是庚子4月（非另有注，本篇都用阳历）的事。但那是城内居民响应外界的组织。间亦有少数来自外府州县入京串连者，然为数有限。城防军警亦曾奉命严缉。可是自刚毅于6月中旬回朝复命之后，京外州县的义和团就大举入京了。一般都认为团众之来是朝廷导之。义和团本身也认为是"奉旨"入京"闹教"的。因太后颁发奖金，他们要进京领奖！

义和团开始大举进入北京的日期大致是1900年6月10日（阴历五月十四日）。这个日期很不平凡。此日端郡王载漪也奉旨出任管理总理各国事务衙门大臣。他的死党启秀、溥兴、那桐也同时受委。（见是日《上谕》，载《义和团档案史料续编》上册，第596页。）这就说明了"四人帮"夺权已完全占领了大清帝国的外交部。主和派在外交政策上，已无转圜余地。（详见下篇）

驻天津各国领事和海军将领也组织了一支拥有2066人的"联军"——这是后来八国联军的先头部队，由英国海军陆战队队长西摩（Edward H. Seymour，或译薛慕尔）率领，也在这天自天津乘火车开往北京，声言加强东交民巷的防卫，保护十一国公使。他们车行至杨村，由于铁路为义和团所破坏，进退不得，乃被奉命前往阻遏的聂士成军连同当地团民所包围。这是中外第一次武装接触。这一冲突不论何方胜败，皆无退路可走。清兵若败，则联军便长驱直入北京，就不得了也；洋兵若败，则援军必至，就更不得了也。事实上最后便是这个更不得了的结局（见摩尔斯前书，卷三，第213—214页），下篇再慢慢交代。在北京方面，四郊的义和团，便是在这一天大队涌入北京的。

义和团好汉是何等样人？我们不妨伫立街头，看看热闹。《庚子记事》的作者仲芳氏有一段生动的描述。抄与读者共赏如下：

> ……团民自外来者，一日数十起，或二三十人一群，四五十人一群，未及岁童子尤多，俱是乡间业农粗笨之人。均以大红粗布包头，正中披藏关帝神马。大红粗衣兜肚，穿于汗衫之外。黄裹腿、红布腿带，手执大刀长矛、腰刀宝剑等械不一，各随所用，装束却都一般……

其实仲芳先生所看到的只是武清团、永清团、香河团……的一支。这一支是红巾红旗的"坎字拳"。那支被张辫帅杀掉的黄巾黄兜的是"乾字拳"，另外还有黑的白的，他还未见到呢！（参阅《拳匪纪事》）仲芳先生也笑他们是粗衣粗布粗笨之人。

6月初有义和团万人整队入城。九门提督着了慌，闭门不纳。双方正相持不下时，忽有差官持来辅国公载澜的"令箭"责令开门，守城者不敢违，拳众乃一拥而入。自此九门大开。拳众自四方涌入北京，日夜不绝。经旬而入者多至十万余人。家家念咒，处处设坛。最后是"上自王公卿相，下至倡优隶卒，几乎无人不团"。（参阅《中国近代史资料丛刊·义和团》第1册第306页，及《要录》第144页。）

此时端王庄王都有大师兄随侍，随时表演特异功能。据说李莲英曾引拳师去颐和园表演，并于6月9日护驾还宫。太后对拳艺大为折服，并亲自习画"灵符"云云。（散见阿英编《义和团文艺选辑》[①]中，诗文随笔等杂著。）

奉太后懿旨，所有入城的十万义和团，都由庄王载勋、大学士刚毅统一指挥，由载漪、载澜等三兄弟从中协助。义和团入城第一步便是去庄王府中"报到""挂号"。关于战防的地点和时间，要听候上级"转牌调遣"。（见《庚子纪事》）当时"坎字拳"大师兄便住在庄王府内，上听庄王调遣指挥，下对徒众发号施令。（见"军机处杂件"坎字老团大师

---

① 疑为《庚子事变文学集》——编者注。

兄德，6月25日《通知》，载《义和团档案史料续编》上册，第618页。）
那时众师兄用以杀人的那种形状奇特的"大刀"，其图案后来被洋人摆成ABC字母，用为污辱华人的象征。谁知用久了竟变成一种"东方艺术字"，在今日海外华人社区的招牌上、广告上、名片上，仍随处可见，然使用者已不知其历史根源矣。

杀人放火的收场

试问义和团小将十万人，如今摩拳擦掌挤在北京城内，意欲何为呢？曰：他们来此为的是"闹教"，为的是"扶清灭洋"。

义和团把他们镇压的对象，据说分为"十毛"。老毛子、大毛子是遍体黄毛的洋人，杀无赦；二毛子是教民，教民允许退教，不退教亦杀无赦；三毛以下则是用洋货，行洋礼，崇洋、让洋……等而推之。

义和团要杀掉他们的"一龙二虎"。一龙者光绪爷也，二虎者搞洋务的李鸿章、奕劻也。所以，迅速窃政的端王就要自己掌握外交系统，使奕劻老叔靠边站了。据传闻则庄王载勋的阴谋更大，他计划率领众师兄入宫去把一龙干掉。

这还是比较文明的上层。那些设坛长街，十万人摩肩接踵，歹徒再乘间闹事，一呼百应，群众兽性大发，烧杀奸掳，一时俱来，北京城就秩序大乱了。

义和团在北京之烧也，始则逢"洋"必烧。6月16日拳众在大栅栏焚烧"老德记"西药房。一时火焰冲天失去控制，左右前后，烈火延烧三日不灭，把最繁华的前门大街一带，千余家（一说四千家）巨商大铺，焚成废墟。正阳门楼亦被烧塌。京师24家铸银炉厂亦全被焚毁，北京市所有钱庄银行因之被迫歇业。通货既不流通，市场交易全停，一夕之间，北京就不是北京了。（见6月18日《稳定行市事上谕》，载《义和团档案史料续编》第604页。）

义和团在北京之杀也，是从杀教民开始的，他们集体残杀教民的屠场，便是庄亲王府前的大院。在这空阔的广场之上，他们一杀千人。真是人头滚滚、尸积如丘、血流成渠啊。（见《义和团史料》上册，第50页。）

迨教民为之赶尽杀绝，幸存者则逃入使馆区和西什库大教堂，依附洋人，筑垒自保。教民既绝迹，义和团便捕斩私仇，滥杀无辜。市民被他们以"白莲教"三字狱砍头者，为拳民趁火打劫而烧死戮死者，军团相斗、军军相杀、团团武斗而暴尸街头者，尤不计其数。天热尸腐，臭气冲天，全城鬼哭狼嚎。

在法国大革命期间，巴黎儿童曾仿制"断头机"（guillotine）为玩具——真正的"以杀人为儿戏"。庚子夏天的北京城，尤其是庄王府前的广场，天天杀人，虽妇女儿童亦所不免，实是当时世界上最大的人类屠宰场啊！与北京这个屠宰场相比，巴黎瞠乎后矣。

至于庚子夏天发生于北京的奸和掳，则禁军、甘军也是首恶啊！妇女被奸被杀的无法统计。而商户被抢被劫的，则1992年美国有史以来最大的洛杉矶暴动，相形之下，也是小巫见大巫啊！我们的义民和军人，在洗劫北京商民之后，摆出兴隆的"跳蚤市场"，把赃物公开拍卖呢！（见《要录》第190页，引《史料丛编》及《档案史料》上，第20页。）

抢掉商户不算，像吏部尚书孙家鼐和大学士徐桐那样的深院大宅也不能幸免。徐桐固为义和团保母之一也。他在被抢之时，义和团小将还把这位"老道"（徐的诨名）拖出公审。80岁的老进士只得跪地哀求，才幸免殴辱。

总之义和团运动发展至此，是完全出轨了，出轨到"四人帮"自己亦惴惴不安，他们自己的亲友也性命难保。7月初，清军副都统（一"旗"中的第二位高官）神机营翼长庆恒一家13口，竟为义和团寻仇全部杀害。庆恒是二品高官，又是满族，且系载勋、载漪的好友，而一家被杀，两位王爷皆不敢深究。终以凶手为"伪义和团"而销案，可见义和团此时的声势了。若非清军打败仗，八国联军入京"助剿"，任义和团如此发展下去，则老太后"四人帮"本身是否控制得了，犹在不可定之天也。

义和团和各路清军在北京抢够了，杀够了，再分头攻打东交民巷和西什库教堂来助兴。他们已把一半北京夷为平地，另一半则有待于八国联军之接班，而继续其奸掳焚杀之余孽矣。呜呼哀哉！我们写历史的人，拿着原子笔空着急。眼看历史一幕幕地重演，又从何说起呢？

三、慈禧太后向十一国宣战始末

1900年庚子，6月中旬，当北京城被十万义和团小将和他们的主使人庄王、端王烧得烈焰蔽天，杀得血肉满地之时，慈禧老太后对义和团的抚剿政策还是模棱两可，没个明确的抉择。她对那日夜逼她在和战之间表态的西方列强，更不知如何是好。老太后并不是个糊涂人，她知道义和团那套魔术既不能扶清，更不能灭洋，虽然她自己也在日夜"念咒"。

至于洋人的凶狠，她在做姨太太时就已领教过了。1860年（咸丰十年）秋9月，那时年方25岁的懿贵妃就被英法联军赶出圆明园。据当年西方的传说，她逃得如此惊恐和仓促，连她最爱的一窠北京狮子小狗都做了英军的俘虏。小狗不知亡国恨，当它们被奉命前来放火的夷兵发现时，小贵族们还在追逐为乐呢！

此一故事或为西方媒体的渲染。但是狮子狗这个可爱的小宠物（现在纽约市价至少每只500美元）和许多东方的珍禽异兽，后为西人所宠爱者，每多是英法联军火烧圆明园时未被烧死的"烈士遗族"。笔者早年留美，在纽约动物园中，就见过源出圆明园的四不像。

那时娇贵的懿贵妃，在战火中随夫秋狝北狩。青年丈夫一气殉国。读者们看过大陆演员刘晓庆扮演的美丽的小寡妇吗？她多么可怜。夫仇国恨未报，守节抚孤40年，到如今还要受老仇人的鸟气，老太后其恨可知，但是其内心的畏葸，也就不难想象了。不幸的是她现在已堕入自己一手培植起来的亲贵"四人帮"的包围圈中而谋主无人。更不幸的则是正当她在歇斯底里、方寸已乱的情况之下，忽然晴空霹雳，收到一封"蒋干"偷来的绝密情报，说洋人要逼她"归政"，痛哭之余，老太后自觉反正是死，就不如干脆"拼"掉算了——这是一出《三国演义》上"蒋干偷书"的假戏真演，才使老太后决心攻打使馆区，杀尽在中国所有的洋人。欲知其详，还得从她于6月9日自颐和园还宫说起。

甘军惨杀日本书记

慈禧在颐和园长住时期，她本人原有一支数百人的贴身卫队。他们使用的也是当时最新式的后膛钢枪。但是这几百个青年士兵既然在美女如云的后宫和御园之内担任警卫，他们如是生理无亏的健壮青年，那就太危险了。所以这支卫队是由太监组成的。太监怎能持枪作战呢？因此慈禧一旦还宫，她就把董福祥的甘军调入北京内城，作为她内城的宫廷警卫。

这时担任北京九门城防的禁卫军和在街头日夜巡逻的义和团大刀队，均在端王、庄王的掌握之中。纵是太后想制止"拳匪"在北京一带烧杀抢劫，已渐觉力不从心。——虽然"拳匪"一词，仍随时见于《上谕》（用皇帝名义）和《懿旨》（用太后名义）。

甘军是有实地战场经验和赫赫战功的劲旅，非义和团和九门禁军所能望其项背。所以太后曾一再召见董福祥，慰勉有加。董福祥亦向太后保证，他既能"杀外人"，也能把义和团镇压下去。——不用说，甘军就是慈禧的一张王牌了。谁知甘军入城的第一天就错杀了（东）洋人而使太后无能为力。原来董福祥的甘军也是西北一支纪律最差的土匪军，视杀人放火如儿戏。如今拱卫京师，独承天眷，那就更肆无忌惮了。因此当甘军于6月11日（阴历五月十五日）奉命开入永定门时，适值日本驻华使馆书记官杉山彬乘车出门公干。双方相遇于途。董军营官乃喝问："何人？"杉山彬自觉是外交官乃据实以报。谁知他碰到的却是一支无知的土匪军。未待他说完，这营官便抽刀向前，直刺其腹，就把杉山彬一下杀掉了。残酷的士兵一拥上前，不但把杉山彬尸体支解，并剖腹去其脏腑而实以马矢，弃之道旁。（见柴萼《庚辛纪事》）

杉山彬之死立刻成了国际新闻。驻北京各国使馆人员和各教堂内的传教士人心惶惶、个个自危。中国教民一向被拳民呼为"二毛子"，其罪仅次于"老毛子"（黄发洋人），当然更自知大祸临头。而一些仇洋反教的群众则颇为积怨得泄而鼓掌称快。

李鸿章、袁世凯是关键人物

杉山彬之死不用说在五大洲都引起震动，在世界名都各大报刊的报道中，不是头条也是花边。这消息也引起中国皇宫内廷的不安。很显明地，如今《马关条约》墨沈未干，李鸿章在日本被刺的枪疤犹在，怎能再杀个日本外交官呢？

老太后慌了手脚，她除专派荣禄和启秀向日本使馆道歉之外，并召见董福祥与载漪加以申斥。可是福祥的面奏和载漪的帮腔，终使慈禧内外交煎也处置不了。福祥说他一人如受罚是罪有应得，但如因此把他麾下的甘军激成兵变，则京城治安就大有可虑了。——聪明的慈禧当然体会到，这时的京师是抓在他两人的手中啊！他两人如联手不听"老佛爷"的话，则释迦牟尼也无计可施啊！为杉山彬之死而惩凶的谕旨也只好不了了之。

据说福祥与载漪从陛见退出时，载漪拍福祥之背，并跷起大拇指，大夸福祥是了不起的英雄好汉。（见《清史稿·董福祥传》）

时局发展至此，慈禧显然知道，外御洋人，内安反侧，她已渐渐失控了——这时在天津，聂士成为阻止西摩的联军入侵北京，双方已打得炮火连天，士成后来终于战败殉国。为抢救此一失控局面，她似乎与荣禄有过密议。两人决定了一个最有效的万全之策——急调李鸿章与袁世凯来京共纾国难。

李鸿章原是荣禄的政敌。李之下放广州就是因受荣禄之排挤。但是荣禄没有应付洋人的本领。现在夷情紧迫，他与慈禧束手无策，只好又策动老太后速调李鸿章回朝了。

至于袁世凯，他本是荣禄的死党。一向对荣感恩戴德、忠贞不贰。如今又手握重兵，诛义和团如杀鸡犬，深为洋人所喜。因此如李、袁两人能联袂返京，则荣禄和慈禧所感棘手的一切内外问题，均可迎刃而解。

这确是最高明的一招。因此6月15日军机处便传旨，令李鸿章与袁世凯迅速来京。——这时由于义和团拔电杆，北京与外界电讯已断。然荣禄与袁世凯之间，则"八百里加急"的传统驿马仍可照跑无讹；而袁与南方三督，尤其是与广州的李鸿章，则电讯日夜不绝。

百年回看如水晶球，当时如李、袁应召返朝，则我国近代史上最惨痛的八国联军侵华这项国耻，或可消灭于无形。不幸的是，西太后把召袁之命随即取消，转而重赏义和团，决心攻打使馆，杀尽洋人，并决定与十一国列强"同时宣战"。

她老人家何以一夜之间发起疯来，把原先设计好的万全之策，做了180度的大扭转，而置国家民族于万劫不复的绝境呢？这就是出于一个小小的"蒋干偷书"所获得的假情报的刺激了。——历史发展的长河，为一点藐小的个人情绪而变了方向，是史不绝书呢！

"蒋干偷书"的假戏真演

就在西太后决定调回李、袁之翌日（6月16日），由于时局紧张，老太婆便召集了一个包括六部九卿、军机、总署和诸王贝勒的大型"御前会议"，以商讨和战大计以及剿抚义和团的决策。这个会显然被端王所领导的激烈分子控制了。会中主和派袁昶、许景澄等偶持邪术不足恃之说，便被端王所呵止。慈禧也认为邪术虽不可用，而人心则可用。可是就在这一天，义和团在大栅栏放火，把前门大街一带数千家商铺烧成灰烬，而大失人心。因此，在会议之后，慈禧还是要方从涿州回京而力言拳民可用的刚毅偕同董福祥"开导［拳民］，勒令解散。其有年力精壮者，即行招募成军，严加约束"。（见《义和团档案史料》上册，第145页。）

谁知这道"勒令解散"的上谕颁下不及24小时,朝命便反其道而行呢!

原来就在当天的午夜,朝中接到一通绝密的情报,说洋公使已决定合力扶植光绪而赶掉慈禧——这是戊戌以后慈禧最怕的一招,如今这最怕的一招就要成为事实,怎能不令老太婆魂飞天外呢?情报的来源是这样的:

原来就在这天午夜,忽有人私叩荣禄之门,说有机密要事告急。荣禄接见后才知是他的心腹、时任江苏粮道的罗嘉杰的儿子,奉乃父之命亲来告密。这情报透露各国公使已联合决定向清廷提出四项要求:一、指明一地令中国皇帝居住;二、各国代收各省钱粮;三、代掌天下兵权;四、勒令皇太后归政。

荣禄得此情报之后,顿时如五雷轰顶。他知道在戊戌政变中,他当慈禧鹰犬时所做的好事。如今十一国列强勒令太后归政,拥戴光绪复出。一旦光绪复出,荣禄还有脑袋吗?所以荣禄得报,彷徨终夜,绕室而行,知道大祸临头。天方亮他就入宫觐见,把情报递给慈禧。太后览报,自然更是热泪横流,悲愤交集。

这位老泼妇独裁专制40年,她谁也不怕,只怕洋人。如今洋人真来要她的老命了。在眼睁睁就要投缳自尽之前,她哪儿还管得了大清江山,兆民生命?所以,她就放泼和洋人拼命了。

"政治家"退化成"女人家"

西太后显然与荣禄计议之后,便立刻召开第二次"御前会议"。她在会中讲话时首先叫"诸大臣",在激动之下,她又口称"诸公"。在中国两千年专制历史中,皇帝与太后向无称群臣为"诸公"者,骄傲跋扈如叶赫那拉氏者,自然更是前所未有,足见其方寸已乱、手足无措之激动情况。当她连哭带说把"四条情报"宣布时,全场惊愕,不知所措。端王以下最激烈的亲贵20余人,竟相拥哭成一片。在激动之下,他们咬牙切齿,立誓效忠太后,不惜一切与洋人一拼。太后也说洋人既已决定开战,大清亡在目前。既然战亦亡,不战亦亡,"等亡也,一战而亡不犹愈乎"。

（见《中国近代史资料丛刊·义和团》第1册，第48—49页。《史事要录》所节诸书亦足参考，见第168—178页。）

这样一哭一闹，老太后也就把前一日的对义和团"勒令解散……严加管束"的上谕一笔勾销。主和派的光绪、立山、联元、袁昶、徐用仪、许景澄，同遭申斥，齐靠边站，朝廷就决议重用义和团对十一国列强不惜一战了，主和五大臣，其后也相继被杀。

因此，6月17日（阴历五月二十一日）的"第二次御前会议"，也就变成了中国的御前动员会议。刚毅、载勋、载濂、载漪、载澜乃奉命统率义和团。载勋旋即代替崇礼出任步军统领九门提督。从此九门大开，四郊义和团乃大批涌入北京，日夜不绝。（见《庚子纪事》）真是无巧不成书，大沽炮台也于此日被七国联军所攻占。（大沽之战时，美国海军拒绝参加，详见下篇。）

德使克林德溅血街头

北京情势既如此紧张，十一国公使自然也日夜开会商讨对策。他们第一目标当然还是希望中国政府剿匪睦邻。在6月20日清晨集会时，德国公使克林德乃主张与会公使集体行动，联袂前去总理衙门要求保护。各使不愿偕往，克林德乃单独行动，乘了他那豪华的绿呢大轿，带了一个乘小轿的翻译官柯达士（Cordes）前往总署交涉。行至半途他就被载澜麾下神机营霆字枪队章京（小队长）恩海一枪打死了。轿夫大恐乃摔轿而逃。当时坐在小轿中的柯君也被摔在地上，把屁股摔成重伤。（据《景善日记》所载，克林德的死尸是袁昶收的，而载澜则要载漪下令，把死尸斩首，悬于东安门示众。史家或疑《景善日记》为荣禄伪作。然纵系伪作，书中所言故事亦大多可信。参见《庚子大事记》及摩尔斯前书。）

克林德公使一死，北京的东交民巷，就变成慈禧太后的"珍珠港"了。事已至此，一不做二不休，发疯了的老太后索性取出"内帑"（她老人家的私房钱）数十万两，重赏三军和在京津两地念咒打拳的义和团，要他们在天津攻打租界，在北京围攻使馆，务必把在华洋人赶尽杀绝，以泄心头之愤。（见《义和团档案史料续编》第615—616页。）

6月21日（阴历五月二十五日）她老人家乃用儿皇帝之名，写了十二道绝交书，就和英、美、法、德、义、日、俄、西、比、荷、奥匈十一国列强同时宣战了。（多余的一份则送给当时也被围在东交民巷之内的总税务司英人赫德。）—— 一诏战天下，慈禧老太后就变成人类历史上，空前绝后，最勇敢的女人了。

有40年当国经验的慈禧老太后不是这样的人嘛！她原是一个凡事都留有退路的"政治家"嘛！这一次怎么做得这样绝呢？那时在一旁冷眼观察的费正清的老师摩尔斯，对她的评语最是入木三分。摩说："太后一向做事都是留有退路的，只有这次她这个政治家只剩个女人家了。"（The empress dowager had long avoided committing herself to any position from which she could not withdraw，but now the statesman was lost in the woman……见摩著前书，卷三，第219页。）

［附注］慈禧太后在一夜之间，便从个"政治家"，变成个放泼的"女人家"，当时和后世一般的观察家、政论家和历史家，都认为她在这紧急情况之下，歇斯底里地失去了理智。笔者虽基本上同意此说，但亦另有解释。那便是西太后心智十分狡黠，她在这绝望情况之下，以义和团小将为幌子，对十国公使（德公使已死），来个"绑票勒赎"。她的"赎金"或"释放条件"便是十一国改变对华政策，不要她"归政"，否则义和团"绑匪"就要"撕票"，大家同归于尽！西太后不是个糊涂人，相反，她是个最工于心计的女纵横家。笔者作此"大胆假设"，虽难于"小心求证"，但在现代心理学和行为科学上，是可以言之成理的。

西太后的"珍珠港"

叶赫那拉老太太这一轰炸"珍珠港"的行为，可把我们的国家民族弄惨了。最后闹掉十几万条人命，还赔上北京宫廷和市民千万件无价的珍宝，加上四万万五千万两雪花纹银。诸位华裔读者要知道，你和我的祖宗，那时都各赔一两呢！说来难信，慈禧老太这个"珍珠港事变"从头到尾是从"蒋干"先生自作聪明偷来一份假情报搞起的。殊不知当时驻华十一国公使，本来各怀鬼胎，彼此嫉忌，搞个七国联军的集体行动已非易事，不要说提出有关中国内政的四大要求了。这四项要求中如真能实现太后归政、光绪复位这一条，对当时中国政局可能真有起死回生之力呢！但是大清帝国的起死回生，关他们十一个帝国主义屁事？他们才不会提出这项要求呢！等到事后中国方面发现列强并无此项要求时，大家乃怀疑这情报是端王载漪所伪造，来故意刺激太后的。其实端王那一伙哪儿有周瑜之才？他们才造不出这样高明的假情报呢！——这个假情报来源实出自英商在上海所办的英文《北华捷报》（*North-China Herald*）1900年6月19日（清历五月二十三日）的一篇社论。此文复于翌日重载于该报周刊《字林西报》（*North-China Daily News*）。这篇社论文稿在刊出之前，可能被报社中华裔职工所获悉，辗转为罗嘉杰粮道所闻。他乃根据情报人员的谎报或误译，也或许是他自己为邀功而改头换面、加油加醋，译成汉文，便向荣中堂告密了。——这位粮道先生对我们开了一个价值四万万五千万两雪花纹银和千万条人命的大玩笑。我们如把一百年前四万万五千万两纹银按那时的市场价值折合成今日的物价，该值目前美金现钞几十万万元？我们"罗蒋干"先生这个乌龙，实在摆得太大了。

在这篇社论里，作者的确提到"太后和她的帮"愚蠢地蓄意与"全部列强开战"，并强调"这个帮如不自动毁灭，就应被赶出北京。我们希望能使光绪皇帝复位。我们应向中国人民确切表示，目前这一战争全为西太后所发动。吾人只是与北京的窃权政府作战，而非与中国为敌也"。

这只是一篇报纸的社论。以光绪复位代替慈禧甚或有违于英国当时的对华政策呢！至于代收钱粮、共管军事，全为情报人员所妄加。此时英美两国为防俄德等国搞瓜分勾当，对己不利，但愿使中国这个最无能的政府领土完整、主权独立，庶几利益均沾，维持现状。英国当时掌握了中国外贸70%以上，中国进出口航运近90%；美国斯时在中国无半寸殖民地可向外发展，所以"维持现况"（maintaining status quo）——所谓"门户开放政策"（Open Door Policy）——对英美两国最有利也。

事实上，八国联军侵华之后，美英二国协力维持首要战犯慈禧太后权力于不坠，其居心与二次大战后，美英联合维持日本首要战犯裕仁天皇的皇位，实如出一辙。老太后为一项假情报弄得方寸大乱，实在是知识不够，朝中无人，有以致之。那时李鸿章如仍居相位，叫他底下的洋员李提摩太（Timothy Richard）、赫德或丁韪良等到使馆一问，一切不就豁然冰释？哪里要老太后去上吊寻死呢？

那时中国的南方督抚都雇有"洋员"，在涉外事件中以备咨询、以供跑腿，所以情报比较灵通，交涉亦能抓着要点。这些洋员如李提摩太等，大都忠心耿耿，为雇主实心办事，在中国官场中极获好评。这种洋员所提供的服务，到民国初年就逐渐被留学归国的"博士帮"所代替了。在民初军阀时代，诸大军头从穿西服、乘汽车、打网球到买军火、订条约都少不了他们。接着而来的国、共两党原多是以归国的留学生为骨干的，涉外事件就少烦外人了，但是在西安事变中，还不是有个端纳跑来跑去？

再者，西太后之决定与十一国宣战，可能也是出于她自作聪明的愚蠢的权谋——她或许想利用义和团去劫持列强公使，以逼迫列强改变强迫其"归政"的政策，不成则以义和团为替罪羔羊。当续论之。

刘坤一与"东南互保"

西太后既假儿皇帝之名向十一个列强同时宣战，她和她的"四人帮"的战时政策，第一便是整编义和团为"八旗"，由端王统一指挥守卫禁城。6月22日以后诏谕亦由端王发布。禁军亦唯端王之命是从。（见《字林西报》6月24日以后各期）端王并通令全国，筹款调兵，勤王抗敌。因此，朝廷一再降旨全国督抚、上下臣工"现在中外业经开战，断无即行议和之势……各将军督抚等，务将'和'之一字先行扫除于胸中……［务必灭洋到底］……"（见《义和团档案史料》上册，第221—222页）。7月14日天津失守，廷谕再次督战，强调"天津失陷，京师戒严，断无不战而和之理"（见同上，第366页）。与此同时他们还通令全国废除洋操、洋服，而恢复用刀弓石的武考呢！

但是，清廷这时有何力量能抵抗八国入侵之联军呢？这分明是螳臂当车。战事一发动，李鸿章即认为各省勤王援军无益。盖不待勤王之兵到达，北京就要沦陷，朝廷就要"西迁"。（见《李鸿章年（日）谱》第413页；引《李文忠公电稿》致袁世凯电。）

李鸿章不是唯一的预言家呢！当时的两江总督刘坤一、湖广总督张之洞、闽浙总督许应骙，尤其是铁路大臣盛宣怀等人都洞若观火。这原是常识，不待智者而后明也，只是端王把持下的中央政府太愚昧无知罢了。所以东南地区汉族督抚就借口廷谕为"矫诏"，不从"乱命"。他们就与虎视眈眈的帝国主义分别议约搞"东南互保"了。

革命精神很充沛的后世史家，兼有对"东南互保"作非议者，殊不知那时不搞"互保"，则长江中下游地区亦在战火中矣。盖宣战之诏尚未下达之时，英人即向美国驻沪总领事古德纳[①]（Goodnow）扬言（open talk）要占领江阴炮台、江南造船厂及整个吴淞地区，以试探美国的反应。刘坤一得报，乃密遣洋员美人福开森（J. C. Ferguson）与古德纳疏通，密报华府设法制止。另外亦调兵遣将决心武力抵抗，英人才知难而止。（见"美国国家档案局秘藏原档"，古德纳于1900年6月29日对国务院副国务卿之密报。）

在武汉方面，张之洞亦极力维持地方稳定，减少洋人入侵借口（见同上附件）。同时诸方面大员合议，如北京失守、两宫不测，他们就选李鸿章做总统以撑持危局。（这时孙中山也殊途同归，曾提出相同的建议。）鸿章对"伯理玺天德"（president，总统）大位，也颇有兴趣。其后慈禧与光绪安全逃到西安，此议遂寝。（见《李鸿章年（日）谱》第423页，引《国闻周报》。）

张、刘、李这几位督抚，老实说，都是熟读圣贤之书的传统政治家啊！可恨国运如斯，形势比人强而长才不展。

---

① 今译作古纳——编者注。

悬赏捕杀洋人

西太后宣战后第二个绝招便是悬赏捉拿洋人，把他们斩尽杀绝。

中国历史故事中原有"八月十五杀鞑子"的传闻，说在蒙古人入侵中原时，每家都住有鞑子特务。某年中秋节民间以月饼为传媒，全国在一天之内同时动手把鞑子杀光。这次中外既然宣战，大学士徐桐等也奏请西太后下诏"无论何省何地，见有洋人在境，径听百姓歼除"（见《义和团档案史料》上册，第196页）。步军统领庄亲王载勋等也在北京街头遍贴告示，悬赏捕杀洋人。赏格规定："洋人杀一赏五十两；洋妇四十两；洋孩三十两。"（见同书，下册，第842页。）因此当恩海一枪把德使克林德打死之后，他不但对凶行直认不讳，而且还在等着领赏呢！

笔者昔年服务哥大时，前辈老友富路德教授（Luther Carrington Goodrich）时常自笑幼年时小命只值30两纹银。因为他在庚子年曾随传教士父母被围于东交民巷之内，那时他才六岁。富家一直是在通州传教的。事发时就近逃入北京使馆，躲掉一劫。其他不幸在山西传教的欧美传教士，就全部罹难了。

当时，山西巡抚毓贤在奉命缉捕传教士和教民时，谎称"集中保护"，把全省的外国传教士男女老幼40余人，或骗或捕，都集中到他的巡抚衙前来。7月9日他把他们全部剥掉上衣，罚跪于衙前广场，一一砍头杀死。有一位长着马克思式白胡子的老主教，起身质问毓贤为何无辜杀人。毓贤抽出佩刀，二话不说便一刀劈去。老主教头面血如喷泉，白胡子顿时变成红胡子。毓贤又补上几刀，便把这位老人杀了。这一天他一共杀了传教士及家属共46人，包括15个男人、20个女人和11个小孩。真是甚于虎狼，残忍至极。〔见管鹤著《山西省庚子教难前后纪事》及《李鸿章年（日）谱》第450页，及Robert C. Forsyth[①]著《庚子年殉难中国烈士考》（*The China Martyrs of* 1900）第30页以下。〕毓贤在山西省一共杀了多少传教士，众说不一。

----

①福赛斯——编者注。

因为教士来自西方不同国家，统计数字不易齐全也。至于他杀了多少"二毛子"（教民）和与外事有关的人士，那就更无法计算了。

拿"一龙二虎十三羊"开刀立威

在大杀洋人和二毛子的同时，那些志在夺政权扶清灭洋的载字辈"四人帮"还要在朝内立威，拿义和团所点名的"一龙二虎十三羊"来开刀祭旗。

在对列强宣战后四日，载漪、载勋、载濂、载滢（已故恭亲王奕䜣次子）四兄弟率义和团大师兄刀斧手60余人直闯瀛台，要去把载湉（光绪帝）干掉。这桩"弑帝""杀龙"行为，虽为西太后所制止，但是这条"龙"也就生不如死了。他不但在御前会议中时遭端王、庄王的折辱，据说连个年方十四的"大阿哥"（载漪的儿子）也指着他叫"二毛子"。如此，则老太后一人之下，万人之上的权威人物是谁，就不言可知矣。（见《景善日记》及多种杂著，故事多有可信。）

至于"二虎"——李鸿章和奕劻，李被下放广州，远走低飞，鞭长莫及，"四人帮"对他无可奈何。据说鸿章初闻下放消息时，乐不可支。盖以远离虎口，颇感身心两快也。如今"北事大坏"，收拾残局，"舍我其谁"（鸿章豪语，均见《年（日）谱》），杀不得也。奕劻之罪，只是对洋人"太软"（见《四十年来中国大事志》），不足杀也。真正倒楣的便是"十三羊"了。

"十三羊"的名单上究竟是哪些人，说者不一。但是他们和其他类似的什么"十三太保""十八罗汉""二十八个布尔什维克"等等一样，前几名总归是固定的。"十三羊"前五羊应该是那五位因力主剿拳议和而被杀的"五大臣"。前驻德俄等国公使，嗣任吏部左侍郎许景澄和太常寺卿袁昶，是在7月28日被杀的。兵部尚书徐用仪、内阁学士联元、前户部尚书立山，则是8月11日被杀的，所谓旬日之内连杀五大臣（见《史料丛刊·义和团》第1册，第22页），而时未经旬，北京亦为联军所陷。

慈禧为什么在弃城潜逃的绝望时期，把主和大臣一网杀尽呢？这就是一些大独裁者（不论男女）最狠毒的地方了。所有的独裁暴君对异议者都是睚眦必报的。她这次败亡出走，生死未卜。但她绝不能让自己死于异己者之前，而使异己者有与敌人交通之余地也。她投鼠忌器，行前只杀珍妃不杀光绪。然洋人如真要逼得她非悬梁自尽不可，则太后之悬梁，亦必在皇帝悬梁之后也。朋友，奇怪吗？我们蒋公自大陆败退时，杀杨虎城而保留张学良，还不是一戏两演吗？那时如宝岛不守，蒋公向瑞士逃难，则少帅还能活到今天吗？——此理一也！

《崇陵传信录》的作者恽毓鼎，不谙此理，他把连杀五大臣的黑锅全给端王载漪背去了。恽说："先是载漪力主外攘，累攻战，不得逞，欲袭桓温枋头故智，多诛戮大臣，以示威而逼上。"

这是一派胡说也。试问载漪这个花花公子的师长，曾经"攻战"过什么呢？不错，他打过东交民巷。笔者年前曾在东交民巷（社科院招待所）住过两星期，在巷内巷外绕了无数圈。细看形势才知道当年董福祥、载漪他们攻打东交民巷，只是一场民间"械斗"而已。这又叫作什么"攻战"呢？至于诛大臣以逼上，与桓温废海西公立简文帝的故事相比，也是不伦不类。试问载漪的"上"是光绪呢，还是西太后？是光绪又何必"逼"？是西太后，他敢？

诛大臣，载漪亦不敢也。大臣是太后诛的，恶名是端王背的罢了。

攻打使馆的闹剧与心机

至于攻使馆，"不得逞"倒是事实。这虽是战将的窝囊，但事实还是太后留有退路也。且听听老太后在逃难之后，回忆起攻打使馆的一段口述历史。老太婆说：

> 我本来是执定不同洋人破脸的。中间一段时间，因洋人欺负得太狠了，也不免有些动气。但是虽没有阻拦［载漪、载勋、载澜］他们，始终总没有叫他们十分尽意的胡闹。火气一过我也就回转头来，处处留有余地。我若是真正由他们尽意的闹，难道一个使馆有打不下来的道理?！（见《庚子西狩丛谈》）

老佛爷这段话讲的是事实，但在我们搞口述历史的老兵听来，她还是不太够诚实和坦白。——她没有提她受"蒋干偷书"那一段刺激。那时她是决定和洋人一拼，同归于尽了。但是在"同归于尽"和"一拼"之间，这位老狐狸，还是留了一条退路：她叫那表面上手握重兵的大将荣禄、载漪、载勋等人代她去和洋人拼命。如果把洋公使的命都拼掉了，而交涉还有转圜余地，那她就以"妾在深宫哪里得知""将在外君命有所不受"等借口，把责任向诸悍将头上一推。杀凶以谢，她还可继续做她的太后。——事实上，后来结果就是这样的。

谁知荣禄也是个曹操，他不敢不遵太后之命去攻打使馆。但如真把使馆夷为平地，杀死了几位洋公使，将来洋人追查凶犯，太后被迫缉凶，他的脑袋岂不要搬家。所以，他首先装病请假，交出兵权。到后来，当懿旨难违，他非出头不可时，他只有故作积极，三令五申督责董福祥的甘军拼命去打。董福祥是个大老粗，在中堂严令之下，他就认真打起来了。自6月20日起一连四天，甘军每日开炮多至300余发。烟雾弥漫，炮声震天。北京与外界交通完全断绝。在这种情况之下，区区东交民巷岂不早已夷为平地？各国公使和教士，断无生存之理，因此伦敦各报已刊出英国公使与海关监督等人的报丧"讣闻"（obituaries）。

这时在广州看报观战的李鸿章和荣禄虽是政敌，却英雄识英雄。6月22日，鸿章在广州便向媒体透露，使馆无恙，请各界放心，因为他知彼知己。荣禄既未调用他那有德式装备的武卫中军，光靠董福祥的土匪军是攻不下使馆的，因为"甘军无大炮"。董福祥所使用的全是一些土炮。只听炮声响，不见弹下来也。（见《字林西报》专栏）

李鸿章是说对了。使馆被攻，死伤不少，但并未被攻破。果然6月25日，荣禄便奉太后懿旨停攻使馆，并慰问各国公使。廷谕并向拒奉乱命的东南督抚一再解释不得已宣战之苦衷。（见《义和团档案史料》诸书）在停攻期间，一时西瓜蔬菜等慰问品满车而来，送往使馆，使在一旁观看而口渴如焚的甘军士兵气愤不已。太后懿旨前后矛盾若此，荣禄如真把使馆夷平，那还得了？所以荣禄不但对被围敌人暗通款曲，并且真的"里通外国", 令人假扮走私窃贼, 大量接济使馆守军火药子弹, 以加强防御。他怕洋人如真的"弹尽粮绝"被董福祥的甘军攻破, 则朝廷和老佛爷, 尤其是荣禄自己, 都不得了也。须知荣禄那时所接济洋人的军火可不是甘军所使用的土火药啊! 他走私去的可能都是德制后膛枪的"七九钢弹"(?), 锐利无比。所以在6月28日停战期满, 甘军又恢复攻击。其后"谈谈打打", 双方又械斗了50余日, 使馆始终屹立不动, 而围攻的甘军和义和团则死伤千余, 均是荣禄里通外国之结果也。

上节所述的吾友富路德教授那时才六岁。他就时常违父母之命, 爬上墙头"观战"。50年后他还用他那地道的通州话向我们笑说庚子遗事, 真是绘影绘声。

富先生是笔者在哥大25年中所遇最可爱可敬的一位老辈汉学家。他的汉语也比我说的纯正得多。他精通汉籍, 也深爱中国, 为人处世也简直是传统中国里的一位儒家老辈。他是胡适之先生的挚友, 也是胡适在1927年回哥大接受博士学位典礼中的傧相。他佩服胡适佩服了一辈子。因为他没有适之先生那样的精明和调皮。他浑厚得像传统中国农村中的老农夫。富先生是笔者所认识的前辈之中唯一见过义和团的老学者。在退休之前他是哥伦比亚大学东亚语文系(原名"中日文系")里的"丁龙讲座教授"。这个讲座是为纪念一位可敬的华侨工人丁龙而设的。笔者对丁龙的故事曾另有记述, 不再多赘。然据我所知, 坐在这个"讲座"上的"教授", 只富路德一人在道德和学问上受之无愧, 继他之人则是个下流不通的痞子。

笔者今乘重治拳乱史的因缘, 提一提这位拳乱目击者, 也算是对他老前辈一点点私淑的纪念吧! (关于这一段拳乱史, 中文档案笔记至夥; 西文史料如摩尔斯前著, 赫德回忆录, R. C. Forsyth与A. H. Smith等人的著作, 和汉译Bertram L. Simpson而化名B. L. Putnam Weale所著《庚子使馆被围记》, 均足汗牛不及备载。)

使馆幸存, 首都沦陷

慈禧或松或紧, 或真或假, 把东交民巷围攻了50余日的"行为", 可能还有一层她不愿告人的动机——行为科学上所谓"刺激—生机—反应"是也。她想以生死交关的危机，诱迫十国的"钦差大臣"（此时克林德钦差已死了）保证不要她"归政"，也就是撤销"蒋干"先生偷来的那四条秘密的要求。无奈这四条要求原不存在，而十公使也不是老太后肚子里的蛔虫，不知如何反应。好在他们内有粮草、外有救兵，就冒着生命的危险死守待援了。

至于老太婆说："难道一个使馆有打不下来的道理？！"她说这话确是胸有成竹的，因为她还有德国克虏伯厂制造的重炮没有动用呢！

老太后的德制大炮在哪里呢？原来它配备在荣禄的嫡系部队武卫中军的炮队里。当董福祥猛攻使馆十数日不得下，端王乃以上谕调中军分统（军阶略近旅长）张怀芝派"开花炮"助攻。这位张分统是天津武备学堂的毕业生，与曹锟同学。这个武备学堂原是李鸿章授命戈登（Charles George Gordon）主办的，是中国第一座新式军校。这时武卫中军所用的德制"开花（弹头爆炸）大炮"连后来德国军官都自叹少见。因此张怀芝奉命之初自觉是立功的机会。他乃在城头架好大炮，瞄准使馆区，只要放三五炮下去，各使馆就成为一堆灰烬了。正当他要下令开炮时，这位39岁的军官忽然灵机一动——他知道炮声一响，后果就难以收拾了，又改令缓发。随即自己下城直趋荣禄官邸请示，要他的顶头上司手写一道发炮的命令以为凭据。荣禄不敢亲发命令，也不敢不发命令。双方僵持甚久。这一来，怀芝更不敢离开荣府自作主张，便在荣府赖着不走。最后荣禄缠他不过，乃支吾其词说："横竖炮声一响，里边（宫里边）是听得见的。"——这是荣中堂在中国近代史上一句不朽的名言，而张怀芝——这位后来官至安徽巡抚，民国时代曾被袁皇帝封为男爵不受，其后又做到山东督军和徐世昌任内的参谋总长的大军阀——也不是个笨人。他闻言大悟，乃匆匆赶回城上，谎说炮位不准，需重测方位，遂把目标定向使馆后之空地。众炮齐发，轰了一昼一夜未停，直至上谕再次停攻始止。使馆虽饱受虚惊，宫中府中均至为欣慰。（见《义和团史料》下册，第562页，引《春冰室野乘》；富路德老师与其他西文史料，也颇有惊人的叙述；张

263

怀芝故事散见中英文传记，及《民国人物小传》第五册，第280页。）

　　庚子年围攻使馆的闹剧就这样一松一紧、亦真亦假地闹到8月14日，使馆内被围洋人与中国教民忽闻哈德门外有机枪声，知洋兵已攻破北京，因当时中国军队尚无机枪也。是日下午二时在数百洋人一片欢叫声中，一大队打着英国旗帜的印度锡克兵（Sikhs，上海人俗呼为"红头阿三"者）一举冲入巷内。50天使馆之围是结束了，中国的首都北京也就沦陷了。

四、不堪一击的拳民与七国杂牌军

在中国近代史上最可恨的惨剧，莫过于一百年中我们的首都竟三度为敌国占领。在占领期间，敌军的奸掳焚杀之残酷，也是世界文明史上所少见的。

这三次中的第一次便是1860年英法联军攻破北京，并把那一座"东方凡尔赛"圆明园烧成灰烬。但是这次国耻对满族统治者的教训不大。那时入侵的洋兵不足两万，而北京的禁城之内，巍峨官阙即有九千余间。加上圆明园、颐和园和东陵、西陵，仅是皇家内务府所管的财产，就足够这些洋强盗搬运的了。那时中国又没有通海口的铁路。而北京天津一带还有高官贵族的王侯宅第和千万家富商大贾的巨铺广厦。万把个小强盗一朝窜入，个个满载而归，累得要死，也搬不了"天朝"的几座金仓银库。

最可叹的还是有些满洲贵族，他们认为英法联军的入侵，会使大清王朝因祸得福。为什么呢？因为在中国三千年的帝国专制史上，首都沦陷，不是亡国便是改朝换代，哪儿有像英法联军攻占了京城，最后只签订了几件"文书"便率数退走！——历史上哪儿有这样轻松的事？

再者，签了几件文书，不但夷兵全撤，而且"英夷"还能效忠朝廷，派戈登将军来华训练"常胜军",助剿"发贼",消灭叛逆。——天下哪儿有这等便宜事?

朋友,在你我看来,清廷在英法联军之后所签订的那一系列的《北京条约》,是何等丧权辱国?——在这些条约保护之下,英国人打开中国内地市场,并在全国各地大量"公开合法贩卖鸦片",大发毒财!俄国人也拿走了我们的东海滨省(包括海参崴)和整片外兴安岭以东的西伯利亚!这块土地与我们长城以南的18行省的面积几不相上下!

可是这些损失,对那时享福深宫的小懿贵妃和后来"垂帘听政"的东西两个小太后,实在太遥远了,何关痛痒?

所以这第一次首都沦陷,对这些满洲贵族教训不大;他们反掉以轻心,认为北京沦陷的结果也不过如此而已。

在中国近代史中,我首都第三次沦陷,便是我们及身而见的,发生在1937年冬季的南京大屠杀了。日军于是年12月13日攻破我首都南京之后,时未逾月,竟一举屠杀我俘虏军民30余万人。谁知他们血迹未干,汪精卫所率领的一群汉奸,竟然又搞起"还都"和中日亲善来。

防守东交民巷的八国洋兵

庚子(1900)年首都沦陷,是三次中的第二次,所谓八国联军进北京是也。

他们这八个帝国主义对中国这头肥羊的争夺,彼此之间本是剑拔弩张,互不相让的;而他们这次竟能通力合作,联合出兵攻打北京,实在也是颟顸昏聩的满族亲贵自己惹出来的。语云:"国必自伐,而后人伐之。"这次国耻便是很标准的国人自伐的结果。我们如何"自伐",上篇已详论之。本篇再看看我们"被伐"的惨象。

原来在1900年春义和团自山东渐次北移时,北京东交民巷里的列强使馆已开始紧张起来。英美德法日等大国驻华公使纷向各国政府及各该国驻华海军,要求派兵保护。

按当时(乃至今日)的国际惯例,使领馆的安全,原应由驻在国政府负责。聚居北京东交民巷一带的十一国使馆，理应由中国政府派军警保护。但是拳乱一起，外国公使对中国政府失去信心。——我们今日回看，这实在不能厚责于他们。确实是因为我们太落后、太野蛮，外国人对我们才失去信心的。君不见前篇所述日本的杉山彬书记官和德国的克林德公使都是死于街头？

洋公使们既然对清方保护不存希望，他们驻在天津一带的水兵就奉命前去北京担任守卫了。洋水兵开往北京保卫使馆，按国际法是侵犯中国主权的，所以中国总理衙门里负责官员徐用仪、联元等人曾亲往各国使馆抗议。（见美国国务院档案）可是徐、联等人后来连自己脑袋也保不住，怎能怪洋人对他们不信任呢？——据说某次英国公使亲往总理衙门交涉，而接见他的两三位大臣之中有一位可能太胖太老了一点，天气又热，他老人家竟在接见当场打起鼾来。英公使曾引为绝大的侮辱。然几经磋商之后，总理衙门终于答应各国公使可自带警卫，惟每国以30人为限。

中国政府既已让步，各国在天津的水兵就准备前往北京了——他们自己之间的协议则是各遣水兵100人。但是各国在津水兵又多不足额，俄人只能派遣79人，乃又相约最高额以水兵79人为限。八国派往北京人数如下：英国79人，俄国79人，法国75人，美国53人，义国39人，日本24人。

以上六国警卫于5月31日乘火车入北京。另有德国水兵51人，奥匈士兵32人，则于6月3日抵京。另加军官19人。所以当使馆被围攻时，各国共有武装警卫451人。其中军官两人率水兵41人被派往守卫西什库教堂。余众则是保卫使馆区的全部武装了。其中英、美、奥、义四队，各携重机枪一挺。——这支拥有"后膛钢枪"400余支，加重机枪4挺的东交民巷卫队的实力，在那时也不算太小。所以董福祥那支土军队屡攻使馆不下，也在李鸿章意料之中了。

这支八国拼凑的小卫队，原来也是各怀鬼胎的——尤其是俄国，其志不在京津，而在东北。它一贯的策略是在北京做和事佬，故示好感，以换取它对中国东北的掠夺。所以它这次派来的79人，运来大量火药，却少携枪支，更无机枪；而它那批"俄国造"的大口径弹药，对其他各国的警卫都不适用。狡猾的俄人是摆个姿态给满大人看的，而满大人（如端王）却一无所知也。

日本与俄国原是水火不容的。此次日本水兵只来了24人。书记官杉山彬嫌其太少，6月11日他就是出城去探望援军，在半途碰着甘军，才被无辜妄杀的。

大老粗董福祥和那些糊涂蛋的满族亲贵，哪里知道"老毛子""大毛子""天主教""基督教"也是种类繁多的呢？把所有"毛子"一锅煮，则东交民巷里的毛子居民，大家不分南北，也就一道地同生共死了。

他们这支小卫队总算来得其时。全队抵北京后不及一星期，日本书记官杉山彬就被杀了。再过九天德国公使克林德也陈尸街头。克死不足24小时，慈禧就下诏对十一国宣战，董福祥的甘军就围攻使馆了。没有这支小卫队，恐怕十一国公使和他们的馆员，以及在使馆区避难的数千名二毛子和百十个外国传教士，都要惨遭屠杀了。

七拼八凑的联军先遣队

在北京使馆告急之时，原驻天津的各国领事和在大沽口外游弋的各国海军将领也召开了紧急会议，商讨组织"联军"开往北京增援。几经会商并由各国政府批准，他们八国终于组成一支拟开往北京的增援部队。这支援军包括英军915人，德军540人，俄军312人，法军158人，美军112人，日军54人，义军40人，奥匈军25人，共计2066人。公推英国海军司令西摩统一指挥，并于1900年6月11日搭火车前往北京，保卫使馆。

但是这支浩浩荡荡的两千夷兵声势太大了。天津四郊拳民乃纷起阻遏，并把铁轨拆毁。直隶总督、北洋大臣裕禄也下令聂士成统率的武卫军前往围堵。聂士成原是淮军猛将，他所统率的这支国防军也是配备有重机枪的精锐部队。聂军对义和团原极愤恨，月前奉调镇压义和团时，曾有一次枪杀拳民500人的血腥纪录，而为在北京当政的端王、庄王所嫉视。可是这次奉命阻遏入侵洋军，他更觉义无反顾。——聂军门原是一位烈性汉子，守土有责的国防将领嘛！因此，西摩联军刚出发至天津西郊的杨村时，它就被义和团和聂军包围了。联军要突破包围圈，战争也就一触即发了。

义和团原自夸是"刀枪不入"的，聂军乃把他们调上前线去冲锋。结果在敌军机枪之下，血肉狼藉，掉头逃跑又为聂军所阻。在两面机枪对扫之中，这批可怜的乡民死难之惨，实在笔难尽述。

义和团这群乌合之众被屠杀殆尽，敌我两方的正规部队就短兵相接了。事实上西摩这支联军也是个七拼八凑的混合武装。西摩自己又是位海军将领，怯于陆战，而聂士成却是个视死如归的战将，强将之下无弱兵。因此，在双方一番鏖战之后，西摩便陷入重围，只有招架之功而无还手之力，进退维谷，只好就地苦守待援。

一场国际轮盘赌

西摩之挫，惊动了八国政府，其时在大沽口外待命的列强海军也慌了手脚。在6月10日以后，他们与北京使馆的电讯已失联络；14日以后西摩亦不知存亡；16日以后，他们与天津租界领事馆也信息全断。各国海军将领会商之后，就自作主张了。

从纯军事的观点出发，这批洋司令很自然会想到他们应该组织个联合舰队，先占领大沽炮台，从而进军天津，以解西摩之围。西摩之围既解，他们更应组织强大联军，推向北京，庶可拯救命在旦夕的各国公使。事实上其后八国联军的动向便是循着这条逻辑发展的。只是当事各国互相猜忌，想浑水摸鱼，又不敢冒进。他们要搞个统一组织，亦殊不易。

我们贵国原是苏秦、张仪的老家。那时我们如有个把得力的苏、张之子孙，虚虚实实，来把他们挑挑拨拨，合纵连横一下，毛子们的"联军"也就很难实现了。无奈斯时京中当国的老太婆，事急了只会哭哭闹闹，要不就拼命"念咒"——慈禧和李莲英据说一天要念能够千里杀人的灵咒70遍，希望把英国的维多利亚女皇、德国的威廉大帝……通统咒死。而围绕老太后的那批亲贵"四人帮"，又是一批鲁莽灭裂、毫无现代常识，只知在国际赌场耍赖的糊涂蛋。

可叹的是庚子年间，那些围绕在西太后周围的一群以端王为首的亲贵小赌棍。他们霸占了总理衙门，挤入国际轮盘大赌场，却不知如何赌法。——既无赌术，又无赌品，更无赌本，只知乱下赌注，瞎赌一场。

那时我国驻外公使，例如驻美的伍廷芳、驻俄的杨儒、驻英的罗丰禄、驻德的吕海寰等等，都是第一流外交官。可是端王霸占下的总理事务衙门（外交部），对他们却一无指示。在北京当权的那一伙只知督促董福祥向使馆放炮开枪，在外交上，他们简直是一群白痴。因此，我驻外使节向政府请训的不是中央政府的外交部，而是地方上的三位总督：广州的李鸿章、武昌的张之洞和南京的刘坤一，而这三位总督大人的意见也各是其是。李鸿章看重俄罗斯，刘、张则倾向英、日。外交上既不能统一指挥，使领人员纵有苏、张之才，也是枉然。

聂士成、裕禄相继殉国

现在再看看围绕赌台边的八大洋赌客，是如何下注的。

前节已言之，他们防卫使馆、攻打大沽、占领天津、进军北京，都是要采取联合阵线的。但是诸夷猾夏，他们彼此的利害是永远冲突的。在正常的情况之下，他们是无法联合的。他们此次之所以能密切合作者，端王、庄王为渊驱鱼，导之使然也。

当大沽炮台于6月17日被联军攻占之后，我津沽藩篱尽撤、海道大开，列强援军遂源源而来。在陆上重行组合之后，联军就首解西摩之围（6月23日），再与各国租界取得联络，就进逼天津城郊了。拳民鸟兽散，直隶总督裕禄乃饬提督聂士成指挥武卫前军奋力抗拒。

士成于此役之前，曾受朝臣歧视，被"革职留任"。在7月9日拂晓，当敌军以强烈炮火向其天津南门外八里台阵地猛扑时，弹下如雨。士成两腿均受枪伤，犹督兵不许稍退。营官宋占标劝其稍避而士成"奋不可遏"，仍复持刀督战。直至两腮均被敌弹洞穿，颈侧、脑门等处均受重伤，直至脐下寸许亦被炮弹炸穿，"肠出数寸"，终于壮烈殉国！营官宋占标亦随同殉难。（见《义和团档案史料》上册，第277页。）真是惨烈无比。

但是将士的英勇并不能弥补朝臣的误国。天津城终于7月14日沦陷。

入侵联军纵兵大掠，死人如麻。直隶总督裕禄则率领一些残兵败将，退往北仓。追入侵联军再度发动攻势时，裕禄遂在军前自杀。

裕禄虽然也是当时政府中的一个腐化的官僚，然自知守土有责，兵败之后愤恨自杀。自古艰难唯一死。裕禄的殉国，较之36年之后，弃城潜逃，置数十万军民于不顾的唐生智，则可敬多矣。——此是后话。

面对"人民战争"的威胁

入侵联军既占天津，他们乃于租界之外，另成立一个傀儡政府来征税征夫。这个组织的中国名字叫作"暂行管理津郡城厢内外地方事务都统衙门"（简称"天津都统衙门"），英文名字叫Tientsin Provisional Government（简称T. P. G.，原意为"天津临时政府"）。天津原有英法德日四国租界，而此一临时政府的组合只有英日俄三国委员。美国的缺席显然是基于它的一贯政策：中美既非"交战国"，美国即不应参加占领军政府。德国之自外，盖别有打算。因德皇正在向各国要求，以德人为联军总司令也。法国可能亦另有主意而不愿参加。总之当时的联军当轴是同床异梦，各不相下的。在他们联合打下天津之后，对如何进兵北京，也是各有打算。只是其时义和团虽然雷声大、雨点小，不堪一击，但它究竟是个群众运动，华北遍地都是。入侵八国都不敢掉以轻心。所以他们才始终抱住"联军"的组织不放，盖其时没有一国，乃至两国或三国联军能具有直捣北京之信心也。——"义和团"被洋人呼曰boxers（拳师），是有他们的群众基础的。这一群众基础，不但使老太后认为"民心可用"，也颇能吓唬洋人的。

当八国联军的头头在天津会商如何进军北京时，他们面对这个浩荡无边的群众大海洋，也确实有过绝大的顾虑：万一这个广大无边的群众组织，真要对他们来个"人海战术"，他们区区这小撮洋兵，也确是无能为力的。加以时值盛暑，我们那群久已习惯与苍蝇、蚊虫、臭虫、跳蚤、老鼠同居的义和团广大群众，免疫能力又都是天下无敌；而那些以现代化卫生清洁自炫的洋兵洋将，一旦碰到我们这些小动物同盟军，无不上吐下泻、头昏目眩，甚至醉卧沙场，永不西归……

因此，在天津举行的攻打北京的参谋会议里，入侵联军的将领一致认为，进军北京若无十万八万之众，任谁也没有必胜的把握。战而不胜，那他们被困在北京的千百个人质的性命，就定然不保了。（见摩尔斯著前书卷三，第264—268页，所引各国原档。）但是，哪里又能凑出偌大的兵力呢？摸摸底子，他们原来也是一群纸老虎嘛！

帝国主义是"纸老虎"

尤其是当时主意最多、顾虑最大的帝国主义大领班的英国，遇到的困难也是入侵诸国之最。英国这时为着抢夺南非金矿，正在该区与荷兰移民所建立的两个殖民地小国大打其"波尔战争"①（Boer War）。波战发动于1899年冬，历时两年多，是英国在拿破仑战争之后、一次大战之前，所卷入的最大的一场国际战争。1900年春夏之交，极其野蛮的英国征波之战颇不得手。那时年方25岁的邱吉尔②亦在南非军中，竟为波尔所俘（"波尔"荷兰文意为"农民"），几遭不测。而这时的西摩又为东方的"波尔"所困，其后进军北京，更有几百万波尔在等着他们。因此英国这时侵华也是眼大于腹，手忙脚乱。它除掉勉强调出作为正规军的四连炮兵来华之外，再无兵可调。侵华武力就全靠它在印度殖民地所训练的"红头阿三"（锡克兵），和它在威海卫所训练的少数中国雇佣兵（伪军）了。

美国原无作战之心。美军之最后入伙，实在是康格公使喊救命喊来的，而美国亦无多兵可调。这时美国与西班牙的战争刚结束，麦金莱总统无意中竟然搞来一块烫手的山芋菲律宾，也正手忙脚乱，不知如何处理呢！在中国方面他就多一事不如少一事了。但是康格被困北京，命在旦夕，又怎能坐视不救呢？——美国对入侵北京之战，原是勉强加入的。

前段已言之，德、义两国原是19世纪帝国主义的后起之秀。尤其是德国，野心无限、手腕毒辣，然究竟是个新手，夹于众老牌之间，想后来居

①今译作布尔战争——编者注。
②今译作丘吉尔——编者注。

上，亦殊不易。这次在天津，它的主意是率领强大兵力，居诸寇之首，否则就干脆不参加，以待强大后援。——它不愿像义大利那样：无兵可出，仅派几十名小卒，扛了一面大旗，追随诸强之后，狐假虎威，以表示自己的存在。——德国既不想学义国，则庚子年攻破北京的实际上只是个"七国联军"。

联军的统帅瓦德西（Waldersee），只是在七国联军攻破北京（8月14日）之后的两个月零三天（10月17日），才率领7000德军匆匆赶来北京，直入禁城，住入慈禧的仪鸾殿来耀武扬威的。这时七国联军在北京奸掳焚杀的高潮已过。——哪儿轮到当时在北京当妓女的"状元夫人"赛金花姑娘来表功呢？这自然是题外之言。

狡猾而贪婪的法俄日三国也深知，打下北京，他们除能分点金银财宝之外，其他别无好处。他们真正的油水，是在他们各自的"势力范围"之内——俄在东北西北；法在西南（滇桂黔川四省）；日在闽南，尤其是厦门。要在这些地区浑水摸鱼，则中国这潭水就愈浑愈好。如果这支"联军"把北京打下，再由以英美为首的十一国列强组织一个远东联合国，来把这潭浑水滤清，共同监管这个"次殖民地"，那就扒手止步了——事实上，这时英美两国的外交水鸟，就正在向这一方向滑行。是所谓以"领土完整、主权独立、利益均沾"为原则的"门户开放"政策也。——门户开放者，非要中国开放其门户也。大清帝国那时还有资格"关门"？门户开放者，是英国这个既得利益的老流氓，利用一个拳大膀粗而头脑简单的美国"牧童"（cowboy）喝令其他新强盗小扒手，不许他们在中国乱划"势力范围"之谓也。——下篇再详论之。

总之，他们八国这次在天津开会，商讨进军北京的计划时，英美德法义均感兵力不足，能无限制出兵者唯日俄二国，而此时日俄的援军已源源开来。这一形势，在老谋深算的英国政客看来，等到日俄增兵十万，联合占领了北京，其情况岂不比义和团更糟哉？所以他们就决定置之死地而后生，不等日俄和德国的大批援军入境，便冒险向北京进攻了。

这支小小的"七国联军"原是个纸老虎嘛！可恨的是我们既有的数

十万"刀枪不入"的义和团，却只是个包着火的纸灯笼。——这样则"七国联军"便长驱直入，势如破竹了。

一万六千名杂种杂牌军

上述"七国联军"在他们占领天津之后，很快地便组织起来了。总人数约18800百人。各国分配人数和司令官姓名如下：

日军司令官山口率官兵8000人；

俄军司令官林涅维区[①]（Linievitch）官兵4800人；

英军司令官葛司利[②]（Gaselee）官兵3000人；

美军司令官侠飞[③]（Chaffee）官兵2100人；

法军司令官费蕾[④]（Frey）官兵800人；

奥国掌旗官兵50人；

义国掌旗官兵53人。

上列各国入侵官兵人数原只根据各国司令官之自报，与实数相差甚大。而英军3000人中只有四连人是来自三岛的英国官兵，其余则系以印度锡克兵为主的殖民地杂牌军。法军的主体则为征发于安南（今越老柬三国）的雇佣兵（annamese tirailleurs）。七国之师总人数盖不过16000人。（此七国联军总人数，史家各有异说。拙篇则根据摩尔斯前书，卷三，第10章，第260—288页中所引诸史料。相对之下觉摩氏所采较笃实也。）

在这个国际武装大拼盘里，谁也不服谁，所以他们没个总指挥。大家开会打仗。各军首于运河两岸占好位置，向北对清军防地分进合击。8月5日清晨一声炮响，这个各自为战的入侵联军就开始进攻了。

这时中国方面唯一的战将聂士成已死。武卫军由马玉昆、宋庆所统率。马、宋均是清军中腐化的旧式军官，甲午战争时的败将，畏日军如

---

①今译作李尼维去——编者注。

②今译作盖斯利——编者注。

③今译作查飞——编者注。

④今译作福里——编者注。

虎。何况这次8000日军之后，还有上万的红毛军、黄毛军呢！所以双方一经接触，清军便阵脚大乱，一溃不可收拾。溃军与拳民并趁机大掠。入侵联军虽非劲旅，但是防军太差，两相比较，他们就追奔逐北，大显神威了。清方马、宋两将逃之夭夭。自觉守土有责的裕禄便在乱军之中自杀了。时未数日，入侵联军便进占通州。沿途奸掳焚杀之惨，固无待多述矣。

为李秉衡平反

在这场为时不及两周的抵抗"七国联军"的战斗中，清廷上下可说是窝囊至极。在这群窝囊货色中，值得一提的，反而是当年在山东的始作俑者，企图组织义和团的李秉衡。

李秉衡（1830—1900），字鉴堂，奉天（今辽宁）海城人，是张作霖的小同乡。早年在清朝地方政府做小官。但此人十分廉洁耿直而勇于任事。曾为清议所嘉许。1885年中法之战时，他署理广西巡抚，与冯子材合作，曾打出个"谅山之捷"的小胜仗，颇为舆论所颂。1897年曹州教案之前，李是山东巡抚，升任四川总督，就因教案为德国反对而去"督练长江水师"的。前文已有交代。

据毓贤说，义和团之起实是他和"鉴帅"搞起来的。——从历史家绝对公正的立场持论，一位地方官为他治下的地方人民的幸福，把当时四处皆是的民间自卫会党、团队，加以官方约束，纳入正轨，有什么不对呢？试看20世纪中期，孙中山是洪帮，陈英士、蒋介石是青帮，张作霖是胡匪……历史家也不应对他们乱作人身的讥评。

义和拳是一个有最大群众基础，而烧香迷信、杂乱无章的民间会党。"鉴帅"要把他们有条有理地组织起来，有何不好？不幸的是时代未到，那个腐烂的朝廷不具备组织群众的条件，更无学理足资遵循，群运就出轨了。李秉衡的悲剧是时代未到，他做了时代的牺牲品罢了。

庚子之夏，天津既陷。西太后大慌，乃向东南各省檄调勤王之师。这时东南三督认为老太婆咎由自取，袖手不管。可是，此时在"长江督练水师"的李秉衡这位耿直的东北佬忍不住了。他认为他要"勤王"，勤王不成，就应死节！

秉衡原是在长江流域参加东南互保的，在此最后关头，大可安居华南，自保身家。可是这时他不顾自身安危，便只身北上了。当此兵临城下，朝中无主谋，太后亲贵乱成一团之时，秉衡之戛然出现，真是黑暗中一盏明灯。其后中外史家都把李秉衡看成个死硬主战派。其实李氏并不像端王、庄王那样糊涂。他知道中国断难对抗八国之师，但是权衡当时双方的作战能力，他在7月26日觐见太后时，认为"能战始能和"。他主张"以兵法部勒"义和团群众，堵住洋兵入京，始能言和。（见《庚子国变记》诸书）——这一点李秉衡是过分自信了。但是秉衡言之有理，兵法听之可信。老太后闻言大喜，乃把京郊几支没用的武卫军拨交秉衡统率，赶往天津堵遏联军。谁知他以卵击石，溃不成军。直至兵败通州，他目睹清军不战自乱的情况，气愤至极，就决定一死了之。

秉衡于8月11日在通州张家湾自杀之前，曾留有遗书说："军队数万充塞道涂，就数日目击，实未一战"，而巨镇小村均焚掠无遗。"身经兵火屡屡，实所未见。"他自觉"上负朝廷，下负斯民，无可逃罪。若再偷生，是真无心人矣"。（见《义和团史料》下册，第646页。）

李秉衡是当时抗战清军的主帅。兵败通州，他原可退保北京；北京不守，他仍可护驾西行，但是他是条汉子，战局如斯，他没脸皮来忍辱偷生，甘做败将。他选择了主帅在阵前自杀的行为，至少还为我们中国男儿留点骨头！

李秉衡是我们中国近代史上，大敌当前而临难不苟免的极少数民族英雄之一。"寄语路人休掩鼻，活人不及死人香！"秉衡应该是名垂青史的！——洋人后来把他列为"战犯"，我们历史家应该承认他是民族英雄。

徐家十八位女眷集体自杀

秉衡按体制、按官阶，都是当时前线清军的主帅、抗战将士的灵魂。主帅一死，灵魂全失。兵败如山倒，雄伟的千年古都，就再度陷敌了。

前节已言之，"七国联军"攻北京，是靠开会打仗的。他们在天津开过第一次战略会议。第二次会议按第一次的议决案，是在通州举行的。他们于8月12日攻破通州奸掳焚杀了一天，也开了一个会。决议分配了各军分进合击的部位，和攻入北京后各侵略军在北京内外的占领区。——可是子女玉帛当前，先入关者为王。13日夜半曾闹出诸将争功的丑剧。尤其是俄军想抢先入城。谁知他们低估了北京城墙的高度，屡爬不上，却被随后赶来的英军从水门爬入而占了"首功"。（见同上）

庚子年8月14日（阴历七月二十日）"七国联军"攻破北京，这对北京市民尤其是妇女，是一场血腥的浩劫。最可恨的是当入侵联军迫近京畿时，那些土军阀的满族亲贵载漪、载勋等人，竟把九门紧闭，使城内居民无法向四郊逃难和疏散。一旦洋兵进城，首蒙其难的就是北京城内的妇女了。在那"失节事大"的宗法时代，妇女为贼所污，则生不如死。所以洋兵一旦入城，发现每一口井内都有几具女尸。至于悬梁服毒者，更是无户无之。其中，大学士徐桐的灭门之祸，虽只一例，然亦可见其余。

徐桐大学士原是一位力主扶清灭洋的老进士。洋人攻入北京时，他自知不免就自杀了。他儿子刑部左侍郎徐承煜，则是西太后杀主和五大臣的监斩官。北京陷敌时，他逃避不及为日军所捕，移交清方处死。（俱见《清史稿》本传及时人笔记。）

徐氏父子之死可说是犯了政治错误的结果。可是当洋兵入城时，他们徐家竟有妇女18人集体自杀。——上自80多岁的老祖母，下及几岁的女童，全家女眷，无一幸免。其中稚龄女童，年幼无知，怎会"自杀"呢？她们分明都是被长辈迫杀的。这些幼女何罪？——笔者握管至此，停笔者再。——遥想90年前他们徐家遭难的现场情况，真不忍卒书。

我国历代当国者误国所作的孽，实在太大了。夫复何言？

"赔款"而不"割地"也是奇迹

联军既占北京，分区而治。杀得人头滚滚，其后又意欲何为呢？

义和团之起，原是激于列强的"瓜分之祸"。如今闯下了滔天大祸——八国联军占领了首都，中国已成为八国共有的一块大饼。大切八块，各分其一，应该是不可避免的必然后果呢！

谁知大谬不然。老太后对十一国公开宣战绝交，一仗之下，被打得大败亏输，逃之夭夭。谁知又一次因祸得福。首都沦陷之后，瓜分之祸竟随之消失。她闯下如此滔天大祸之后，竟然寸土未失。最后只赔了银子了事，不能不说是外交上的一个奇迹！

至于这项奇迹究竟是怎样造成的，那就说来话长了。

历来我国治拳乱史者，甚少涉及外交；而专攻外交史者，亦不愿钻研拳乱。殊不知拳乱始于瓜分（所谓"势力范围"也）之祸，而瓜分之祸亦终于拳乱。岂不怪哉？拙篇原非外交史，本想一笔带过，然其中错综复杂的关系也波及内政，治政治史少掉这一外事专章，政治史就不是全貌了。读者如不惮烦，下篇再把这场国际"沙蟹"分析一番，以就教于高明。

五、"门户开放"取代"列国瓜分"

"门户开放"这个名词对于每一个当代中国知识分子来说都是耳熟能详的。它在中国近百年的历史上连续发生了两次。两次都在中国这位老人家病入膏肓、九死一生之时,抢救了老人家的性命。

第一次门户开放发生在19、20世纪之交的三年(1899—1901)之中,正巧也就在义和团和八国联军大乱之时。它是由美国国务卿海约翰和那位接着康格出任美国驻华公使,自称"大美国驻华钦差大臣柔(大人)"的柔克义(William Woodville Rockhill,1854—1914)两人全力推动的。

海、柔两人所全力推动的这次门户开放,粗浅地说来有个四句偈的要义,那就是维持中国的"领土完整、主权独立、门户开放、利益均沾"。这条要义的推行,海、柔二公是为着100%的美国的利益,美国资产阶级的利益、资本家的利益,也是大美帝国主义的利益而构想的。他们并没有对"支那蛮"的利益想过半分钟。相反地,在美国两百多年的历史上,这三年也正是美国"扩张主义"的最高潮。"门户开放"和它原先搞"门户关闭"的所谓"门罗主义"一样,都是"扩张主义"的一部分。列宁所说的"帝国主义是资本主义的最后形式",正是他对这段世界史深入的观察。

事实上，就在这个"门户开放"年代，我们数十万的旅美先侨，也正在最野蛮的所谓《排华法案》（The Chinese Exclusion Acts）的压迫之下，被整得家破人亡，夫妻儿女数十年不能团聚。我们的驻美公使伍廷芳是条汉子，为着护侨，他不惜攘臂力争。正因为他是个第一流的外交官，美国国务院就对他做最横蛮的杯葛和孤立，使他数年不能约见国务卿一次。1905年，在中国国内也爆发了全国规模的反美和抵制美货的群众运动。

所以那时横蛮到绝顶的美国统治阶层，何爱于与禽兽同列的"异端支那蛮"（这是当年加州的《排华法案》上对中国移民的定义）。可是此次他们所推动的"门户开放政策"，却抢救了衰迈的大清帝国一条老命，使它维持了"领土完整、主权独立"。没这个"门户开放"，我们这个古老的"东亚病夫"，可能就要和无用的"欧洲病夫"（The Sick Men of Europe）的鄂图曼大帝国①（Ottoman Empire）一样，被各帝国主义大卸八块地瓜分了。

老美救了我们一命的伟大友谊，我们就应该泣血稽颡，感恩图报哉？朋友，国际间哪儿有真正的道义之交？大清帝国只是在各国的"利益均沾"的前提之下，与老美有点利害相同，也就无意中沾了点光罢了。当然，那时主持我们外交活动的东南三督李鸿章、刘坤一、张之洞也是功不可没的。让我们再回头看看在八国占领中北京的情况，和我们三位外交领导是怎样撑持危局的。

公理会的牧师也占领王府

前文已略言之，在1900年8月中旬，当七国侵华的杂牌联军16000人攻入北京时，他们把北京分成几个占领区，各占一区，留一区给他们的德国总司令和后至的7000德国兵来占领。

读者试想，那时我们的大清帝国是何等窝囊，竟让一队两万左右的杂牌洋兵，占了北京，横行华北？这些洋兵在北京奸杀掳掠，横行无忌。那

①今译作奥斯曼帝国——编者注。

时军纪最坏的是俄国兵——坏军纪是俄国兵的传统。

庚子10月始赶到北京的德军，其军纪之坏也是无以复加的。他们和二次大战时的日军一样，为向被征服者显示威风，杀人强奸掳掠都是不犯军法的。可是庚子年攻入北京的日军，倒颇为不同。那时的日本刚做了外黄内白的香蕉帝国主义。初尝滋味、乍得甜头，他们要自我表现，力争上游，因此作战争先，掳掠落后，一时颇为他们入侵的友军和本地华民另眼相看。

入侵敌军的为非作恶，是可以想象的。可是，原在东交民巷避难的上帝使徒，一旦重获自由，居然也加入为非行列，那就出人想象之外了。当东交民巷和西什库大教堂被解围之后，数千教民在数十位外国传教士率领之下，乃一哄而出，他们对北京城内情况最熟，在"七国联军"于大街小巷盲目掳掠之际，择肥而噬，做起有系统的掠夺了。就以那时原在北京传教的公理会中青年牧师都立华（Rev. E. G. Tewksbury）来说吧！在联军入城之后，他居然也强占了一座王府。这座王府的主人可能是个"世袭罔替"的亲王，他府内有各组建筑50余座，大得吓坏人。这位小亲王（根据史料不难查出）其时不过九岁，不可能与义和团有什么关系，更谈不上是什么"毁教灭洋"的战犯。但不论怎样，那位仅有县长资格的都牧师，就把这座显赫的大王府（在今王府井大街一带？）鹊巢鸠占了。真是羡煞洋兵，妒煞同伙。

在都牧师搬入王府之前，此处已遭洋兵数度洗劫。但是王府太大，数度洗劫之后，都牧师还找到白银3000多两（那时与美金比值，大致每两值0.74美元）。单单这3000两白银就是个惊人的数字。因为后来都氏又在卢沟桥一带为公理会购地兴建一座郊区别墅，所费不过1500两而已。

再者这50座府内建筑之内的家具陈设，各类名瓷和苏绣湘绣的桌帏、椅搭、帐幔等物，所余亦多。都氏竟异想天开地摆起美国式的"跳蚤市场"，加以拍卖，大发其财。他的美籍友好，有的难免摇头非议，而都牧师却笑说是"上帝恩赐"。（见Marilyn Blatt Young, *The Rhetoric of Empire*: *American China Policy*, 1895—1901. Harvard University press, 1968. p191—193. 所引当时之第一手史料。此外本书作者所未及见的公私文件和国务院秘档中亦触手即是。）

这位老都立华牧师的儿子小都立华牧师（Rev. Malcolm Gardner Tewksbury）笔者亦曾有缘识荆。他是一位极可尊敬而热爱中华的宗教老人，说得一口很标准的京片子。在20世纪五六十年代里，不知替多少对华裔新婚夫妇用汉语证婚。所引《礼记》《诗经》也可信手拈来。他老人家衰迈时，有次深夜为黑匪殴劫，爬行回家。我们闻讯都赶去慰问。

都老和我们之间，教会内外的共同朋友极多。有的好友如看到上段拙文，可能觉得我应为尊者讳。我自己则觉得无此必要。盖人类原是"社会生物"（social being），任何个体的社会行为是摆脱不掉他自己生存的社会的。拳乱时代在华的传教士，他们目睹当时贪婪暴戾的满族亲贵的胡作非为，目睹义和团小将的残酷杀人。都牧师那时仅是位美国青年，在死里逃生之后，对迫害他们的中国贪官污吏产生报复心理，原是不难理解的。再者，他们的行为虽然也是掳掠，但与当时横行街头肆意奸杀的洋兵相比，究不可同日而语。更何况这些小故事都早经哈佛大学师生采为博士论文之素材，而名垂世界文坛的大作家马克·吐温（Mark Twain，1835—1910，原名Samuel Langhorn Clemens），在其文集之内对此也有长篇大论的专著。既然是举世皆知的史实，我们就更不必为华文读者特意回避了。

马克·吐温仗义执言

上述这些故事除掉见货心喜的人之本性之外，他们也有些不患无辞的理论根据，那就是：他们既是拳乱的受害人，不特中国政府要对他们负责赔偿，中国民间也有负责赔偿的义务。他们不特要向政府索赔，也要向民间索赔。因此，一旦入侵的联军大获全胜之后，义和团销声匿迹，教士教民一哄而出，整个华北城乡就是他们的天下了。不用说城乡各地原先被毁的教堂教产要勒令所在地区乡绅士民集资重建，而所建所修者往往都超出原有的规模。如有动产被掠被毁，则本地绅民不特要折价赔偿，而所折之价，一般都超出原值甚多。被迫集资的华民敢怒而不敢言，只有遵命照赔，谁敢说半个不字呢？可是美国毕竟是个民主国家，上有七嘴八舌的议员，下有无孔不入的新闻记者，更多的是专门揭人阴私、挖掘内幕的"扒粪作家"（muckrakers）。这些神职人员在中国胡来，很快就变成北美各报章杂志的专栏。事为大作家马克·吐温所知。他为之气愤不已，乃摇动大笔，在美国主要报刊上指名挞伐。教会不甘示弱，也组织了写作班子，与马氏对阵。但是事实胜于雄辩。何况他们的文笔又怎配与马克·吐温交锋呢？藏拙还好，抖出更糟。英语所谓"洗涤脏被单于大庭广众之下"（Wash dirty linen in public）。也可说是声名狼藉，乌烟瘴气吧！

最可笑的还有各不同教会之间的相互嫉忌与竞争。此种情况不特发生在华北，华中、华南亦不能免。尤其是"天主教"与"基督教"更是为着争地盘、争教民、争教产而吵闹不已。他们彼此之间又都各自享有治外法权和领事裁判权。某次有位天主教"神父"绑架了一位基督教"牧师"，闹入中国官府，而中国政府既无权也不敢稍加干预，只是当他们之间吵得不得开交时，始试做和事佬，在双方对立之间两面磕头。

新旧教之间也势成水火

在安徽宿松县那时也发生一桩更可笑的偷窃小事，并闹入了巡抚衙门里去。原来宿松一座基督教堂失窃，除财物之外，连教堂大门也被小偷拆去了。当地绅民谁有这吃老虎胆量来收购这些赃物呢？尤其是教堂大门，谁敢要？谁知道小偷有外交天才，他搞以夷制夷，乃把这副门卖给一个天主堂了。当宿松县知事奉美国牧师之命追赃捕获了小偷，却发现赃物落在一位神父之手，这位中国县太爷傻眼了，回报无能为力。牧师不服，乃亲向神父索取。而该神父则要他"备价赎回"。教堂岂可一日无门呢？牧师先生情急乃备款来赎，谁知神父认为奇货可居，又提高叫价，比他原付小偷的赃款要高出一半。牧师不甘勒索，不愿多付。不付则教堂无门，两人乃大吵。可是天主教比基督教组织更严密，势力更大。牧师纵有再大法理，若不付钱也只能开门传教。

他两人吵得不可开交，那在一旁观吵的宿松县太爷两头作揖，也解决不了。因为他两人都有更高秩位，宿松县七品小官，怎敢乱作主张？他本可以我们安徽人民的血汗代赎了事，但此例不能开也。

新教牧师吵不过旧教神父，乃具状万言，报向上海美国驻华总领事，总领事越洋报入华府国务院，为一副木板门，官司打了半个地球！向本国政府寻求公理之不足，牧师先生又具状告向安徽巡抚。巡抚大人对华民固有生杀之权，对洋人的一扇木板门，他却束手无策。——此事庄王、端王乃至西太后都不敢碰，你小小安徽巡抚算个鸟？

至于这副木板门最后主权谁属，读者贤达如有兴趣，不妨去一搜盈篇累牍的美国国务院老档，自可找它个水落石出。笔者不学，然十多个小时的工作时间，究比一副老板门值钱，所以就不想打破砂锅去问到底了。但还是噜噜苏苏说了一大堆者，也是因为见微知著，让中外读者们看看，我们那时做次殖民地的遭遇是多么辛苦罢了。（见美国《国务院原档》，1900年4月28日及以后，总领事古德纳致华府国务卿报告书及附件。）

德军肆虐，传教士收保护费

以上所述各国神职人员趁火打劫已属过分，更可恶的则是他们一不做二不休，还师法当时横行中国东北的"胡匪"和今日美国的（华裔越裔）帮派恶少，把华北村镇划为"保护区"，向居民征收"保护费"。因为当时八国侵华的占领军，尤其是迟到了两个月之久的德军正向京津四郊，铁路沿线，南及保定府，北至张家口，西去紫荆关，窜扰不停。对大小村镇，稍不如意，便冠以义和团残匪罪名恣意烧杀。当10月19日部分南侵联军（美军未参加，俄军主力已撤离北京）奉瓦德西之命进占保定时，当地中国地方文武官员由护理直隶总督廷雍率领，奉李鸿章之命，持白旗备厚礼，全体出城郊迎。（此时李鸿章已在北京。李于10月11日抵京；瓦德西则于10月17日抵北京。李较瓦早到一星期。）谁知联军甫入城便将廷雍逮捕。旋即自组一军事法庭，以中国式的"三堂会审"的派头，使罪犯祖跪庭前供认罪行，然后将廷雍及保定守尉奎恒、驻军统领王占魁等三人当众砍头。道台谭文焕则被捕解天津，由洋人自组的都统衙门斩首示众六日。

其他小官小吏甚至无辜百姓被捕杀猎杀者，更无法统计。其后数月联军更四出窜扰数十次。（以德军为主，法、义军次之，英、美军未多动；俄军在直隶亦未动，在东北则攻占未停；日军在直隶未动，在南方则图窃据厦门。俱见下节。）华北州县骚然。

德军四出，也给传教士提供了发财良机。这就是所谓"保护费"或"保险费"了。他们四出由口头或书面向乡镇勒索，出资者可保证不受洋兵骚扰。为着妻孥的安全，为着生命财产的保障，偷生于白色恐怖之下的战栗华民，谁敢不罄其所有？！

以上都是铁案如山的事实。笔者信手拈来若干节，只是冰山之一角耳。然纵是一鳞半爪，亦可聊概其余。笔者试选一二之目的，只是想说明，历史里面的悲剧与善恶，都不是绝对的。一个手掌打不响，两方面各有善恶。拳乱时代，我们大清王朝内的贪官污吏的昏聩糊涂，和义和团的画符念咒，其劣迹固罄竹难书。但是侵凌我们的东西帝国主义，也万般混账。不特他们的军阀政客、毒贩奸商罪无可逭，连他们专程来华劝人为善的上帝使徒，亦不无可议。如此则坚持"帝国主义不存在论"的中西学者，又从何说起呢？

历史就是历史，故笔者直书之。知我罪我，则由读者公断之也。

瓜分中国事小，瓜分英国市场事大

可是就当大清帝国首都沦陷，列强串谋，瓜分就在旦夕之际，所幸美国立场坚定，极力淡化此一国际战争，把它说成"拳匪叛变"（boxer rebellion），洋兵来华，只是助剿拳匪，从而使大清帝国保全了"领土完整、主权独立"，对各国只赔点银子了事。

美国何以心血来潮，搞起"门户开放"这宗新花样来呢？那就说来话长了。须知"门户开放"这个东西原是英国货。只是英国卖起来有些尴尬，乃假手美国推销，从而坐收其利。而美国认为有利可图，乃大推特推，结果变成个烫手山芋，欲丢不能，致使若干美国外交史家竟把它看为"铸成大错"（a great blunder，见Samuel Flagg Bemis著《美国外交史》第

27章）。

英国为什么要搞个"门户开放"呢？本篇不能捞过了界来大谈外交史。因此，只想以最简短的词句略事交代：在鸦片战争（1839—1842）时代，英国对中国的企图是要把大清帝国造成"第二印度"。可是为时已晚。在英法联军之役（1856—1860）时，英国所搞的是政治与列强合作，经济则大英独占。这一点英国搞得十分成功。从中日甲午战争期间（1894—1895）直至八国联军侵华（1900年）前夕，中国内河、沿海和对外航运的90%及中国进出口贸易的70%都操纵在英商之手，而商品价值中60%以上，又系英商经营和运载的鸦片毒品。

这种"毒品贸易"（drug trade）可能是世界经济史上利润最高的贸易了，今日还是如此。鸦片是一种"黑色黄金"（乌金），只要有货，不怕没买主。吸毒者纵倾家荡产、鬻妻卖子、盗窃杀人，都是要全力搜购的。瘾君子不可一日无此君也。庚子之前，中国对外开放贸易者共有35个港口之多。几乎无一港口不是以英商为主，也无一埠非烟毒弥漫之区也。鸦片一项已足说明一切，其他商品就不必多提了。

可是这种以英商独大的中国进出口贸易，到1897年就受到严重的挑战了。前些篇已言之，自德人占了胶澳，俄人占了旅大，法人占了广州湾，英人自己也补占了九龙与威海卫，与这些港口邻接的中国腹地，渐次就沦为列强的"势力范围"（spheres of influence）。在这些"范围"之内，各列强始则强迫中国不许在各自范围内，让第三国插手租借土地或筑路开矿；次一步则各"范围"就要逐渐被各列强划为"保护地"（protectorate）；第三步则各列强就要各自建立其海关体制、关税税率和行政系统。如此一来，大清帝国就变成鄂图曼帝国和波兰第二，要被列强正式"瓜分"（partition）了。"瓜分中国"几乎已成定局。

这一瓜分形势大致说来是：俄占满蒙新疆；德国以山东为中心，南至吴淞口，北到秦皇岛，西及西安和宜昌；法则囊括滇桂川黔四省和粤西；日则独占福建包括厦门；英国如参加瓜分，则可侵占长江流域、粤东地区和西藏。

这一瓜分局势之迅速形成，作为倒楣的"炎黄子孙"不必谈了。读者试思，如果您是英国首相或美国总统，做何感想？中国对外通商的35港口，21行省，蒙藏新疆地方，原来都是一强独大的英国市场，对美贸易粗及20%，其他列强对华贸易之总和则不及10%。如今这些小鬼竟然要把大清帝国瓜分！在英国人看来，他们瓜分的不只是中国，而是大英帝国的市场——这市场有四万万消费者，值百抽五由英国管理的低关税，无限供应的廉价劳工，开不完的煤铁矿，建不完的铁路，千万以上吞云吐雾的瘾君子……要让这些小鬼来"瓜分"？他们瓜分中国事小，瓜分英国市场事大！因此，英国佬就要设法阻止他们来瓜分中国了。

要防止中国被瓜分，就要维持半死不活的大清帝国的"领土完整、主权独立"，并取消列强划定的"势力范围"。但是在老虎嘴里抢肉，岂是易事？为此，老谋深算的英国政客就双管齐下了：他们一面要积极设法阻止列强瓜分中国；一面又要积极参加列强瓜分中国的设计。庶几阻止不成，大英帝国在华的利益，也不会落空！

为着不在瓜分行列中落伍，当法国正强租广州湾时，英国就先强占了九龙——其后遗症至今未了。在德国强占胶澳、俄国迫租旅大时，英国又单刀直入，强租了威海卫。为防德、俄两面夹攻，英国乃向德国暗示，绝不妨碍德国以山东为"势力范围"，英之强入威海卫者，防俄而已。但是它又于1899年4月与沙俄明订条约（所谓Scott-Mouraviev协定），以长城为界，把两国在华筑路特权一分为二，互不干扰。这些都是英国为瓜分中国设伏，但是它真正的政策，则是要阻止列强瓜分中国。这样它就只有远渡大西洋去疏通瓜分无份的美国了。

美国突然变成远东强国

美国在20世纪之前原非世界性强国，尤其远东之强，虽然它在中国的贸易，远在鸦片战争时已蹿升至第二位。北美大陆是真正的地旷人稀，资源无限。因此它的扩张主义者在大陆之内已忙得不可开交，无暇及于远东也。可是，当美国渐次进入太平洋，并吞掉夏威夷之时，正值中国甲午战败，免疫能力全失。后起的欧洲小帝国主义德义两国竟然也尾随小日本之后对中国兴风作浪，并激发了义和团在山东之崛起，也引起欧洲列强对华作"强取租借地之争"（battle of concessions），因此，少数美国殖民主义者这时也沉不住气了。他们主张也在中国沿海与列强抢夺殖民地。当时驻华公使康格就是个积极分子。他向国务院一再建议，认为美国如不乘机动手，将来会悔之已晚。他这一呼唤，美国国内原不乏答腔人，麦金莱总统心头即忐忑不定，少数海军将领则摩拳擦掌。他们心目中在中国的殖民地是：北自大沽，南及厦门，中间有山东的芝罘、浙江的舟山群岛，和闽浙之间的三沙，得一便可作"加煤站"（coaling station）。——那时美国海军与商轮在远东"加煤"，都要仰仗英国殖民地。老美心殊不甘也。

就当这极少数扩张主义者正在龙心不定之时，谁知天赐良缘，为着古巴问题，美国忽然和西班牙打了起来，想不到这场为时不过四个月的"美西战争"（1898年4至8月），西班牙这个老牌帝国主义竟如此窝囊，被美国打得一败涂地。美国随之解放了古巴，占领了波多黎各（也使今日纽约变成了波人乐园）和关岛，也使那拥有六千岛屿的菲律宾归顺于星条旗下。总之，一夕之间，美国就变成了世界强国，远东政局因此也随之彻底改观了。

美国力量在远东的异军突起，对它国内的扩张主义者自然是个绝大的鼓励。例如美国驻厦门的青年领事蒲安臣就兴奋不已。蒲安臣知道菲律宾的经济大权是掌握在华侨之手，而菲律宾华侨主要来自厦门。如今美国既然占领了菲律宾，如果再占个厦门，建立一条由美国掌握的菲华经济之桥，把菲律宾接往亚洲大陆，那该多美?! 自此以后，蒲安臣就变成了厦门的守门之犬。庚子8月，当日本人正想浑水摸鱼，趁拳乱正烈之际，在厦门制造借口派遣水兵登陆，以图占领厦门之时，第一个攘臂而起大呼抗日的竟然不是中国人，而是蒲安臣这个小帝国主义者。最终他伙同英国水兵，把日本人赶回大海。（见美"国务院原档"1900年9月1日及以后驻沪总领事古德纳致助理国务卿T. W. Cridler诸函及附件；并参阅Young著前书，第101—102，175—179页。）

小班超不识大利害

这些美国的小班超勇则勇矣，但是他们的所作所为并不一定能得到国内舆论的支持。美国毕竟是个气魄恢宏的民主大国。国内多的是帝国主义者，也多的是反帝人士。美、西之战本是兵以义动，赶走胡作非为的西班牙帝国主义，援救古巴出于水火。谁知美国海军小将乔治·杜威（George Dewey）竟如此英勇：他从香港带了四条小艇，星夜赶往马尼拉，三炮两炮也把西班牙赶出了马尼拉，轰毁敌舰十艘，自己竟未折一兵一卒！——乖乖，这个小班超也实在是英勇非凡。可是同样地，勇将不得重赏。美国舆论和上下两院却认为此举是以暴易暴！美帝哪里就比西帝更好？——所以麦金莱后来的并吞菲律宾法案，在参院只以一票多数通过。

再者这些小将的行为也解决不了大选期间的政治问题（1900年麦氏正竞选第二任）。麦金莱和他的共和党当时（让我且引用一句当今台湾的术语）是搞"金权政治"的，离不开大企业、大财团和大地主。其时美国南部的棉纱纺织工业的主要市场——占出口总量之半——便是中国。

［附注］清末民初之际那种又白又细又软又廉的"洋布"，已彻底摧毁了我们已有三千多年传统的"男耕女织"的农业经济体系。农村破产，贫下中农就只好去加入白莲教、义和团、大刀会了。而美国这时的大地主动辄占地数万乃至数十万英亩。

庚子年拳乱一起，中国华北、东北大乱，半个地球之外的美国南部棉纺工业也随之半数停产，损失不赀。纵使如此，1900年美制棉纺织品输华总额仍有2374万5000美元之巨。（见Charles S. Campbell, Jr., *Special Business Interests and the Open Door Policy.* New Haven, 1951. p. 10, 19—20.）较十年前增加一倍。

中国东北当时也是美国德州油商，当年的美孚公司，今日的洛克菲勒财团的市场。拳乱未起之前，美油已逐渐受俄油之排挤。拳乱一起，俄军迅速自南北两路侵占东北。在北部，它逼死黑龙江将军寿山；在南部，它迫令奉天将军增祺（那位招安张作霖的满族地方官）和它"私订终身"，来个秘密的中俄地方协定，夺取特权，造成既成事实，然后再逼令李鸿章在中央追认。可怜的李中堂就是在衰迈的风烛残年，被俄人活活逼死的。此是后话，见下节。

在那个"镀金时代"（The Gilded Age）的美国，山姆大叔成了暴发户，不但商品充斥，需要外国市场；他和比他更早发财的英国老大哥一样，钞票也多得一捆捆地无法使用。小暴发户们有时会随手用十美元的钞票（值13两银子）来点火抽烟；大暴发户的钞票堆起来，真是烧也烧不完啊！——朋友，这是资本家暴发阶段的普遍现象嘛！

美国当年的资本家，黄金美钞多得受不了。国内消化不了，他们就要到国外去投资，他们不搞欧洲式的"殖民主义"去占领疆土，而是要在海外投资，建立企业，修筑铁路，代替土地占领。这时亚非拉落后地区的殖民地已被欧洲列强瓜分殆尽，只有中国还剩一块完整的落后荒原有待开发。所以美国金融家、银行家也就看中了中国。

就以铁路大王哈里曼（Edward Henry Harriman，1848—1909）来说吧！他老人家在庚子年间，一个人便掌握了六万英里的铁路。比中国大陆今日（20世纪90年代）全部铁路总长还要多18000英里（1900年中国大陆上铁路总长度为67.549公里，合41.973英里。见《大英百科全书·1993年世界年鉴》第585页）。那时还没有飞机，哈大王要建筑"环球铁路"。中国这里荒原一片，筑起铁路来，多过瘾！说老实话，我们这片大沙漠，不让哈王爷来筑几条铁路也真是罪过！今日美国如再出个哈大王，能来中国投资筑路多好？谁知我们的辛亥革命就是从"护路风潮"搞起的呢！当年有的美国人买错了中国铁路股票，迨人民政府成立时，他们还在鼓噪索赔呢！

再看看那家已发财三代的毛根①财团有多少黄金美钞？哈里曼筑路需要钢铁；而钢铁则掌握在卡内基（Andrew Carnegie，1835—1919）和毛根财团之手。老毛根（J. S. Morgan，1813—1890）搞银行发了大财之后，儿子大毛根（J. P. Morgan，1837—1913）花钞票为企业建立"美钢"（USS，

①今译作摩根——编者注。

且看今日大陆上的"首钢""宝钢""鞍钢"）、"美电"（美国电话电报，AT&T）、"奇异①"（GE）等等，使这个王子变成王中之王。到王子之子，老王之孙小毛根（J. P. Morgan，Jr.，1867—1943）崛起时，他点铁成金，加以收藏，一下把全世界黄金总储量的80%装入私人荷包！

朋友们知道吗？全世界黄金总量并没有多少吨呢！我们如把全世界的黄金（包括你的金戒指和你夫人的金项链），通统放入矗立于美京华盛顿的纪念塔之内，也装不到顶呢！但是小毛根一人便拥有80%的纯金的华盛顿纪念塔，那也就够吓唬人的了！

试问小毛根搞这么多黄金干吗呢？——吃喝嫖赌，讨姨太？曰：非也。小毛哈佛大学毕业，做了一辈子文学艺术的大护法，私生活相当高级而严肃。加以"日理万金"忙得不可开交，哪里有工夫作狎邪游？或问：那么做个大资本家，搞这么多黄金美钞，做何用场呢？

资姓好汉会说："男子汉宁可千日无权，不可一日无钱""有钱便有一切，愈多愈好"！

"三毛"是生在一个"社会强于国家"的传统里，所以他们只许资本家搞钱，而不让政客揽权。——"最好的政府就是最不管事的政府"（The best government governs the least）嘛！政府不管事，因此就弄得盗匪横行，娼妓满街了。

可是在20世纪初的庚子年代，美国是姓资的当家，麦金莱总统只是他们的马前卒——他们只要全中国门户大开做他们的市场；他们对自己的小班超在中国沿海搞小型帝国主义，认为是违反国策的；对俄德法日想瓜分中国，也是反对到底的。——他们所要的只是这个完整的中国大西瓜。光绪爷是否应该复政，在他们看来，也大可不必！他们看中的只是西太后乱政统治下的那个腐烂的大帝国；大清臣民只要每人多穿一条洋布裤子，就可保证他们纺织工人一辈子不会失业。你们小班超要占领一两个弹丸之地的"三沙"，徒具恶名，有个屁用！

———————

①今译作通用电气公司——编者注。

段数高超的唐宁街外交手腕

这一种错综复杂的国际局势，不特当时窃政中枢的满族亲贵端王、庄王等一无所知，连康有为、梁启超、刘坤一、张之洞也一知半解。他们只知道英美对华政策比较温和开明，不像德俄那样穷凶极恶，就误认为英美是礼仪之邦。他们也就变成亲英美派的主力。英美对华何以满口仁义道德，他们就知其然而不知其所以然了。余读康子论英美文，固知圣人尚为一老学究也。

可是天下事每每是"一物降一物"，若论19、20世纪之间的国际关系，则美国牧童就远非伦敦唐宁街政客的敌手了。伦敦政客知道有关中国的"门户开放政策"为英国利益之必需，然英国一国绝不能对抗俄德法日等瓜分派的联合阻力，所以唐宁街非拉美国下海不可。但是他们也知道美国朝野亲英分子（如海约翰这一类今日所谓WASPs：白种盎格鲁-撒克逊新教徒）固多，反英分子（如德裔、爱尔兰裔及天主教徒等）亦复不少。怎样使前者突出，后者缄默，这是一宗外交上的大艺术。

再者，门户开放政策对英国固有"大利"，然亦有"小弊"。——门户开放了，则香港九龙、威海卫、西藏和缅甸，开不开放呢？为大英帝国的最大利益着想，如果能"只开放人家，不开放自己"，那就十全十美了。

朋友，大英帝国的外交政策，这时就向这个十全十美的方向前进。这就是近代国际关系史上的所谓"门户开放照会之拟订"（Writing of the Open Door Note）这一章的主要内容了。

门户开放观念之出现，实始于当时已掌握中国海关40余年的总税务司英人赫德和他的助手黑卜斯莱[1]（Alfred E. Hippisley）。英人于英法联军（1856—1860）期间强夺了中国海关，原是一种破坏"条约体制"（treaty system）的非法行为，曾为当时美国驻华公使马歇尔[2]（Humphrey Marshall）所强烈反对。但是到1897年，当德俄等国在中国强占租借地，

①今译作贺璧理——编者注。
②今译作马沙利——编者注。

搞非法的"势力范围"时，英国人为保护自己的既得利益，乃倒打一耙，反说他们破坏"条约体制"；英国因而要联合美国，替中国主持公道，甚至为中国助练新军，来维护这个"条约体制"。——门户开放的原始基础，便是这个"维护条约体制"的观念。

长话短说。英国为促使美国支持英国的政策，首先是在亲英的美国社团和政客中"造势"。1899年2月，因有英国财界议绅贝思福（Charles Beresford）在美国鼓吹门户开放、英美合作的巡行演说。真是天如人愿，当他们正在造势的中途，便发生了上述的"美西战争"，把全美政客和媒体的注意力都吸向了远东。美国既占有菲律宾、关岛、夏威夷，英美一旦携手，则三洋（太平洋、印度洋、大西洋）、三海（黄海、南中国海和地中海）便是他们两国的天下了。

美西战后，美国的扩张主义者气焰熏天，他们也主动拉拢英国。英美携手，则列强在远东的均势，就变成一边倒。纵使俄德法日对中国仍有瓜分的企图，英美二国只要消极地示意不参加，他们就得赶快住手：坚决说"否"，其他列强也就赶快表态——公开声明对中国并无"领土野心"。这就使门户开放政策从"维护条约体制"，升级成为英美保险公司，担保中国"领土完整、主权独立"，甚至担保胡作非为的慈禧老太后也不必向儿子"归政"了。

在近代世界外交史上，英国是最重实际利益，最有远见，其手腕也是最能屈能伸，恰到好处的。吾读英国外交史，真未见其有严重"败笔"也。——纵使是后来的"慕尼黑"，那也是对一个有心理病态的独裁者的错误估计，而非正常外交政策的失败。

英国人搞外交之所以有如此高超的段数，我想是因为它全民族政治的成熟。他们搞国际政治发育最早，成熟也早。整个外交政策之逐步落实，是全民族智慧的产品。不像美国专靠几个锋头人物，或我们中国专靠几个独夫独妇"一句闲话"也。

深沉的英国人都知道，肤浅的美国人都是有自大狂的。对中国搞门户开放，是不能采取英国主动、美国追随的Anglo-American方式的；相反，他们要搞个American-British的顺序，使美国领先，英国追随，则美国牧童就一马当先，勇往直前了。

英国这一出"低姿态"玩得十分巧妙。果然在近代世界外交史上，海约翰就浪得虚名，变成"门户开放先生"了。当海氏于1899年9月电送《门户开放照会》至英伦时，唐宁街政客还半推半就地来个"有条件的接受"（conditional acceptance）呢！"条件"者何？说穿了就是"只开放人家，不开放自己"。一般美国佬（包括若干历史家！）都以为英国支援了美国政策而大乐，约翰黄牛亦以十全十美的收场而心满意足。

朋友，和英国佬办外交，要读书呢！光和肥彭大人出粗气、拍桌子，有个屁用！

李鸿章段数也不低

现在再回头看看我们自己的苏秦、张仪。

庚子年间，在我们这个腐烂的大清帝国中，真能在国际间纵横捭阖，为列强注目而加意防范者，还是那位老谋深算的李鸿章。

不才读中国近代史数十年，深感在近代中国堪称"外交家"者，只李鸿章、周恩来两人。

李鸿章在一个腐烂而瘫痪了的帝国体制之内，"与妇人孺子共事"（此语为鸿章与俾斯麦对话时的感叹之言，笔者幼年闻之于曾为李氏幕友的乡前辈），受制太多而难展所长，终以悲剧收场。

至于笔者曾为之作传的外交长才顾维钧先生，到头来只能算是个不世出的"技术官僚"（technocrat），博士帮首。其在历史中浮沉，终难望李、周之项背耳！

鸿章在甲午战争时"以一人而战一国"（梁启超语），兵败，全国诟怨竟集矢于李氏一人。拳变前夕，李被下放，避祸于广州。拳乱既作，举朝上下（包括鸿章自己），又皆知折冲樽俎，和戎却敌，仍非李不可。因此自6月15日起，匝月之间，懿旨圣旨诏书十下，促鸿章回京，撑持大局。这时长江二督张之洞、刘坤一也深知才有不敌。为撑持此危局，必要时他两人宁愿拥戴李鸿章出任民国大总统。事详前篇。

鸿章此时一身系国族安危。他在广州奉诏时，华南震动。两广臣民和香港英督均深恐鸿章一去，华南将不免动乱，因而群起挽留。李氏自己当然也知道，此时朝中西太后与满族亲贵"四人帮"沆瀣一气。他这个"二虎"之首，一直被他们公开辱骂为"汉"奸的"李二先生"，何能与这群无知而有权的"妇人孺子共事"？所以他在广州迟迟其行。但是中国将来与八国媾和，鸿章势必首当其冲，责无旁贷，因此，他在广州对内对外都要大搞其"水鸟外交"（duck diplomacy——水上不动，水下快划）了。

〔附注〕义和团所要杀的"二虎"共有三人，李鸿章、奕劻和荣禄。李实居首。奕、荣两人则互补第二名。

首先，他要知道当时中国驻列强使节是听朝中当权的"四人帮"的话，还是听自己的话。幸好这些使臣如杨儒、罗丰禄、伍廷芳……都是他的老班底，没有做跟风派，更没有变节，他可以如臂使指，对列国政情了如指掌。为争取外援，他甚至不惜假传圣旨。

〔附注〕笔者在美国原档内发现，7月20日中国驻美公使伍廷芳曾向麦金莱总统亲递由光绪具名的《国书》一件。情辞恳切。大意说大清时局失控，举世交责，至属不幸。他恳请望重全球的麦金莱总统能做一臂之援，号召各国恢复旧好云云。（见美国务院公布1901年《对外关系》原档）这件《国书》显然是李鸿章伪作的。盖北京此时不可能颁此国书，而国书日期为7月19日缮发，翌日便抵华府更无此可能。而且清档中亦无此件。

第二，他要摸清自己朝中的老底子，看"四人帮"的控制究竟深入到何种程度。幸好这群小亲贵原只是一群浮而不实的高干子弟，乱政则有之，控制则未必。他们对那些老谋深算的老干部的水鸟政策，是莫名其妙的。因此，鸿章很快地就与奕劻、荣禄甚至慈禧建立起秘密管道来。奕劻、荣禄原都是李的政敌，但此时救命要紧，他两人暗中对李鸿章是言听计从的；两人对西太后的私语，其影响力亦不在载漪、载勋之下。

这时北京对外的电讯已断，但北京与济南之间的传统驿马最快的"八百里加急"，仍可照跑。往返一趟需时六日，而济南在袁世凯治下，则与各省会各商埠电讯畅通。所以华南各地与北京往返讯息需时8天（见李鸿章与驻沪美国总领事古德纳谈话记录，载美国《国务院原档》1900年8月2日古氏对国务院之密电）。鸿章并派遣儿子经述长驻济南，观察京津并监管电讯。因此，李氏对国内外讯息的掌握，都相当正确而完备，可说是达到知彼知己的境界。7月16日鸿章自袁世凯电报中得知慈禧已任命他为"直隶总督、北洋大臣"，7月17日遂力疾北上，22日抵上海，就正式进入外交前线了。

棋高一着，缚手缚脚

笔者在前节已交代过，庚子年间列国对华外交是各有其既定政策的，他们彼此之间是互争短长，永不罢休的。可是，他们对中国朝野的反应则一向是当作耳边风，绝不买账的。中国的外交家，纵使本事通天，所能做的，至多只是在他们之间搞一点挑拨离间的工作，使他们鹬蚌相争，收点渔翁之利。所幸的是他们之间的鹬蚌之争是永不休止的，而我们的李鸿章却正是个以搞以夷制夷闻名世界的高手。

所以当李氏于7月22日在上海登陆时，那些做贼心虚的列强外交官总领事，怕他挑拨离间，几乎对他一致杯葛。虽然海约翰对老李不无兴趣，一再训令古德纳与李鸿章接触，而古氏这个小班超却大不以为然。他一再向上级顶嘴说：你们在华盛顿认为李鸿章是个政治家，我们（指列强在沪的外交圈）在此地都知道他是个老奸巨猾、专搞挑拨离间的大骗子呢！（见上引"原档"，1900年7月17日古德纳致海约翰之密电。）

对老李挑拨离间的伎俩，最感恼火的莫过于那位急于要把中国瓜分的法国殖民部长了。他后来曾特撰长文，警告法国朝野，千万要提防李鸿章的挑拨离间，并大声疾呼说：

> 李鸿章之分化联盟政策已著成效。中国驻外使节在鸿章指导下，破费活动。对俄秘密交涉；对美法请求调解；对德国道歉；对日本动以种族情感相召；对英以长江商业利益之保护为词……［把入侵列强挑拨离

间得七零八落〕（见前引《李鸿章年（日）谱》第424页，转引自*ECHO DE CHINE*及《字林西报》1900年9月12日。）

我们老奸巨猾的李鸿章，在这儿是被那位一心要瓜分中国的法国殖民部长说对了。但是人为刀俎我为鱼肉，老李为扶清保国，除掉老奸巨猾、挑拨离间之外，还有什么其他办法呢？

这位法国殖民主义的大总管对老李这一套也无可奈何，只有眼睁睁地看他去"挑拨离间"。老合肥倚老卖老，阴阳怪气，也从不讳言。各色洋人被他玩弄于股掌之上，也哭笑不得！朋友，搞外交、搞国际政治，原来就是赌博，就是下棋嘛！——棋高一着，缚手缚脚。你下不过老头子，你对老头子就哭笑不得。

弱国未必无外交

古德纳这个小班超对老李原有极深的成见，也对他处处设防。但是这个手扶大美伯理玺天德敬赠的拐杖，脑后拖个猪尾巴，呵呵大笑着蹒跚而来的中国老头子，可不把这个小洋人看在眼里呢！他出言不逊，口口声声"你们的康格和康格的老婆……"怎样怎样。

略通汉语的古德纳认为这老头太不懂外交礼貌，那位中国翻译也颇感尴尬，乃改译为"康格公使夫人"如何如何。可是也略通英语的李老头子却大声改正他说"瓦壶、瓦壶"（wife，wife），弄得古德纳啼笑皆非，奈何他不得。（笔者幼年即尝闻这一则"李鸿章轶事"，原以为是好事者所编造。谁知后来在美国档案中发现，竟实有此事。见上引"原档"，1900年7月24日古德纳致国务院密电。）

李鸿章这次到上海，原是有备而来。至于怎样对付这批小帝国主义，他是胸有成竹的。他知道海约翰曾于7月3日向各国送致"备忘录"。重申美国在此次事变中对门户开放政策的坚定立场，并突出保证中国之"领土完整、主权独立"。此一文件以"循环照会"（circular note）方式通知各国，各国毋须复文。按国际法规，受文国如不适时提出异议，则被视为默许，此备忘录即有"临时协定"（modus vivendi）之约束力。（参见美国务院公布之1901年"对外关系"档。）海约翰此一modus vivendi之提出是得到英国全力支持的，而美国此时在老麦克阿瑟将军（道格拉斯之父）指挥之下的驻菲美军亦有75000人之多。故海氏提出之照会，俄德法日义均不愿说半个不字也。

根据此项重要的外交情报，李鸿章也就制订了应变的腹案。为着贯彻他自己的策略，他首先要折折这批小洋人的骄气。在拳变期间，华人对洋人的态度是走两个极端的：义和团和"四人帮"对洋人是悬赏缉拿，斩尽杀绝；互保区臣民和二毛子，对洋人则奴颜婢膝，一恭三揖，一个小小的美国总领事也是不把个中国宰相放在眼里的。所以老李要折其骄气，使他服服帖帖为自己传话。说也奇怪，自此以后，古德纳纵是在他的密电里，对老李的态度也大为改变。

李鸿章当时应变的腹案大致有如下数端：

第一，他要在国际公法里把中国由交战国转变成受害国。拳匪是叛逆，两宫被劫持（有荣禄密电为证），宣战诏书是"矫诏"，入侵洋兵是来华助剿叛逆。按此逻辑，则入侵之洋司令官，包括瓦德西在内都要变成李中堂的"戈登将军"了。因此，中国对来华助剿的洋兵固有赔偿军费的义务，但是助剿各国却没有对华要求割地的借口。如此"赔款"而不"割地"，大清帝国就可幸免于瓜分了。

李鸿章这套"拳匪叛乱"的逻辑，当时亦竟为入侵列强所默认。其实老李哪儿有这力量来左右帝国主义呢？他搞的只是100%的"狐假虎威"罢了。在鸿章于7月底通过古德纳与华府接触之后，海约翰要求与困守东交民巷的康格用"密码通讯"（cipher telegram），鸿章未加考虑便答应下来了。自此美国驻华使馆与华府国务院之间密电频频，都是由总理衙门和袁世凯以"八百里加急"代转的。其他列强闻讯也纷提同样要求，都为李氏老气横秋的花言巧语所搪塞了。——至于海、李之间在搞些什么样的勾搭呢？那就让善疑者自己去幻想吧！

鸿章抵上海后的第二项腹案，便是想解散各地的义和团，并把困在东交民巷之内的各国公使送往天津，以消除联军进攻北京的借口；然后再恳请美国，根据门户开放的原则出面阻止。此时的麦金莱和海约翰已早有此意。可是，这一点李鸿章却彻底失败了。——是所谓外交受制于内交吧！

那时的北京是主战派的天下。连荣禄也还在假装指挥攻打使馆呢，哪儿有可靠的部队可以护送各国公使及外国传教士（总数约一千人）离开北京呢？外国人走了，剩下了数千名二毛子又如何处理呢？更何况死守在东交民巷之内的洋人，衣丰食足，军火充裕，并未尝感觉有生命危险。日常以枪打义和团为狩猎消遣，他（她）们才不要冒险迁居呢！

［附注］那时有一对叫A. F. Chamot[1]的夫妇，两人都是打活靶的老手。因此夫妻两人在被围的55天之内，共射杀义和拳民约700人。Chamot 先生有一日射杀54人的最高纪录！Chamot太太亦有日杀17人的可惊夸口！见Young著前书，引自《纽约太阳报》（The New York Sun）1901年1月2日"访问录"。那时来复枪的有效射程是2000米。在前后左右4000米的街道上，居民行人都在他们的射程之内。说被射杀的全是拳民，吾不信也。

时不我与，李鸿章与北京办内交，要八天才能通讯一次。他们通讯未及三两次，北京就沦陷了。首都既失，两宫西狩，鸿章在上海也不能再待下去，就于9月10日搭招商轮，摒挡北上了。

使馆解围，联军解体，瓜分结束

鸿章轮于19日抵大沽。他的"老奸巨猾、挑拨离间"的恶名再度引起当地洋官的联合杯葛。德军司令官竟不许他上岸。正是由于挑拨有道吧！其后终由俄军保护登陆，进驻天津。10月11日复由俄兵护送，迁往北京，与奕劻会晤共筹和局。

其实，此次北返的李鸿章，对整个入侵的联军来说，只是中国向八国占领军投降的一位代理人而已，他要一切听命于联军，自己做不得多少主

---

①查莫特——编者注。

也。虽然俄国要强迫他做占领中国东北的代罪羔羊。但对沦陷区的中国人民，他不失为一个恢复安定的象征。

前篇已言之，组成联军的八国，彼此之间矛盾太多，本不能联合也。它们是愚昧的满族亲贵攻打使馆打出来的。一旦使馆解围，便是它们联合的结束。

大致说来这时入侵的八国盖可分为三大阵营。最穷凶极恶者为沙俄。它志在并吞东北，不达目的不已也。因此，它要尽量示好中国，不特首先自京津撤兵为各国示范，并协助鸿章抗拒列国。然李鸿章亦终为它逼死，留为后话。

另一阵营则为德法日义等瓜分派。他们对领土的野心远大于对商业利益的追求，无奈浑水摸鱼的局势已成过去。如今一致行动，并向英美"门户开放原则"（Open Door Doctrine）一再表态。因此，各国想再次做零星殖民地之抢夺，心虽不甘，行动上已不可能矣。

再一组便是英美二国了。两国对华的基本原则，前节已不厌其详缕述之矣。因此，庚子之后，英美二国竟成大清帝国的看门犬。其后英国为着联日抗俄，美国为着防日守菲，两国都背弃门户开放之原则，取媚日本，牺牲朝鲜；而中国之免于瓜分，则不能不说是受惠于海约翰之门户开放也。——前节所言，拳乱起于瓜分的威胁，而瓜分的威胁亦以拳乱的结束而告终，此之谓也。国际政治之奥妙，有如此者！

每个中国公民各赔美元七毛四

所以，庚子年李鸿章在北京所办结束八国联军的交涉，除后来对付不要脸的沙俄那一段之外，实较戊戌前（1897）恭亲王、翁同龢等应付列强强租殖民地那一阵，反要轻松。且看庚子年冬八国要求、十四国受惠的十二条：（条文从简）

一、向德皇谢罪、为死难公使立碑。

二、惩凶。

［附注］李刘张三督，似乎比洋人更有兴趣。《史事要录》第458页，引

英国《蓝皮书》，在洋人要求的死刑名单中把"怡亲王、溥静"误为两人，其实是一人。共11人。三位总督恨不得全部答应呢！

三、为殉难日本书记官做追思。

四、为被毁洋人坟墓立碑。

五、暂禁武器入口。

六、赔款。（包括各国政府和民间及雇佣华民之损失。）

七、各使馆自设卫兵。

八、毁大沽炮台。

九、维持北京大沽之间的交通安全。

十、禁止排外团体。

十一、修正通商航海条约。

十二、改革总理衙门及外交礼节。

【节自美"国务院原档"中之汉文原件。】

在这十二条要求中，比较难解决的只是第六条：赔款。究竟洋人在中国损失有多大，他们就漫天要价，狮子大开口了。就以教会损失来说吧！当时美公使馆就通知各教堂"自报"。其实他们早已私自解决（如上文所述），捞回已不止十倍八倍了，最后美国各教会还是分到两百多万。这还是美国当局柔克义等有意限制的结果。

柔克义这位门户开放政策的有力推动者，在使馆未解围时，即由海约翰推荐来华为"特使"，曾致力于战争地方化，不让德军把战局扩大；在赔款方面，他的计算也比较温和合理，因与力主强硬报复的康格发生龃龉，终代康氏为驻华公使。俄人为示好中国，英美代表为让中国不致破产，曾主张把赔款问题移交"海牙国际法庭"（The Hague Tribunal）仲裁，按实核算，未果行。最后，各国乃随意定个天文数字四万万五千万两了事。这个数字之决定据说是出于列强公意，认为此次战祸是目无上帝的异端四万万五千万支那蛮共同犯的罪恶，每人应罚银一两（按时价每两值美金0.74元），就这样决定了——这数目大致是在各国实际"损失"的10倍到20倍之间吧！但是只"赔款"而不"割地"，已是不幸之大幸了。

总之，八国联军这场纠纷，我们终能逢凶化吉者，盖有两端：其要者为英美合力的门户开放政策之适时提出，另一点则是我们李刘张三督在分明的国际战争中为中国化除了交战国的身分。既非交战国，则辛丑之会就没什么"和会""和约"一类的名词出现。所以，我们的《辛丑条约》就不成为一种"和约"（peace treaty），而是对某种国际事件诸国共同商讨的"议定书"（protocol）。因此我们《辛丑条约》在国际法上的正式名字应该叫Austria-Hungary，Belgium，France，Germany，Great Britain，Italy，Japan，Netherland，Russia，Spain，United States and China-Final Protocol for the Settlement of the Disturbances of 1900（中国为1900年的动乱事件与十一国最后议定书），原件以法文为准。既然是"议定书"，中国就不是战败国。割地一条也就可名正言顺地省去了。

当奕、李两人把洋人这些要求，于辛丑电奏西安时，慈禧得报实在是凤颜大悦。第一，洋人竟然没有要求她最怕的"归政"。真是大"清"有"水德"，与"洋"人并不相"冲"。第二，她老人家闯下了如此大祸，竟然寸土未失。实在是李鸿章搞"洋务"本事通天。这个"肃毅伯"不待翘辫子，也是功应封侯的。——老太后对儿子也就不再忌嫉而决定胜利"回銮"了。

李鸿章之死

西太后老人家的问题是解决了，但是李鸿章的问题并没有解决。——俄国现在决定要并吞中国东北，并且要在李鸿章名下并吞之。

前章已言之，拳乱骤起时，俄国要浑水摸鱼，乃于庚子春夏之交急调大兵20余万人，北自海兰泡，南自旅大，分进夹击，侵入满洲（今东三省）。

庚子8月，在"七国联军"攻占北京之后，俄军故作姿态自北京撤兵（8月28日）。而在东北，两路入侵的俄军却正在加紧进攻，自北南下攻占了黑龙江省城（8月30日），再陷吉林省城（9月21日）；自南北上则攻占了营口（8月5日）、沈阳（10月2日）；南北两路会师（10月6日），就把中国东北全部占领了。俄皇得报乃向俄皇太后上寿，说是"托天之佑"（见上引《李鸿章年（日）谱》转引苏俄"红档"）。

此时中国疆臣黑龙江将军兵败自杀（寿山自己躺入棺材，命令儿子开枪把他打死）。盛京将军增祺则被俄军所迫与占领军司令阿莱克息夫①（Vice Admiral Evgeni I. Alekseev）于11月9日签订了一项所谓《奉天交地暂且章程》（增阿暂章）九条，允许俄人驻军、筑路（哈尔滨至旅顺）、助理军政要务、占领营口，而中方则解散军队，交出军火炮台等，其内容与后来日本人所要求的"二十一条"极为相似。其后俄人即据此要求李鸿章于"辛丑议定书"之外，单独再签此项中俄密约，以为撤兵条件。中方如依议签约，则白山黑水就要全部沦为俄国的"保护地"（protectorate）。如此则所谓"主权独立、领土完整"，便全属空话。中国如拒不签约，则俄人便拒不撤兵，把满洲永远占领，中国连宗主权也不能保存。何择何从，遂在奉旨"便宜行事"的李"全权"的一念之间。

这时李鸿章已七十九高龄，尽瘁国事，内外交煎。辛丑年冬季，鸿章生命已至末日，累月发烧吐血，卧床不起。正在此油尽灯枯之际，而俄人连番催逼，从不稍懈，直至鸿章死而后已。

李鸿章死于1901年辛丑，11月7日。死前数小时，俄使仍伫立床前，迫其画押，为鸿章所拒。俄使去后，鸿章遂命儿子经述草遗折劝自强，并命于式枚草遗折荐袁世凯代己为直隶总督、北洋大臣。临终切齿痛恨毓贤误国而卒。（见《庚子国变记》）

八国联军和义和团之乱确实始终是"毓贤误国"。迨李鸿章痛恨"毓贤误国"而死，拳乱痛史也就正式结束了。遭殃的是四亿五千万人民，而身为祸首的叶赫那拉老太婆，却因祸得福。——江山无恙，归政免谈。当她乘着当时世界上最豪华的专列火车，自保定直驶京郊马家堡时，袁宰相率文武百官和中国第一支军乐队，排班恭迎。太后下车，乐声大作。可

---

①今译作叶夫根尼·伊万诺维奇·阿列克谢耶夫——编者注。

惜当时武卫军的乐队，还不会吹奏后来的《风流寡妇》和《美丽的亚美利加》等名曲，他们乃大吹法国国歌《马赛曲》，恭迎大清太后回銮，乐声亦确实雄壮无比。

两宫所乘的这辆豪华专列，原是新任的北洋大臣，为太后乘火车的处女航而特制的。但有谁知道十年之后，它却变成叛逆乱党孙文的专车？更有谁知道，再过16年，它驶过皇姑屯时，竟被日本军阀炸得稀烂！

车犹如此，人何以堪？读史者能不慨然？

【原载于台北《传记文学》第62卷第4期及第5期】

第五章
袁世凯、孙文与辛亥革命

　　袁世凯，集枪杆与政权、谋略和机运于一身，以区区七千人的"新建陆军"，挤入大清帝国的政治心脏，呼风唤雨，举足轻重。孙文，得风气之先的华侨青年，立志救国的新知识分子。从兴中会到同盟会，倡导革命，引领思潮。两个纵横于体制内外的重要人物，共同终结了晚清的残局……

一、从中原世族到朝鲜监国

袁世凯在近代中国元首中算是短命的,他只活了57岁。生于清咸丰九年(1859年),卒于民国五年(1916年)。比康有为小一岁,比孙中山大七岁。

袁的寿命虽短,而影响甚大,并且一生事业,阶段分明。他在22岁以前,和洪秀全、胡传(1841—1895,胡适的父亲)、康有为少年时期一样,科场失意,屡考不中,可说是个落泊少年。可是在22岁投军之后,正值朝鲜多事。翌年他跟随吴长庆的"庆军",东渡援朝,迅即脱颖而出。年末30,他已变成清廷派驻朝鲜的最高负责官吏。甲午战争爆发,袁氏潜返天津,幸免于倭人之追杀。甲午战后,袁因有"知兵"之誉,被李鸿章荐往小站练兵,竟练出一支当时中国最现代化的"新建陆军"。他这支7000人的小小武装,在戊戌政变(1898年)帝后之争中,被帝党的维新派看中,想利用以剪除后党,被袁暗拒。因此变法失败,光绪被囚,六君子被杀,袁亦以背弃维新派,而背了破坏变法的恶名。

庚子(1900年)拳乱突起。袁于前一年底奉诏率其小站新军去济南,继满人毓贤为山东巡抚。毓贤为组训拳民来"扶清灭洋"的始作俑者,因而不容于洋人，改调山西。袁继任后乃一反毓贤之所为，对拳民大肆镇压。义和团运动乃自山东移入直隶（今河北省），竟为西太后及青年皇族亲贵所接纳，终于惹出了八国联军之大祸。在这场国难之中，袁世凯也是毁多于誉的关键人物。被现代史学家所诟病，至今未能平反。

八国联军之后，李鸿章积劳病死，力荐袁世凯继任为"直隶总督、北洋大臣"，事实上便是当时大清帝国的宰相。此时袁氏42岁，正值壮年。而大乱之后，百废待举。西太后以老病残年之身，吃一堑长一智，亦自觉朝政有改制变法之必要。袁氏在太后信任之下，更成为清末新政的重心所在。——无奈世凯在戊戌时为帝党新派嫉恨太深，时遭掣肘。1908年11月光绪帝与西太后于一周之内先后死亡。溥仪即位，光绪胞弟摄政王载沣监国，对袁世凯乃力图报复，欲置之死地。世凯虽幸免于难，然旋即奉旨开缺回籍，做了"离休高干"。可是朝中也就继起无人了。

这时袁氏50岁，精力犹旺，而久掌军政大权，羽翼已丰。虽被迫退休回籍，然国中一有变乱，彼势必卷土重来，时人皆可预测也。果然袁氏"退休"未及三年，武昌城内一声炮响，辛亥革命爆发起来，颟顸的满族亲贵应付不了，这位"洹上钓叟"，收起了钓竿，重握枪杆，就再掌政权了。——这便是辛亥革命前，那位后来做了"中华民国第一任正式大总统"的袁世凯的学历和经历的大略。

一个有重大影响的政治人物，他一生成败的因素是很复杂的。我们看"辛亥前的袁世凯"，他以一位"考场失意"的青少年，竟于短短的20年中蹿升至大清帝国的宰相，不能说不是一帆风顺。其所以然者，众多历史家和传记作家虽各说各话，但是大体上他们也有若干共同语言，那就是袁老四基本上不是个好东西。笔者由于家庭背景的关系（详下节），接触袁氏各种史料，包括"街谈巷议"，至今也有六七十年之久了。早年由于不同史料的影响，对袁的看法亦时有起伏。——大致在十岁之前吧，我就听到一则显然是外人编造的袁某看戏的故事，就信以为真，而恨死了"袁世凯"。

这故事是：某次袁看京戏《捉放曹》。当曹操说出"宁我负人，毋人负我！"这一句话时，袁世凯摇摇头说，曹操太无用了。他那时如果把救他一命的恩人陈宫也一起杀了，这句恶言哪里会流传千古呢？我记得说这故事的老鸦片鬼，更开玩笑说，袁世凯也太无用了，既有此意，看戏时又何必说出呢？他不说出，又有谁知道他"比曹操还坏呢"？——这故事一出，一屋老头子笑声震天。我那时是坐在屋角里的小娃，居然也听懂这故事，也跟着大笑，其情至今不忘。——后来我长大了，才渐渐了解到，这则动人的故事应该是说相声的人编造的，但是我对袁世凯的其他真实的"恶行"，如幼年是纨绔子，不读书；中年是封建官僚，出卖"变法"，"镇压农民起义"；老年更一坏到底，"背叛民国，妄图帝制"等等，也认为都是恶迹昭彰，"罪无可逭"的。

我这个信念，当抗战时期在沙坪坝上读历史时，才第一次发生了动摇。郭廷以老师在班上说，袁世凯在朝鲜12年是爱国志士之行。"袁世凯居然也做过'爱国志士'？"这对我是个小小的启蒙。后来私淑于胡适老师之门墙，老师一再告诉我要"不疑处有疑"。"不疑处有疑"，那就是一种智慧经验上的震撼了。及老，阅人更多，觉近现代中国历史的发展亦渐有轨迹可循。论史论政，固不敢自诩十分客观，然无欲则刚，心平气和，则时以自勉也。今日为袁氏史传再发掘，只敢说以心平气和之言，以就教于心平气和的读者罢了。——请先从袁世凯的家世与幼年说起。然限于篇幅，只论其可评可议者，不及其他细节也。读者贤明，不论知我罪我，均盼随时赐教也。

聊聊咱传统中国的家族制

在传统中国里，家族背景，对一个官僚的政治行为是有其决定性影响的。但是，家族究竟是个什么东西？亦拟从宏观史学的角度，不揣浅薄，略加诠释。

旅美民族学家许烺光教授，曾以三个C打头的英文名词：clan（家族）、club（社交俱乐部）和caste（印度阶级制），来概括中国、美国和印度三种迥然不同的社会结构。笔者久居联合国之所在地纽约，亦尝与役印度，再反观祖国。涉猎许子之书，真是心有戚戚焉。

我祖国者，实世界各族中别具一格之"文化整体"（cultural entity）

也。论其传统政治社会的组织形式，则是国家强于社会，职业官僚层层节制之农业大帝国也。论其社会阶层则以士农工商为序，而贯穿其间者，则为其基本结构之家族也。

传统中国里的家族组织之严密，其所负担的社会职责之重大，实远非美国之社交俱乐部（包括教会）所可比拟。而中国士农工商之社会阶级则可相互转移（transferable），不若印度阶级之壁垒森严，绝不容相互逾越也。

传统中国既然是"国家"（state）独大，则加入国家的管理阶层，换言之，也就是"入朝为官"，便成为全国人民所共同向往的最尊贵的职业了。一朝为官，则名利、权势、荣耀、智慧、黄金、美女……凡人类七情六欲上之所追求者，一时俱来。官越大、权愈重，则报酬愈多。——因此小人之为官也，则毋须杀人越货、绑花票、抢银行。贼之所需，官皆有之。俗语所谓"贼来如梳，官来如剃也"。君子之为官也，则圣贤之志，救世济民；菩萨心肠，成佛作祖，皆可于官府之中求之。毋须摩顶放踵，吃素打坐也。

可是为官之道，唯士为能。农工商不与焉。俗语说"行行出状元"，那是"旧中原"里的土阿Q之自宽之言也。——行行皆可啖饭，原是事实。"出状元"则只此一行，外行就没有了。——凡此皆足使来自异文化的观察家为之瞠目结舌，认为古怪的支那为"一条出路之社会"（a single-career society）。英雄亿万，出路只有一条，则此路之大塞车，就可以想象了。

因此仕途虽窄，依法除少数倡优贱民和近代所谓"禁治产人"之外，人人可得而行之。这就是唐太宗（生于公元599年，在位626~649）以后，千年未废的"科举"了。但是考科举却与买"乐透奖券"无异也，购者千万，得者万一。吾人读史千年，书本上所接触的什么三公九卿、州牧刺史、封疆大吏、中兴名臣……所谓"科甲正途出身"者，也都是"乐透得主"也。只是故事读多了，就见怪不怪而已。至于"乐透失主"的凄惨情况，就很少有人注意了。

记得多年前读中文版《读者文摘》，有文曰："老兄，你是个奇迹。"何奇也？原来人类在母体中结胎时，卵子只有一个，而向其蜂拥而来，争取交配的精子则十万也。胡适有诗曰："虽一人得奖，要个个争先。"十万取一,才变出老兄,则老兄岂非奇迹哉?——因此,上述的科甲正途出身的达官贵人、名公巨卿,也都是"老兄式"的,科举制度下之"奇迹"也。

再者,在咱古老中国里,没啥"人权"也。因此我们那些学富五车的"国学大师",也不知啥叫人权(详上篇)。何也?因为"人权"的基础是西方的"个人主义"(individualism),而个人主义又是西方"民主政治"的基础。可是,独善其身的个人主义却是我们东方人(尤其是中国人),所最瞧不起的德性。——传统中国的社会基层单位,不是个人,而是上引许教授所说的家族也。

中国的家族原像一窝蜜蜂,上有蜂王,下有蜂群(工蜂、雄蜂)。大家吃大锅饭,分工合作,共存共荣。一个传统家族往往是个在孔孟主义之下,"五世同堂"的大同世界。时间久了,各房兄弟吵架,要"分家"、要"析产"。但分出的各"小房",实质上还是吃大锅饭的!

这个古怪现象,不特熟读《红楼梦》《金瓶梅》《金粉世家》等小说的读者知其细节,甚至许多老到像笔者这样的"中国人",都是亲身经历过的。

旧中原的官宦之家

在试撰上节的两千字衍文之前,在下曾咬笔甚久,原思整节删去而终未果行者,盖中国传统家族制,今已迅速转型。它对老辈"中国人""外省人"或"荣民老兵",固属老生常谈。而它对四五十岁以下的"台湾人""本省人""眷村子女""海外华裔"甚至"文革"以后的大陆同胞,就是和"辫子""小脚"一样的骨董了。——不把这些骨董搞清楚,那我们对"袁世凯"这件古玩,也就不大容易说得明白了。

袁世凯便是出生于河南省东南部项城县,一宗累世以农为业,是聚族而居的大家族。在这种家族里,扶植聪颖子弟读书上进,参加科举,几乎是合族的事业。偶有佳子弟"连科及第""为官为府"(凤阳花鼓的鼓词),不但可以荣宗耀祖,而且合族上下都可鸡犬升天。——只是这一"乐透大奖"不易取得。屡试不第,乃是士子之常情;榜上有名,那才是意外。

笔者出生的那个合肥唐家,今日有高速公路可通,与项城之间半日车程耳。所以在清朝时代，皖北和豫东经济和文化的客观条件，几乎是完全一样的。只是可怜的我们唐氏老农，历大清268年之中，只考中了一个秀才。——俗语说："穷秀才，富举人。"考个秀才，管屁用？其惨可知也。不服气而去造反，在中国历史上，也只有张献忠、洪秀全等寥寥数人而已。其他千百万"屡试不第"者，包括我的老祖宗和曾国藩的爸爸曾麟书（他老人家也前后考了25年未考取），就"认命"了。

项城袁家，显然原来也是屡考不第的，以致数百年默默无闻。——想不到到了清朝末叶的道光年间（1821—1850），他们袁府忽然一声春雷，大"发"起来。父子进士，兄弟举人，一时俱来。十数年间，项城袁氏一下便从畎亩小民，变成官宦世家了。

今且把侯宜杰教授为他们早期袁家所做的世系表复制如下。再以诸家之说分析之。

袁氏世系表

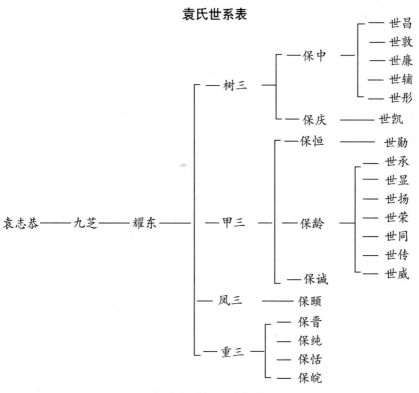

（录自《袁世凯全传》第五页）

在本表中，我们可看到袁耀东（可能是个屡试不第的老童生，三家村老塾师，所谓"世业儒"者也。见《容庵弟子记》），他有子四人：树三（1801—？）、甲三（1806—1863）、凤三、重三。长、三子均为或考或捐（出钱买）的秀才。但是次子甲三却"连科及第"。中举之后，又于道光十五年（1835，鸦片战争前四年）在北京考中进士。——举人和进士是不能花钱"捐"的。

甲三与曾国藩（1811—1872，1838年进士）同时，稍长于李鸿章（1823—1901，1847年进士）。他学成则仕期间，正值清末内忧外患最烈之时，亦是汉族文臣开始带兵习武时期。因此甲三和曾、李一样，在剿灭太平军和捻军的战役中，都是立有军功的文职大臣。甲三不幸只活了57岁。官运方隆时，就一命呜呼了。

甲三的长子保恒（1826—1878）也是道光三十年（1850）的进士。比他父亲的进士晚15年，比李鸿章的进士晚三年。他和李同时，一直也是李鸿章的得力助手，文事武功也都烜赫一时。可惜袁保恒也只活了52岁就死了。因为他曾做过翰林院编修，所以卒谥"文诚"。在清朝颁赠谥法的惯例中，只有生前曾入翰苑，死后才能谥"文"字，如曾文正、李文忠、张文襄……。保恒谥"文诚"，其父只谥"端敏"，是子胜于父也。

他们的父子进士之外，树三的幼子保庆〔1829—1873，此处房兆楹在《清代名人传略》（*Eminent Chinese of the Ch'ing Period*，1644—1912. Edited by Arthur W；Hummel. Washington：Government Printing Office，1943—1944.2 vol. Reprinted by SMC Publishing Inc. Taipei，1991.）中误为1893，今顺便校正之〕和甲三的次子保龄（1841—1889）也同为举人。这使我想到我唐家那些老祖宗，考了两百年，只考出过秀才来；二者之间，真是不可以道里计了。不过据说我的老祖宗们在清初也有借口，说他们是难民，"义不食周粟"。大明遗氏，不屑要满虏的"功名"。——没个考科名的传统，等到子孙要想图个把功名，就考不到了。

可是，在这点"酸葡萄"之外，我还是要提醒读者，在帝制时代考科举，原是十考九不取的啊！——屡考不取才是正常现象，考取了才是反常和意外。不是书读得好，就一定可以高中的。当时人称作："一命二运三风水，四积阴功五读书。"——读书只是参加科举五要件的末项。

他们袁家的"三"字辈和"保"字辈，在道光年间，忽然来个"父子进士，弟兄举人"，大红大紫了一阵子。到"世"字辈、"克"字辈，便再度滑坡，又屡试不第了。

再者，袁府最得意的两辈祖宗甲三和保恒兄弟行，寿命都很短：甲三算是最高寿，只活了57岁。其后保恒52，保龄48，保庆则只活了44岁。可说都是死在壮年。据说袁府其他"保"字辈兄弟，也都寿命不长。

袁家这个短寿的传统，对后来做了总统的袁世凯来说，也是生命中很大的压力——他在55、56岁的时候（与国民党和日本斗争最激烈之时），就怕自己也余日无多了。

他既有这桩迷信的恐惧，"大太子"袁克定以迷信治迷信就乘虚而入了。克定认为只有做皇帝，做"真命天子"，才能突破他们袁氏家族传统里的生死大关——项城显然是听信了"太子"之言，堕入"欺父误国"的"太子"术中，才决心称帝的。——这也是民国史上"迷信影响政治"的实例之一吧！

朋友，你以为民国领袖中，只有一个搞封建帝王之术的袁世凯才迷信吗？非也。那位基督大总统蒋中正，其迷信的程度皆不在袁皇帝之下，非关本题，就不用多说了。

以上便是出了个总统兼皇帝之袁世凯的旧中原地区，农业社会之结构与运作的大略情况。以下再谈谈袁世凯其人。

袁世凯和他的兄弟行

袁世凯是袁甲三长兄树三的孙子，是树三长子袁保中的第四子（见上表），他出生时正值袁家在内战中打了个小胜仗，故取名世凯。保中也是个秀才，生子六人。世凯行四，俗呼"袁老四"。这六兄弟中只世敦一人为保中元配所生，余均侧室（姨太太）之子，在传统的宗法社会里叫作"庶出"。——世凯晚年欲葬生母刘氏（已扶正）于项城祖茔"正穴"，为世敦所峻拒。一般史家，包括房兆楹夫妇和陈志让、侯宜杰，都认为这是宗法礼教中的"嫡庶之争"，实非也。他兄弟之失和，盖起于拳乱时期。庚子前世敦原在山东任"营官"，补用知府，前途看好。迨世凯出任山东巡抚时，背景坚实。政敌衔恨，然无奈他何，乃杀鸡儆猴，拿乃兄开刀，说世敦纵勇扰民，予以革职，并驱逐回籍。世敦大好宦途，顿遭摧折。此事分明是世敦代弟受过，而世凯不但未加维护，或不无弃兄自保之嫌，以致世敦含恨在心。迨世凯返籍葬母，乃借口庶母不应入正穴而予以难堪，以泄私愤。气得世凯亦永不再回项城故里，而寄居彰德（今安阳市）——此是后话。因诸家颇有异辞，故于此顺补一笔耳。

世凯生父袁保中可能只是个"捐班秀才"，却生子六人；而他的胞弟"举人大老爷"袁保庆，则年近不惑（40）膝下犹虚。经过家庭会议，乃把七岁的世凯过继给胞叔保庆为子。［见上引房文及哥大所编《民国名人传》，卷四，第79页（*Biographical Dictionary of Republican China.* Edited by Howard L. Boorman&Richard G. Howard, in 4 vols. New York&London, Columbia University Press, 1971. vol.4，p. 79.）］自此他就跟随养父及养母牛氏生活。保庆宦途不恶，最后官至江苏盐道任职南京。道员是当时府县之上的高级地方官。随父在任的小世凯，当然也是个尊贵的小"衙内"。不幸的是袁道台未几即死于任所，年方十四的世凯就只好奉母回籍了。翌年世凯的生父袁保中，又病死项城故宅。越年两丧，世凯母子就是不折不扣的寡妇孤儿了。——袁氏两代显宦，虽然不愁衣食，但他们毕竟是孀妇孤雏。反袁的作家，总欢喜说世凯幼年在南京花天酒地。其实十三四岁的孩子，又能花天酒地到哪儿去呢？

15岁以后的袁世凯，便被他堂叔袁保恒翰林接去北京，继续其科举教育的"帖括之学"（习作八股文）。在亲丧"服阕"（三年）之后，他在堂叔严厉的管教之下，显然是以"监生"（捐来的秀才）身分回开封参加"乡试"而落第。三年后再考，还是落第。——保恒自己是科甲出身，乃鼓励其侄再接再厉，然世凯自知久困科场之非计，在此期间，他已与于氏夫人结婚，就永别科闱，另寻出路了。

后世之论袁者，每说他是纨绔子，不用功，故两试不第。在下却不以为然也。盖当年科举考试，谁能期其必中？试看长袁一岁的康有为——岭南名士，一代大儒，文胆梁启超的业师，不能说读书不用功吧？然康某考举人，五试不售，困于考场者18年，可算是十分惨烈也。以故世凯终于投笔从戎，未始不是个明智的抉择。

小钦差，大监国，抗日反帝

前节已言之，当年科举时代，落第士子是惨不忍言的。自己前途暗淡不说了，举家乃至合族的失望，才使你痛不欲生呢！洪秀全天王落第归来，一病40日不醒，终于见到上帝爸爸的故事，在那个时代，说来也不算稀奇，只是各种上帝的训示不同罢了。笔者这一辈老华人，系出旧中原，去古未远，幼年时听到的有关科场的故事多着呢！

所以袁世凯青年时代的遭遇，不是什么例外。他和长他18岁的胡传落第后的故事，简直如出一辙。胡传落第后去投奔吴大澂（1835—1902）；袁世凯落第后去投奔吴长庆（1834—1884），都是不得已而为之的。

据当年淮军遗族传言，世凯第一个投奔对象原是较高级的刘铭传。刘不纳，乃改荐他去山东登州投吴长庆。袁从此便一帆风顺了。

长话短说，袁世凯在朝鲜12年的工作和成就，大致可以归纳于如下数项：

一、敉平朝鲜"壬午（1882）兵变"

1882年，朝鲜在日本暗中煽动下发生兵变。清廷派丁汝昌率海军三舰，吴长庆率陆军（庆军）六营赴援。终执大院君至华，并驱逐前来干扰之日军。此时袁世凯才23岁，任庆军营务处。几乎一手敉平此乱，而崭露头角，朝野众口交赞。事详不备述。

二、督练亲军、整理财政，再平"甲申（1884）之乱"

此时朝鲜内部之糟乱有甚于中国。世凯为其练军4000人以自卫，并为其整理财政以自给。迨朝鲜亲日派勾结日人，于甲申12月再度发动政变时，世凯临机应变，独排众议，加以镇压。日本势力，第二次被逐出朝鲜。

三、护送大院君返朝（1885年10月），出任商务委员，做驻朝"小钦差"，撑持危局

此时世凯不过26岁。但其后九年他在朝鲜竟然大权独揽，做了藩邦实际的"监国"。颐指气使，纵横捭阖，不但朝鲜朝野大为慑服，环伺的日、俄、英、美、法五大帝国主义，亦瞠目结舌，无如之何。——可惜的是大厦既倒，一木难支。甲午平壤兵败（注意：此非袁氏之过），世凯于最后关头，始奉命匆忙撤退。日人此时恨袁入骨，袁公如不幸被俘，其下场不会比1928年济南惨案时的交涉员蔡公时更好也！

打赤膊，持大刀，翻墙头

关于袁世凯在朝鲜这段掌故，笔者在幼年期即耳熟能详。因我家原是淮军遗族，传闻滋多，而庐江吴家（吴长庆的家庭）亦是先母的外婆家。吾幼年即曾随表兄弟辈，嬉戏于吴家花园。男孩淘气，某次以竹竿捣下巨大蜂巢，被数千黄蜂追逐，几遭不测，如今记忆犹新也。——那时去古未远。我记得还看过吴长庆逝世时，朝鲜国王所遣专使致祭的礼品。

不过斯时的吴氏遗族对袁的评论，几乎全是负面的。他们认为袁对他们的延陵公是忘恩负义的。——吴长庆于壬午之役曾"打赤膊，持大刀，翻越朝鲜宫墙……"真是功莫大焉。谁知其后小小的奸臣袁世凯，在中堂（李鸿章）之前进谗言，化功为过，使其被斥退回籍……云云。

等到我在郭廷以老师班上听到袁世凯的故事，再在各种参考书内发现袁世凯竟然是个"现代班超"，始豁然有悟。——原来当年朝鲜那样复杂的"内忧"（派系倾轧）、"外患"（五大帝国主义环伺）的局面，实在不是一位"打赤膊、拿大刀、翻墙头"的老外公的老外公，所能应付得了的。所以吴长庆最后才被中堂褫职，返乡务农。

后来李宗仁先生也告诉过我一则，他把那最忠于他，也是"打赤膊、拿大刀"，武功赫赫的老部下何武将军，褫职还乡务农的故事。李说"何武的军职只能到此为止"（见《李宗仁回忆录》第15章末段），使我不禁联想到我那"打赤膊、拿大刀"的老外公的老外公的故事，不禁大笑起来。

不过那时应付不了朝鲜那样复杂局面的人，又岂止那位打赤膊的吴长庆？纵是"大魁天下"的张状元（謇），一代大儒的马建忠，学贯中西、官至宰辅的唐绍仪，身任驻朝督办的吴兆有，身为商务委员的陈树棠，也照样应付不了。国内六部九卿中的干吏能员，也找不出一个才能应变的官员，可以肩挑此一重担。

量材器使，李鸿章找来找去，只有这个二十几岁的小毛头，一代"奇才"（吴大澂评语）、"治世之能臣，乱世之枭雄"的袁阿瞒，足当此任——胜任愉快，甚至游刃有余！

"唯利是图"竟成国际道德

记录袁氏在朝鲜这段不平凡经历的史传，而能遍用东西史料者，当以吾友陈志让教授最为深入。然志让的《袁世凯（1859—1916）的紫（黄）袍加身》（Jerome Ch'en, *Yuan Shih-k'ai*, 1859—1916: *Brutus Assumes the Purple*. Stanford University Press, 1961）及其续编诸书，皆雅善敷陈；至于袁氏在中国历史发展中，所扮演者究系何种角色，则未言其详也。台海两岸史学界，近年所见涉及袁氏之专著，当以上引侯君《袁世凯全传》最为翔实。书中所发掘之新史料亦最多。关于在朝鲜之一段，则讥刺多于分析，亦美中不足也。

盖中朝关系原为已有三千年历史的东方文明中之"宗藩制度"的一环。吾人治比较史学，固知东方民族史中之"宗藩关系"，与西方民族史中之"帝国主义与殖民地之关系"，绝不可混为一谈！二者是截然不同的两种制度。

袁世凯这个不世"奇才"，这个"治世之能臣"，便是在这中朝"宗藩关系"转型末期，不顾一切，死命"打拼"的一位可泣可歌的民族英雄，也就是抗战初期坚守四行仓库的谢晋元也。明乎此，我们对当年袁世凯在朝鲜，打拼些什么，又如何个打拼法，就可思过半矣。

须知朝鲜当年的一切，正和中国国内一样，政治、社会皆在青黄不接的"转型"期中。

在宗藩两国的朝廷认知中，"朝鲜为大清之属国"（早期朝政府向列强行文的国书上，便是如此自称的）就含意不明了。——吾人今日读史，尤其是今日朝韩人民读史，读到这一段，那真是深恶痛绝，认为朝王何以如此下贱。这种心理在现代史学上便叫作"现时观念"（present-mindedness）了。吾人读史治史，不可以为时不过百年的"现时"价值观念，去强奸古人。遥想当年势能九合诸侯的齐桓、晋文（现代的罗、邱、史），不但不以"大周属国"为耻，且以大周属国为荣。朝"王"自称为"天子"属国，已逾两千年。日本且一度以不能为天子属国为耻，而痛恨朝人之横加阻扰呢！

朋友，我们东方的政治哲学，是以伦理学为基础的。它是不鼓励以"国"为单位，去搞"种族主义"和"部落战争"的。我们的孔孟之道是"敬天法祖"，要统治者知"天命"、行"天理"、做"天子"，有教无类；看到"百武彗星"横行太空，"天意"示警，要下诏罪己……认为朕躬于"德"有亏。大明亡国时，许多朝鲜士子，也搞"反清复明"。认为满人爱新觉罗入主中国，其"德"不足云云。余读朝儒所撰《热河日记》，真是感慨良多。总之，咱东方政治哲学，自孔孟而后，主旨是"仁义而已矣，何必曰利"。这虽是个通天大牛皮，但是吹牛皮的政客，至少还"要脸"。

西方的政客，尤其是搞国际外交的政客，最大的特点，就是"不要脸"。绝口不谈"仁义"，公开地唯"利"是图。

其实西方古代的政治哲学，也并不如此。这种下流哲学实始自白色帝国主义兴起之后的代言人马基维利①（Niccolo Machiavelli，1469—1527）。"马基维利主义"一出笼，有能力的西方政客，都变成"宁我负人，毋人负我"的曹孟德了（威尔逊博士可能是少数的例外）。自马氏哲学风行之后，伦理学中的义利，已经换了位置。我们孟夫子所讨厌的这个"利"字，在现代西方伦理学，尤其是政治学中，早已变成了一个"道

---

①今译作马基雅弗利——编者注。

德名词"（moral term）。因此"保护你自己的利益"（protect your own interest），以至保护你国家的利益，便反而成为道德哲学中，至高无上的道德教条了。——今日起康德于地下，他的"绝对命令论"（categorical imperative）应该也有新的内容了。

五帝窥朝的底牌

这种殖民哲学和侵略行为，就把在清末民初，政治社会也在急遽转型的朝鲜，冲击得七零八落了。

首先它分化了朝鲜的朝野，使其分裂成保守派、维新派和激进派。各派分别搞亲清、亲日、亲俄、亲英美法……各是其是，动荡不停——但是都依人作嫁，很少能取得主动。

在环伺的帝国主义之中，野心最大，动作最积极的便是日本了。日本搞的是百分之百的当代西方的"殖民主义"，其目的和手段大致是：首先大量移民和扩展商务，从根本做起——其时日本旅朝侨民为华裔的12倍，商业大致是华商的四倍。接着便大量扶植金玉均等亲日派，得机发动政变，组织亲日政府，割断中朝之间的宗藩关系。最后勾结法国，各取所需——法国占领安南，日本占领朝鲜。——可是日本那时实力未充。它两次发动政变，都受制于袁世凯，未得逞。日本之勾结法国亦为李鸿章所阻。李虽然在中法战争（1883—1885）中，丢了安南，却能以夷制夷，利用英国，缓冲了日本。对访华的日相伊藤博文做了主权性的让步，许日以平等地位；但在朝鲜现场，却不遗余力地支持袁氏，把日本势力赶出藩国。维持了中朝的宗藩关系，直至甲午战败为止。

第二个觊觎朝鲜的便是俄国了。但是和日本一样，它得先挖中国墙脚，扶植亲俄势力，才能深入。这一阴谋也因受制于我们的"小钦差"而中途泡汤。详情可参阅陈、侯二氏之巨著。

英国此时志在西藏、九龙、长江各口岸和山东沿海，对朝则不欲打破中朝"宗藩关系"之现状。盖"朝鲜为大清之属国"，终较朝鲜沦为日本或俄国之殖民地，对英为有利也。因此虽然驻朝英使厄士顿（W. G.

Aston）认为袁世凯太跋扈而主张朝鲜"独立"，驻华英使巴夏礼（Harry S. Parkes）这个火烧圆明园的老牌帝国主义者，反而暗中协助李鸿章遏阻法国和日本的勾结。另外，他更鼓励英籍中国海关总税务司赫德，遣送一位德裔老帝国主义者摩伦道夫（P. G. Mollendorf），去朝鲜协助袁世凯整理朝鲜税收，加强海关监督。有着英德两强背景的摩老日耳曼，在朝鲜表现得比袁世凯更为跋扈而有效率。朝鲜朝廷因此税收大增，袁世凯所训练的5000亲军，也军容大振。足令日俄使臣，均为之注目。

最后就是美国了。我们的蒋公说得好："美国也是帝国主义。"这个青年帝国主义，首先要统一北美，视之为"天降大任"（manifest destiny）；次要独霸南美，名之曰"门罗主义"（Monroe Doctrine）。内战后目光渐及远东，终于占领了菲律宾。在这一系列扩张行为中，也出了不少的小帝国主义者。英法联军时的美公使伯驾，和八国联军时的美公使康格，都是力主占领台湾的老牌帝国主义者。后来台湾给日本占领了，老美好不懊悔。——这时五帝窥朝所共同讨厌的人物便是袁世凯。美驻朝公使孚特[①]（Lucius H. Foote）向不承认中朝之间有什么鸟"宗藩关系"。因此，他一有机会便要质问："袁世凯算老几？"这时孚特的态度是绝对亲日的。他倒不是要把朝鲜送给日本人做殖民地。他主要是讨厌在朝鲜以主人自居的"中国人"。"中国人在朝鲜算老几？"这才是决定美国人对中朝关系态度的基本要素。——以上便是日、俄、英、美、法五大帝国主义，在朝鲜半岛耍弄帝国主义国际政治的底牌，而他们的共同目标只有一个，就是要把我们的小钦差袁世凯赶出朝鲜。

最后就要谈到中朝两国关系的本身，和袁世凯在朝鲜所作所为的历史意义了。

一个现代"班定远"的失落

前节已言之，袁初到朝鲜时才23岁。但是在其后两年中，竟弄成支

---

① 今译作福地——编者注。

撑朝局，"非袁不可"的局面。——读者知道，武昌起义后的政局，也有一段"非袁不可"的时期（详见下篇）。那是第二次。在这第一个"非袁不可"时期，26岁的袁世凯并无心恋栈，他的堂叔袁保龄也劝他不要干。他在1885年二度去朝时，是李鸿章勉强他去的。李鸿章何以强人所难呢？那是因为偌大的中国竟找不到第二个人可以支撑朝局——有传统训练而大魁天下的张謇状元；有从欧洲留学归来，精通数种西语的文法大家马建忠（1845—1900）……他们都是吴长庆之下的要员，有在朝鲜工作的经验，但是他们都干不了这差事呢！

李鸿章是精明的，知人善任。他认为应付朝鲜那个复杂的局面，量材器使，非袁不可。这不是李鸿章任用私人吧！后来因为忌袁者众（包括张、马），朝廷派有边事经验的吴大澂（胡传的上司，久驻宁古塔）去加以察查。吴的报告是正面的，他认为世凯是不世奇才。

按理朝廷派往朝鲜去主持要政的，应该是个钦命大员（钦差）。但是袁老四才26岁，又没"功名"。因人设官，他只能戴个"三品顶戴"，官阶只能当个"商务委员"，算是北洋大臣、直隶总督之下的一个附属机关，不能代表大清皇帝。

可是这个娃儿小官的权责，那可吓坏人了。第一，他手握重兵。掌握由他一手训练、用德式操法、欧美配备的朝鲜亲军5500人——这种现代武装，小站之前，中国都还没有呢！朝王李熙在阅兵之后大为赞赏。他要封世凯为全国陆军大统领（大元帅、总司令）。世凯固未谦辞，而阻力却出自国内。李鸿章怕他太招摇，会引起国际反感。袁只顾整理朝鲜，而李则困于中法战争，在搞其以夷制夷也。

第二，世凯替朝鲜朝廷整理财政，亦大有成绩。李熙对世凯的忠诚服务称赏之余，竟根据咱中朝老传统，赠世凯"宫姬"美女四人，以示姻娅之情。四人中有一姬为朝鲜贵族，李熙之内戚也。一人早死，存者三人成为世凯之第二、三、四房如夫人。其后共生子女15人（七男八女）。世凯次子克文即三姨太金氏所生。克文之第三子，即今日名物理学家袁家骝教授也，其夫人则为名扬海内外之原子物理学家吴健雄教授也。

家骝幼年颇受祖母宠爱。余尝戏问家骝兄："祖母也说汉语吗？"

"啊，说得很好呢！"

我又戏问曰："大脚呢，小脚呢？"

袁教授说他祖母晚年常卧病在床，总是盖着被褥。大脚小脚，就不知道了。

那时在朝鲜的宫廷之内，大院君与国王李熙的父子之间，以及大院君与闵妃的翁媳之间，都时有争执。朝鲜那个麻雀虽小、五脏俱全的小朝廷中的六部官员，亦不大协调。社会上的士农工商亦至为复杂。但是袁君指挥其间，以宗邦监国自居，上下亦尚能悦服。

只是不幸值此"转型"时代，千年不变的宗藩制度，至此也必须转型。逆水行舟，不进则退。——现状既然维持不易，那时清廷亦曾有进退二策。进则师秦始皇之故事，废封建、立郡县，改土归流。徙朝王于国内，使半岛郡县化。然大清积弱，自身难保，此策断难执行。退则包包叠叠，宗邦自藩国全部撤退，任朝鲜自主独立。无奈此策亦不可行。盖朝鲜斯时无独立条件，而五帝环伺。宗邦遽撤，则朝鲜必沦为列强之殖民地。

如此进退两难，则只有让那位卑权重的袁世凯去做个小班超，在五强之间，做一天和尚撞一天钟了。斯时五帝的驻朝公使，都以"钦差"自命。纵是北美合众国的公使，以中文行文亦自称钦差。——周旋于五大帝国主义的钦差之间，我们这个只有三品顶戴的小班超，也真难为他了。——最后落荒而走，乃形势之必然，非战之罪也。掷笔几上，吾欲何言？

【1996年4月6日脱稿于北美洲】

二、乱世抓枪杆，有枪便有权

　　袁世凯一生的事业是在朝鲜开始的。在朝鲜他虽然铩羽而返，但所学到的本领和累积的经验，却是其后毕生事业的基础。

　　举其大者：袁在朝鲜学会了与东、西洋人直接打交道的本领。在他那个时代，漫说是与洋人办外交、耍国际政治，一般政客对洋人都是一无所知的。一旦碰到洋人洋务，便手忙脚乱，乱来一通，因此所受到的灾难也至为惨痛。笔者在另篇谈八国联军之役，就说过大学士老进士徐桐父子，因不谙外情，便弄出灭门之祸（一家女眷18人集体自杀）！那时的西太后和她的亲贵"四人帮"，竟也糊涂到对11个帝国主义同时"宣战"的程度——这都是对洋人毫无所知，一旦面临紧急情况，便方寸大乱，胡干一通的结果。可是，袁世凯经过朝鲜那一段，就成了个"洋务专家"，知彼知己，遇事就不会那么胡来了。

　　比洋务更为重要的，则是袁世凯在朝鲜也学会了带兵和练兵。前文已言之，袁在朝鲜为朝王练了一支5500人的现代化亲军，使藩邦朝野大为叹服。朝王李熙不但要委派他做朝军总司令，还送他美女四人以为奖励呢！

　　二十几岁的袁老四，一个科考落第的秀才，哪儿来这么大的本领呢？

说穿了也没啥稀奇。要了解袁世凯，我们还得看看转型之前的中国旧式兵制。——须知咱中国人搞军事，最高境界本是文人将兵。你看诸葛亮，连匹马也不会骑。指挥大军作战不用指挥刀，却坐着独轮车，用把鹅毛扇，摇来摇去。等到上帝宠召了，那个"死诸葛"，还能吓退"生仲达（司马懿）"呢！——这个半真半假的故事，本是中国重文轻武的传统中，文人的骄傲和牛皮，谁知到了清朝，它竟变成了事实和制度！

原来在公元1644年，当那位不祥的人物吴三桂引清兵入关时，全部清兵一共只有"八旗"六万人。后来再加上"汉军八旗"和"蒙古八旗"也不过24旗，最高额亦不足15万。那时中国本部18行省人口上亿（十足人口），至乾隆已逾四亿。15万"旗兵"何能统治上亿的"汉民"呢？所以清初的"外来政权"，只好沿用明朝原有的"卫所制"。各省政府保留原明朝职业军人的卫所二级，为地方警卫武装，以维护各省治安，"以汉治汉"。——这一大明遗规，使我们今日还剩个"威海'卫'"。天津市原名也是天津"卫"，今日南京还有个孝陵卫。国民政府统治大陆时代，县以下的乡村政府叫区公"所"和乡、镇公"所"，用的都还是明代的老名称。

这种旧卫所所辖的汉兵，在明原为国防军，约100万人；在清就变成各省区粮饷自筹的保安队了。此一省防军在清代兵制中叫作"绿营"。清初各省共有绿营兵66万人，中叶稍减。分布地区以沿海各省（包括水师）及边陲地区为重，内部较少；安徽最少，不足万人。（见《清史稿·兵志》）

这一绿营制度，清初已遭疑忌，三藩之乱（1673—1681）以后，清室乃蓄意约束，绿营之中，将不专兵。省级指挥官，提督、总兵等皆受制于科甲出身的文职官员总督和巡抚，而督抚之间又相互制衡。这就逐渐形成清代重文轻武，以文人将兵的传统制度了。其后不但绿营如此，连八旗都统亦更调频繁，将不专兵。

清廷这种重文轻武的政策自然有其严肃的政治目的。它要使像三藩祸首吴三桂那样的武将专兵的汉族藩镇，永不再见于大清帝国。

总之，清廷这一重文轻武的政策走火入魔的结果，就是不但汉族再无藩镇专兵，连那些原有高度尚武精神的满蒙武夫，亦渐染汉习，以不文为可耻，而摇头晃脑去做起诗来，致使一些像袁枚（1716—1798）那一流的无聊文人，去乘势投机，攀援权贵。余读《随园诗话》，有时就要出而哇之。

文人将兵既成制度，则大清帝国，尤其是汉族之中，便没个真正的职业军人做统帅或封疆大吏。以致鸦片战争一起，领军去和"英夷"开打的不是职业军人"李广"或"霍去病"，而是诗文做得顶呱呱的翰林学士林则徐。英法联军之役时，最初文武一把抓，独当一面的叶名琛（1807—1859）也是一位进士。最后弄成"不战不和不守，不死不降不走"，却被英国人捉到印度去当俘虏。

其后八旗、绿营都腐烂了，不能再用，另组"湘军""楚军""淮军""自强军""定武军""武卫军""新建陆军"……几乎所有的军头，从曾、左、李、胡开始，到张之洞、胡燏棻、袁世凯，都是清一色的文人。其中曾、李、张且是翰林学士，文采风流。曾、张在中国近代文学史、思想史中，都有崇高的地位。纵是李鸿章也是位才华横溢的文学作家。——笔者幼年曾能背诵李鸿章考秀才时的墨卷，文题曰："天台仙子送刘阮还乡赋。"那时才十几岁的李鸿章，竟能改窜《西厢记》，写天台仙子送男友还乡"拜拜"时，叮咛道："……野店风霜，何妨晏起；荒村雨露，慎忽迟眠……"（真是依依不舍，一派深情！）考他的那位府考官，显然也是位多情人物，阅卷后，大为感动，乃批说："大盗劫人，不伤事主……天才也。"这一批，小小鸿章就做了"犯法可免打屁股的"的秀才了，其后21岁中举，24岁成进士。

头戴红顶花翎作战的淮军

在这些能够"将兵"的文人之中，"文采"最差的，那可能便是袁老四了。他是个"务实派"，至少不是"感情中人"。在他笔下，讨一房姨太太，也叫作"置办"——等于是买一件家具，如沙发、摇椅、毛巾、夜壶一般。所以，他对崔莺莺小姐那种脉脉的送别柔情，什么"荒村雨露宜眠早，野店风霜要起迟。鞍马秋风里，最难调护，〔甜心呀，侬要〕最要扶持……"是不会发生太多生理反应的。笔端不带感情，所以他就考不上童子试了。

但是袁世凯是这批文人中，弓马娴熟，真正打绑腿、扎皮带，下得操场去，喊"立正、稍息、开步走"的实际练兵官和带兵官。

清廷搞"重文轻武"，就是因为吃定了这批经过"十年寒窗"磨折，手无缚鸡之力，只会下围棋，不能拿大刀，只会坐独轮车，不会骑马的"文人"做事畏首畏尾，让他们带兵，他们也不愿（因为孔孟之学的大洗脑），更不敢（因锐气已挫）去造反！

可是，清廷这项设计到袁世凯时代，就是不才所说的要"转型"了。——事实上，袁世凯"小站练兵"，便是中国"陆军军制转型"的开始。（注意：海军转型较陆军要早20年。笔者拙文谈马尾海校时，曾细述之。）

在此之前的"湘军""淮军"，打起内战来，虽也战功赫赫，但他们都是小脚放大的半吊子部队。——刘铭传在与太平军和捻军作战时，是头戴"红顶花翎"去冲锋陷阵的。（见罗刚编《刘公铭传年谱初稿》上册·同治六年）那时太平军作战，尤其是破城庆功时，穿的则是明朝袍套，看起来像一场"京戏"大合唱。笔者出生的那座唐家圩（音围），一度是淮军对捻军作战时的后方的非正规兵站。曾有（不开花）千斤重炮四尊，重250斤的大刀两把（武考用的），强弓硬弩数十张，"抬枪""鸟枪"不计其数——硬是十八般武器样样俱全……这些大概都是淮军换用新武器或裁兵时，遗留下来的"废物"。——这座规模并不太小的"淮军武器博物馆"，如留至今日，说不定可为本地"无烟工业"捞一笔门票钱。

淮军当年的对手方，尤其在捻军名将任柱率领之下的那一支，剽悍至极。他们大半是骑兵。主要武器则是削巨竹为枪，成为"丈八蛇矛"（古人所谓"揭竿而起"者也），也有少数火器——三千战马夜鏖兵！当他们蜂拥而来之时，势如疾风暴雨，狂涛骇浪。当者无不粉身碎骨，所谓"马踩如泥烂"也。

任柱是捻军名将，淮军畏之如虎。对付他如不用开花大炮、毛瑟快枪，简直就无如之何。笔者幼年震于传闻中任柱的威名，及长读捻军书，钦慕之余，每思为任柱作传，而苦于心力不从，至今未能执笔。

所以，我国史上的三国演义式的传统战场，离我们并不太远。把它们搬上银幕，比美国"西部片"（western），好看多矣。

"防军""练军"与小站

总而言之，湘淮两军虽也有一些"洋枪队"，但基本上还是一种传统武装，是西安兵马俑博物馆的嫡系苗裔。可是，袁老四的"小站"就不同了。

位于天津、塘沽之间的小站（上引陈志让书页第49页误为"平津之间"），原为平捻之后，部分淮军北调担任"防军"的屯田区。清代军制中有所谓"防军""练军"诸名目。"防军"者驻防之部队也。而"练军"则是在训练中之部队。（参阅同上《清史稿·兵志》）甲午战前，李鸿章最反战，因其深知中国海陆两军均不足以参加国际战争，然迫于国内外压力，渠亦自知对日抗战为不可免。李氏乃临时抱佛脚，积极备战（亦如抗战前之蒋公也）。海军之备战详情，笔者曾有另篇述之，不再重复。在陆军方面，李鸿章则一面商之英将戈登在天津创办武备学堂，以满人荫昌主之，培训新制军官以逐渐淘汰旧淮军；另于甲午战争前夕，在小站防军东调之后，以旧营房作为"练军"之所，来试练一支新军，以前广西按察使胡燏棻主之。

所谓"练军"，练的自然是"稍息、立正"的西式操法。搞点稍息、立正阶段的训练（今日军训所谓"典""范""令"），没啥深文大义也——笔者这一辈，抗战前在南京孝陵卫教导总队营房中，受"学生集训"，三个月就完成"营教练"（有当营长的基本知识）。当年黄埔一、二期，亦不过如此也，何神秘之有哉?！

可是在清末就不然了。那时中国人见洋兵"敬礼"，都觉得好奇怪啊！归而记之曰："洋兵肃立，举手加额，拔毛数茎，掷之地上，以示敬!……"乖乖，那时在头上拔掉几根头发，甩到地上，算是对上司"敬礼"，也不简单啊！也得要洋教习来教啊！其他如"正步走""枪上肩"……没个洋人来教，哪里行呢?！

所以练新军必用洋教习，当时所谓洋员。但是，那时欧美游民到殖民地和半殖民地来教稍息、立正的，有几个不是冒险家，甚或洋瘪三呢?! ——笔者曾撰文并举例细论之。他们彼此之间，互揭西洋镜的记载，更是说不尽的。

这种冒险家和游民，往往就是孔子所说的地地道道的"近之则不逊，远之则怨"的洋二流子。但是，练新军、用洋械、上洋操，又不能没有他们。善加利用，他们是会做出一定贡献的，只是偶一不慎，或驾驭他们的知识不足，也就易于失控而已。

那时在中国搞新军，一般都最重"德式"。（蒋公后来亦然。）1894年胡燏棻受命去小站练兵，和他名位相埒的总教习便是德人汉纳根。汉纳根本是李鸿章兴建海军中的要员，曾设计大连要塞。丰岛海战时，他也是"高升"号的乘客之一。高升被日舰击沉，我军死于海者700人，汉氏竟以善泅幸免。中日海军黄海大战时，汉氏亦在定远旗舰上与丁汝昌、刘步蟾共生死。但汉某原非海员，黄海战后乃请调至小站搞陆军，与胡燏棻共事。

汉纳根是个日耳曼人，干活固有其"日耳曼的效率"（German efficiency），但处人亦有其"日耳曼的顽固"（German arrogance）。而胡燏棻虽有些新思想，却没有与老日耳曼拍肩共事的经验。不数月便自觉吃不消，乃挂冠而去。——这时甲午战争已近尾声，大清海陆两军同时全军覆没，京师门户洞开。政府要赶练新军，急于燃眉，而朝中无人。时势造英雄，小站求才，也就非袁不可了。至少以他去掌握那位老日耳曼，是游刃有余的。

治世能臣，乱世奸雄

袁世凯在甲午开战时曾在后方帮办粮台，算是大材小用。他在朝鲜既练过新军，有知兵之名，闻于朝野，这次练兵需人，袁氏于1895年12月8日，便以"温处道"的官阶，奉命去小站接替胡燏棻督练新军。

前引房兆楹论袁之文，曰：袁世凯并未实授"温处道"。这实在是多余的话，须稍加解释。盖大清帝国是个传统的法治国家（注意："传统"二字是指东方式的法制，与西式略有轩轾）。它的文官制度（civil service）是中央和地方政府的编制，官员有定额，任免有定期，铨叙有定制。（参阅《大清会典》）纵是皇帝也不能胡乱改制——《汉书》上所谓，陛下亦不能不遵"陛下之法"也。

再回头说说袁世凯的"温处道"。

小站练兵处在当时的文官系统中，原是个地方军制中无定制、无定额、无定期的临时建制。这时中央的"督办军务处"派袁前往，是以袁的老资格"道员"出任的——他的前任胡燏棻的资格是"按察使司"，比袁高一级。——"道员"是有定额、定制、定俸、定期任免，分隶各省的地方官。（"候补道"当时是可花钱买的。关节搞得好，也可以"遇'缺'即补"。但这种"捐"来的官衔，是为科甲士林所不齿的。刘铭传的儿子，就因私下捐了个候补道，受了爸爸严厉的体罚而羞愤自杀。见上引《年谱初稿》。）所以袁世凯的"温处道"，原是浙江省的地方官，辖温、处二州。但在中央吏部档案中，显示有"缺"（要是现在就用电脑了）。此"缺"可能是前任道员"开缺"（离职），或根本建而未置，或置而后撤，既缺则这一名额就移作他用了。因此所谓未实授者，就有语病了。——清制中的"总兵"（师长）也是地方武官，有定额也有地方头衔。但是有些总兵，竟不知他那头衔的"镇"（地名）在何处呢！

再者，袁之练兵小站，实是众望攸归的结果。袁那时颇享有知兵之名，更有治事的才名。他之任职小站是恭亲王奕䜣、庆亲王奕劻、兵部尚书荣禄、军机大臣李鸿藻翁同龢和后来有名的"东南三督"刘坤一、张之洞、李鸿章众口交赞，一致掬诚推荐的。而且这些大臣之中像李鸿章和翁同龢，像恭亲王和庆亲王等，彼此之间矛盾极深，甚至是终生的政敌。要他们一致赞誉，一致推荐袁老四这位小小的前驻朝商务委员，直隶总督的一个小下属，他本身没两手，是不成的呢！——所以，我们执简作史的人，因为对"袁世凯"三个字有成见，便硬说他得以出任要职是由于个人吹牛拍马、攀援权贵，是有欠公平的呢！

汉末政论家许劭（子将）评曹操说："子治世之能臣，乱世之奸雄。"曹大笑，认为评得对。（见《三国志·武帝纪》，裴松之注，引孙盛《异同杂语》）据说袁得势时，时人亦以项城比曹操，袁不但不以为忤，且大为得意，认为比得对。所以近世治民国史者，对袁公为"乱世之奸雄"这一评语，大致是没有二话的。其实袁氏又何尝不是"治世之能臣"呢？——民国时代甚多知名之士，包括劝他做皇帝的"六君子"和后来在台湾被处决的陈仪，对袁之干才都是诚心诚意倾慕的。读者知否，论人品论学识，"六君子"（如刘师培、杨度等）都不能算是坏人呢！陈公洽虽在台湾出了纰漏，但他也是国民党高干中极少有的"廉吏"呢！吾人"秉笔直书"，都不应以人废言。

鲍尔、包尔达、袁世凯

有的朋友或许要问：袁世凯连个秀才也未考取过，更未进过军事学校，只做了十多年的小外交官，有啥军事知识，能独当一面去训练中国有史以来第一支现代化的陆军呢？

曰：袁君起自行伍。军事知识得自实际经验呢！

再问曰：现代化陆军是一种科技专业，行伍老兵，焉能胜任？！

答曰：可以。不但在当年中国可也，在目前美国犹可也——君不见刚离职不久的美国陆海空三军参谋首长联席会议主席、四星上将（华盛顿只有三星），在越战和波斯湾之役均战功赫赫、将来还要问鼎白宫的黑人大将之鲍尔[1]（Gen. Colin Luther Powell）将军哉？鲍尔非西点产也；与孙立人母校之维吉尼亚[2]亦无缘也。此公行伍也。忆20世纪50年代中，笔者在纽约市立大学教夜校糊口时，鲍尔即在敝校上学，系一成绩劣等之学生也。彼亦从不讳言其在母校为"全C生"（straight "C" student）。余近读畅销之《鲍尔回忆录》，讶其40年来作文并无大进步。设回母校重读，仍难免

---

①今译作鲍威尔——编者注。
②今译作弗吉尼亚——编者注。

为"全C"也。鲍君时在纽约市大（C. C. N. Y.，C. U. N. Y.）参加学生"备役训练"（R. O. T. C.）。毕业后入伍为伍长，初不意40年中累迁，竟位至三公。真是士别三日，当刮目相看。

混账的《纽约时报》，瞧不起鲍君，暗笑他为黑人幸进。——但是黑青年在陆军中可以幸进，白儿童就不能在更为科技化的海军中，行伍幸进哉?! 两周前由于误挂越战勋章而被媒体揭露，竟至愧恨自杀的海军上将包尔达（Adm. Jeremy M. Boorda），即另一"行伍出身"之美国海军中最高级之军令部长也。包尔达少年时为一顽童，不容于父母。17岁时（1956年）乃诳报年龄入海军为水兵。40年中竟累迁至今日上将军令部长，为美国海军中之第一人，麾下节制将士凡47万人，战船千艘。初不意以误佩两枚"V"字勋标，竟至自裁也。

以上所记鲍、包二君，均为今日美国行伍出身的陆海两军之最高级将领也。我国陆军于一百年之前，出一行伍出身之训练总监袁世凯，又何足大惊小怪哉?!

早年留日的文武学生

世凯在1895年年底接掌小站，乃易原"定武军"为"新建陆军"。兵员亦增至7000人，步骑炮工辎俱全。原有洋员教习之外，并于荫昌的武备学堂之教练学员中，择优借调。其著者则有王士珍、段祺瑞（1865—1936）、冯国璋、梁华殿等人。梁后来因意外早死，而王、段、冯皆一时俊杰，成为后来北洋系之重心，所谓龙、虎、狗也。

此后中国南北诸省分练新军成一时风气，青年学子被派往日德诸国学习陆军，亦络绎出国，返国成为新军中坚者，亦多不胜数，而袁之小站，虽是群龙之首，却不随流俗。盖当时各省督抚（其尤著者如湖广总督张之洞）筹练新军，类多筹其款，掌其权，而实际训练则委诸专业军人执掌之。主政者高高在上，袍套朝珠不离身，诗文不离口。武场操练细节，则向不与闻也。因此，各省"新军"几为留日陆军学生所包办。然留日学生龙蛇混杂。泰半学生均未尝涉足日军训练下级军官的"士官学校"，一般都只就学于日本为赚取华生学费而特设的预备学校，所谓"振武"也，"成城"也。按例他们在这种预备学校中要先进行点"稍息、立正"的初步训练，并学点"请坐、吃茶"的口头日语，然后加入日军联队当兵。成绩佳者，再遴入"士官"做入伍生。——"士官学校"那时在日本亦系初办，一年卒业。稍息、立正之外，亦所习无多。纵如此，那时华生留日，能幸入"士官"者如蒋方震、蔡锷、阎锡山、吴禄贞……亦凤毛麟角也。笔者曾自日本士官档案中查出历届华生全部名册。后来做黄埔军校校长、陆军大学校长之蒋公中正（原名志清），未尝涉足"士官"也。他老人家在日本的学籍到联队学兵为止。何应钦、张群则真是士官毕业生。岳公是个认真求学的好学生，学业因辛亥革命而中断，二次革命后流亡东瀛时，始续学毕业。蒋公的把兄黄郛则真正毕业于日军测量学校，一工兵专才也。

但那时在日本花天酒地的中国留学生，不论入学"士官"与否，一旦归国都制服鲜明，马靴、马刺耀眼争光（但多半不会骑马），再加上指挥长刀着地，行路铿锵有声，俨然"将军"也。

[附注]那时日圆比中国银元便宜。去日的公自费留学生，生活比在国内上学更为节省。加以留东不要签证，来去自由，而当时日本经济刚起飞，都市中声色犬马，样样比中国新鲜；连下女和阿巴桑都颇有文化。加以当时日本无种族歧视，而日俗男尊女卑远甚于中国。公共浴塘中有时且男女同浴，使中国留学生大开眼界。身入宝山花丛，还念啥鸟书呢！——笔者的父执辈（包括一位亲舅舅），当年留日者不计其数。我长大后曾习日语三年，才发现他们一句日语都不会说。总借口说"忘了，忘了"，其实很多连假名亦不会发音。但他们之中却不乏中山信徒、革命志士呢。所以，当时各省"新军"都是革命温床。胡适之先生也曾告诉过我说，周氏兄弟（鲁迅和周作人）了不起，因为他们是留日学生中"极少数"能念日文、说日语，"还能用日文写信的"。胡汉民、汪精卫、吴稚晖等"党国元老"，也算是留日学生，却一句日语都不会说。女人比较有语言天才，据说居正夫人就说得一口流利日语，所以居院长留日时私生活"很规矩"（老友居浩然兄告诉我的）。——以上所说的还是文科学生，武科学生就更不必谈了。但是，不论他们学的是怎样的二百五，一旦回

国搞起"新军"来，那可就神气了。文人上司（如湖广总督张之洞、奉天将军增祺等）哪知底蕴？下面的学员就更被吓得一惊一惊的了。那时尚在读"陆军小学"的李宗仁就是其中之一。（见《李宗仁回忆录》）

不容"颠覆政府"

拙文原是谈袁皇帝的，何以一下扯上这些时下英雄好汉呢？无他。笔者觉得洪宪之可哀者，是袁世凯处身在那一"转型"阶段，他是既无改制的"机会"，更无改制的"智慧"，所以败得百身莫赎。而今日这批领袖，是既有此机会，也有此智慧（智慧是累积的）的。若再惨败下去，那就太可惜了，更是国家民族之不幸。我们搞比较史学、比较传记的人，以古证今，骨鲠在喉，顺便提一下罢了。

现在再回头谈谈老袁。

袁氏既入小站接任练兵大臣，枪杆在手，乃一心一意要为大清帝国练出一支德式新军。不用说，袁世凯是精明强干，对洋员华员，皆驾驭有方，知人善任。文员则扳请总角老友、翰林徐世昌（1855—1939）屈尊做"参谋营务处总办"，庶务军需一把抓；武员则重用段祺瑞等德国留学生，配合洋员，以德国模式严格训练。袁本人亦着军服、扎皮带、穿马靴、挂佩刀，日则观操、夜则巡营。军令如山，纪律严明。小站中严禁吸毒。某夜，袁巡营见一军人偷吸鸦片，乃以佩刀就地手刃之，全营肃然。

袁军中无日本留学生。其原因盖有两端。日本军制原袭自德国。袁军亦采德制，延有德国教习，购用克虏伯军火，军中干部如段祺瑞等均系德国留学生。既然直接取经德国，又何须做日本的再传弟子呢？再者，日本留学生原为革命党之渊薮，为防止革命党人渗透北洋新军，干脆不用留日学生，则革命党不就不禁自禁了？——从闹革命的立场看来，袁世凯实为民国史上的第一个"历史反革命"和"现行反革命"也。不幸所有的革命党都有其"不断革命论"的主张。既然"不断革命"，就必然有"不断反革命"。——试看剃头者，人亦剃其头！百余年来，革命与反革命大家轮流做，这叫我们笨拙的历史执笔者，如何下笔呢？所幸中国近代政治转型史，已近尾声。

打入政治核心

总之，袁世凯当年在小站所练的新建陆军，是近代中国第一支现代化部队，全国瞩目。但是建立这支武装，袁某也是呕心沥血的。君不见蒋方震（百里）后来主办保定军官学校，在无可奈何之下，竟至在大操场检阅台上，当众举枪自杀。又不见蒋公介石（中正）受命主办黄埔军校，还不是一再辞职，一再不辞而去，其愤激之烈而未举枪自杀者几希。

袁公练兵小站之艰难，不在二蒋之下也。他本是李鸿章的亲信，甲午兵败李氏搞掉黄马褂和花翎之后，世凯便成为孤军孤儿了。李宗仁早年亦有相同的处境，晚年还余叹犹存地告我说："真如大海茫茫中之孤舟！"（见《李宗仁回忆录》第九章第一节）

俗语说："不招人忌是庸才。"袁世凯正因不是庸才，而生性跋扈，乃忌者如云，谗言四起。那时他的顶头上司，便是个野心勃勃的满族军阀和大官僚荣禄。荣有专杀之权，在谗言四逼的情况下，荣便有心找个借口，杀袁而并其军。谁知一次荣氏亲至小站检阅，预备就采取行动时，却被袁军的整齐军容和鲜明的器械所感动——荣是个旧军人，未见过这种现代化的新式部队也。他竟认为袁是个练兵的奇才，不但不愿加害，且欲引为心腹肱股。——两情相悦，就这样袁老四这孤儿就找到另一个干爹，而大红大紫起来，成为荣禄麾下的第一号大将。

荣禄是李鸿章失势后，得西太后专宠的大清帝国宰相（直隶总督、北洋大臣，后又入阁做军机），手握重兵，权倾一时。笔者在论拳乱的前文中，就提过他的兵权。那时清廷防卫京师门户的防军，有两大系统，约十万人。

第一是"京畿戍卫系统"（禁卫军），由西太后近支亲贵掌握。

第二是"北洋国防军系统"，由荣禄掌握。这些原是甲午战争中，各地勤王之师的残余。荣禄把他们集中起来，改编成"武卫军"，共有"前、后、左、右、中"五军。荣氏自将精锐的"武卫中军"，而把袁世凯的"新建陆军"改名为"武卫右军"，纳入他的指挥系统。——这一系统的"武卫"五军，分驻北京内外各咽喉要地，而以袁的"右军"为最强，嗣扩充至万人以上，声威远播，朝野注目。乱世抓枪杆，有枪便有权。就这样，袁世凯就从一个练兵裨将，挤入大清帝国的政治心脏。此后不论是戊戌变法、八国联军、立宪运动、辛亥革命、建立民国……都少不了他的一份了。

【1996年6月1日脱稿于北美洲】

三、卷入三大危机、一项运动

我们的大清帝国，在中日甲午战争（1894—1895）之后，还苟延残喘了16年（1896—1912）。在这16年中，他老人家又经历了山崩地塌的三大危机和一项轰轰烈烈的救亡运动。这三大危机是：戊戌变法（1898）、庚子拳乱（1900—1901）、辛亥革命（1911—1912）。

穿插在此三大危机之间，有一项起起伏伏的救亡运动。这项救亡运动，始自公卿大夫、知识分子所推动的"自强运动"和"维新运动"或"变法运动"。到拳乱之后，再次落实为朝野一致认可的"立宪运动"（1902—1911）。吾友张朋园教授，便是今日专攻这一运动的海内外第一号大专家。

戊戌变法注定失败

关于这三大危机，笔者曾自个人零碎的英文讲稿回译改写，断断续续地写了十余万字。承绍唐先生不弃，几乎全部在《传记文学》中连续刊出。笔者是个中国农村出来的山野村夫，习惯于庄子所说的"曳尾泥中"的任性自由的生活，对庙堂文学没有兴趣。因此试论上述三大危机，则拙著可能与严肃朋友们的学报史学略有出入。但是性相近，习相远，每个治史者，都有他自己个别的看法。司马迁所谓成一家之言，而藏之名山，传之其人也。对知我罪我者，就一言难尽了。

就说戊戌变法吧！我的史学界朋友们，一般对它都有正面的肯定。我就认为从历史上看，尤其是悄立于巫山十二峰之巅，俯瞰滚滚洪流的"历史三峡"，不论是从宏观认知或微观探索，戊戌变法都是注定要失败的——只是那时推动变法的英雄们，从光绪皇帝到康、梁，到六君子，都人在此山中，看不见罢了。但是，史学工作者（且用个时髦名词）于一百年之后回看全局，就很清楚了。

不才估计，至少还要40年，不生意外，到2040年，我们历史上"第二次文化大转型"，大致就要完成了。

以上所说是从"宏观"立论。——我们变法改制，至少要搞150年才可略见端倪。光绪爷"载湉小丑"（章太炎语）算老几?！他要听康有为的话，毕"百年"之功于"百日"（所谓"百日维新"），岂非荒唐哉？笑话哉？不待智者便知其不可能也。

我们不妨再以"微观"史学的法则，去探索探索康有为，这个"国之将亡必有，老而不死是为"的通天教主，最自信、最夸大、最独裁的"今文学"死胡同中的"教条主义者"。笔者对康圣人所论已多，不再重复（见拙作《解剖康有为》，及其他相关各篇）。至于我的两位最好的朋友黄彰健（大学同班）和汪荣祖教授（小同乡）有关康氏的越洋笔战——考据康有为遗著的章句之争——我就认为是一种《水经注》之学，是文人行有余力的奢侈品，是非之间与"变法"无直接关系也。

记得一次深夜恭聆胡老师说《尔汝篇》《吾我篇》及《水经注》中各项考证，就归而感叹：国破家亡莫此，大才槃槃的思想家胡适，还在草庐之中品琴棋书画；渺小若余，亦不忍为之。作诗自律因有"不共胡郎辨尔吾"之句。

总之，吾读康圣人之书，宏观上他必然失败，固无论矣；在微观上他也非管（仲）、萧（何）、诸葛之流。康有为误尽苍生则有余，其他就不足多论矣。

在他的变法运动已至最紧张阶段，眼看西太后即将回宫，废立便在目前，光绪自觉"朕位不保"之时，据大陆最近发现之史料及康氏自述，他们的确是拟有计划，要搞宫廷政变，囚杀西太后，拥光绪独裁，变法改制的。但是，这几位缚鸡无力的知识分子，如何能搞苦挞打呢？（用句今日台湾俚语）他就卯上袁世凯了。——须知变法者，和平政改也。如今和平政改不成，而改采军事政变，苦挞打、宏大，那就化"变法"为"革命"了。如此则康有为就不是康有为了，康有为就是孙文了。

不搞"和平变法"，改搞"军事革命"，把"戊戌"改成"辛亥"何伤哉？——可是辛亥革命是先有个"武昌起义"。既起义矣，那窝小革命骑虎难下，不得已才找个在英国留过学的清军协统黎元洪来当头头，领导造反。

读者知否？造反在清朝刑法中，犯的是大辟，大辟是十恶之首，犯者诛三族，本身凌迟处死。黎元洪这个"黎菩萨"（元洪的诨号），在甲午战争时泅水逃生，几乎为国捐躯。现在长得胖嘟嘟，官运看好，他原不要造反嘛！不幸如今落入造反派之手。哼，你如来带头造反，大家同生共死。成则为王，败则流亡。失败了，也不会搞个凌迟处死。你要不答应呀！哼，人头落地再说。——元洪思前想后，据说长吁短叹，泪流满面，最后凄然同意（不是"欣然同意"），才参加革命。

好了，戊戌变法时，谭嗣同一伙搞不下去了。他们卯上了袁世凯，也叫袁世凯做辛亥时的黎元洪，来领导搞军事政变，把顽固的叶赫那拉老太婆抓起来，甚或杀掉。最近史料显示，他们是预备把老太婆杀掉的……详情笔者曾有深入的记述，此处不必再提了。

总之，当谭嗣同于9月16日夜访袁世凯，把这项政变密谋向袁泄露时，袁氏后来回忆说，他那时倾听之下，直被吓得"魂飞天外"。——我想这"魂飞天外"，可能是事实。不特袁也，那时朝中任何大臣，在此一情况之下，都是会"魂飞天外"的。

抓太后，不可能；囚皇帝，一句话

袁世凯在突然"魂飞天外"的精神反应之后，这位现代曹操的理智的抉择又如何呢？历史家不是他"肚里的蛔虫"，不应乱猜。但是客观形势却明显摆在那地方，不容置疑。上节所谈，从宏观史学着眼，戊戌变法断无成功之可能。这一点，袁世凯看不到。那是百年后历史家的结论。当年袁是"身在此山中"，识不及此。可是，袁是位务实派的官僚，他所见的是近在眼前的政治现实——他要根据这个铁的现实，来决定他的政治行为。——袁是老谋深算的张作霖，不是那躁急冲动的张学良。

那时的铁的现实是什么呢？

一言以蔽之，则是西太后要把光绪皇帝囚起来，只需动动嘴，一句话。

光绪皇帝和他几位"近臣"——四个年轻的"四品章京"，和那志大言夸，没有一天行政经验的教条主义者康圣人（五品小官），想勾通一个师长，到颐和园去搞个政变，绝无此可能！这一铁的事实，是这位目光如电的袁师长（袁世凯那时的实际官衔是直隶按察使，从二品），看得清清楚楚的。

毋烦师长操心，我们搞历史的越俎代庖，来替他掰掰手指。——袁有精兵7000人，驻于天津与塘沽之间的小站。他如接受光绪的"衣带诏"（并不存在），起兵勤王，他首先就要在天津搞个政变，把顶头上司荣禄杀掉。荣禄是好杀的？这一点袁世凯就做不到。

纵使做到了，袁还要发个《讨武曌（则天）檄》，带兵打向北京。北京又是好打的？那时统率武卫前军的聂士成、武卫后军的董福祥都是悍将，打洋人不足，打内战有余。袁世凯有把握能消灭他们？纵使能消灭他们，也保不了光绪。光绪爷如人头落地，还有啥"王"可以勤呢？——这些都是铁的事实，毋烦一百年前的袁世凯，和一百年后的历史家代为分析也。可叹的是谭嗣同，爱国如救火，病急乱求医，饥不择食地去找一个素昧平生的袁世凯，哪里做得到呢？

后世史家为此曾痛骂老袁。骂他背叛变法，破坏变法，骂得牙痒痒的。其实老袁只是兵练得好，被维新派改革家"卯"上了，而爱莫能助罢了。——从头到尾，他是被动的，是被卷进去的。这话没什么不公道吧！

以上是从"帝党"方面看，我们不妨再略窥"后党"。

可是尽管如此，西太后的中心领导地位，一直笃笃定定，未动摇丝毫。她的统治是真正的五族一统。四海之内，莫非后土；率土之滨，莫非后民。她没有党派，不搞特务。在全国臣属之中，量材器使，向不搞"拉一派、打一派"。中央、地方人才鼎盛（所谓中兴名臣），而治下臣工，不论贤愚和族群，对她都鞠躬尽瘁，唯命是听。吾人须知，所谓"湘军""淮军"，实质皆是地方军阀的胚子。然历西太后40年之统治，未闻割据自雄，称王称霸也。若论私生活，较之前朝的"脏唐臭汉"，西太后算是宫闱中的修女了。——当然慈禧也是个心际狭小，生活侈靡，而个性狠毒，睚眦必报的泼辣女人。她具备着一般大独裁者和小后妃好虐善妒的一切短处。因此对她自身安全与权力之掌握可以说纤介不遗，对她两个儿皇帝（同治、光绪）之管制，也是彻底的高压。光绪自四岁入宫始，每聆太后训诲，辄至跪地战栗。宫廷生活30年，身边直无一个贴身太监。太后要囚禁皇帝，一句话足矣，毋烦二话也。在此情况下，若说光绪有弑母密谋，实是笑话。谭、康诸氏纵有刺太后之心，也是蚍蜉撼树，不知彼不知己也。

话说回头。袁世凯对这情况，却了若指掌，他怎能糊涂到与谭嗣同作一夕之谈，就参加他们的幻想政变呢？他改变不了当时那个铁定的局面，而这一局面后来发展到六君子被杀、变法流产。若要把这出悲剧怪到老袁头上去，纵以春秋之笔，责备贤者，亦稍嫌过分也。

拳乱中的枢纽

袁世凯既以此支新军被卷入戊戌变法，又因此支新军再被卷入另一危机义和团之乱，那就更是顺理成章的了。

关于义和团与八国联军的是是非非，笔者曾以近十万言的长篇，才略述梗概。今再试述袁世凯被卷入这场是非，更是一言难尽。义和拳这个邪门宗教，若说它复杂，则无法说得完。若说它简单，那就再简单不过——它是全人类共有的现象。在平时，它只是个烧香拜神、求财求子的邪门宗教而已；在乱世，它就是作乱者的渊薮——颠覆政府的大本营，反革命或革命起义的老巢（看你各取所需的不同解释）。我国史上赤眉、黄巾、白莲教、拜上帝会、一贯道、红枪会、同善社……都是这一类的邪门宗教。在高度科学化的美国，近年几乎每年都有，严重的弄到"人民庙"内，八百老幼集体自杀。今年（1996）还有个"自由人"（freemen）在闹事。柯林顿①总统怕他们又要集体自杀，只好围而不剿，软围三个月。在笔者这次访台前夕，阅报始知那最后一个自由小爷，总算投降了。朋友你说古怪吗？据说柯林顿的老婆希拉蕊也"通灵"呢！她要生在我们的义和团时代，也是"刀枪不入"的女"拳民"呢！有啥奇怪。

这种土生土长的义和拳的"拳民"呀，在清朝末年就往往与那些洋传教士所组织的"教民"发生冲突。洋教士出头保护教民，拳民不服，恨屋及乌，揍了洋人，甚或杀了洋人，那就变成不得了的"教案"了。教案闹入中国官府，中国官不敢开罪洋人，就拿捆杀拳民来消洋灾。拳民不敢抗官，益发拿仇杀洋人来报复，这一来，教案就没完没了了。教案又以出"响马"出名的山东为最，而山东又有个新帝国主义的德国正在找碴儿，以便借口占领胶州湾，火上浇油，山东就全省大乱了。

大乱如何得了，清政府乃于1899年（光绪二十五年），把个以杀人出名的大屠夫旗人毓贤升任山东巡抚。毓贤以前做曹州知府时，有一任三个月，杀死1500人的惊人纪录。如今升任巡抚，那就更可大开杀戒。但是山东老乡有脑袋2500万颗，哪里砍得完呢？砍多了，巡抚大人也多少心有不平。毓秀才是从知县知府做起的亲民之官嘛！他深知教民拳民相互仇杀之间，拳民也是"良民"嘛，犯了教案，为了安抚洋人，为何专杀拳民呢？依附洋人的教民，"吃教饭"（洋人叫Rice Christians）为非作歹的多着呢！他这念头一转，新花样就出现了。他决定将对义和拳的政策，改杀为

---

① 今译作克林顿——编者注。

抚。索性把一"团"一"团"的拳民，编成"民团"。因而他乃通令把义和"拳"，改为义和"团"，并发下"毓"字大旗，把全省地上地下的黑白社会，通统编成由政府认可的"义和团"。——毓巡抚这一决定虽然不能解决任何问题，却弄得全省哄然。他自己也就"放下屠刀，立地成佛"了。朝廷得报也认为他是个"治世之能臣"，慰勉有加。这一来，毓大人一不做二不休，乃通令全省，以后凡洋人有所要求，"一概当作'耳边风'！'"团民"得令，自然更是摇旗呐喊，在毓大人领导之下，正式叫出"扶清灭洋"的口号。一呼百应，全省鼎沸。

[附注]这在我们搞"行为科学"的范畴之内，便叫作"意念决定行为"。毓贤巡抚这一意念，就决定了他治理山东省的政治行为和政策了。

但是洋人又岂是好惹的呢？想当年道光爷、咸丰爷，最初不也是"耳边风"他一下，等到圆明园着了火，骄傲的小皇帝带着小老婆懿贵妃（慈禧）抱头鼠窜而去之时，才叫小六子（恭亲王奕䜣）不惜一切代价听从洋人。笔者曾撰有专书论之，此处便不能详谈了。

总之，毓贤这个土秀才，不知大清帝国此时已在瓜分边缘（洋人叫作cutting the Chinese melon），列强对华正做分赃竞赛（battle of concessions），中国佬只能"拉一派、打一派"，以夷制夷，哪儿能把所有洋人一锅煮，小不忍而乱大谋呢？果然洋人在山东无奈他何，一纸抗议到北京，毓大人就丢官了。——毓贤被调往山西，他的山东遗缺就由袁世凯递补了。

袁世凯于1898年冬率领了他那支已超过万人的武卫右军，前往济南接事。——这时山东遍地都是义和团，袁世凯来此怎么办？朝廷给他的训令，为着应付洋人，显然是"阳剿阴抚"。但是，根据大陆近年在山东各县所搜集的地方档案文献，袁的政策却是相反的"阳抚阴剿"。他显然指使他的胞兄营官袁世敦和部将张勋（就是后来搞"复辟"的那个张勋；此时对袁自称"标下勋"），把山东各地的"假义和团"杀得血腥遍地，人头乱滚。——真义和团敌他不过，乃纷纷北窜直隶（今河北省），最后被领入北京，闹起来就不可收拾了。笔者曾草有数万言长文详叙之。读者高明，尚恳不另麾教也。

袁世凯为什么要和义和团过不去呢？

第一，他是个洋务派官僚，对华洋两造都知彼知己。他知道洋人在华（包括传教士），是急则合，缓则分。你要搞以夷制夷，只能分而制之。搞义和团是促使诸洋大联合，为渊驱鱼，搞不得也。

第二，他也是传统官僚，对草芥小民的黑社会、土迷信，一向也认为是盗贼渊薮，必要时他也未始不可做袁屠夫，一杀了事。连国故学大师曾国藩不都是有名的"曾剃头"吗？何况职业军人袁老四乎？他们那个时期还没有"社会问题"这一概念。他们只知道强盗土匪就是坏人，就该剿灭。偶尔虽可招抚以劝善惩恶，但是像毓贤那样大规模的招抚，只能更增加麻烦。盗贼土匪很多都是铤而走险的饥寒贫民，毓大人把他们招抚了，并未能解决他们的衣食问题。当了兵还要靠抢劫过活，那就官匪不分了，这在传统官僚看来成何体统？所以他就力主剿灭了。当然剿灭也解决不了吾人今日才了解的所谓"社会问题"。但是，剿灭总是合乎三千年传统的老香火。——谈什么解决社会问题，那就把19世纪错当成20世纪了。

有的历史家硬把袁之驱逐义和团，说成取媚于帝国主义，那多少也是逞口舌之快了。

总之，袁在山东可说把义和团赶得十分彻底。等到庚子之夏，拳民把北京、天津、涿州、保定闹得天翻地覆之时，义和团发源地的山东省反而一片清净，椑椋不惊，山东老乡对袁巡抚倒颇为感戴呢！等到义和团小将挖了铁路，拆了电线，围了使馆，北京与外界交通完全断绝，洋公使生死莫卜，伦敦《泰晤士报》已刊出英国驻华公使的"讣文"（obituary）时，袁世凯的济南府忽然变成世界瞩目的交通枢纽了。——原来那时身在军机处的荣禄，表面上虽在指挥"武卫"各军，尤其后卫"甘军"攻打使馆，但实际上他早已里通外国——他一面不断以军火、食粮、蔬菜、瓜果接济在使馆被困之洋人和二毛子；另一面又利用传统驿马的日行八百里加急，与济南府的袁世凯信息不断。

这个交通枢纽，不但使世界列强确知他们驻北京的公使们（除掉德国公使）和夫人们平安无恙的真消息，也使世界媒体遍传，中国太后和皇帝"被拳匪劫持"，中国皇帝对世界十一国列强的《宣战诏书》是"矫诏"、是"伪造"等等的假消息，使洋人信以为真。

它不但传达了太后懿旨，重任李鸿章为直隶总督、北洋大臣，使其享有对十一国列强议和之全权；也提供了情报与设施，让李全权有足够资本去搞对十一列强"挑拨离间"之诡计，终使老美一国能与其驻北京公使"密码通讯"，以美制欧、制日，把大清从"交战国"变为"受害国"，赔款而不割地。使十二国（包括中国）以国际条约（非"和约"）互制，使十一国在中国有"均势"（balance of power）而免"瓜分"（partition of China）。

囚公使，做人质

笔者在前撰有关庚子联军诸篇中曾点明，西太后并不那么糊涂。她分明知道中国与列强之英、法、日对垒，尚且一败涂地。庚子之役，她如何糊涂到对十一国列强"同时宣战"呢？

回答这一问题，不能从心理学出发，说她歇斯底里什么的。——这个老太婆，的确是个泼妇，但是她也头脑细密，拿得起，放得下。她"放泼"的对象只是满汉臣工。因为她当国40年，对儿皇帝和满汉臣工的掌握，是有百分之百的把握的。你碰了她的脾气，她就"泼"你一下，看你怎样？任凭你是怎样的齐天大圣，也跳不出老佛爷的手掌心。

可是这老太婆不通夷务。洋人在圆明园一把火把她吓惨了。她对操纵洋人毫无把握，对洋人的喜怒哀乐、外交方针、政治行为也毫无所知，因此她最怕洋人，绝不敢对洋人"放泼"。但是她这次为什么忽然对十一国宣战呢？那也不是在死到临头，舍命和洋人一拼；更不是相信义和团的法术可以"扶清灭洋"——她根本不相信那一套。在她对十一国宣战前夕，她还要勒令解散义和团呢！

但是老太婆为何突然对十一国宣战呢？

答曰：那是受一桩"假情报"刺激的结果。1900年6月16日，西太后在一次讨论和战大计的六部、九卿、军机、总署、诸王、贝勒同时出席的"御前会议"里，还力主召回李鸿章和袁世凯，主持对列强和谈，并令刚毅和董福祥共同开导义和团，"勒令解散"。谁知当天夜里荣禄收到一则假情报，说十一国公使已共同决定"勒令皇太后归政"。这一则莫须有的情报把老太婆吓得魂飞天外。

这是西太后最怕的一招，如今竟变成事实。因此在翌晨（6月17日）的第二次"御前会议"里，西太后方寸大乱，直至语无伦次。那效忠西太后最激烈的亲贵20余人，竟相拥哭成一片。

这一哭一闹，乃把24小时之前的决议，全部推翻。——接着便是德国公使被枪杀（6月20日），主和五大臣被砍头，6月21日她就以儿皇帝之名和英、美、法、德、义、日、俄、西、比、荷、奥匈十一国同时宣战了。

那位后来也在中国"当差"的费正清的英籍老师摩尔斯，面对西太后此一转变，也觉不可解，他说：太后一向做事都是留有退路的，只有这次她这个政治家只剩个女人家了。

其实摩老师有所不知，老太后这次误信了一则假情报，自觉死到临头，已无"退路"可走了。她倒不是"政治家只剩个女人家"，而是这个女政治家想学学中国古代男纵横家——经过数天的考虑之后，显然她是把这十一国的驻华公使和代办们扣起来做"人质"（hostage），然后以义和团小将为替罪羔羊和借口，"绑票勒赎"，迫令各该国政府改变对她老人家（勒令归政）的既定政策。

义和团之乱闹成八国联军之役，其"画龙点睛"之笔，便是这则不知谁人伪造的假情报！——这也是一个独裁者在"一念之间"所决定的"政治行为"，完全发诸"偶然"的政治行为，影响国脉民命，"一言丧邦"最明显的例证之一。

老太后出了岔，那是因为她千不该、万不该，不该把李鸿章下放广州。李如仍在北京，也参加了"御前会议"，派个人去问问赫德，或直接去问问各公使，哪里会上"蒋干偷书"这个大当呢？无奈李被排挤而去，剩下了一些无知而好权的土高干，碰到这一情况，就只好"相拥哭成一团"了。他们那时没有"飞弹"。如有飞弹，他们不乱放一通才怪呢！

闲话扯多了，再回头聊聊老太后。当《辛丑条约》原本电报抵达西安时，据说老太后欣喜不尽，因为洋人这次一不要她"归政"（这是她最怕的），二不要她"割地"（她虽不在乎，究竟窝囊）。赔点小钱，在这位一掷百万的老姨太才不在乎呢！钱反正不是她的。从哪儿筹来，反正是李鸿章的事。在老太后看来，鸿章和戎之才，真是古今无双。鸿章之功，保国卫主，也真是遮天盖地。老李虽然为她累死了，死了也要封侯——把"肃毅伯"晋封"肃毅侯"。

鸿章遗札保荐袁世凯自代。老太后追念老臣，爱屋及乌，袁世凯便以42岁的壮年，继世界驰名的李鸿章之后，做了大清帝国的"宰相"了。

袁世凯的变法改制

慈禧老太后吃一堑、长一智，通过这次惊险的逃亡，她气焰也低了，私欲也少了；年纪也大了，把握也小了。自此，军政大事也不敢乱作主张，唯宰相是赖。她信得过李鸿章，也就信得过李所保荐的接班人袁世凯。

根据袁世凯晚年的所作所为，公正而深入的历史家，也无法否定他是"乱世之奸雄"。但是，通观他一生在内政、外交、军事、经济各方面的领导才能，读史者也不能否定他是"治世之能臣"。若把清末民初所有的高层风云人物，论将相之"才"来排排队，我个人就觉得，诸公几乎无出其右者。李鸿章或可相拟，甚或过之，但李失之太君子。李鸿章这个翰林，不够"跋扈"，不够"流氓气"。吃他们那行饭的，要推动工作，驾驭同官上下的大小流氓，就不能是像胡适那样畏首畏尾、脸皮薄、心肠软的白面书生了。——袁世凯在这方面比李强多了，因此他也就失之在太跋扈，失之在手硬心狠，没有高知气息，为士林所鄙。如今数十年了，恩怨早断，袁公在中国近现代史上，仍难平反，其原因亦在此。有其长，必有其短。令人叹息。

但是，袁某毕竟是近代中国数一数二的治世能臣，得君甚专。所以他从1901年冬至1907年秋，干了六整年集军政大权于一身的大清帝国的实际

"宰相"（直隶总督、北洋大臣）。兴利除弊，变法维新，也做了不少建树。只因为那是"袁世凯"做的，在历史上就略嫌灰暗了。——在这六年中，袁是尽量自我贬抑，捧满族亲贵出头，自居其下。无奈这些亲贵太颟顸，而袁自己又要做事，无法不露锋芒也。西太后老人家对他是信之、任之、宠之，但这老寡妇也知道，她在做小寡妇时，自己的政权是以杀"权相"肃顺起家的。如今她自己也行将就木了，而眼见另一汉族"权相"袁世凯声望日隆。为下任孙皇帝阿斗着想，她就要先除此"肃顺"，以后才能瞑目，因此经过一番布置，便把袁某"踢上层楼"——由有实权的直隶总督、北洋大臣，于1907年（光绪三十三年）、慈禧与光绪死前一年，9月4日（阴历七月廿七日）调升有职无权的军机大臣，兼外务部尚书。这一调，袁相国在他的"二五计划"中的许多项目，也都适可而止，甚或干脆泡汤了。

事实上袁世凯在他为相六年之中所推动的各项建树，也可说是"袁世凯的变法改制"吧！每一项（如废科举、兴学校）都可写一本博士论文。吾人也不妨三言两语，点到为止，也算是项记录吧！

军事上，袁以其完整的武卫右军为基础，逐渐练出一支精锐的、现代化的国防陆军。有名的"北洋六镇"（每镇6000人，约合今之一师），和与这支国防军有关的各项设施，诸如"保定军官学堂""军械学堂""军医学堂""经理学堂""马医学堂"等等，都是袁氏一手创办的。袁更拟订全国征兵方案，并由朝廷饬令各省兴办陆军小学，依次递升至陆军大学。他的最高目标是为大清帝国练出36镇现代化的"常备军"。

［附注］抗战前夕，国府军委会曾着手编练36个"整编师"。数目可能是不谋而合，也可能是以袁的老方案为张本的。

36镇的计划，自然因袁的调职而搁浅。但是这北洋六镇却是辛亥革命时，袁氏复出的最大本钱。袁死后它们也是皖、直系的基本武力，它们的军官都变成了"军阀"，为国人所诟病。可叹的是，一个国家政治不上轨道，哪一个大军官不是军阀呢？政治若上轨道，他们不都是国防精兵？

　　此外袁宰相还为大清帝国练出一批现代化的警察。根据《辛丑条约》，洋人不许中国在天津市及京津铁路沿线驻兵。袁乃挑选身高体健的北方农民，寓兵于警，训练出数支极其现代化的警察队伍——他们也是中国有史以来的第一批现代化的警察。民初京、津两市的警政是享誉世界的。1927年（民国十六年）国府定都南京时，为着新首都内的安全、秩序和门面，还向北平、天津两市借调数批警察呢！

　　关于海军，袁就无能为力了，因为庚子赔款数目太大，全国罗掘俱穷，重建海军需款过巨，政府就无此巨款了，虽然他也做了些整补的工作。

　　可是袁对落后无效的政治制度和教育制度，却做了翻天覆地的大改革，尤其废除科举考试这一项。科举从汉朝的公车举士开始及隋唐改为考试以还，已有两千年以上的历史。这一制度，第一是牵涉到全国人民的教育文化生活。普及和振兴教育以各级考试督导之，它也是化民成俗的主要媒介。第二它也是为政府官员遴选候补人、接班人的培训机构。舍此则政府官制将陷于混乱。科举是个有千年以上的历史，牵涉深远，试验可行的"较好的制度"（better system）——现代政治科学家也公认"民主"是个可行的"较好的制度"，虽然并不是"最好的制度"（best system）。这一制度陈腐了、过时了、不适用了，要加以废除。但它的作用牵涉太广，不可说废就废。要废，就必须有计划、有步骤地做其釜底抽薪之谋，才不会出纰漏。袁就掌握了此项原则，先稳定了各级地方官的培训工作，同时兴办新式学校——袁早在拳乱期间即已在济南创办山东大学以期替代科举，及升任北洋大臣，更创设各种学堂，并力主选派学生赴国外留学，一以培育人才，亦为莘莘学子另觅职业出路——一切行之有效，科举不废自废，袁乃领衔与开明的封疆大吏张之洞、岑春煊等，奏请废除科举。果然在全国安堵，四境桴檑不惊中，千年科举就在"丙午科"（1906年）悄悄地滑入历史了。

　　吾人熟读戊戌变法史，想到张之洞初曾全力支持康有为推动变法，而为康氏这位教条主义者所峻拒的往事，再看袁、张兴学校废科举的成绩，便知其高下！——当国执政者，不怪自家无见识，而以木头头脑自作聪明而误己误国，可不慎哉！

袁氏另一种建树便是发展科技、路矿和各种现代企业了。巧妇难为无米之炊。国家财政，被庚子之乱及赔款拖入绝境。袁公试图恢复经济，振兴企业，用句50年后蒋经国的名词，可说"克难"而为之。虽限于条件，亦颇有声色。例如开滦煤矿，我国之最大煤矿也。谁知在拳乱期间，经英商上下其手，巧取豪夺，竟然变成英商财产。乱后我国欲收回自办，而英人以已签的合同与国际公法条例为借口，霸占不还，甚至企图以清国违犯国际财产法向我兴讼。打国际官司，大清帝国哪儿有此人才！不得已乞援于"洋员"，而洋洋相护，又岂有好结果！——我们最后捞回了开滦，也真是难为袁老四了！叙其详情，400页大书也。读者如欲稍稍深入，则参阅上引吾友陈志让教授著《袁世凯（1859—1916）的紫（黄）袍加身》（第86—90页），当可略知其详。

矿路之外，袁公对邮传（政）、无线电报、招商轮船局、新式币制……亦多有创建与改革。笔者手头史料盈筐，抄录不尽也。前引侯宜杰教授大著中，亦颇有征引（见该书第111—115页）。侯君乃一反袁作家也，然对袁氏之建设，亦多有肯定之辞。

在中国近代工商业发展史中，李鸿章、张謇、盛宣怀、袁世凯，固经济史中之萧、曹也。然袁则颇有异于其他三人。盖李、张、盛三公均为代国家管治金融企业之高官也，然三人皆"下海"（且用个今日大陆上最时髦的名词），最后自己都做了大官僚资本家。——李鸿章和他的儿子们，都是招商局等大企业的最大股东！

读者贤达，您批览拙著至此，千万别大惊小怪！说句意蒂牢结的话，官僚资本家化国库（或利用国库）充实私囊，是封建社会的王侯（或中国的宗法社会里的职业官僚）转型为市场经济中的"自由企业家"的必经之途。以前的英国如此，法国如此，后来的日本亦如此。美国的民主政治，牛皮遮天盖地，他少爷早年的参议院，还不是叫作"百万富翁俱乐部"？天下乌鸦一样黑！不这样，大家吃大锅饭，干不干，八分半，哪儿还有啥经济奇迹呢？——赚饱了以后大家再到"俱乐部"去肢体抗争一番，白吃白拿就行不通了。

但是奇怪吧！在这传统官僚变资本家的必然转变中，袁世凯倒是个例外。他既不是个资本家，又不炒股票，也不做股东什么的。他账目不清则有之，也多少有几个钱零花，但为数有限。不像李鸿章、盛宣怀，富可敌国！

"袁世凯还是个清官呢！"——古怪吧！

但是，袁的另项更深远的计划就触礁了——他要在中央搞"君主立宪"，在省区搞"地方自治"。

立宪自治落空，革命保皇合流

有的历史家便不认为，康有为被放逐以后的清末立宪运动与袁世凯有直接关系，而说推动者另有其人。本来一个文化运动或政治社会运动，便很难说谁是老祖宗。白话文白话诗，始自胡适？实验主义的开山之祖是杜威？甚至儒家的始祖是孔丘？都未必也。写历史的人要注意的是谁为首要。清末日俄战后，国人咸以"立宪"的日本打垮了"专制"的俄国，而一窝蜂要学日本搞"君主立宪"。袁是目光敏锐的"宰相"。他自觉在这桩极时髦的大救亡运动中，他应顺理成章地居于领导地位——这是一个时代意志，敏感的政治人物是跳不出佛祖之手掌中的——君不见在北伐之前的联俄联共时，连那杀了一辈子共产党的蒋介石，还不是在日记中写着，他相信"精神出自物质，万物始于一元"？——这时袁世凯要领导"立宪运动"的心理正是如此。以他那时的政治权力与地位，朝野亦无异议。连他的老政敌张謇状元，也屈尊希望他大力领导，并在各省试办"地方自治"。

1905年俄军在我东北溃败之后，立宪运动在全国各地也如决堤之水，一泻而下，无法阻止。西太后终被袁世凯说服，批准12年行宪之议，并派"五大臣出国考察宪政"。五大臣出国被刺，再出国，那桩闹剧毋烦赘述。滑稽的是五大臣遍游欧美，欧美媒体记载弥详。他们看电影、听歌剧，看勇士斗牛、舞女大腿……宪法何从考察起呢？

　　但是这五位长辫子、挂朝珠、之乎者也的大官僚，对宪法虽一无所知，回国之后，总得写篇"考察报告"。他们自知不能写，因此在出国公费旅游之前，就早在寻觅捉刀人。——那时的留学生也没几个能执笔啊！谁知最后的撰写人，竟是大叛国犯梁启超和小投机客杨度，岂不可笑哉？

　　推开窗子说亮话。梁启超和杨度又知道多少"宪法"呢？但这一来，倒把康、梁等流亡的老立宪派和以袁世凯为重心的新立宪派，扯到一起了。迨西太后一死（1908年），老袁再度魂飞天外，然终免一死而被"开缺回籍"，无知而好权的满族亲贵把持了朝政，开明派、立宪派一致靠边站。亲贵不但一党专制，而且是个右派专权，大清朝政就是另一套把戏了。

　　迨武昌城内一声炮响，各省谘议局群起响应。谘议诸公为何许人，孙文大总统和同盟会就不能全部掌握了。迨"洹上钓叟"收起钓竿，拿起枪杆，挟"六镇精华"一时俱来，民国政局就"非袁不可"了。

　　　　　　　　　　　　　　　　　　　　【1996年6月29日脱稿于台北南港】

四、细说辛亥革命

辛亥革命的爆发，至今已整整80周年了。为这八秩大庆，海峡两岸乃至日本和美国的中华史学界，都在纷纷集会研讨，并撰文以为纪念。在我们执笔之前，首先想自问一下，"辛亥革命"这四个字是谁发明的呢？或是谁首先使用的呢？笔者不学，自觉此答案已不可考，至少是争议很大，姑置不论。且说"辛亥"。辛亥在我国历史上传统的干支纪年里，是60年一循环之中的一个年头。我国历史自黄帝以降，已有78个辛亥年。我们这个辛亥革命是发生在第77个辛亥年。这个辛亥，在清朝历史上是宣统三年，在西方耶稣纪元上，则是1911年，所以西方史学家，都把"辛亥革命"翻译成"1911年之革命"。因而我们今日来撰文讨论这个"1911年之革命"，首先面对的便是"定义"的问题了。

辛亥革命的定义与争议

我们如望文生义，则"辛亥革命"只是从1911年10月10日武昌起义，到1912年元旦孙文就职"中华民国临时大总统"之间两个半月的事。这个狭义的用法曾为甚多中西专著所采纳，然为本篇所不取。盖"革命"究与突发的"政变"不同，它是长期酝酿的结果。只见其果，不明其因，是会引起误解的。至于广义的用法，似乎就应该包括辛亥革命的背景和它立竿见影的后果了。——换言之，我们研讨"辛亥革命"事实上是包括清末民初，中国革命运动的全部过程。但是这一段最早期的革命运动，又是从哪一年起步的呢？这就有点争议了。

一般的说法，总认为近代中国最早组织的革命团体，便是1894年甲午战争爆发以后，孙中山先生于是年11月24日在檀香山所成立的兴中会了。1894年（清光绪二十年）因此也就是中国近代革命运动的起点。国民党官书如是说，大陆上的李新教授在其《中华民国史》上，亦作如是说。

这一点实颇有可议，因为在兴中会成立之前，还有杨衢云烈士和他的一伙同志在香港所组织的"辅仁文社"。该文社成立于1890年（清光绪十六年，另一说为1892年），比兴中会要早四年多。它最早的创立者杨衢云、谢缵泰、刘燕宾、何星俦等十余人，其年龄、学历、社会背景，和他们"推翻清朝""创立合众政府"、选举"伯理玺天德"等主张，与孙逸仙（中山别号）他们在檀香山的小革命集团，几乎一模一样。所以，当中山于1895年1月返抵香港时，经共同友人如尢列等的撮合——尢列为文社社员，亦中山好友——这两个小革命团体，也就一拍即合，搞其联合组织了。

在这个双方联合的新组织里，他们决定用"兴中会"为会名。因为"振兴中华"这个响当当的名字，较之那酸溜溜的"辅仁文社"四个字，要冠冕堂皇多了。——后来孔祥熙等一群山西青年，也在太原组织了一个"兴中会"。这个远在华北的兴中会，与孙、杨的兴中会毫无关系。据孔祥熙说，他们那时听说海外有个"兴中会"。他们喜欢"振兴中华"这个响当当的名字，乃把他们自己的小团体取个名字，也叫"兴中会"。（这是笔者早年在哥伦比亚大学校对《孔祥熙回忆录》时，听到录音带内孔氏亲口说的。当时亦有人把孔祥熙的小组织，当成孙中山兴中会的"太原分会"，实是误听录音的结果。）

杨衢云、孙中山等在香港所组织的兴中会，事实上除掉名字外，一切皆是辅仁文社的延续，会员们也大致都是杨衢云的班底。因为杨的团体已成立四年有奇，而孙的团体还未满二月。杨是香港的地头蛇，孙则是新从夏威夷回来的，双方强弱之势是可以想象的。据说他们合并之后，选举新会长（他们叫"总办"或"伯理玺天德"）时，曾发生孙、杨之争。据后来国民党的官书所载，在同年10月他们预备搞广州暴动时，孙曾当选"伯理玺天德"或"总办"。后来"杨既获大权，遂借端要挟，而请〔孙〕先生以'伯理玺天德'相让。郑士良、陈少白等闻之大愤，极力反对，士良且欲除之。先生以大事未成，首戒内讧，力表谦让，即以此席让衢云……"云云。（见《国父年谱》第68—69页）

这段官书颇难说服任何公正的读者和历史家。如所叙属实，那可能不是杨的"借端要挟"，而是孙的党羽为拥孙，暗中想搞杀杨的"苦挞打"，为孙所阻。官书甚至说杨衢云排满抗外的思想，以及他组织辅仁文社的叛逆行为，都是受中山"感召"的结果。（见前书第50页）。这些似乎都是想象之辞。有人或许要说辅仁文社的宗旨是"以友辅仁"，它是个社交团体，而非革命团体。其实辛亥首义时，最活跃的一个组织则是"文学社"。文学社却是革命团体，而非社会团体。所以名字与实质并不是完全一致的，尤其在地下革命的时期。我们不能望文生义，或以辞害义。

须知杨衢云开始其革命行动时，孙中山还是个用功的医科学生。1894年中山还亲赴天津"上书李鸿章"呢！他"上书"不幸被拒。如果李鸿章英雄识英雄而重用了"孙文"，中山不也就是清政府的"能臣"了吗？哪里还搞什么"革命"（他们那时叫"造反"）呢？所以在这一阶段里，杨衢云是否受"先生感召之深"，吾未敢必。而孙在"上书"被拒后走上排满革命之途，所受杨衢云的影响，倒是很明显的。

再者，兴中会最初在檀香山组织时，其形式和性质也只是个"银会"。会员每人出"底银"五元，"股银"每股十元，购买愈多愈好。目的是"举办公家事业"，事业成功，每股"收回本利百元"。该会宗旨，除报国之外，"兼为股友生财捷径……比之〔向清朝政府〕捐顶子买翎枝，有去无还，洵隔天壤。且十可报百，万可图亿，利莫大焉，机不可失也。"（见冯自由著《兴中会组织史》及《香港兴中会章程》第八条）所以在檀香山的兴中会里，孙逸仙是在暗中筹款造反，而绝大多数"银会"会员，则是在买"乐透奖"。这个兴中银会的会长也不是孙逸仙而是殷商刘祥。但孙是这银会首会的得利人——他筹到港币13000元，外加个"兴中会"的组织名义。有了这些本钱之后，中山便匆匆赶回香港向杨衢云洽商（事实上是bargain）两会合并的事务了。合并之后，会长一职顺理成章自然应该是杨衢云。是年10月，他们竟然发动了"义兵3000人、洋枪600杆"外加火轮船二只的广州起义。试问中山皮包里的13000港币，能买几枝"洋枪"呢？这些起义的本钱，显然都是杨衢云搞起来的。中山半途加入罢了。可惜杨氏早死——1901年1月10日被清吏刺杀于香港，他的事迹功勋就被埋没了。所以一部"中国近代革命史"，是应该从杨衢云开始写的。

笔者写这段小辩正，绝无意贬抑中山先生在近代中国的历史地位。相反，我们更上层楼地尊崇他为我们的民族领袖；民族领袖应有其不偏不倚的民族领袖的地位。因此，我们不愿采用《党史家》为"党魁"作传时，视天下无不是之父母的谱牒方法罢了。

得风气之先的华侨青年

青少年时期的孙中山先生，恕我大胆地说一句，是一位不折不扣的"华侨青年"，甚至如粤人俗语所说的"金山仔"。笔者蜗居纽约40余年，在"穷人哈佛"的纽约市立大学从兼课到专任，教书经验亦有30余年。在我课室内进进出出的华侨小青年，亦不下数百千人。我平时总欢喜举中山先生的故事来勉励他们。行行出状元，如今虽做不到大总统和国父，但在不断努力之下，不做"大官"也可做点"大事"嘛！其实我的学生中，卓然有成者，亦为数颇有可观。

相反地，我们如以中山先生比诸今日侨生，他老人家其实也是当年的华侨小青年之一而已。贱日岂殊众，贵来方悟稀。华侨小青年或金山仔有其共同的特点。这些特点也是铸造后来革命家孙文的社会条件。

大体说来，他们的特点约有数端：

一、工农家庭出身。其父祖伯叔类多为贫雇农、苦力工人或小商人。胼手胝足，日常工作都在12小时以上。他们除旧有的观念和道德标准之外，平时没空亦不知如何管教子女。

二、小华侨们受父兄宠爱，甚至溺爱，类多丰衣足食，至少不愁衣食。佳子弟，颇可上进；恶子弟，则至为堕落。

三、教育水准，下辈平均都在高中以上，远超过长辈。——当年老辈华侨多不识字，纵识字也不过稍读"三百千千"（三字经、百家姓、千字文、千家诗）而已，而下辈则于"三百千千"之外，有的且精通外语了。

四、以汉语的"弱势文化"，在海外对抗西语（英语）的"强势文化"，老辈多不谙外语，为自尊自重乃坚拒同化。因此，一般老辈华侨较之国内人民，更为保守；而讲"双语"的小辈于自卑之余，则趋向"全盘西化"。所以，他们父子之间"代沟"极其严重。笔者本人便不时为学生父子间之冲突，排难解纷。中山先生与他的长兄孙眉曾一度反目，弄到互找律师的程度，吾知其冲突根源所在也。处于我辈今日，"西化"与"现代化"固截然有别，然在孙公青少年期，则二者固为同义字也。

五、这老少两代的华侨对祖国都有极深的感情，甚至流于"沙文主义"。但是他们两代对祖国的爱法，却截然不同——老一辈的总希望大清大皇帝多争点气，也好为我辈天朝弃民出口鸟气；小一辈的则要驱除鞑虏，创立以美国模式为张本的"共和国"和"合众政府"，乃至新的社会、新的宗教和新的道德标准了。

老实说，当年在檀香山的兴中会和在香港的辅仁文社，都是这一类的华侨青年所组织的。孙中山先生（谱名孙帝象，学名孙文、孙德明，字载之；入耶教时，名孙日新；行医时他的汉文老师区凤墀为他作一音之转改为孙逸仙，后来变成"美国公民"时，在美国护照上的英文名字则是Sun Yat-sen）当时便是这一类的华侨青年之一。他或许由于禀赋较高，幼年时确实"异于群儿"。他也确实是读书用功，做事有恒，终能"脱颖而出"。但是，他青少年期的社会背景自有其特殊模式，这模式对他有特殊的影响。

这儿更不妨附带一说。中山那时代的青年华侨，与笔者班上的侨生，亦略有不同。我班上的侨生有"竹升"（或作"竹心"）、"竹节"之别。"竹升"者，美国土生也。老华侨们认为这类小华侨，"肚子内一无所有"。"竹节"者，唐山出世，幼年来美，"两头不通气"也。

我们通番语的学术界，则叫前者为ABC。ABC者，America-born Chinese①也。后者则叫CBA。CBA者，China-born Americans②也。而中山那时的华侨小青年，几乎全是CBA而绝少ABC。因为那时的旅美华侨，生存在最凶残、最下流无耻的《排华法案》的压榨之下，中国妇女，除少数妓女之外，旅美者可说是绝无仅有也。

而那些小"竹节"，则由于父亲是"美国公民"（母亲不是），取得美籍"出生纸"而旅美也。

所以这些小"竹节"绝大多数都能使用中英"双语"（bilingual）。其天资笨拙或不愿用功的，往往双语皆不通；而禀赋卓越，又肯于用功学习的，则每每两语皆精。孙中山就属于后一类。而孙逸仙这位小"竹节"之取得"美国公民权"，则通过另一管道。孙公于13岁时（光绪五年，1879年）随母就兄，迁居檀香山。那时的夏威夷是个红种人的独立王国。不幸老王于1891年晏驾。兄终妹及，夏威夷乃出了个女王。三年之后，也就是中日甲午战争那一年，女王被英美德裔的白种殖民主义者篡了位，夏威夷乃变成个傀儡共和国。1900年（庚子），也就是八国联军侵华的那一年，这个小傀儡共和国就被美国兼并了。

夏威夷既变成了美国殖民地，按美国宪法，则凡是土生的夏威夷人，也通统变成"美国公民"了。我们的国父孙中山先生，并不是在夏威夷"土生"的，但他却说一口夏威夷腔的英语，因而撒了个谎，自称出生于夏威夷，也就取得了美国公民权，领用美国护照了。可是，当他于1904年

---

①美国出生的中国人——编者注。
②中国出生的美国人——编者注。

在三藩市初持檀岛出生纸入境时，如狼似虎的美国海关检员对他产生了怀疑（另说是保皇党告密），乃把他拘留于"木屋"。所幸年前中山已入洪帮，有"致公堂"堂籍，乃由该堂出美金500元保释候审，并雇请律师向华府申诉。这场官司美国移民局居然打输了，中山乃得以美国公民身分重入国境。这个"美国公民权"对中山其后的革命活动，提供了极大的方便。

有的读者们读史至此，可能要批评：我们的"国父"，族之圣贤也，岂可弄虚作假，非法取得美国公民权？读者若做如是想，就昧于史实了。须知在那人类文明中最可耻的美国《排华法案》欺压之下，我辈华裔移民在当时美国种族主义者的"法律"分类中，是比"黑人"与"印第安人"都还要低一等的。印第安红人在那时的美国法律之下，是不算是"人类"的。因此"华人"（Chinaman）在当时更是非人类中的非人类了。中山先生为非作假吗？朋友，你能和当时排华杀人的种族主义者这批野兽，谈孔孟之道吗？明乎此，你就了解孙中山先生何以如此做了。再者，中山的做法并不是他发明的。"美籍出生纸"在华侨社会里，是有其公开市场和价格的。

所以，近代中国最早期的革命运动，便是有上述特征的华侨小青年们所推动的。他们都是爱国华侨，寄迹异邦、粗通番语，因此得风气之先，对现代西方的新观念、新事物接触较早——比内地的知青如黄兴、宋教仁、胡汉民、汪精卫……，大致要早十年。由于这早晚两期的革命骨干的家庭、教育和一般社会背景都截然不同，所以标志出近代中国革命运动显明的阶段性：兴中会基本上是个华侨组织，而后来的同盟会就带有浓厚的士大夫气息了。

孙文脱颖而出

笔者在许多篇拙著里，都曾强调过中国现代化运动的"阶段性"，而这些大小阶段的进化，往往又是以十年为一个单元。"革命"原是我国"现代化"运动的方式之一，因此它也逃不过这个"十年一变"的基本公式。以杨衢云、孙文为首的两个革命小团体，自从1895年1月①合并为兴中会以后，至1905年8月中国同盟会在东京成立，也正是整整的十年。在这短短的十年之间，革命运动在中国却发生了极大的变化。

现在让我们先翻翻兴中会的老账。看看这个最早的革命团体怎样地从生到死；中山本人却又如何脱颖而出，从初级阶段进入高级阶段。

兴中会在革命理论和行动上，都是有欠成熟的。要言之，他们在政治理论和形式上是完全抄袭美国。甚至连美国佬做官就职时，捧着《圣经》举手发誓那一套洋皮毛，也照搬无讹。这原是一个"弱势文化"在一个"强势文化"的笼罩之下，反映在青年身上，"东施效颦"的普遍现象。华侨青年如此，侨居欧美的亚非拉各国的青年，亦无不如此。可是19世纪这个华侨青年的小圈圈，实在太小了。因此在那个时代，与他们有"共同语言"（common language）和"共同信仰"（common faith）的海内外华人究竟太少了。他们没有代表性，也就搞不出什么气候来。

再者，他们所采取的革命行动，却又是百分之百的传统的"造反"方式，有时甚至是"恐怖主义"（terrorism）。例如，孙中山在他所策划的"十大起义"中第一次的广州起义（1895年10月26日）中，中山自己的计划，便是在武装攻打督署之外，"四处放火""施放炸弹、以壮声势"。而他们那时的革命群众则全靠"会党"。会党虽是从反清复明开始的，但发展至清末已经变了质，甚至变成横行"地下"的黑社会，为正当人士所不取，而兴中会诸公却以他们为主力，因此就没有真正的革命群众和"倚靠阶级"了。事隔五年，当清廷为八国联军所困之时，兴中会诸公再来个惠州起义，结果损兵折将，一败涂地。经过两次武装起义的失败，兴中会和它的会党朋友们也就泄气了。——最后兴中会竟消沉到只剩孙逸仙一个独人班了。

可是就在兴中会这个革命气球逐渐泄气之时，孙中山本人的声望、理论、经验和机运却扶摇直上，终使他成为近代中国史上，首屈一指的革命领袖。

①一说2月——编者注。

原来杨、孙两人自1895年10月在广州（第一次）起义失败之后，清廷发出通缉，香港英国当局也迫令两人离港，五年之内不许入境。杨衢云乃潜往新加坡，转赴南非避难。孙中山则于11月初旬避往日本。当他于11月12日在神户登陆时，阅报才发现自己已成为支那的"革命党"。经日本报纸这一宣传，不特"孙文"已跻身为国际人物，中国近代史上也多出了"革命党"这一词语。

中山在日本略事勾留，便剪掉辫子、改穿西服，于翌年1月东渡檀香山。这时中山除母兄之外，他的妻子卢氏、长子孙科（五岁）、长女金琰（一岁），均已避难在檀。所以这位年方三十的孙逸仙，实在是个不折不扣的"华侨青年"。他虽然是个职业医生，却不事家人生产。老婆孩子还要靠一度与他反目的长兄孙眉来养活。他兄弟两人此时如何相处，我们就不能轻信官书上的描述了。

可是孙中山是个最有毅力、最倔强的人。他在檀香山住了几个月之后，便抛妻撇子，跑到美国去了。这时美国的排华运动已到了疯狂的程度。中山之所以能安抵大陆，所用的证件，显然就是他的"夏威夷出生纸"。中山游美的目的，自然是想筹款和组织兴中会。但是在这方面他完全失望了。因为此时革命风气未开，而侨社中的主宰团体致公堂又十分"顽锢"（这是中山自己的话）。至于中山在美何以为生？我想他那时也和我们后来的留学生一样："手舞银盘去复回，老子今朝作企台。"他在餐馆或洗衣店"打工"。——我们已查到中山当年在美国打工的人证。

1896年夏秋之间，孙公在美国待了几个月。9月下旬他就从纽约搭船到英国去了。他去英国的目的，显然是绕道欧洲回远东去。因为他的根据地毕竟还是在香港、日本一带，那儿有他大批的伙伴和同志。他有推翻清朝的坚定的决心。在那儿他可再次组织暴动和起义。可是他绝未想到在伦敦却突然被清廷驻英使馆所绑架。这一出发生在伦敦的历时两周（10月11日至23日）的事变，却帮了中山一个大忙——孙文在国际上原无籍籍之名，可是这次闻名世界的"绑架案"，却使他从一个大清帝国的逋逃犯，一跃而为世界一级的革命家和政治家。自此以后，中国革命阵营中再没有第二个领袖，享有与中山相埒的声誉和地位。

"三民主义"的根源

再者，他环绕地球的不断旅行、观察和阅读书报，也使他对发生在中国的问题，有更广阔、更深入的理解。他掌握了加富尔（Cavour，1810—1861）、加里波的①（Giuseppe Garibaldi，1807—1882）和俾斯麦（Otto Fürst von Bismarck-Schönhausen，1815—1898）的现代"民族主义"（有别于我国传统的华夷之辨）；寄居英伦，他也更深地体验了英语民族三权分立、司法独立的"代议政府"的运作。更明白了资本主义社会异化分裂的毛病，而向往于当时正在美国风起云涌的"国民运动"（Populist Movement），尤其是这一运动的理论导师亨利·乔治（Henry George，1839—1897）的"单税法"（Single Tax System）的精髓，特别是对土地的"无劳增值"（unearned increment）和"涨价归公"诸要点。好学深思的孙中山先生，在融会贯通之后，把它们有条约理地编纂起来，这就是他后来指导"国民革命"的政治理论"三民主义"了。虽然这三个"主义"，都是当时在西欧北美甚嚣尘上的政治经济理论，没一个是他具有原始性的发明，但是孙公能实际深入西方社会，耳濡目染，采自源泉，然后活学而活用之；较之与他同时或后辈之热衷"西学"、奢谈"主义"，而一知半解的夫子们、领袖们，那就高明得不可以道里计了。在那些多半是"不知不觉"的青年信徒的眼光中，则"总理""国父"，就更是"先知先觉"的天生圣哲了。

石不转而江自流的中国知识阶层

孙中山在"伦敦蒙难"之后，应出版界之请，写了一本名利双收的小书，畅销一时，足使他在伦敦住了九个月，不虞匮乏。他于1897年7月初离英赴加拿大。再穿过加拿大至温哥华，搭船于8月中旬抵日本横滨，投

---

① 今译作加里波第——编者注。

宿于老友陈少白寓所。中山于1895年冬路过日本时，只是个薄有微名的中国逋逃犯。两年后"蒙难"归来，他已成为国际知名之士。他的日渐上涨的"知名度"，吸引了日本人的注意。首先慕名来访，嗣后成为中山终身密友的便是宫崎寅藏和平山周两人了。他两人都是当时日本政党政治中的活跃人物。通过宫崎和平山，中山又结识一些头面人物，如犬养毅、大隈重信、头山满、尾崎行雄、副岛种臣、久原房之助、山田良政、萱野长知等数十人。日友平山周在无意中为他又取个日本名字曰"中山"。孙公自己在"中山"二字之下加个"樵"字。其后便偶用"中山樵"作为他的日文"化名"。后来在同盟会时代，黄兴、胡汉民等对外界通信，都尊称孙总理为"中山先生"，结果弄假成真，全国上下都叫起"孙中山"来，真的名字反而不用了。其实孙公从发命令到签遗嘱，一直都只用"孙文"二字，他在公文上函札上，向未用过"中山"的诨号，而国民政府的官书和国民党的传记作者，却偏喜叫他"孙中山"，实在是很滑稽的事。

中山此次访日，来结交他的日本人盖有两大类。其一是英雄崇拜、慕名而来，如宫崎寅藏、山田良政等人。另一类则是别有居心的政客和帮会头头了，如犬养毅、大隈重信、头山满等人。在他们的想象之中，孙文是清朝政府的死敌，而敌人的敌人便是朋友。这"朋友"在对清政策中，可能是个有用之材也。

中山的知名度在日本也吸引了一些好奇的中国留学生，像钮永建和马君武等人。一年之后，康、梁所领导的戊戌政变（1898）失败了，梁启超跑到日本。由于同乡的关系（大家都说广东话），孙、梁一时颇为接近。而梁氏的真正意图是，在国内既然搞不下去了，他们这批"保皇"分子，要到海外来打入华侨社团，抢夺孙文的地盘。私人的友谊，实在是无从说起的。

至于在中国真正翘尾巴的知识分子、士大夫，对孙文这个帮会头目，这时还是敬鬼神而远之，瞧不起他的。吴敬恒（稚晖）（1865—1953）就是个最好的例子，而章炳麟（太炎）却是个例外。

在八国联军（1900）之后的一两年之间，孙中山和比他长一岁的吴敬恒俱住东瀛。吴那时是中国留日学生中声名赫赫的名"举人"。中山慕吴之名倒颇有意高攀一下，而吴稚晖此时却是个尾巴翘得比天还高的"一举成名"的士大夫、臭老九。他才瞧不起这"绿眉毛、红眼睛"的黑社会头头呢！竟然不要见他。吴举人尚且如此倨傲，中山那时如想谒见比他小两岁的蔡元培进士（1868—1940），恐怕也不能如愿，可是这时已文名满全国的章炳麟（1869—1936）倒颇看重孙文，两人时有往还，斯为中山结交中国士大夫之始，不幸两人后来竟反目成仇。

可是中国现代化运动的进度是快速的，为时不过三数年，河东就变成河西了。盖庚子拳变之后，尤其是日俄战争（1904—1905）前后，清政府和中国士大夫阶层也追随上述华侨青年之后，体会到传统的老一套搞不下去了，非兴"西学"，搞革命或维新无以自强。西学西语一时顿成显学，老辈不再歧视，小辈则趋之若鹜。因此，留日留欧的公自费留学生乃成群出国，势如潮涌。日俄战争期间，东京一地的中国留学生，便多到两万人。欧美两洲亦各有百数十人。

这时吴稚晖举人亦以《苏报》案牵连，做了政治犯，逭逃伦敦。比中山晚出十余年，他也"始见轮舟之奇，沧海之阔，自是有慕西学之心，穷天地之想"（语见中山先生于1896年"伦敦蒙难"后之自述）。再看所居之地，物品之盛，习俗之醇，"不图三代之治，见于今日"（这是清廷首任驻英公使郭嵩焘对英伦的印象）。吴举人傻眼了。以他那四十之年，无锡之腔，霜晨月夕，还在大啃其初级英语abc拼音，稚老真要跳楼了。这样也才开始认识孙文并不是"绿眉毛、红眼睛"的江洋大盗；相反地，孙文是个眉清目秀、温文儒雅，语通英汉、学贯中西的大博士、洋翰林，世界一级的政治家和革命领袖。以一个无锡的土举人和孙公相比，真是丘陵之与泰山也。所以，吴稚晖就要把所有"线装书都丢到茅坑里去"，尽弃所学而学焉。因此，他在伦敦第一次见到中山之后，傲气全消，搞了一阵无政府主义之后，终于做了个诚恳的孙文主义信徒而50年不渝也。

40岁的吴举人尚且如此，二十上下的革命小青年和留学生，就不用说了。"江流石不转"，孙中山未变也，可是潮流变了，中国现代化运动已进入另一阶段。孙公的历史任务也就进入了一个新阶段——那个同盟会的阶段了。

五、同盟会是个革命大拼盘

可是就在同盟会成立前两年（1903），中山在日本还只是个灰溜溜的会党头目。他显然自觉在日本久住无聊，乃于是年9月底离日赴檀香山。但是斯时中山潦倒到资斧全无，由侨商黄宗仰慨赠银洋200元，始能成行。

中山此次一别八年重返檀岛，再转美洲大陆的道理，显然是他在远东两次"起义"（1895与1900）之后，一筹莫展，想回到美洲另觅机缘。中山先生这个人的长处是信仰坚定、百折不挠，必要时破釜沉舟，为着远大目标，不择手段，亦在所不惜——这就是不拘小节的英雄本色。写历史的人如把他老人家看成个循规蹈矩的圣贤或迂夫子，就大错特错了。他此次回檀岛，发现他早年的小团体早已风流云散。檀香山已成了保皇党的天下。他的家这时还在檀香山，但是家人对他的态度，可能也是"妻不下织，嫂不为炊"了——这位满口大话，不事家人生产的"老二"，他们怎能相信他后来竟佩"六国相印"呢？一不做、二不休，中山乃于1904年年初加入洪帮（致公堂）当了"洪棍"。洪门的义气居然帮助他穿过美国移民局的拘留所，而二次进入美国。

中山于1904年3月底抵美，在美一直住到是年冬季才应中国旅欧学生之约去欧洲。他在美国由西岸到东岸，跑了大半年。其目的无非是组织兴中会，并筹募革命经费。显然他是一文未筹到。正式加盟愿意和他一道革命的，据最可靠的第一手史料——冯自由著《革命逸史》所载，也只找到邝华泰一人。两个人革什么命呢？真是可叹。因此在1904年风雪交加的严冬，中山形单影只地住在纽约市贫民窟中的一间单人房（rooming house），真是四壁萧然。虽然他个性倔强，永远不认输！

可是就在中山命运的最低潮，"山重水复疑无路"之时，真的"柳暗花明又一村"！——他忽然收到中国旅欧学生汇来一笔巨款，据说有八千佛郎（亦译"法郎"）之多，并约他即时赴欧，共商救国大计。这一下峰回路转，中山乃至整个中华民族的命运，又进入一个新纪元。

大清帝国"墙倒众人推"

旅欧中国学生何以忽然心血来潮，汇款邀请中山呢？原来就在中山这段不得意的时期，革命意识和时机却在中国大陆迅速上涨。在丧权辱国的中日《马关条约》于1895年4月签订之后，全国上下还寄望于康有为、梁启超所发动的强学会和变法维新。孰知1898年戊戌变法彻底失败了。失败之余，大清帝国也就在这一年（光绪二十四年戊戌，1898年）几乎遭了瓜分之祸。笔者曾另有专篇记其大略。别的不谈了，就说香港吧！九龙就是在这一年被英国强迫"租借"了99年。——时至1997，租约期满，女皇陛下就要按期归还了。也就是这一年，德国强占了胶州湾，它的老搭档帝俄也"租借"了旅顺、大连。为阻止此二强垄断中国东海岸，英国又加租了威海卫。法国不甘后人，一下也就霸占了广州湾。大小帝国主义这时在中国都大搞其"势力范围"，要不是列强的野心为"均势"（balance of power）所阻，他们早就把这个"东亚病夫"大清帝国瓜分了——那个不幸的"欧洲病夫"鄂图曼大帝国就是被他们这样啃掉的。时至今日那个不自量力的伊拉克小独裁海珊①，还想"收复失地"——并吞同文同种的科威

---

①今译作萨达姆·侯赛因——编者注。

特，哪里由得他呢？

在1898年大清帝国已危如累卵，瓜分之祸迫在眉睫，可是我们那个昏聩糊涂的慈禧老太后，竟然异想天开地搞出一套"刀枪不入"的义和拳来"扶清灭洋"，那就荒唐透顶了。作者落笔至此，何敢冒犯那品质高贵、大义凛然的贫下中农所组织的义和拳？我所可惜的只是他们气功未练好，惹起了八国联军，又抵挡不了洋人的刀枪直入，在《辛丑条约》中累得我们四万万无辜老百姓，每人各赔纹银一两罢了。——那时我祖父家中，男女老幼也有十多口，所以我家大致也赔了十多两银子。因此在下写这段历史，也大有可抱怨的权利。

拳变刚了，又爆发了两大强邻的日俄战争（1904—1905）。这两个混账的帝国主义竟然为抢夺我中国的土地财宝，在我国境之内开起火来。而更混账颟顸的，却是我们的清朝政府。它无力阻止两个强邻在我国土上作战，竟然公开地把辽河以东的土地划为"战区"，而自己在辽河西岸宣布"中立"。

朋友，这时的中国哪里还配称为"国家"呢？我们连殖民地都不如。一般的殖民地都还有个殖民国来保护它。我们这个"次殖民地"（中山警语）就只好做俎上之肉，任人宰割了。但是有时有若干知识分子对大清政府发点牢骚和警告，而那批满族统治者竟能把脸一抹说，大清政权维持不下去时，则"宁赠友邦，不畀家奴"。这种话哪儿是人类嘴里说出的呢？

贤明的读者，你我如果也是那时的中国人，做何感想呢？

所以，中国的内忧外患发展到日俄战争前后，已变成所有有良知良能和最起码知识水平的中国人的切肤之痛、燃眉之急。认识它的严重性，已不限于"得风气之先"的身居海外的青年华侨了。因此就在这一两年之内，国内救亡团体组织乃风起云涌。少数爱国者甚至不惜采取牺牲个人的行动，以暗杀清朝当道。1905年9月24日，吴樾烈士（1878—1905）在北京车站谋炸"出洋五大臣"未遂而惨烈殉难，便是个突出的例子。这种恐怖主义虽无补于大局，但是它既表示出民愤之深，也炸得清吏胆寒。辛亥革命时，我们安徽第一大码头芜湖，就是被两颗"咸鸭蛋"光复的。老乡吴樾导夫先路之功也。

这时长江流域的革命小团体之建立亦如雨后春笋。一般性的民变和小规模的组织撇开不谈，那两个最有影响的华兴会和光复会也就是在这两年成立的。华兴会是黄兴、刘揆一、宋教仁、吴禄贞、张继等于光绪二十九年除夕（1904年2月15日，一说1903年11月4日）在长沙成立的，以湖南青年为主体。光复会则是1904年秋成立于上海。蔡元培当选会长，成员有徐锡麟、秋瑾、章炳麟、陶成章等人，以苏浙皖三省青年为主体。与两会同时，一批湖北青年也在武昌的湖北陆军之内，组织了一个"科学补习所"（1904年5月成立）。社员中有曹亚伯、张难先等，后来也都是革命阵营中的骨干。一眼看来这些革命小团体，似乎是各地区青年分别组织的。其实不然。他们彼此之间乃至他们与"留日""留欧""留美"等学生团体的"海外关系"不但声气相通，会员之间更有千丝万缕的剪不断、理还乱的错综复杂的往还。其中最重要的一点则是他们的宗旨、目标和方法，实在是完全一致的。至于武昌起义的前夕，更有一些新的小团体出现，如"共进会""日知会""文学社"等等，其实都是上述这些小组织的骈枝机构。只是搞小圈圈，原是中国知识分子的通性。君不见纽约市爱好"国剧"的"票友"们，他们唱的都是些完全相同的《武家坡》《春秋配》一类的戏目，却组织了五六家不同的"票房"，结果没一家可以单独"上台"唱戏。要"宣扬国粹"，还得彼此"挖角"和"借角"。人们或问：诸公诸婆为什么不联合起来呢？朋友，要能联合起来，岂不变成德国人和日本人了？那还是什么中国人呢？

长话短说，时至20世纪初年，大清帝国害了癌症，气数已尽，非垮不可了。"墙倒众人推"！众人推的方向是完全一致的，方法也完全相同，只是你推你的，我推我的罢了——这便是清朝末年，中国革命运动的形势和性质。

驱逐满人，建立民国，以美国为模范

再问一句：这些革命团体和革命单干户的共同方向、共同方法，又在哪里呢？要言之，则以1903年出版的畅销书，邹容烈士所写的《革命军》最有代表性。我们这位死年才20岁的"邹大将军"主张："推倒满洲人所立北京之野蛮政府"，"驱逐住居中国之满洲人"，"诛杀满洲人所立之皇帝"，建立"中华共和国"——这个"共和国"还要以美国为模范。如此而已。——这几条简单的口号实在是辛亥之前，大清帝国之内，从朝到野、从男到女、从老到少、从农村到都市、从国内青年到留日欧美的学生，乃至绝大多数华侨一致的呼声。他们的方法则是组织革命团体，活动新军，联合会党……"他们的精神，干干干；他们的武器，手枪炸弹……"

可是把这个全国统一的意志（national consensus），简单地概念化（conceptualize）一下，还不是孙文那两句老口号"驱除鞑虏，建立民国"？这个口号，孙文和杨衢云在十年前不早就叫过了？那时无人理睬，现在却变成全国人民的共同意志。这一下不得了，孙文就变成全国共同意志的发言人、将来中国的形象和意蒂牢结中的"先知"（prophet）了。大家想到了他，敏感的青年留学生就要请他出来现身说法，甚至实际领导了。这样一来，就使得我们的国父中山先生从美洲的灰溜溜，变成欧洲的香饽饽了。

佛郎、马克如雪片飞来

首先汇了8000佛郎把中山请到欧洲去的，是湖北籍的留欧学生朱和中、贺之才、胡秉珂、魏宸组等人。朱、贺等湖北青年原来也是武昌城内满口新政、革命、排满的小捣乱，声势颇大。湖北早期地方当局的张之洞等原亦是新派官僚，对这些小把戏一面羁縻、一面"充军"，乃拨资把他们送到海外留学，以免他们在国内鼓动青年造反。其中最激烈者则送往遥远的欧洲，较和平者，则送往东邻日本。所以，他们都变成留欧、留日的"官费生"。

那时的"官费"和后来的"庚款"一样，是十分充裕的，因此每一个"官费生"都是个小富翁。而且他们又都是富裕家庭出身的小少爷，轻财仗义。既到"花都"等大城市，才发现自己原是些土包子，而孙文却是满口流利英语的留学生老前辈。敬佩之心，不觉油然而生。乃通过与中山有旧的鄂籍旅美学生刘成禺，邀请中山先生赴欧一晤。

这时待在纽约的孙中山，原是个一文不名的穷光蛋。我相信他那时在纽约以"打工"为生。50年后的不才，也是纽约市内的一个穷光蛋，也以打工为生，深知这批打工仔当中藏龙卧虎，而我们的国父孙中山先生，便是我们打工仔前辈中最大的一条"龙虎"。只是在1904年冬季，忽然8000佛郎凌空而降，他不啻中了"乐透"头奖。因此一下把"银盘"扔掉，一溜烟就跑到欧洲去了。——在欧洲，中山先生是有崇高声望的，因为他是当年震惊世界的伦敦事变的主角。

在欧洲大陆，尤其是在布鲁塞尔和柏林，中山与那百十个汉族留学生真是一拍即合。他是个名震国际、革命经验丰富、英语流利，又博览群书，满肚皮哲学，而又有正式M. D.①学位的老留学生。（其实孙文并无M. D.学位，但是那时的留学生都以为他有，孙公亦未尝自谦。）那批斗志昂扬，却两头不通气的小竹节，哪里能和他比？很快地，中山就搬出他那"驱除鞑虏、恢复中华、建立民国、平均地权"的老套套，把他们组织起来了。——这个新组织是没有名字的。中山怕引起留学生的反感，没有把他那个早已死掉的"兴中会"搬出来复活。（事实上年前他尚在檀香山时，已不愿再用这老名字，而改用"中华革命军"了。）

这时中山自觉已经是个世界级的革命领袖，与英法政府当局都有往还，实在不能再住rooming house了，他要搬入一级观光大旅馆。这意见一经提出，信徒们从无异言。据朱和中回忆，大家"争相捐助"，佛郎、马克如"雪片飞来"。中山既得巨资，在巴黎、伦敦大活动一阵，尚余"万余佛郎"，乃乘高级邮轮，直奔远东去者。

［附注］那时留法公费生每月学杂费为400佛郎。

中山在巴黎时虽然还有些不愉快的小事，如汤芗铭等四个"反骨仔"，偷他的文件向清吏告密，殊不知清廷驻法公使孙宝琦已早存戒心，不敢妄动，还是把法国公文直接退还孙博士，并恭送中山离境了事。

---

①医学博士——编者注。

"老孙""小黄"合作的开始

中山先生于1905年（清光绪三十一年乙巳）7月19日抵日本横滨，当即由日友宫崎寅藏介绍认识了黄兴（1874—1916）。"老孙"（1866—1925）与"小黄"这两位华裔革命家的约会，为什么要通过一个日本人来安排呢？朋友，你如久居海外就知道，有些外国人对中国事务的热心，往往有甚于中国人自己。

孙、黄两人晤面之后，真是一见如故。黄兴这时是中国革命运动的实力派、中坚人物。他有个生气蓬勃的华兴会。会中围绕着他这个30岁的青年领袖的，是一群干劲冲天的小"湖南骡子"。他们勾结了长江中上游最有势力的会党哥老会，在中国内部十八行省中心的两湖地区已搞过数次造反行动，死了不少英雄豪杰。如今这群小头头逃到日本，个个都在摩拳擦掌，要得机渗透回国，重新来过。他们留在两湖地区的还有千千万万的小革命，分散在"新军"之内，附托在教堂边缘（清吏最怕教堂），寄身于新政、学堂、巡警等不同的机构里。他们个个都"新"得要死，和"旧"的、"老"的，尤其是老太后、老官僚、老风俗、老习惯过不去。他们有他们的小组织，但是那些逃亡于日本的黄克强（兴）、赵伯先（声）、宋渔父（教仁）等却是他们的小鬼大王、精神领袖。他们勒缰以待，静候驱策。——另外华兴会还在日本办了个机关报《二十世纪之支那》，风行一时。

在华兴会带头之下，光复会中的人马也围拢了过来。这光、华两会，在宗旨上，在社会成分上，并没太大分别。只是光复会出自文人荟萃之区，多了一些进士、举人和国故大师如蔡元培、章炳麟这样的人。他们也有一批组织家和死士像陶成章、徐锡麟、秋瑾等。在基层为他们披坚执锐的，也有个骇人听闻的青帮。

总之，这两个团体的靠拢，已把长江流域的革命精英笼络过半矣。其实那时留东学生两万人，人数较多的省份大致都有学生会的组织。这些地方性组织虽非革命团体，然类多倾向革命。一经号召，都是革命的后备军。所以孙、黄接触之后，他们就想组织起一个全国性的大同盟了。

但是这些革命社团，却都有其先天性的缺点。就谈打倒专制、建立民国吧！他们之中几乎没一个人知道，一个没有皇帝的国家，是个什么样子。换言之，他们都是一批未见过世面的土包子。不会讲大话、谈学理，只能动手、不能动口。他们也没有海外关系。同文同种的中国和日本之外，也不知欧美华侨社会是什么个样子，对欧美国家去协商、去折冲樽俎，是如何个协商法、折冲法，这一点他们就得听孙中山的了。

我们的国父中山先生原是个见多识广，能说会吹（学术名字叫作"宣传"吧）的，有名的"大炮"。他说兴中会单在南洋即有会员十万人。美洲更有的是金山、银山。千万华侨是如何地富庶多财、慷慨好义，为革命之母。三合会、致公堂是如何地凶狠，清吏无不闻声落胆。他与欧美朝野两界的过往，又是如何地得心应手……总之，这些小革命团体之所无，正是这位孙逸仙大革命家之所有。——大家携手合作，截长补短，何愁清社之不屋乎？

现说现卖，1905年8月13日，星期一，日本的中国留学界，在曲町区富士见楼开群众大会欢迎孙逸仙先生。先生着笔挺的白哗叽西装、戴通草帽，按时出现于讲演台上。中山是第一次以现代政治家姿态，向广大而热情的政治群众发表了政治讲演。他使尽他讲演的天赋，使尽了浑身解数，一炮而红，风靡了当时在场的一千数百位听众；通过这些听众，他也风靡了在东京的两万名中国留学生；通过中国留学生，他也风靡了数以千万计的黄海彼岸的祖国同胞。——孙文在中国革命中的不移地位，也从此确立了。

一个星期之后，1905年8月20日，在中国近代史上起划时代作用的"中国（革命）同盟会"，在东京赤坂区一家市民住宅里便呱呱坠地了。（为免日本政府干涉，会名中删除"革命"二字。）

"同盟会"这个革命大拼盘

同盟会是怎么回事呢？它的名字本身就说明得很清楚。它是许多小革命团体（加上许多革命单干户）所联合组织的一个革命大同盟或革命大拼盘。

同盟会最早的团体盟员计有兴中会、华兴会、光复会、军国民教育会、科学补习所等。按道理，这些小团体一经入盟，小团体本身就不应该继续存在了。但这不是我们中国人的干法。咱中国人知识分子是欢喜搞小圈圈的，所谓"党外有党，党内有派"也。原是无党无派之人，一经卷入"党派"，还要再制造小派系，何况原先已有党派了呢！这样一来，许多盟员就要发生"双重忠诚"（double allegiance）的问题。一旦这双重忠诚发生抵触，盟内党内就要闹分裂了。

事实上，在同盟会成立之初，就发生了这样的问题。当时当选"总理"（也就是党魁）的孙中山先生本人就是个"跨会分子"。他原是兴中会的党魁，但此时兴中会已不复存在。原兴中会员加入同盟会者，也只有中山本人及梁慕光、冯自由三人而已，而中山却念念不忘他的兴中会。所以等到同盟会需要有个"会旗"时，中山就坚持非用原兴中会的"青天白日"会旗不可。党魁示人不广，这一下就和他的副党魁黄兴几乎闹翻了。——这点小芥蒂，在这两位可敬的民族领袖心中，是死掉也要带进棺材里去的。

华兴会当时是同盟会团体盟员中，最具实力的一个。华兴会员在第一次入盟时即有九人之多，另还有个《二十世纪之支那》这个杂志和社址。这刊物旋即易名为《民报》，作为同盟会的机关报。黄兴既坐了同盟会的第二把交椅，他倒能舍弃"第二种忠诚"而和中山合作无间，但是华兴会在精神上却并未消失。那些后来不愿或无意与同盟会发生直接关系的小团体，像共进会、日知会和文学社等，实际上都与华兴会有最密切的关系。

至于光复会，它在一开头便是同盟会中意兴不大的盟员。会员中最初加盟的，也只有一个人。同盟会早期的重要位置，他们也未分到一席。一直到章太炎因"苏报案"在上海坐牢期满，于1906年夏季，东渡日本，接编《民报》之后，光复会的会员在同盟会内才稍形活跃。《民报》也以太炎接编而声价十倍，畅销一时。与保皇派的《新民丛报》之笔战，尤其脍炙人口，誉满神州。

孰知好景不长，《民报》发刊未及两年，日政府在清廷压力之下，赠中山巨款15000元，礼逐中山出境。孙公未与众议，乃收下巨款（留两千给《民报》），便于1907年3月4日率尔离去。这一下不得了，几乎触怒了留在东京的全部盟员。他们在章太炎、张继等的带领之下，发动了一次声势浩大的驱孙怒潮——同盟会分裂了。光复会也恢复了它自由的组织，和同盟会分头革命了。是年夏季，徐锡麟、秋瑾等起义失败就义，后来国民党党史上都认他们是同盟会的死难先烈，其实他两人都不是同盟会会员。后来那位被蒋志清（介石原名）亲手刺杀的光复会领袖陶成章，原来倒是同盟会会员，并做过《民报》总编辑。陶氏之死，算是叛徒或烈士，连治党史的也难下笔了。

同盟会这次虽然分裂，但是并没有把这一大拼盘闹垮。第一是因为这时革命的浪潮已如日中天，而且是全国性的。在千万革命志士、无数革命集团各自为战、群龙无首的状态之下，"同盟会"和"孙逸仙"却正好具备这个"首"的资格。引一句洪秀全告诉李秀成的话："朕的江山，你不保，有人保。"

第二是同盟会的团体盟员此时已不发生决定性作用，因为绝大多数（数以千计）的新盟员，原都是一些革命的单干户。他们在入盟之前并没有个小组织，因此也没有"第二种忠诚"——他们就一心一意，生死以之，为同盟会的理想奋斗到底。这种单干户最标准的代表，便是汪精卫（1883—1944）和胡汉民（1879—1936）了。汪是广州秀才中的"案首"（即第一名，也是"三元及第"中的第一"元"），胡则是"举人"丛中"每发必中"的名"枪手"或"捉刀人"，在科举中为人"代考"。1902年胡为某兄弟捉刀皆中举，曾获报酬银洋6000饼。（见汪、胡两人自传）那时的6000元银洋是一宗吓坏人的财产。

所以汪、胡两人都是清末第一流的才士。他两人入盟之后，立刻就变成《民报》的台柱。再与章太炎等相配合，真是云从龙、风从虎，几管毛笔横扫天下。而他们对手方的康、梁也是海内第一流。因此在清末他们的文坛对阵，其光辉灿烂，真照耀古今。那时还是个中学生的胡适，也为之目迷五色，赞叹不已。所以，同盟会自然也就成为中国革命独一无二的发言人了。

但是汪、胡在加盟之前都没有参加过小组织。因为广东佬那时不论是革命或保皇，都站在最前排。搞革命要做"会党"，汪、胡不为也；搞保皇要抬举"载湉小丑"（章太炎办《苏报》所用的詈辞，章也为此坐牢），汪、胡亦不为也。所以，他两人就变成排满革命的单干户。一旦入盟，也就只有第一种忠诚，追随中山，做其肱股，而终身不渝了。中山也幸亏有了这哼哈二将。

但是那时保持同盟会不致分裂的最大功臣，应该还是黄兴。黄兴是同盟会中的实力派，也是孙公之下的法定接班人。他已是众望所归。黄兴这个人虽也是个跨会分子，却有点儒家气质——也可说是"固有文化"的涵养吧——他识大体、有气度，拒绝了赵匡胤的那件黄袍，并且苦口婆心、任劳任怨地维持了同盟会的团结，这才有后来的中华民国。

不幸后来有一些史家，按传统治史的方法，把缔造民国的功勋，全部派给了国父孙中山先生，而对黄克强的贡献，显然是只给了些低调的认可。这可把他的小女婿薛君度教授气坏了。君度不知吹断了多少根胡子。他为这位民国的cofounder老泰山明冤白谤，真忙了大半辈子。最近我的朋友汪荣祖教授著书研究章太炎（1991年6月20日台湾初版），也颇为克强不平。其实历史书为英雄做不公平的定位，是自古而然。杨衢云烈士还不是因为少了个女婿，而至今无人替他平反？再者，中国现代化是分阶段前进的。中山的历史功勋如只限于同盟会那一阶段，而没有"联俄联共"的后一段，他在历史上也不可能有今天这样光鲜。黄公不幸，没等到历史进入另一阶段，他就短命死了，夫复何言？

六、鞑虏易驱，民国难建

还有许多历史家，尤其是若干美国汉学家，像已故的哈佛学派健将玛丽·瑞德教授（Mary C. Right）。她把狭义的辛亥革命追根究底，竟发现武昌起义是文学社、共进会搞起来的，同盟会几乎没有实际参预。

我们治革命史的，如果只从"组织"这一个角度来看它，这话原没有错。辛亥10月10日武昌首义时，同盟会和那些首义团体，的确没有直接的组织关系。但是"革命"原是在某种特定的意识形态之下，"一时俱发的群众运动"（a spontaneous mass movement）。在爆发之前，更重要的则是有一个"全国一致信服的意志"（national consensus）。此一意志，虽革命群众人人皆有，然其中总有一两个，甚或只有一个团体，为"众星所拱"，为兄弟团体所信服，"马首是瞻"的老大。中国革命如此，美国革命、法国革命、俄国革命也都是一样的。老实说，辛亥革命前后，革命群众所一致笃信不移的共同意志，只有八个字："驱除鞑虏，建立民国。"（须知袁世凯就是抓住上四字而掠夺了革命果实，身正大位的；他也是背叛后四字而身败名裂、遗臭青史的。）而同盟会却正是这个"共同意志"的发源地和推动者。它也是化这一意志为革命行动的"马首"。它更提供了"以美国为模范"的运作方式、抽象理论和领袖人才。——辛亥革命期间，同盟会之外，其他的小革命团体，都只是一些"娃娃队"造反有余，建立民国就不是他们办得了的事了。所以治辛亥革命史而忽略了同盟会领导的重要性，正如治黑奴解放史而低贬了林肯一样，都是二次大战后，美国繁琐史学泛滥的结果，不足取也。

可是同盟会当时这八字灵符，宣传起来虽有其摧枯拉朽之力，而实行起来却有其难易之分。那时，"驱除鞑虏"是最有效率的口号。它扩大了统战范围，缩小了打击目标。把大清帝国的一切罪恶，腐烂社会的一切不平，帝国主义的各项侵略，这些大黑锅都让"鞑虏"大哥一肩背了过去。把"鞑虏"一下"驱"掉了，一个灿烂光辉的中华上国，立刻就可"恢复"了。——好不痛快哉?!

驱除鞑虏岂难事哉？非也！现在纽约市大执鞭，当年是"正黄旗"贵族的吾友黄庚教授，便时常指着他自己的鼻子向我说："你们（汉人）那时要驱除的鞑虏，就是我！""我们（汉人）"那时为什么要"驱除"这样一个多才多艺的小鞑虏黄庚呢？我拍拍黄教授说："我们不但不驱除你，还把汉家姑娘嫁给你呢！"

所以孙中山那时要"驱除鞑虏"，只是驱除几个可怜又可嫌的满族寡妇孤儿和十来位昏聩糊涂，连半句"满语"也不会说的满族老头子罢了。其后袁世凯歪歪嘴，不就把他们"驱除"了？——干净利落。

可是那八字灵符的后四字"建立民国"，就不那么简单了。中山与同盟会诸公，首先即以他们自己新组织的同盟会为示范，来试验那个"三权分立""权力制衡"和"司法独立"的美国式的共和模式（republican model）。

同盟会于1905年8月20日在东京成立时，其组织形式即分"执行"、"评议"（立法）、"司法"三部。中山由全体一致推选出任"执行部总理"，黄兴当选为"执行部庶务"，等于副总理。汪精卫则当选为"评议部议长"，邓家彦为"司法部判事长"。每部各有分属。全会干部30余人，三权分立，煞有介事。然据曾任执行部书记的田桐回忆："当时以秘密结社，最忌手续繁复。稽考时日，司法、评议二部，尤难实行。同人提议开三部联合会。遇有重要之事，将三部人员结合，一次议决实行。自此制行后，司法、评议二部未曾独立行使职权矣。"（见田桐《同盟会成立记》，载《革命文献》第二辑）事实上，当1907年3月4日孙总理接受日人馈金离日时，如此重大事件，他们显然连会也没有开过。于此一纠纷，我们就可看出这个革命司令部内，平时会务操作的程序了。其后由"同盟会"进而改组为"国民党"而"中华革命党"而"中国国民党"。连"总理""总裁"二职称都变成孙、蒋二公专用的"谥法"，再没有第二个"总理"，第二个"总裁"了。三权分立云乎哉？有人或许要问：既然如此，革命不就不彻底了吗？朋友，革命原不能"毕其功于一役"。它是分阶段前进的。每一阶段都有些进步，搞了七八上十个阶段，"革命"就会"成功"了。用不着做急色鬼。所以当时以一个首倡三权分立、司法独立的神圣政党、国父完人以身作则，尚且如此，欲以之托诸军阀及"八百罗汉"（民初国会议员的集体诨名），而期其有成，岂非缘木求鱼哉？

三权已足，五权不够

精通"国父思想""孙文主义"的专家们，可能认为笔者所说的"八字"灵符，太简单化了。国父还有"五权"宪法呢！你只提了三权。国父还有"三民"主义呢！你只碰到"二民"。民生主义、平均地权，你就不谈了耶？

限于篇幅，应另有专篇始能详答。简而言之，我们要知道，国父也是逊清遗老，去古未远。他老人家看中了祖宗遗教中最最可取的两大制度：考试制度和御史制度。他要把它们延续下来。于三权之外，另设"考试权"和"监察权"。殊不知这对难兄难弟，都只是在"农业社会"和"中央集权"前提下的天才发明。可是在工商业发达，现代化的"多重中心的社会"（multi-centered society）里，他兄弟就无能为力了。因为在一个多重中心的现代化社会里，要"考"的东西实在太多了。就以这超级工业化的美国来说吧！凡是沾上要领取执照的职业，几乎无一不要考（虽然"考试"这个怪物原是中国人发明的）。且看律师、医师、建筑师、会计师、社会服务员（social worker）、警察、邮务员、飞行师、领航员，甚至尝酒师（wine taster）、水喉工、地产经纪、货车驾驶员、计程车驾驶员、电器工、电梯操纵员、私家车驾驶员……盖不下百数十种，再加上各大公司行会，亦各有其专业考试，下及垃圾佚等等无不有其考试。一个"考试院"哪儿考得了那许多？所以中山所特别强调者，只是"文官考试"（高普考），专为入朝当官而参加之考试也。试问今日台港有志青年，有几个要做官？他们要在工商界当大老板呢！考试院派啥用场？

至于监察权就更不值一提了。我国传统上的"御史"也、"言官"也、"参劾"也，都是专制政体中的看家狗（watchdog）罢了。在一个现代化的政府之中，发生监察作用的，不是御史大夫也，反对党也！所以在一个现代化了的政体之内，防贪防腐，三权已足。政治民主化不了，搞五权、十权亦无济于事也。设个专打苍蝇的监察院有屁用？

再看无劳增值、涨价归公

再看看国父的"平均地权"。他的重点是亨利·乔治的"单税法"中"无劳增值、涨价归公"那一套——说浅显一点，中山先生反对现代化过程中资本主义的"炒地皮"。伦敦地价在19世纪涨了3000倍，不知出了多少地皮客、大富翁。其后美国和澳大利亚也急起直追（读者也可看看今日的香港、台北甚至厦门）。亨利·乔治老兄在纽约点出了这一点。1896年中山在伦敦待了八个月，也证实了这一点。孙中山是个好学深思的人，一辈子都在中西典籍（尤其是西书）中探索学理。读到乔治的《进步与贫困》之后，恍然大悟，非反对炒地皮不可。

中山和乔治这一套，都是相当深奥的。它不是青年留学生如薛仙洲和八股文专家胡展堂，或"一夜就学会了日文"的梁启超所能轻易了解的。所以他们都曾和中山"激烈争辩"，甚至反对到底。这一套对同盟会、共进会里面的那些革命小将来说，那就更是一头雾水了。因此共进会后来颁布的会章，一切都以同盟会的会章为蓝本，只是把"平均地权"一条改为"平均人权"。胡汉民在《民报》上谈"六大主义"，其中之一竟然是"土地国有"。

中山那时所搞的如果只是简单的"分田""土改"，那他老人家晚年才想起的"耕者有其田"，一句话就够了。提倡"耕者有其田"，则"十代务农"的梁启超和早年贫无立锥的胡汉民，是都不会反对的。殊不知早年中山所搞的却是亨利·乔治那一套的洋东西，对胡、梁等一些土老儿说来就有对牛弹琴之感了。

其实亨利·乔治和马克思（1818—1883）一样，都是19世纪的理论家。乔治第一本谈"土地政策"的书是1871年出版的，那时资本主义的诸"大王"，都还潜龙在田，蓄势未发，只有炒地皮才一马当先。所以，乔治先生以为用"单税法"解决了土地问题，其他一切社会经济问题也都迎刃而解了。这是他老先生一厢情愿的想法。其实"经济起飞"了，哪一项利润不是unearned increment（无劳增值）呢？要"涨价归公"，为什么只跟地皮客过不去呢？这就是"民生主义"的涨价归公的办法，直到今天的台湾也实行不了的缘故。现在我们在纽约的"小台北"法拉盛，一度有华裔"地产经纪"三百家，这两年来地皮跌价，据说都纷纷改行了——这就叫作"市场经济""自动调节"嘛！中山早年的操心，是值得理解的，却是个不必要的杞人忧天。

挖掘了民族良心的"黄花冈"

孙中山先生实在是十分伟大的。他不但在辛亥革命时代是个最前进的思想家。搞历史的人一百年后回头看，孙公仍然是我民族最高层领袖中，近百年来极少有、甚至唯一的"现代人"。

中山先生是个现代人。他在辛亥革命时的思想，是"新"得过了头，也可说是"躐等"吧！其实他那"八字"真言，就足够领导一个"辛亥革命"了。其他都是多余的。

为着"驱除鞑虏"，同盟会一成立，他们就想到要联合会党，搞武装暴动。在辛亥之前，孙中山所亲身领导的所谓"十大起义"，有八次都是同盟会在它短命的六年（1906—1911）之内发动的。1907年一年之内就"起义"了四次，计有"潮州黄冈起义"（5月）、"惠州七女湖起义"（6月）、"钦州起义"（9月）和"镇南关起义"（12月）；外加同年7月光复会徐锡麟的"安庆起义"。1908年则有"钦、廉上思起义"（3月），云南"河口起义"（4月）；1910年则有"广州新军起义"（2月）；1911年"武昌起义"之前则有最惨烈的黄花冈（一作"黄花岗"）七十二烈士的"广州黄花冈起义"（4月27日，阴历三月二十九日）。

同盟会诸公为什么要不断地搞这些准备并不充分的小起义呢？而这些小起义为什么没一个能维持若干时日呢？这就因为孙黄诸公都坚信清朝政权已到了山穷水尽的末日。墙倒众人推，只要他们能以有限的力量，在中国南部沿海占领一两个城市，全国各地就会一致响应，然后群策群力，就会把大清皇帝拉下马。——他们的这一构想，并没有错。辛亥武昌起义之后，各省响应之热烈，不正是如此？可惜的是清末革命党人搞了十余次大小起义，竟然没一次能占领一个城池至一个星期以上的，所以连锁反应就无从发生了。

再者，孙、黄二公都是运动秘密会党起家的，他们过高地估计了会党的战斗能力了。其实会党只是些乌合之众，而革命党领袖如孙黄等人，筹了些极其有限的"军饷"，买了些陈旧枪炮，便驱策这些乌合之众上前线作战卖命。而孙、黄两人又都是文人。孙逸仙是个学贯中西的洋翰林，黄克强则是个"文似东坡，字工北魏"的名秀才。两人基本上都不知兵，至少没有临阵经验。那些桀骜不驯的会党分子，也不一定听他们的指挥。率领他们去"起义"，正如古人所说："驱市人为战。"清军虽说不上是什么劲旅，但至少是职业性的正规军。两相砍杀，则胜败之数，就毋待著龟了。所以同盟会诸子，在罗掘俱穷，运动会党发动七次起义，都一无斩获的沮丧心情之下，最后不顾一切，干脆舍弃会党，就自己赤膊上阵了。

最先丢掉笔杆，拿起手枪炸弹，去和满族王公拼命的高级干部，便是有美男子之称的才子汪精卫了。汪精卫其时年方二十七，由于《民报》

的深入朝野，已才名满天下，连北京的深宫内院继慈禧、光绪（1908年死亡）执政的后妃，亦无人不知、无人不晓。

汪原在南洋一带随孙、黄二公办杂务，然自觉同盟会已到山穷水尽的地步，非自己舍身做烈士别无他策，乃留下血书不辞而别，由倾慕他的女友陈璧君向乃母逼出8000元（此为陈璧君自报，实数犹待考），乃偕璧君及同志喻培伦、黄复生等数人辗转潜入北京，诈开"守真照相馆"，谋刺摄政王载沣。小才子怎能做职业刺客呢？事机不密，汪、黄两人就被破获逮捕了。

北京捕获的革命党刺客，竟然是文名满天下的汪精卫。消息传出，一城皆惊！汪黄大狱由肃亲王善耆亲自主审，而善耆竟是个惜才之士，他首先便被汪氏的文名、仪表、供词和风采所慑服。当他把汪、黄两犯"隔离审讯"时，两人皆坚称是"个人谋反，累及无辜朋友"，叩请庭上将本犯千刀万剐而将无辜者释放。据说善耆闻供大为感动，竟放下朱笔，再三叹息，口称"义士、义士"不绝。就这样他才说服摄政王载沣，把这两个罪至凌迟处死、九族同诛的"大逆犯"，轻判为"永远监禁"的。

作者落笔至此，倒觉得载沣、善耆这些"鞑虏"贵族，颟顸误国，固罪无可逭，然较诸后来诛锄异己、残害无辜者之凶狠毒辣，实有足多者。治史者记录善恶，可不慎哉？！

汪精卫那时年轻冲动，激于义愤，不惜一死，曾引起全国同情，把排满革命带向另一高潮。其实汪氏只是因其多彩多姿，而暴得大名。当时革命党人，痛恨清室误国，沮丧之余，人人皆有必死之心。其中无名烈士，其死难之惨烈，更足铭人肺腑。即以喻培伦烈士而言，喻君原为三位刺客中的漏网之鱼，原可不死，但是最后还是自求一死，做了黄花冈上的烈士。今日世人但知"引刀成一快，不负少年头"的汪精卫，又有谁知道，真正引刀成一快的小四川佬喻培伦烈士呢？！

辛亥"4月27日广州黄花岗起义"，最后丛葬于黄花冈的"七十二烈士"（实数是86人），他们当时是人人自求一死的。这群烈士都是当时中华民族中热血沸腾的青年，他们眼见国家危亡就在旦夕之间，而人民愚昧、清吏颟顸。他们原想借华侨之钱，凭会党之勇，以推翻清朝恶政。可是起义十余次之后，才知借华侨之钱匪易，凭会党之勇尤难。绝望之余，乃决心以一己血肉之躯，做孤注之一掷。这就是七十二烈士死难前的孤愤心情。

他们死得太惨烈了。80多人原是同盟会的骨干，他们差不多每个人都是将相之才，却被当作冲锋陷阵的小卒牺牲了。一旦集体牺牲，则同盟会之精英斫丧殆尽，但是他们之死也挖掘了我们民族的良心。——全国暴动已蓄势待发，清廷恶政也被推到了崩溃的边缘。

共进会、文学社是怎样的团体？

果然距七十二烈士之死，为时未及半年，便发生了10月10日（阴历八月十九日）的武昌起义，从狭义的观点立论，这就是"辛亥革命"了。所以所谓"辛亥革命"者，便是近代中国为"驱除鞑虏、建立民国"而发动的革命运动之最后一次的"起义"。通过这次起义，则"驱除鞑虏、建立民国"的两大目标，便完全达到了。——因此吾人如认为"中国现代化运动"是有其阶段性的，则"辛亥革命"应是第一阶段，而且是完全成功的第一阶段。不过，其后还有三五个乃至七八个阶段，有待突破罢了。

可是我们如果是"一次革命论者"，认为长治久安的百年大计，可以"毕其功于一役"——国共两党的理论家，都是一次革命论者，就难怪孙中山先生要慨叹"革命尚未成功了"。

让我再看看这武昌起义是怎样搞起来的。

长话短说。直接推动武昌起义的，有两个重要的革命团体：共进会和文学社。另一个团体日知会则作用不大。它只是个被革命人士用为盾牌的圣公会读书室的名字。那且也早在辛亥前就解散了。

共进会于1907年成立于东京。原动议人为同盟会内黄兴以后最末一任的"庶务"刘揆一。揆一为什么于同盟会之外，再组织个共进会呢？其原因是同盟会闹分裂。光复会退盟，孙中山与汪、胡等人在南洋另组同盟会"总部"，因此原同盟会分子之留日者，不愿再隶属于老同盟会。刘揆一是倾向于中山的，所以他想另组一个与同盟会性质相同的团体以为弥缝。

据共进会成立宣言："共"者"共同"也，"进"者"有进无退"也。所以它也是许多小革命团体的"共同"组织。宗旨与同盟会完全一致。只是把平均"地"权，改为平均"人"权。至于会旗，他们就不用孙中山坚持的"青天白日"了，改用"锥角交错"的十八星旗。中国那时有十八行省，每省一颗星，显然亦以美国星条旗为模范也。新会既立，一时颇得人心。各省英雄纷纷加入，如川人张百祥（百祥与哥老会有渊源，故被选为第一任总理）、熊克武、喻培伦，鄂人居正、孙武，湘人焦达峰、覃振，浙人傅亦增、陶成章……均是一时之选。东京之会既立，旋即移师武汉，俨然是长江中上游的革命重心。虽然共进会与同盟会之间并无直接关系，然"共进会亦戴同盟会总理为总理，以示不与同盟会分别门户，独成系统也"。（见蔡济民、吴醒亚合著《辛亥武汉首义实录》）如果此言可信，则本篇前引美国史家玛丽·瑞德之言，就不攻自破了。

武昌首义时，第二个主要团体文学社，则是个青年军人的组合，原名"振武学社"。盖清末行新政，练"新军"，在袁世凯的"北洋六镇"之外，以湖北张之洞所练的"鄂军"最有成绩。袁世凯狡猾而专横，他的六镇之内不用有革命倾向的留日学生。张之洞则较开明，他不但大批保送优秀青年留日，并且重用留日归国学生以扩展新政、新军。不幸的是，在任何腐败的独裁政权之内从事改革开放，都是自掘坟墓。因为有旧政权的克制，改革开放便不可能顺利开展。一旦改革不能尽如人意，则改革运动中的大批"新"人，就必然要走向叛逆之途。——这就是辛亥年间，新建鄂军之内，其所以革命党成百成千的道理，而文学社则是他们的秘密组织。文学社成立于辛亥之初，社员遍布鄂军诸标（即现今之"团"）及工程营、辎重营、炮兵队等单位。所以他们一旦搞起"起义"来，就同孙、黄在华南所策动的不一样了。在南方他们多半是以"乌合之众"对抗"正规军"；在湖北他们要"起义"，那就是"正规军叛变"了。搞军队叛变的效率，较之搞会党暴动，自然就事半功倍。

不过文学社里的小革命家，却有个美中不足之处——他们之间，有兵无将（这和同盟会内有将无兵的情况，恰相反）。文学社的首任社长蒋翊武（湖南澧县人），也不过是鄂军混成协第四十三标三营里的一个小士兵。后升正副目（正副班长）。其他列名史册的辛亥功臣熊秉坤等人也都是小兵。所以他们一旦造起反来，局面搞大了，就有有兵无将之苦——后来情急智生，竟强迫一个反革命的旅长（混成协的协统）黎元洪来领导革命。辛亥之夏，四川"路案"骤起，清廷要调鄂军入川弹压，而众兵丁不愿离鄂。文学社与共进会乃暗通声气，终于联合造反。10月10日武昌城内一声炮响，268年的大清帝国就摇摇欲坠了。

武昌起义的经纬

辛亥革命，尤其是武昌起义的故事，史家所记盖不下千百万言。笔者个人在海峡两岸的近代史研究所暨老友章开沅、谢文孙诸教授鼎助之下，所收中西日文书目便有数千种之多，允为"民国史"中各专题之最。按题翻阅起来，岂一人一辈子所能了？

可是武昌起义的实际情形，亦不妨以三数百言一笔带过：武昌起义是清末革命党人所发动的最后的、也是唯一的一次武装暴动，而能占领城池至一星期以上者。它也是如孙黄诸公所逆料的，一旦站稳脚根，则全国各地便会做连锁的响应（chain reaction）。从湖南、陕西、江西（10月22、23日）开始，时未逾月，全国便有13省宣布独立，而策动独立的主要分子往往不是革命党，而是各该省内，由立宪（保皇）党所掌握的民意机关——谘议局。这样一来，那些无用的满族王公应付不了，清廷乃召回已被摈斥的袁世凯来撑持危局，而袁氏则养寇自重——一面"进剿"，一面又与革命党人私通款曲。他向武汉三镇反攻，也只取二城，留个武昌给黎元洪、黄兴这一架两头马车去慢慢拖延。

原来当黎元洪被拖出做革命军的"都督"之后不久，黄兴亦赶到武昌（10月28日），并被推举为革命军战时总司令。如此令出两府，便隐约引起黄黎、湘鄂两派的分歧。黄兴苦战经月，终致两汉皆失，武昌垂危，黄氏终为鄂派孙武（民间误传为孙文之弟）等所排斥，悄然解职遁返上海（11月27日）。然克强虽去，全国革命形势已如火燎原。越日南京光复（12月2日），各省遣沪代表复举黄兴为革命军大元帅，以黎元洪副之，拟组临时政府奠都南京，而鄂方拥黎者则坚主黎正黄副。相持不下，俨然成为十余年后"宁汉分立"之前奏。而此时革命军的旗帜，鄂方所用者为共进会的"十八星·锥角旗"；宁方所用者，则为自制象征五族共和的"五色旗"。而广东光复时（11月9日）所用者又为"青天白日旗"。一军三旗，亦见革命党人错综复杂之组织关系也。然斯时民国未建、鞑虏犹存，黎、黄双方为自解计，竟分电袁世凯。袁如倒戈反清，当公举之为民国大总统。斯时归国途中的孙中山亦有相同的表示——遂奠定清末民初，安定中国"非袁不可"之局（"非袁不可"四字为新出狱的汪精卫所发明）。

但是在袁氏遵约倒戈之前，总得有一番和谈，以终止此南北对峙之局。这样一来，则南方这个支离破碎、一军三旗的纷乱场面也得有个整体的规划和一个总负责人。黎黄二公既相持不下，则声望原在二公之上的孙文，就呼之欲出了。时局发展至此，袁氏亦觉时机成熟，由前敌将领段祺瑞等42人一封联衔通电（民元1月25日），六岁的宣统皇帝就遵命退位了。

孙文的革命外交举隅

当国内革命运动闹得如火如荼之时，孙中山先生在做什么呢？香港那时不许他入境，日本亦做有礼貌的挡驾。中山活动的地区，只限于南洋。后来南洋荷属、法属、英属诸殖民地，为着向清廷讨价，对他亦不表欢迎，弄得中山无处存身。以致在民国前二三年间（1910—1911），他连绕地球二匝。全部时间都用在旅途之上了。

中山旅行之目的何在呢？他是在寻觅有钱有势之欧美人士，同时也想加强他在美加一带的同盟会的基层组织，为计划中的"起义"而筹饷。

中山对欧美当局寄存希望最大的原是法国。他在1905年夏应中国留欧学生之请路过巴黎时，被汤芗铭等所窃走的文件之中，便有一封法国当局把他介绍给安南总督的信件。法国驻安南的殖民地官员，当时窥伺中国之不暇，何厚于孙文？显然这些帝国主义者是想利用孙文，而孙文饥不择食也想利用他们。

后来同盟会成立了，中山席不暇暖，便于是年10月自日本专程经过西贡，赶往马赛、巴黎。舟过吴淞口，并与专程来访的法国在华驻屯军参谋长做最机密的往还（简直是一种"合符将兵"的方式）。其后中山并派专精英语人员，偕同法国军官，前后凡三人，前往与法国殖民地安南接壤的广西、贵州、四川三省，做实地调查。法人此举用意何在，就发人深思了。后来密件泄露，清廷据以抗议。法国驻华公使亦为之吃惊，乃行文向巴黎问询。法政府居然要其驻华公使，不必管闲事。中国政府亦无如之何。（有关此事件的中国资料散见政府档案及私人杂著，包括《国父年谱》，法文原始史料亦不难查证也。）

1909年5月，中山做"第四次环球之行"时，亦自新加坡径赴马赛转巴黎，在巴黎住了一个多月。他到巴黎的目的，据说是"竭力运动一法国资本家，借款千万"。其主要牵线人则为前任法国安南总督。据说是"将有成议；不意法政潮忽起，法阁遽改组……此人［资本家］迟疑。因其非得政府之许可，断不肯在国外投巨资，事遂不谐"。（《国父年谱》卷上，第265页；亦见中山于1909年10月29日发自伦敦的《将赴美洲致各同志函》，载《国父全书》第419页。）

据吾友吴相湘、蒋永敬诸先生之考据，辛亥之前中山在世界各地所得捐款，总数尚不及50万。何来此法国千万富商？所以此一"资本家"很可能便是法国政府自己，而法国政府投此"巨资"，意欲何为？而中山要吸引法国投此巨资，"条件"又为何？均史无明文。盖同盟会当年与西方诸帝国主义所办的秘密"外交"，均由中山独任之。黄兴、汪、胡等人因不通西语，亦不谙西情，均不知仔细也。

从"企台"到"总统"

中山先生此时虽病急乱求医，四处筹款，但所得则极其有限。东西帝国主义都想利用他，但是又不信任他。中山当时在美洲华侨界的最大靠山厥为"洪山致公堂"，而致公堂也是雷声大雨点小，口惠而实不至。据中山先生于1910年3月1日（宣统二年庚戌正月二十日）《致美洲同志赵公璧函》，他的第九次起义之失败，实因缺款5000，而"波士顿致公堂初许担任5000，所寄不过1900余元。纽约致公堂许担任者，一文未寄……"。

所以在近代史书如邓泽如所著《中国国民党二十年史迹》中所罗列的十万八万之数，都是"认捐"的数目，或事后夸大之辞，不是实际的收入。这实在不是致公堂诸公悭吝，而是中山的革命原是个无底洞，钞票是填不满的。加以当年华侨社区之中，既无"王安"，亦无"包玉刚"。大家都是打工仔，在美国《排华法案》欺压之下，做点洗衣店、餐馆的苦力劳动，终年所得，勉却饥寒。在一身难保之下，支持革命，已尽其所能了。过分捐献，大多力不从心。因此，中山先生在辛亥七十二烈士死难之后，他实在已罗掘俱穷，甚至自身也衣食难周。

同年10月武昌起义爆发，中山时年46，正值壮年。据党史所载，他那时正在北美"致公总堂"支持之下，组织个"筹饷局"，到处巡回讲演革命，筹募军饷。但据一些私人记述，中山此时日常生活都很难维持。武昌起义期间，他正在科罗拉多州典华城①（Denver，亦译但维尔或敦复）一家卢姓唐餐馆中打工，当"企台"（粤语茶房）。他原先对"武昌暴动"的消息，并没有太强烈的反应。因为同样的起义他已领导过十次了，何况这次的发动者和他并无直接关系呢！可是一天他正手捧餐盘自厨房出来为客人上茶时，忽然有一同事向他大叫一声说："老孙，你有份电报。"说着，那同事便把那份来电丢到"老孙"的餐盘中去。中山拆阅来电，不禁

---

①今译作丹佛——编者注。

喜出望外。原来那电报（显然是黄兴打来的）是要他立刻束装回国。因为革命情势发展迅速，"中华民国"可能即将成立；一旦成立了，则首任"大总统"，实非君莫属也。——果然，两个多月以后，企台老孙就真的做起中华民国的首任"临时大总统"了。

科州卢家的故事

笔者写出上段孙中山先生的轶事，朋友们骤读之下，可能认为是稗官野史。其实这故事的真实性相当高。因为把这份电报丢到中山餐盘内的那位"企台"，和这家餐馆的主人卢瑞连君，据说在二次大战期间都还健在美国。卢君的长子卢琪新君曾任国民党中央社"驻美京特派员"，与笔者老友、名记者龚选舞君曾长期同事并为好友。卢的次子卢琪沃君，曾任"青年归主教会"的牧师，也是交游广阔之士。他们卢家与孙公为世交好友和同乡同志，可能还是至戚。中山先生当年在他们餐馆中帮忙做企台，原不是什么秘密。只是在那清末民初劳工并不神圣的中国社会，如传说孙总统曾在美国当茶房，恐怕会引起国内守旧分子不必要的误会，所以孙公讳言之。卢家父子为亲者讳，除向至亲好友，作为革命掌故笑谈之外，亦未多为外人道。

笔者在80年后的今天，写出中山先生当年这段小轶事，正是要宣扬一代圣贤的伟大之处。不才在美求学期间亦尝打工有年。今日中国在美的清寒留学生，有几个没打过工？——在美打工，何损于孙国父的日月之明？相反，孙公的打工正可说明先贤缔造民国的艰难，足为后世子孙追念耳。

中山于1911年10月中旬离开科州回国，便道访华府、伦敦、巴黎，想举点外债，以度艰难，却分文无着。可是中山是当时革命党人中，唯一可以结交异国贤豪、华侨巨富的最高领袖。一旦自海外归来，中外各报皆盛传他携有巨款回国来主持革命。当他于1911年12月25日偕胡汉民抵上海时，各界皆以巨款相期相问。中山答曰："我没有一文钱。带回来的只是革命的精神！"——我们后辈打工仔固知我们靠打工维生的前辈，一文不名也。至于"革命精神"之充沛，也倒是一样的。

一个"开始的结束"

中山这次自海外归来，可说是"适得其时"（perfect timing）。他是12月25日在上海上岸，12月29日全国17省代表在南京开"中华民国临时大总统选举会"（每省一票），他就以16票的绝对多数，当选了"中华民国"的第一任"临时大总统"。

1912年元旦，中华民国临时大总统孙文在南京就职。改元、易服，使用阳历。中国历史上3000年的帝王专制和最后268年的满族入主，同时结束。中华民国也就正式诞生了。

辛亥革命如今整整80年了。80年回头看去，辛亥革命究竟是怎么回事呢？

辛亥革命所完成的两大任务：驱除鞑虏，建立民国，前者是没什么可说的，重点是在后者。

什么是"建立民国"呢？简单地说，就是"把君权换成民权"。君权是"中古"的制度，民权是"现代"的制度。在政治上把"中古的制度"换成"现代的制度"，用个抽象的名词，便叫作"政治现代化"。"政治现代化"不是任何国家所独有的，它是世界历史上的共同现象。而各国又因为历史和社会等条件的不同，其政治现代化的程序，亦有长短、缓急、迟早、逆流、顺流……之不同。

具体说来，把"君权"换成"民权"，以美国为最早——美国摆脱英皇于1776年，建立人类历史上第一个"民国"（republic）。但是美国建国不是一蹴而就的。他们"英语民族"自有其特殊的"英美政治传统"（The Anglo-American political tradition）。大体说来英语民族成功地约束王权，盖始于"光荣革命"（1688）。自光荣革命到美国革命，他们大致挣扎了80余年，才"建立"了一个说英语的"民国"。

法兰西民族从君权完全转换成民权，自法国大革命（1789）到第三共和之确立（1875），大致也挣扎了80余年。

日本自1868年明治维新开始，历经军阀起伏专政，直到1945年战败，也挣扎了80余年，始搞出点民治的雏形来。

比诸世界先进的民治国家，老实说，咱们中国人向现代民权政治进展，也不算太坏。我们自辛亥革命搞起，至今也已80年了。80年中我们出了一个只在位83天的袁皇帝。1917年宣统爷也回来搞了几天。但是我国近代史上，从君权到民权的转型浪潮，正如今夏（1991）百年一遇的洪水……朋友，对付这场洪水，君不见官家只能"炸堤"，哪儿能"筑堤"呢？——"社会科学"还是应该多学点才好！

我们搞"炸堤泄洪"大致也要搞它八九十年。这时限是民主先进国家一致遵守的通例嘛！——所以我们的成绩，不算太坏！

那么，"辛亥革命"在我们这"从君主到民主"的百年"转型期"中，算个什么呢？

曰：广义的"辛亥革命"（1890—1912），是我国历史上从君主到民主这个转型期的"开始"。

狭义的"辛亥革命"（1911年10月10日至1912年1月1日），则是这个"开始的结束"（The End of a Beginning）。如此而已。请读者诸位指教。

【1991年9月1日脱稿于北美新泽西州】